MicroStation V8 XM Edition

Fundamentos e Prática

Ana Paula M. Sulpino Sales
11/08

Seja Nosso Parceiro no Combate à Cópia Ilegal

A cópia ilegal é crime. Ao efetuá-la, o infrator estará cometendo um grave erro, que é inibir a produção de obras literárias, prejudicando profissionais que serão atingidos pelo crime praticado.

Junte-se a nós nesta corrente contra a pirataria. Diga não à cópia ilegal.

Seu Cadastro É Muito Importante para Nós

Ao preencher e remeter a ficha de cadastro constante no final desta publicação, você passará a receber informações sobre nossos lançamentos em sua área de preferência.

Conhecendo melhor nossos leitores e suas preferências, vamos produzir títulos que atendam suas necessidades.

Obrigado pela sua escolha.

Fale Conosco!

Eventuais problemas referentes ao conteúdo deste livro serão encaminhados ao(s) respectivo(s) autor(es) para esclarecimento, excetuando-se as dúvidas que dizem respeito a pacotes de softwares, as quais sugerimos que sejam encaminhadas aos distribuidores e revendedores desses produtos, que estão habilitados a prestar todos os esclarecimentos.

Os problemas só podem ser enviados por:

1. E-mail: producao@erica.com.br
2. Fax: (11) 6197.4060
3. Carta: Rua São Gil, 159 - Tatuapé - CEP 03401-030 - São Paulo - SP

Carlos Alberto Brisola Galeano

MicroStation V8 XM Edition

Fundamentos e Prática

1ª Edição

São Paulo
2008 - Editora Érica Ltda.

Dados Internacionais de Catalogação na Publicação (CIP)
(Câmara Brasileira do Livro, SP, Brasil)

Galeano, Carlos Alberto Brisola
MicroStation V8 XM Edition: Fundamentos e Prática / Carlos Alberto Brisola Galeano. -- 1ª ed. -- São Paulo: Érica, 2008.

Bibliografia
ISBN: 978-85-365-0196-3

1. Gerenciamento de configurações de software 2. MicroStation 3. Projetos auxiliados por computador - Programas de computador 4. Variáveis (Matemática) I. Título.

08-02044 CDD-620.004202855369

Índices para catálogo sistemático
1. MicroStation V8 XM Edition: Aplicação em projetos auxiliados por computador: Engenharia 620.004202855369

Editora Érica Ltda.
Rua São Gil, 159 - Tatuapé
CEP: 03401-030 - São Paulo - SP
Fone: (11) 2295-3066 - Fax: (11) 6197-4060
www.editoraerica.com.br

Fabricante

Produto: **MicroStation V8 XM Edition**

Fabricante: **Bentley Systems Brasil Ltda.**

Site: **www.bentley.com.br**

Endereço:

R. Verbo Divino, 1661 - cjto. 13

04719-002 - São Paulo - SP

Fone: 0800 55 63 14

Requisitos de Hardware e de Software

Drive de CD ou acesso à Internet é necessário para a instalação do produto. A configuração mínima do sistema para instalação é a seguinte:

Sistema Operacional

- Windows Vista (versão 08.09.03.57 ou superior)
- Windows Vista x64 (versão 08.09.03.57 ou superior)
- Windows XP Professional (SP2 ou superior)
- Windows XP Professional x64
- Windows XP Home Edition (SP2 ou superior)
- Windows XP Tablet PC Edition
- Windows 2000 Professional (SP3 ou superior)
- Windows 2000 Server
- Windows Server 2003 (SP1 ou superior)
- Windows Server 2003 x64
- Microsoft Internet Explorer v5.5 ou superior

Nota: As séries Windows NT, Windows 9x não são suportadas.

Softwares

Pacote de pré-requisitos do MicroStation V8 XM Edition v08.09.04.xx. O conteúdo inclui:

- Windows Installer 3.1v2
- Microsoft .NET Framework 2.0
- Microsoft .NET Framework 2.0 x64
- MSXML 4 with Service Pack 2
- VBA 6.4

- DirectX 9c (lançado em dezembro de 2006)
- DHTML Editing Control for Applications

Este pacote deve ser instalado antes da instalação das versões v08.09.04.xx do MicroStation V8 XM Edition ou qualquer produto relacionado ao MicroStation V8 XM Edition, mesmo que uma versão anterior do pacote já esteja instalada na mesma máquina (por exemplo, v08.09.00.xx ou 08.09.03.xx).

O pacote MicroStation V8 XM Edition Software Prerequisite Pack fica disponível a partir da área **Web downloads/MySELECT CD** do **SELECTservices Online** da **Bentley Systems**.

Perfil Mínimo

O perfil mínimo de uma estação de trabalho para rodar o MicroStation V8 XM Edition inclui:

- **Processador** - Intel® Pentium® ou AMD Athlon™.
- **Memória** - mínimo 512MB, 1GB recomendado. Mais memória melhora a performance, particularmente quando for trabalhar com grandes modelos.
- **Hard Disk** - 900MB de espaço livre (incluindo 400MB da instalação completa).
- **Vídeo** - placas suportadas pelo DirectX 9.0. Consulte o fabricante da placa gráfica para informações mais recentes sobre os drivers DirectX. Se nenhuma placa gráfica com suporte ao DirectX for encontrada, o MicroStation tentará usar uma emulação do software sob o Windows XP SP2. Pelo menos 256MB de RAM de vídeo são recomendados. Para melhorar a performance, a profundidade de cores exibida deve ser ajustada para 24-bit ou superior. Se usar 16-bit, algumas inconsistências serão notadas.

Dedicatória

À minha querida esposa Maria Juliana e ao nosso filho Guido.

"A mente que se abre a uma nova idéia
jamais voltará ao seu tamanho original. "
Albert Einstein

Agradecimentos

A todos aqueles que contribuíram para a realização deste livro, em especial ao Maurício Küster da ITIS TECNOLOGIA, empresa especializada nos produtos da Bentley Systems localizada em Florianópolis, Santa Catarina.

A todos os meus colegas de profissão que sempre me acompanharam e incentivaram ao longo dessa "evangelização" técnica, Renato Miranda, Fábio Melo, Roseli Reis e Christian Wolf.

Índice Analítico

Prefácio

Os usuários do MicroStation são de diversas verticais diferentes, de empresas de mapeamento ou prefeituras municipais, governos, indústrias e empresas de projetos de engenharia, plantas industriais, mineração, óleo e gás. De simples desenhos 2D até modelos 3D extremamente complexos.

O MicroStation sempre provou ser um dos melhores softwares para cada uma dessas disciplinas, oferecendo um número cada vez maior de recursos e ferramentas, facilidade e flexibilidade de customização e programação, interoperabilidade - ao suportar diversos formatos de arquivos do mercado, especialmente o DWG - enfim, oferecendo produtividade ao usuário.

Com todas estas funcionalidades e recursos, não é surpresa que muitos usuários do MicroStation deixem de aproveitá-lo ao máximo, esquecendo certas técnicas ou práticas ao longo do tempo.

Com sua experiência profissional em treinamentos, atividades de suporte técnico, implantação de soluções verticais e customização de MicroStation **que desenvolveu pela ITIS**, além da inigualável didática e dedicação, Carlos Galeano reuniu nesta obra todos os anos de real vivência prática do assunto, oferecendo um conteúdo de forte apoio para aqueles que já utilizam o software, bem como para quem está iniciando.

De forma abrangente e com exercícios passo a passo, apresenta as principais características do MicroStation V8 XM, mostrando como criar uma configuração inicial para executar trabalhos em 2D, ao mesmo tempo que ensina o usuário do programa desde a construção de uma simples linha até os procedimentos da montagem de uma folha de desenho, procurando guiar o leitor por um fluxo de trabalho comum para o desenvolvimento de um projeto no ambiente do MicroStation, ensinando os caminhos mais eficientes e seguros.

Maurício Küster
Diretor Executivo
ITIS Tecnologia Ltda.

Apresentação

Sistema CAD é um conjunto de computadores que auxiliam na elaboração e manutenção de projetos de arquitetura, engenharia, construção, incluindo projetos geotécnicos. Mesmo que sua empresa não desenvolva os projetos internamente e contrate diferentes empresas para gerar a documentação da sua obra ou equipamento, ainda assim você possui um sistema CAD.

A informação relacionada a um componente de determinado projeto gerado ou contratado pela sua empresa não está limitada aos vetores coloridos do objeto, ou à quantidade de anexos produzidos para relacionar os componentes ou especificar normas. É muito mais abrangente e envolve também documentos de outros departamentos ou empresas. O controle de todas essas informações é crítico, para que uma simples mudança não inicie uma série de problemas. Um sistema CAD que crie um projeto inteligente é um sistema que ataca os seus problemas mais comuns de engenharia. Tudo depende do fluxo de trabalho.

Responda a esta pergunta-chave: Em que momento do ciclo de vida do projeto perde-se mais tempo e dinheiro? É para este momento do projeto que você deve focar o sistema CAD!

Portanto, um sistema CAD não é apenas responsável pela fase de desenvolvimento do projeto, já que nela se evitam os problemas que possam surgir nas fases seguintes. A grande maioria das empresas deveria compreender que um sistema CAD não é um software para elaborar arquivos de desenhos que servem somente para a plotagem, mas uma solução de engenharia! Um sistema CAD inteligente deve ter as seguintes características:

- Interoperabilidade com diversos formatos.
- Integração das diferentes disciplinas de engenharia.
- Integração com diversos bancos de dados.
- Visualização e consultas através de aplicativos gratuitos.
- Impressão automática de desenhos.
- Capacidade de gerenciar os componentes do projeto.

O MicroStation possui todas estas características, é a base que suporta e integra diversos aplicativos e formatos. A capacidade do MicroStation V8 XM de editar nativamente três tipos de arquivo, DGN V7, DGN V8 e DWG nos seus mais variados formatos, torna-o um produto com interoperabilidade muito conveniente nos dias de hoje, uma vez que 95% da infra-estrutura do mundo é projetada, construída e mantida usando arquivos DGN e DWG. Agora que você compreende o que é um sistema CAD inteligente, comece dando o primeiro passo nessa direção, aprendendo a usar essa poderosa ferramenta por meio deste livro que é fundamental e prático.

O capítulo inicial é uma introdução aos conceitos básicos e à interface do programa. Descreve as posições das ferramentas nas suas diferentes apresentações e maneiras de operação, mostrando cuidadosamente como interagir com o programa para executar trabalhos com precisão e qualidade. Compreende as configurações de alguns recursos, o uso do teclado e do mouse, ensinando como associar comandos às suas teclas e botões.

O capítulo seguinte ensina como dominar os recursos de visualização e destaca a importância dessa técnica no dia-a-dia dos trabalhos com o MicroStation. A seguir o usuário aprende como preparar o ambiente e as ferramentas para execução dos desenhos.

Cada ferramenta é tratada detalhadamente com exercícios práticos aplicados em diferentes situações no desenho. Apresenta os recursos mais importantes do ambiente, começando com a criação e a configuração da biblioteca de níveis, das bibliotecas de células, hachuras, estilos de textos e de cotas, modelos, arquivos de referência, impressão e a configuração de uma tabela de ressimbolização.

Este livro não é apenas para os usuários iniciantes, mas também para os que já possuem alguma experiência nas edições anteriores do MicroStation, como o MicroStation/J, MicroStation V8 e MicroStation V8 2004 Edition.

O Autor

Sobre o Autor

Carlos Alberto Brisola Galeano

Engenheiro de Aplicações dos Produtos Bentley Systems da ITIS Tecnologia Ltda., em Florianópolis, SC.

Premiado pela Bentley Systems com o troféu Technical Support Award 2000.

Possui cursos de especialização técnica pela Bentley Systems em São Paulo (1998), Las Vegas (1999), Philadelphia (1999 e 2000) e Curitiba (2007) nos produtos MicroStation, TriForma, ProjectWise e InRoads.

Usuário MicroStation com 20 anos de experiência. Começou como projetista mecânico no Grupo Inepar em Curitiba, no início de 1989, onde logo passou a dedicar-se ao desenvolvimento de ambientes e suporte técnico do produto. Associou-se a ITIS Tecnologia em 1998, onde trabalha atualmente.

Sobre o Material Disponível na Internet

O material disponível no site da Editora Érica (www.editoraerica.com.br) contém todos os arquivos utilizados nos exercícios desenvolvidos no livro, além de configurações para um ambiente customizado que servirá de exemplo para você construir o seu próprio ambiente.

O uso desses arquivos e desse ambiente facilita bastante a execução da maioria dos exercícios e a compreensão dos conceitos mostrados no livro, porém não são obrigatórios.

Dataset_Livro_MicoStation.EXE - 6.59 MB

Procedimento para Download

Acesse o site da Editora Érica: www.editoraerica.com.br. A transferência do arquivo disponível pode ser feita de duas formas:

- **Por meio do módulo pesquisa.** Localize o livro desejado, digitando palavras-chave (nome do livro ou do autor). Aparecerão os dados do livro e o arquivo para download. Dê um clique sobre o arquivo executável que será transferido.
- **Por meio do botão "Download".** Na página principal do site, clique no item "Download". Será exibido um campo, no qual devem ser digitadas palavras-chave (nome do livro ou do autor). Serão exibidos o nome do livro e o arquivo para download.

Procedimento para Instalação do Dataset

Primeiro passo: após ter transferido o arquivo Dataset_Livro_MicroStation.exe para sua máquina, verifique o diretório em que se encontra e dê um duplo-clique sobre ele. Será exibida uma tela de instalação do dataset que o conduzirá ao processo de descompactação dos arquivos. Clique sempre em Avançar até concluir a instalação. Uma janela de Prompt abre. Pressione qualquer tecla para continuar.

Segundo passo: depois de concluir a instalação, um grupo de programas chamado **Dataset XM Livro** é criado no menu Iniciar > Programas. Também são criadas duas pastas: ModuloXM (ambiente) e Desenhos_XM (exercícios). Além disso, um atalho para iniciar o MicroStation com o ambiente do conteúdo de estudo é criado na sua desktop.

Procedimento para Desinstalação do Dataset

Primeiro passo: a partir do menu Iniciar > Programas > Dataset XM Livro > ModuloXM, escolha **Remover ModuloXM**. Selecione a opção Automática e clique em Avançar. Em seguida clique em Iniciar e depois em Sim. Para concluir, clique em OK.

Segundo passo: os arquivos modificados das pastas ModuloXM e Desenhos_XM permanecerão na sua máquina. Remova as pastas manualmente, se desejar.

Capítulo 1

Bem-Vindo ao MicroStation V8 XM Edition

Este livro apresenta conceitos e ferramentas essenciais que você deve conhecer antes de iniciar a criação de qualquer modelo.

Iniciando o MicroStation

Você pode iniciar o MicroStation utilizando um destes métodos:

- A partir de Iniciar do menu do Windows® selecione o grupo de programas MicroStation, e então escolha o item MicroStation.
- Dê um duplo-clique no ícone MicroStation.
- Dê um duplo-clique no ícone de um arquivo com a extensão DGN. A extensão default do arquivo de desenho do MicroStation é DGN.

O MicroStation Manager

Quando você inicia o MicroStation, abre-se a caixa MicroStation Manager.

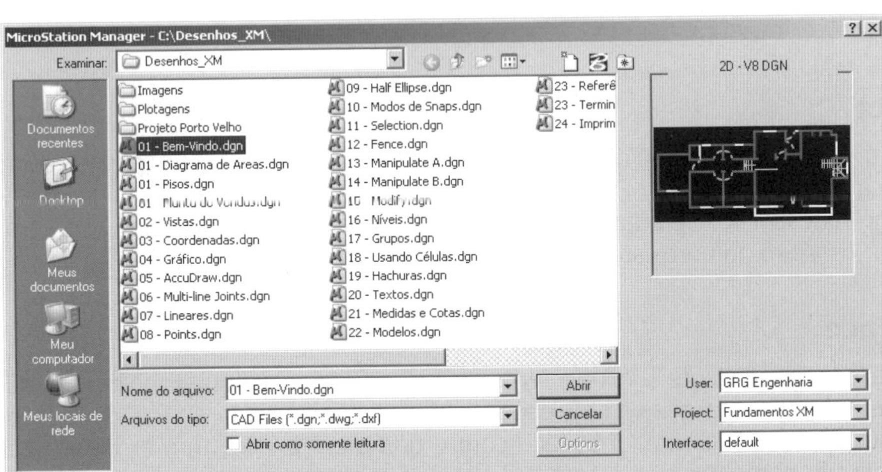

A caixa MicroStation Manager pode ser usada para uma variedade de funções de gerenciamento de arquivos, como: copiar, excluir, comprimir, renomear e abrir arquivos de desenho, bem como na criação de pastas. Essas operações são similares às operações realizadas pelo Windows Explorer®.

A janela PREVIEW, localizada do lado direito da caixa do MicroStation Manager, exibe uma imagem do arquivo selecionado se ela estiver disponível. Informações sobre o arquivo selecionado aparecem nessa janela, indicando se é um arquivo DGN ou DWG, sua versão e se é 2D ou 3D.

> Você não pode ter mais de um arquivo de desenho aberto ou ativo no MicroStation ao mesmo tempo. Se abrir um arquivo de desenho quando um já estiver ativo, o MicroStation automaticamente fecha o primeiro. Todavia, você pode visualizar o conteúdo de outros arquivos de desenho, anexando-os como referência ao ativo.

Workspace

A caixa MicroStation Manager também é usada para selecionar componentes de um **WORKSPACE**, que é um "ambiente" customizado do MicroStation, ou seja, uma configuração do aplicativo para operar com recursos personalizados.

User

Define o ambiente ou a configuração do MicroStation que você quer usar para trabalhar com seus arquivos. Escolhendo NEW, uma caixa de diálogo abre, permitindo que você forneça um nome e a descrição de um novo workspace. Se especificar um nome existente, terá a chance de sobrescrever.

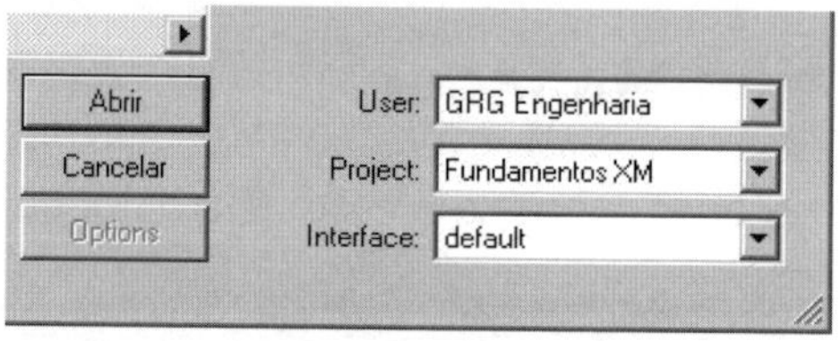

Project

Define a localização e os nomes dos arquivos de dados referentes à configuração específica para um projeto. Escolhendo NEW, uma caixa abre, permitindo que você crie um nome e descrição. Se criar um Project com o nome em branco, um erro será gerado. Se tentar usar um nome existente, o Project não será criado.

Interface

Define a aparência da tela e das ferramentas do MicroStation. Escolhendo NEW, uma caixa de diálogo abre para você especificar um nome de interface de usuário e sua descrição. Se você criar uma interface com o nome em branco, um erro será gerado. Se especificar um nome existente, terá a chance de sobrescrever.

	EXERCÍCIO: Selecionando outro ambiente de trabalho

1. Na opção USER da seção Workspace da caixa MicroStation Manager, escolha **GRG Engenharia**.
2. Na opção PROJECT, escolha **Fundamentos XM**. A lista de arquivos exibe o conteúdo da pasta C:\desenhos.
3. Na opção INTERFACE, escolha **default**.

Propriedades do Arquivo

Clicando com o botão da direita do mouse sobre um arquivo a partir do MicroStation Manager, a caixa Properties se abre. Ela é usada para visualizar e editar as propriedades do arquivo como título, assunto e cliente, além de visualizar suas estatísticas gerais de uso. Se a caixa Properties for aberta a partir do menu File quando o arquivo estiver aberto, outro layout será apresentado.

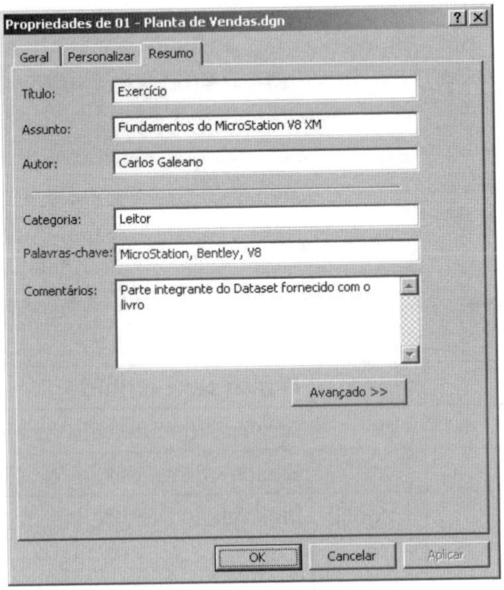

Os campos da tabela Summary correspondem aos campos apresentados pela tabela Resumo quando a caixa é aberta a partir do MicroStation Manager.

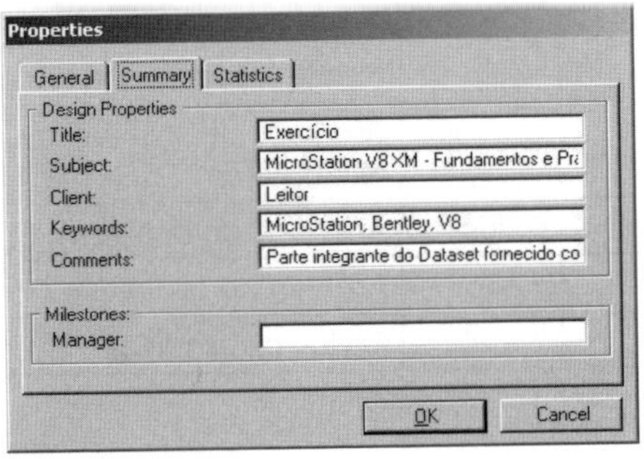

EXERCÍCIO: Cadastrando informações nas propriedades do arquivo

1. Selecione o arquivo **01-Bem-Vindo.dgn**, em seguida clique com o botão da direita do mouse sobre o arquivo ou simplesmente pressione **<ALT + ENTER>**.
2. Na tabela Resumo, preencha as seguintes informações:

Título: O Ambiente MicroStation
Assunto: Livro MicroStation
Categoria: [Nome da sua empresa]

As informações podem ser exibidas e pesquisadas pelo Windows Explorer®.

Arquivos do Tipo

Esta opção seleciona um tipo específico de arquivo para ser listado. Ao selecionar um tipo, a lista exibe apenas os arquivos que possuam essa extensão.

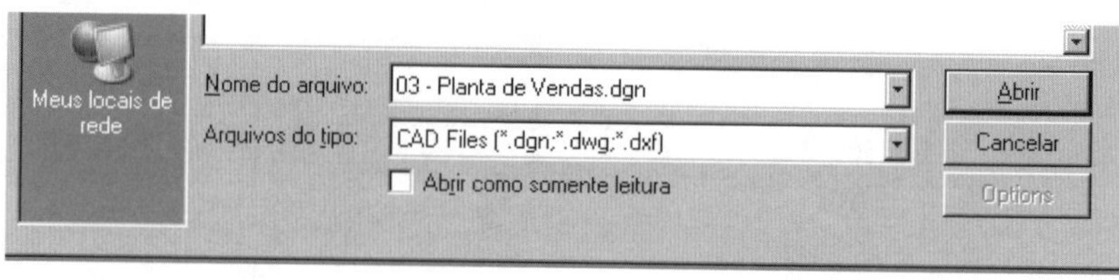

Arquivos do tipo	Filtro	O que será exibido
MicroStation DGN Files	*.dgn	Arquivos de desenho do MicroStation.
MicroStation Cell Libraries	*.cel	Bibliotecas de células do MicroStation.
DGN Library Files	*.dgnlib	Bibliotecas DGN de interface, estilos e níveis.
Sheet Files	*.s*	Folhas de desenho do MicroStation.
Hidden Line Files	*.h*	Arquivo DGN com linhas escondidas.
AutoCAD Drawing Files	*.dwg	Arquivos de desenho do AutoCAD.
AutoCAD ASCII DXF Files	*.dxf	Arquivos ASCII DXF do AutoCAD (*.dxf).
Redline Files	*.rdl	Arquivos de comentários feitos pelo aplicativo Bentley Redline.
TriForma Document Files	*.d	Arquivos de seção extraída pelo aplicativo MicroStation TriForma.
3D Studio	*.3ds	Arquivos do aplicativo 3D Studio.
SketchUp File	*.skp	Arquivo do aplicativo Google SketchUp.
All Files	*.*	Todos os arquivos.

Abrir Como Somente Leitura

Quando essa opção é ativada, abre o arquivo selecionado em estado de "leitura" (alterações não podem ser salvas).

Visão Geral do MicroStation V8 XM Edition

O MicroStation é uma poderosa ferramenta de CAD que pode ser utilizada em diversas áreas de engenharia, geoprocessamento e arquitetura. A interface do MicroStation V8 XM Edition é intuitiva, tornando o aprendizado muito fácil.

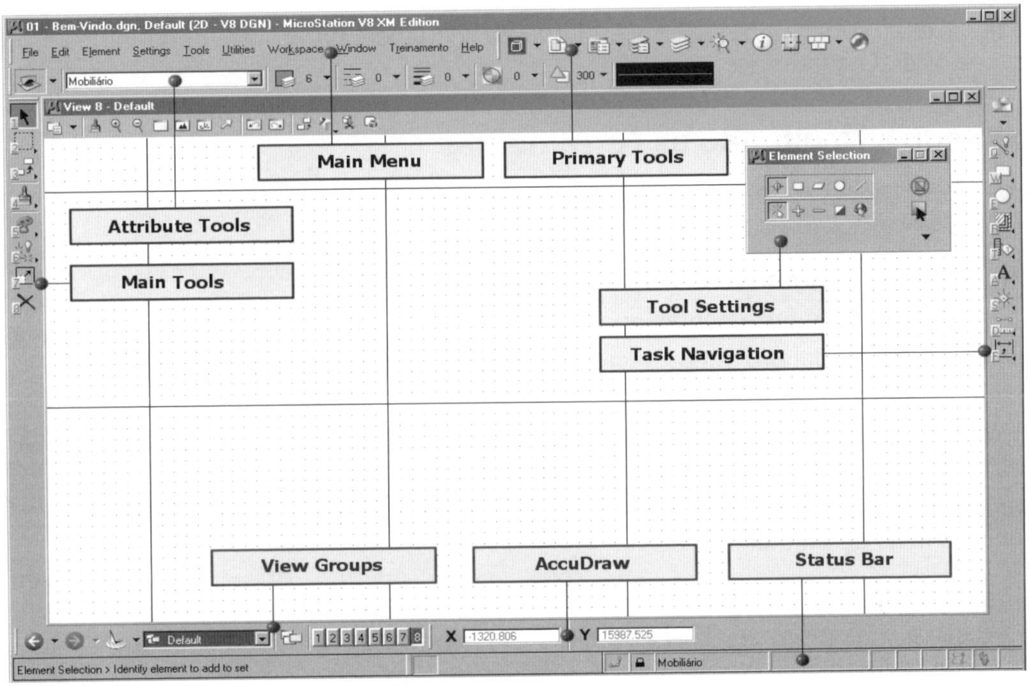

Compreendendo as Ferramentas de Desenho

As ferramentas são representadas por ícones. Para simplificar, o termo "ferramenta" é usado para referir-se à ferramenta e ao ícone.

◉ **Abra o arquivo 01 - Bem-Vindo.dgn.**

A primeira vez que você inicia o MicroStation, as seguintes caixas de ferramentas são abertas e alocadas na interface (observe a imagem anterior):

- **Main Tool Box** - alocada do lado esquerdo da interface do aplicativo.
- **Attributes Tool Box** - do lado esquerdo superior da interface.
- **Primary Tools** - do lado direito superior da interface.
- **Task Navigation** - alocada ao lado direito da interface do aplicativo.

O MicroStation possui dezenas de ferramentas de desenho (ou apenas ferramentas, para simplificar), as quais estão agrupadas por tipos de tarefas (TASK) e em caixas para sua conveniência.

As ferramentas agrupadas em uma TASK são usadas para realizar uma tarefa específica. Por exemplo, a TASK Drawing Composition contém ferramentas usadas para compor uma folha de desenho. Somente uma TASK de cada vez fica ativa no MicroStation. As ferramentas da TASK ativa ficam agrupadas em uma caixa de ferramentas especial chamada **Task Navigation**.

Cada caixa de ferramentas aberta é "flutuante" na janela do aplicativo, ou também pode ficar na lateral da interface.

Exibindo e Ocultando as Ferramentas

Você pode seletivamente exibir ou ocultar um ícone de uma caixa de ferramentas.

Para exibir ou ocultar uma ferramenta

1. Abra a caixa de ferramentas que contém o ícone desejado.
2. Posicione o ponteiro sobre a caixa e clique com o botão direito do mouse. Um menu pop-up abrirá, indicando as ferramentas exibidas com um "check mark" (✔).
3. Selecione o item que deseja exibir/ocultar.

Alternativamente você pode escolher a opção LIST no menu pop-up e selecionar múltiplos itens de uma única vez.

Trabalhando com as Caixas de Ferramentas

As caixas de ferramentas são hierárquicas; isto quer dizer que elas apresentam uma relação "mãe e filha" entre as caixas de ferramentas. A caixa "mãe" exibe uma ferramenta de cada uma das suas ferramentas "filhas".

Por exemplo, a caixa de ferramentas Main é "mãe" de várias caixas de ferramentas "filhas", incluindo a FENCE. A caixa de ferramentas FENCE é exibida como o segundo ícone da caixa Main.

Caixa de Ferramentas MAIN

Você pode selecionar qualquer ferramenta que seja membro de uma caixa de ferramentas "filha" diretamente da caixa "mãe" sem precisar retirar (flutuar) a caixa "filha".

Para abrir uma caixa de ferramentas

1. A partir do menu Tools, escolha **Tool Boxes**. A caixa Tool Boxes possui uma lista de todas as caixas de ferramentas disponíveis.
2. Na lista de caixas de ferramentas, clique (ative) na caixa que você deseja abrir e clique em **OK**. Se a caixa estava na interface na última vez que foi aberta, ela automaticamente aparece nesse local. Do contrário, a caixa é exibida "flutuando" sobre a janela.

EXERCÍCIO: Para abrir uma caixa "filha" a partir da caixa "mãe"

1. Na caixa de ferramentas Main, clique na ferramenta que represente um item de uma caixa de ferramentas "filha"; PLACE FENCE, por exemplo. Mantendo o botão do mouse pressionado, mova o ponteiro sobre o menu pop-up que abre imediatamente ao lado da caixa. O menu possui um item para cada ferramenta da caixa "filha". Por exemplo, para abrir a caixa de ferramentas FENCE, clique no segundo ícone da caixa Main e mantenha o botão do mouse pressionado.
2. A partir do menu pop-up, escolha **Open as ToolBox**. A caixa FENCE se abre.

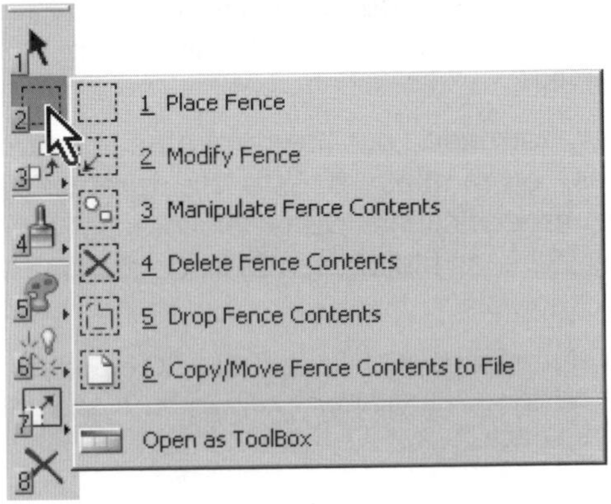

As caixas Main e Task Navigation suportam **positional keyboard navigation**. São teclas de atalhos apresentadas nos ícones, facilitando o acesso às ferramentas.

EXERCÍCIO: Para abrir uma caixa "filha" da caixa Task Navigation

1. Pressione a tecla <ESC> para assegurar que o foco esteja definido para "**Home**".
2. As etiquetas com as teclas de atalho são exibidas nos ícones da caixa Task Navigation com um fundo azul.
3. Pressione a letra (ou número) associada à caixa desejada. Pressione <**Q**>, por exemplo. As ferramentas da caixa LINEAR serão listadas em um menu pop-up ao lado do ponteiro do mouse.

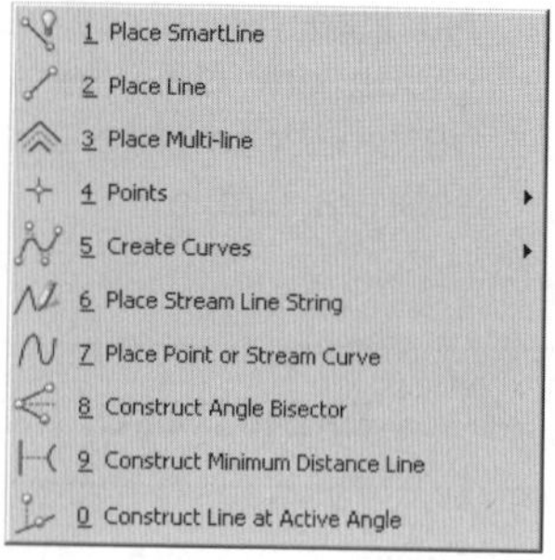

Usando a Caixa Task Navigation

A caixa Task Navigation possui a TASK LIST, a partir da qual um tipo de tarefa é selecionado para exibir suas caixas de ferramentas. Um tipo de tarefa ou uma TASK é um conjunto de ferramentas agrupadas para facilitar um determinado fluxo de trabalho.

Esse conjunto pode ser formado por ferramentas padronizadas do MicroStation, ferramentas customizadas, ou ambas. A lista de tarefas disponíveis é gerada pela combinação das tarefas especificadas pelas bibliotecas apontadas pela variável de configuração MS_DGNLIBLIST e as bibliotecas DGN do sistema.

A variável de configuração MS_GUITASKTREEROOT pode ser usada para controlar as tarefas disponíveis na caixa. Para fazer isso, defina essa variável com o nome da tarefa que você quer que apareça.

EXERCÍCIO: Para alternar entre as tarefas

1. Na caixa Task Navigation, clique na seta do ícone Task List. Alternativamente, se estiver usando os comandos default para as Function Keys, pressione <**F2**>.

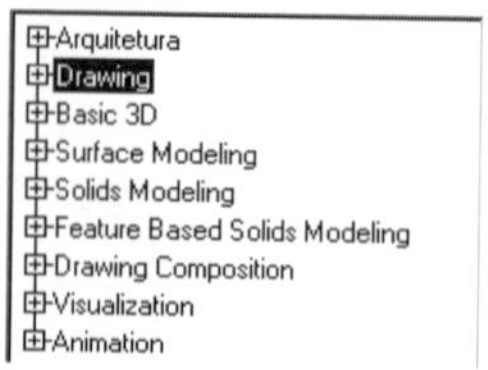

Task List default expandida em um arquivo 3D.

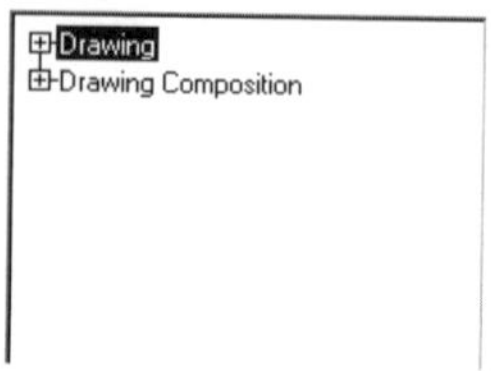

Task List default expandida em um arquivo 2D.

2. A Task List é expandida sob o ícone. Se você pressionar <F2>, a Task List aparece ao lado do seu ponteiro.
3. Clique na tarefa que deseja ou sobre o caractere [+] para expandir a lista.

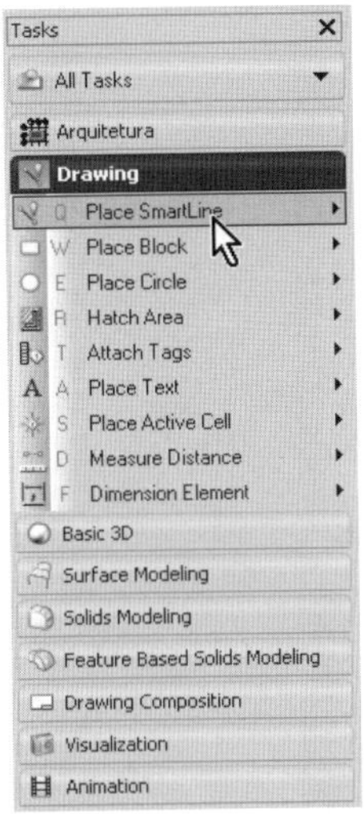

A categoria Task Navigation da caixa Preferences (menu Workspace > Preferences) permite apresentar a caixa Task Navigation de duas outras formas alternativas: Dialog e View.

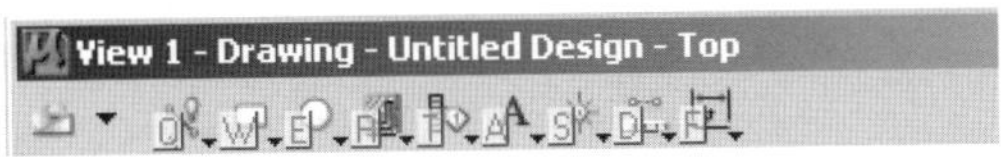

Método alternativo - para alternar entre as tarefas

1. Com o foco definido como Home, pressione <**PGDN**> ou <**PGUP**> para alternar entre as tarefas disponíveis da lista. Se a última tarefa da lista estiver ativada, pressionando <PGDN> não terá efeito. Se a primeira tarefa da lista estiver ativada, pressionando <PGUP> não terá efeito.

Para exibir a tarefa selecionada na Task List

Se você estiver usando os comandos default do menu Function key, pressione <**F4**>. A tarefa ativa da Task List aparece ao lado do ponteiro do mouse.

Caixas e Janelas Alocadas na Interface

As caixas de ferramentas podem ser adaptadas ao longo das laterais da janela do MicroStation. Quando uma caixa de ferramentas está alocada na interface, sua barra de título não é exibida e sua borda é suavizada. As seguintes janelas e caixas de diálogo também podem ser adaptadas à interface:

- Janela Tool Settings
- Janela Key-in
- Janela View Groups
- Janela do AccuDraw
- Barra de Snaps
- Caixa de diálogo Element Info(rmation)
- Caixa de diálogo Level Display
- Janela Feature Manager
- Caixa de diálogo Project Explorer
- Caixa de diálogo Link Sets
- Caixa de diálogo Task Navigation
- Janela Drawing Scale

Para mover uma caixa de ferramentas ou uma janela para outra área sem remover a condição de ela estar na interface, mantenha a tecla <CTRL> pressionada enquanto arrasta a caixa.

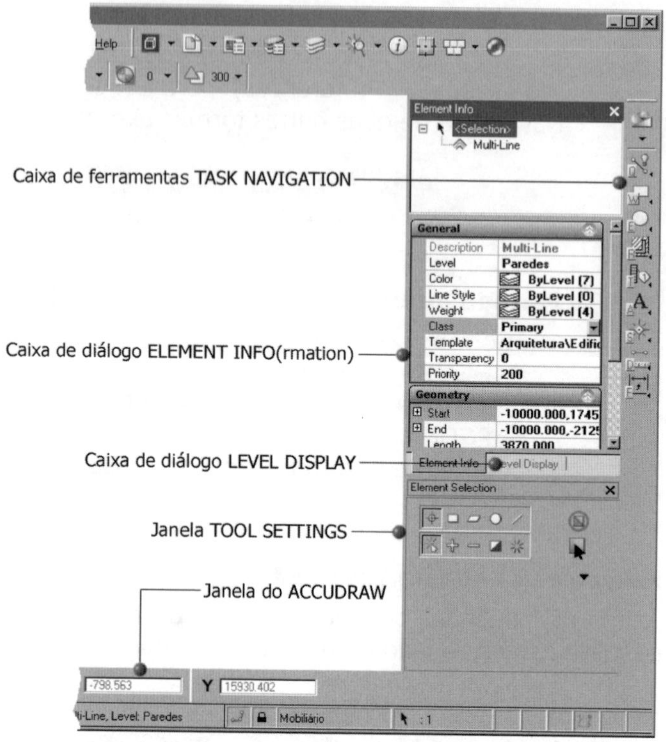

Somente uma ferramenta pode ser selecionada de cada vez. O nome da ferramenta é exibido na Status Bar, e o ícone é destacado na sua caixa. Algumas vezes será mais natural selecionar a ferramenta com o teclado, e outras vezes com o mouse. Você decide o que é melhor!

Trabalhando com a Ferramenta Selecionada

O MicroStation possui várias alternativas para ajudá-lo no uso das ferramentas. Os parâmetros que afetarão o comportamento da ferramenta podem ser controlados a partir da janela **Tool Settings**. Por exemplo, a opção Method define como um quadrilátero será desenhado com a ferramenta Place Block.

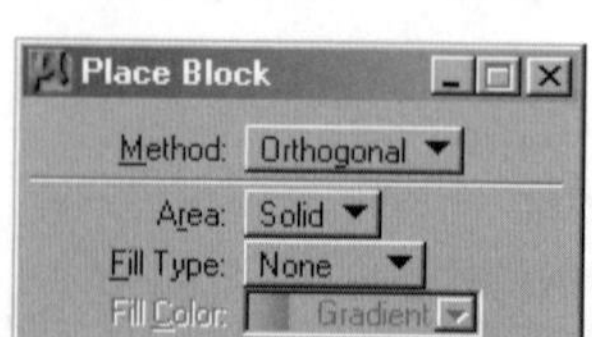

Essa janela exibe somente definições específicas da ferramenta selecionada, porém existem definições que são comuns a outras ferramentas. Por exemplo, os atributos dos elementos e as travas ativas afetam a colocação do elemento. Já a **Status Bar** presente ao longo da parte inferior da tela do MicroStation, exibe prompts e mensagens sobre a ferramenta selecionada.

> Quando a janela Tool Settings é fechada, você não pode ver as especificações da ferramenta selecionada. As especificações permanecerão ativas, influenciando no comportamento da ferramenta.

Lendo a Status Bar

É altamente recomendado que você crie o hábito de **ler** o conteúdo da Status Bar. Ela exibe uma variedade de informações, incluindo mensagens e o nome da ferramenta.

Se você não tiver certeza de "onde está" com a ferramenta, olhe a Status Bar. Ela está dividida em duas partes principais: lado ESQUERDO e DIREITO.

Lado Esquerdo da Status Bar

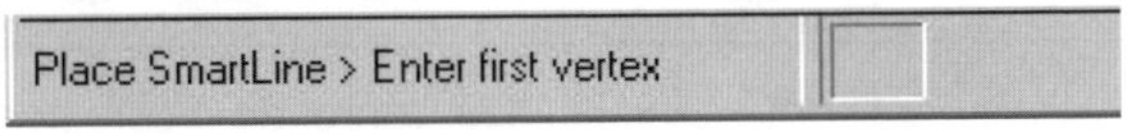

Mensagem de texto seguida pelo caractere "**>**" é o prompt da ferramenta selecionada; um guia que conduz você, passo a passo, durante a operação com a ferramenta selecionada.

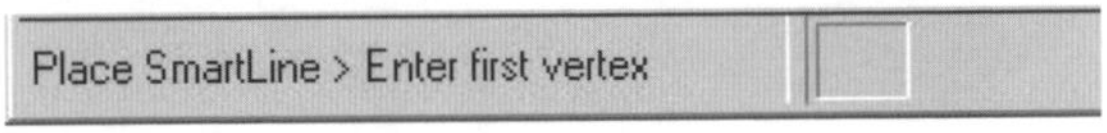

Ao arrastar o ponteiro sobre um ícone no processo de seleção de uma ferramenta, seu nome é exibido na Status Bar. Se você apenas deixar o ponteiro sobre o ícone, uma mensagem associada à ferramenta apresenta uma breve descrição da sua função.

Message Center

A janela Message Center habilita você a rever mensagens de erro, aviso e informações previamente exibidas na Status Bar, incluindo aquelas mensagens muito rápidas para serem lidas.

Para abrir a janela Message Center, clique no ícone indicador do Message Center localizado à direita da parte esquerda da Status Bar, na qual as mensagens são originalmente mostradas.

O ícone indicador do Message Center na Status Bar exibe um ícone relacionado com o tipo de mensagem exibido desde a última vez em que a janela foi aberta.

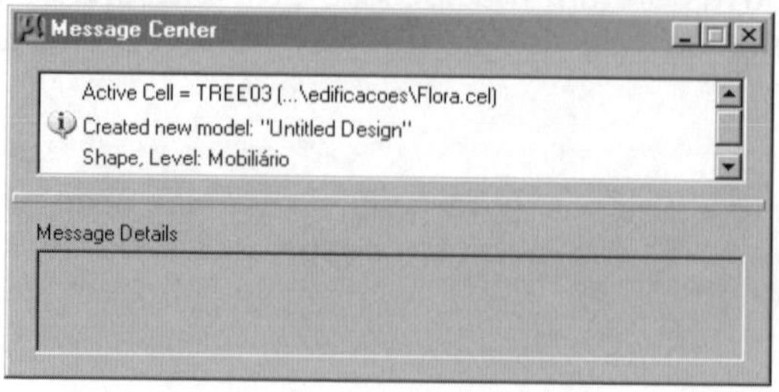

Você pode mudar o número máximo de mensagens salvas para serem exibidas na janela do Message Center. O default é 50. A seguinte tabela descreve os tipos e ícones do mais grave ao menos grave:

Tipo de mensagem	Ícone	Descrição do ícone
Erro		Círculo vermelho com um "x".
Aviso		Triângulo amarelo contendo o caractere "!".
Informação		Balão azul contendo o caractere "i".

Para mudar o número máximo de mensagens exibidas na janela

1. Clique com o botão direito do mouse sobre o ícone do Message Center na Status Bar.
2. A partir do menu aberto, escolha Properties.
3. Digite o número de mensagens para salvar no campo Number of Messages e clique em OK.

Para salvar todas as mensagens em um arquivo texto

1. Clique com o botão direito do mouse sobre o ícone indicador do Message Center na Status Bar.
2. A partir do menu aberto, escolha Save Messages.
3. Defina o endereço e o nome do arquivo texto.
4. Clique em OK. O arquivo é criado.

Você ainda pode selecionar manualmente as mensagens listadas pelo Message Center, em seguida pressionar <CTRL+C> e colar onde desejar, mesmo que seja em outro aplicativo do Windows.

Quando você entra com um tentative point ou necessita de uma informação quantitativa - por exemplo, distâncias ou ângulos medidos pela ferramenta Measure - os campos localizados à direita do Message Center permitem revisar os valores.

Lado Direito da Status Bar

A parte direita é formada por uma série de campos. Da esquerda para direita, o status da informação indicado nesses campos é o seguinte:

- Definição do modo do Snap.
- O ícone do cadeado não indica um status. Clicando no ícone, ele proporciona uma alternativa de acesso ao menu de definições das travas.
- Abre a caixa Level Manager e exibe o nível ativo.
- Contador de elementos selecionados. Se estiver em branco, nenhum elemento foi selecionado.

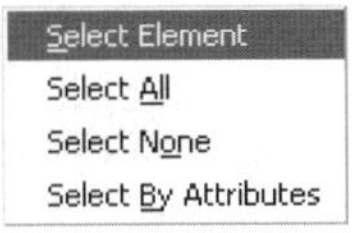

Clicando na Status Bar quando o campo apresentar o número de elementos selecionados, um menu pop-up exibe os seguintes itens:

Opção	**Escolha para**
Select Element	Selecionar os elementos do modelo ativo.
Select All	Selecionar todos os elementos do modelo ativo (o mesmo que selecionar menu Edit > Select All ou pressionar <CTRL+A>).
Select None	Remover a seleção de todos os elementos do arquivo ativo (o mesmo que selecionar menu Edit > Select None).
Select By Attributes	Abrir a caixa de diálogo Select By Attributes (o mesmo que selecionar menu Edit > Select By Attributes).

- Indica quando uma Fence está colocada no arquivo. Se estiver em branco, não existe nenhuma Fence colocada. Também define o modo de operação da Fence.
- Exibe se a variável de configuração MS_WORKMODE está definida para DGN capacity, ou DWG restricted. Quando definida para DGN capacity, o campo fica vazio. Quando definida para DWG restricted, o campo exibe um ícone vermelho.
- Indica quando o desenho ainda não foi salvo. Se estiver em branco, nenhuma mudança precisa ser salva. Se o campo apresentar o ícone na cor vermelha com um "X" sobre ele, significa que o arquivo foi aberto com acesso para leitura.
- Se o arquivo não possuir o Design History iniciado, nada é mostrado. Se o Design History estiver iniciado, e existirem mudanças não registradas, o ícone exibe um lápis sobre um papel.

Sem mudanças/mudanças registradas.

Mudanças não registradas.

Clicando no ícone, um menu pop-up é exibido com os seguintes itens:

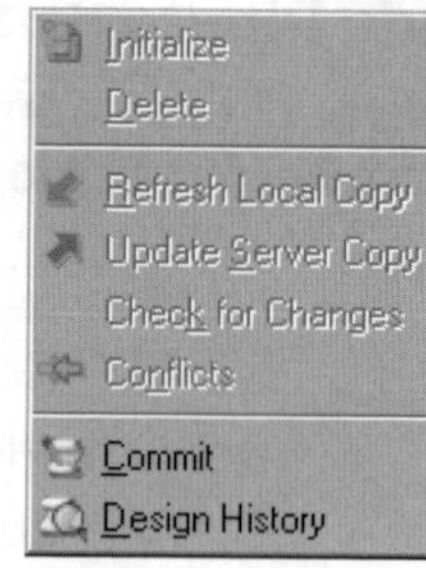

- Initialize
- Delete
- Commit
- Design History
- Indica o status do foco. Por exemplo, quando você coloca uma linha o foco exibe uma "casa" (Home) nesse campo.

Foco	Indica que	Ícone
Home	Você está no nível mais alto. Pressionando a tecla <BARRA DE ESPAÇO>, o foco passa para a janela do AccuDraw.	
Tool Settings	A janela Tool Settings tem o foco.	
Key-in	A janela Key-in tem o foco.	
AccuDraw	A janela do AccuDraw tem o foco.	
(sem ícone)	Outra janela ou caixa de diálogo tem o foco.	

Pressionando <ESC>, o foco retorna sempre para Home.

- Indica se o arquivo aberto está protegido e assinado digitalmente.

Caixas Transparentes

Para tornar a janela Tool Settings ou QUALQUER CAIXA DE DIÁLOGO transparente, clique com o botão da direita na barra de título da caixa e escolha **Transparency**.

Na caixa Window Transparency, ajuste o valor de transparência, que pode variar de 0% (sem transparência) até 100% (totalmente transparente).

Você pode definir as seguintes preferências referentes à caixa de diálogo de transparência na categoria Look and Feel da caixa de diálogo **Preferences** (Workspace > Preferences):

- Transparent dialogs become opaque when receiving focus.
- All modeless dialogs use same transparency.

> A segunda opção oferece uma barra para definir a transparência para todas as caixas.

Esconder Temporariamente a Janela Tool Settings

Algumas vezes, enquanto você está desenhando, a janela Tool Settings pode tornar-se inconveniente por esconder parte do seu modelo. Existem várias formas de contornar este problema.

Obviamente você pode fechar a janela Tool Settings (ela será reaberta quando você selecionar outra ferramenta), movê-la, ou ainda ajustar a sua transparência. O mais conveniente, em muitos casos, talvez seja ocultá-la temporariamente na janela de vista.

EXERCÍCIO: Para ocultar temporariamente a janela Tool Settings

1. Assegure-se de que o ícone do PopSet na caixa de ferramentas Primary Tools esteja ativado (cor verde). Se o ícone estiver vermelho com uma linha cruzada, clique para ativá-lo.

2. Mova o ponteiro para uma posição fora da janela Tool Settings. A janela desaparece. Você pode customizar essa capacidade ajustando os parâmetros na caixa de diálogo PopSet Properties, por exemplo, ajustando a opção Hide Border.

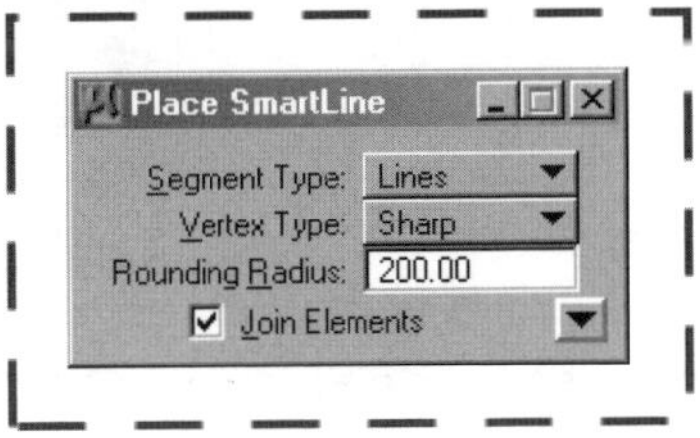

3. Para abrir a caixa de diálogo **PopSet Properties**, clique com o botão direito do mouse sobre o ícone na caixa Primary Tools e escolha Properties.

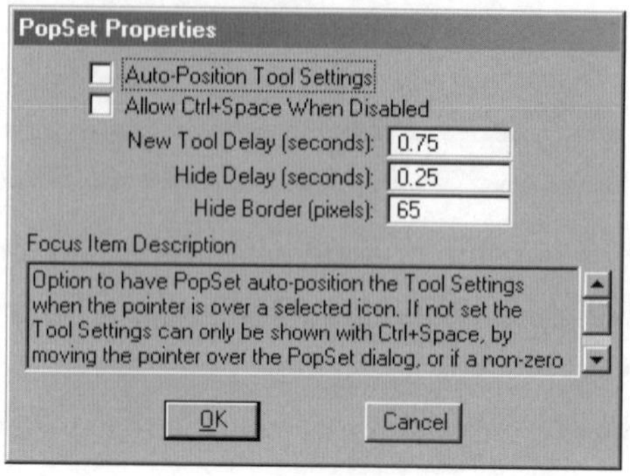

4. Na opção **Hide Border**, digite **65** e clique em **OK**.

Entradas pelo Teclado

O modo pelo qual o MicroStation primariamente cria com precisão os modelos é com o teclado; um aspecto proeminente de usar o produto. A natureza e o efeito das entradas pelo teclado dependem do seu contexto.

Usando Positional Keyboard Input

No Microsoft Windows e outras interfaces gráficas de computador, o foco - algumas vezes chamado de input focus ou keyboard focus - refere-se à janela ou controle pelo qual a entrada pelo teclado é direcionada.

Quando o foco está definido para **Home**, você pode usar a Positional Keyboard Navigation. Essa técnica permite que você facilmente selecione as ferramentas e ajuste seus parâmetros. A técnica utiliza um teclado com posições marcadas, as quais são zonas do teclado que reúne um conjunto lógico de teclas. O MicroStation por default traz esse mapa definido. A figura seguinte exibe o mapa:

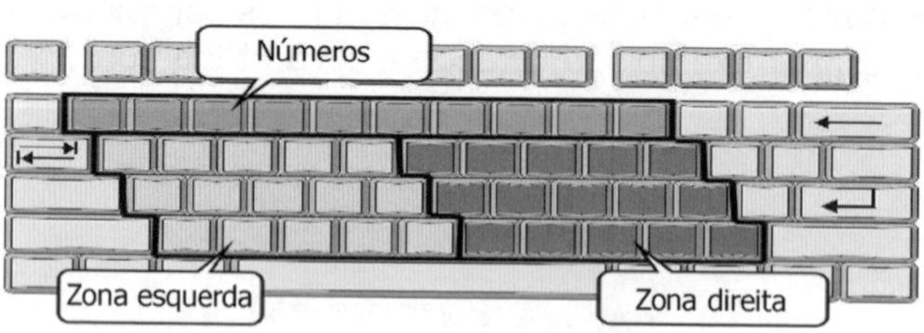

As teclas <1>, <2>, <3>, <4>, <5>, <6>, <7>, <8>, <9> e <0> estão mapeadas para os ícones da caixa de ferramentas MAIN.

As teclas da zona esquerda, <Q>, <W>, <E>, <R>, <T>, <A>, <S>, <D>, <F>, <G>, <Z>, <X>, <C>, <V> e <B>, estão mapeadas para os ícones da caixa TASK NAVIGATION.

As teclas da zona direita, <Y>, <U>, <I>, <O>, <P>, <H>, <J>, <K>, <L>, <;>, <N>, <M>, <,>, <.> e </>, estão mapeadas para os controles da janela TOOL SETTINGS.

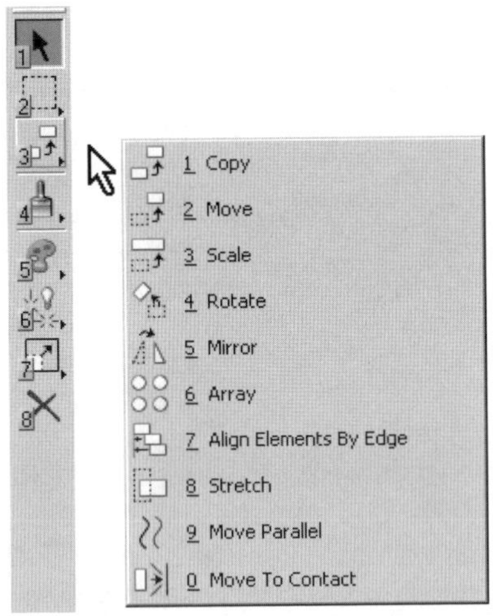

Por exemplo, se você desejar selecionar a ferramenta Rotate da caixa de ferramentas Manipulate usando Positional Keyboard Navigation, deve fazer o seguinte:

1. **Pressione <3>** para abrir a caixa Manipulate. Convenientemente a caixa aparece aberta ao lado do ponteiro do mouse. Os números agora são mapeados automaticamente para a caixa de ferramentas aberta.
2. **Pressione <4>**. Este exemplo assume o mapeamento default.

Continuando com o exemplo, suponha que deseja usar a ferramenta Rotate para rotacionar um elemento sem copiá-lo. Você então deveria desativar o parâmetro Copies, ativado por default. Se o foco estiver em **Home**, pode usar a Positional Keyboard Navigation para desligar esse parâmetro.

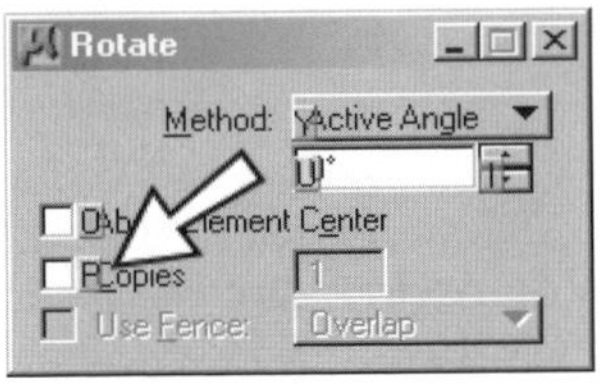

O parâmetro é o quinto controle da janela. Como a tecla <P> está mapeada para ser o quinto controle da zona direita, então pressione <P>.

> O ícone que ficou na face da caixa "mãe" pode ser acionado diretamente sem precisar abrir a caixa "filha". No exemplo anterior, a ferramenta Rotate ficou com seu ícone mostrado na caixa Manipulate, então pressione <SHIFT>+<3> para ativá-la novamente.

Customizando Position Mapping

Você pode customizar o mapeamento ao ajustar suas preferências de usuário na categoria Position Mapping da caixa Preferences, acessada a partir do menu Workspace > Preferences.

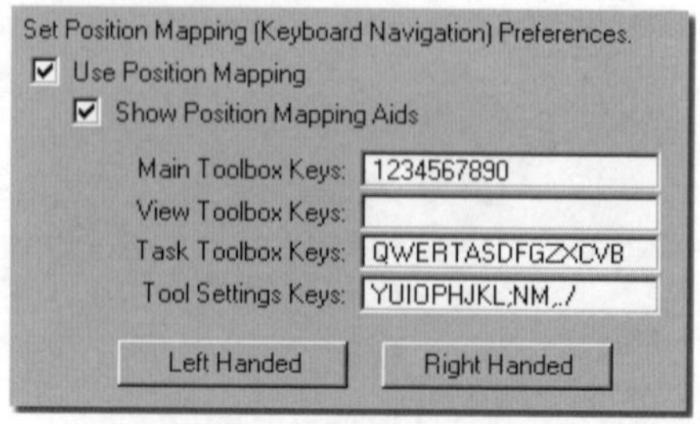

Positional keyboard Navigation vem ativado por default. Para desabilitá-lo, desative a opção Use Position Mapping.

As etiquetas do Positional Keyboard com os caracteres de navegação exibidas sobre os ícones nas caixas de ferramentas vêm ativadas por default. Para desligá-las, desative a opção Show Position Mapping Aids.

Atalhos da Caixa Primary Tools

Os itens que estiverem abertos na caixa Primary podem ser acessados diretamente sob o seu cursor. Mesmo que a caixa seja fechada, ainda assim os itens ativos da caixa serão acessados.

Pressione **<CTRL>+F1** para o primeiro item, **<CTRL>+F2** para o segundo e assim por diante.

Atalhos da Caixa Attributes

Os itens abertos na caixa Attributes podem ser acessados diretamente sob o seu cursor. Mesmo que a caixa seja fechada, ainda assim os itens ativos da caixa serão acessados.

Pressione **<SHIFT>+F1** para o primeiro item, **<SHIFT>+F2** para o segundo e assim por diante.

Key-In Browser

Existe uma interface exclusiva no MicroStation para digitar comandos, uma vez que alguns são dados via teclado. Também existem alguns utilitários que somente podem ser ativados desta maneira.

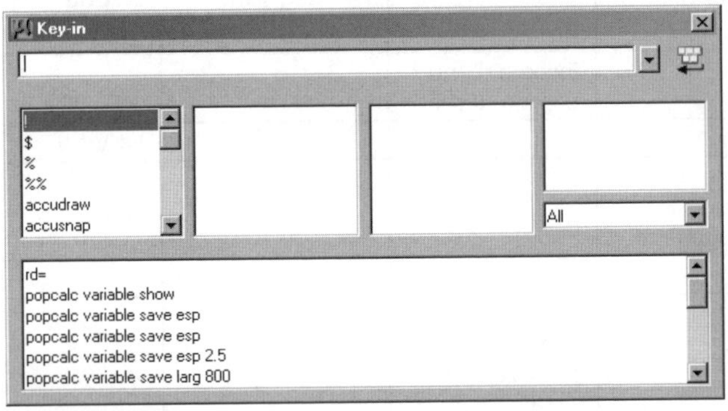

A janela Key-in pode ser aberta a partir do menu Utilities (Utilities > Key-in), ou ainda pela barra de ferramentas Primary Tools, ao clicar sobre o ícone Key-in.

O método mais comum é **pressionar <ENTER>** quando o foco estiver em HOME. Todavia, se você estiver usando o menu Function Key Default, apenas pressione <**F9**>.

Uma lista de comandos é exibida na caixa. Cada comando oferece parâmetros adicionais.

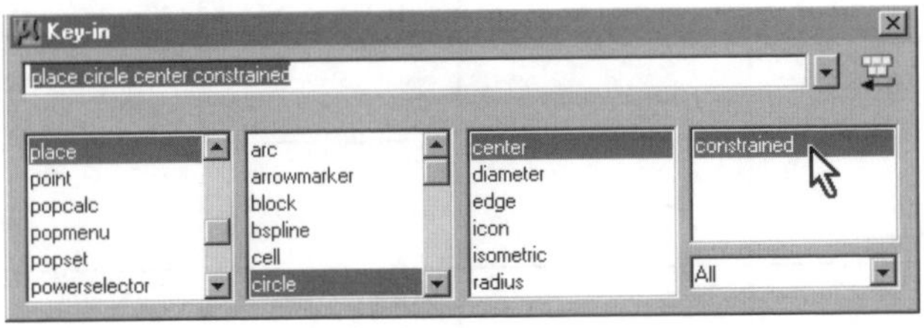

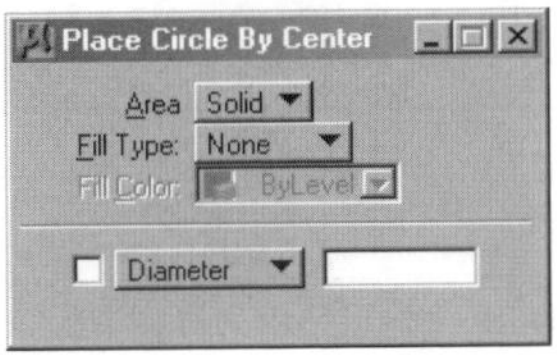

A janela do Key-in pode ser redimensionada ou adaptada à interface.

Funções do Mouse no MicroStation

O uso do mouse no MicroStation é muito freqüente, uma vez que por meio dele o usuário aciona um comando (seleciona uma ferramenta), fornece um dado, fornece um ponto no arquivo de desenho, posiciona o ponteiro (tentativa ou snap), confirma uma ação, redefine uma ação e cancela uma operação.

No MicroStation, todas as janelas são ativas. Isso significa que você não precisa selecionar primeiramente a vista na qual vai trabalhar; você pode colocar e manipular elementos em qualquer vista aberta a qualquer momento. Esta característica do MicroStation permite que você comece a colocar um elemento em uma vista e termine a operação em outra. Se o seu mouse possui uma "roda" entre os botões, você pode usá-la como o terceiro botão (botão do meio) e também para executar comandos de visualização nas janelas de vistas e nas barras deslizantes das caixas. A seguir está a lista (default) das funções previamente definidas:

	Botão esquerdo	**Botão direito**	**Botão central/ Dir-esq juntos**	**Pressionando a roda**	**Girando a roda**
Função	Dado	Reset			
Manter pressionado		Exibe o menu pop-up Reset			
Duplo-clique				Fit View	
Arrastar	Define os pontos inicial e final			Pan	
Girar					Zoom In/Out
<SHIFT> Clicar		Exibe o menu pop-up dos controles de vista			
<SHIFT> Arrastar	Pan dinâmico			Rotate dinâmico	
<SHIFT> Girar					Pan com Zoom
<CTRL> Clicar	Reservado para seleção lógica e seguir hyperlinks	Exibe a caixa Main	Define a origem do AccuDraw, resultando em uma tentativa		
<CTRL> Arrastar				Swivel view camera (3D)	
<CTRL> Girar					Avançar/Recuar (3D)
<ALT> Clicar	Match attributes from cursor	Element quickinfo fromcursor			
<ALT> Arrastar				Rotate view extended	
<ALT> Girar					Pan Esq/Dir
<SHIFT> <CTRL>	Toggle AccuSnap	Exibe a tarefa ativa ao lado do ponteiro			
<SHIFT> <CTRL> Arrastar	Seleção Retangular Overlap (Elem. Selection)				

Você pode usar as configurações predefinidas ou então customizá-las. Outros comandos também podem ser usados.

Customizando os Botões

Depois que mapear seus botões físicos na caixa Button Mapping (botão Remap Buttons da caixa Buttom Assignments), pode usar a caixa de diálogo Button Assignments (menu Workspace > Button Assignments) para definir comandos do MicroStation (key-ins) e adicionar combinações de teclas a botões lógicos.

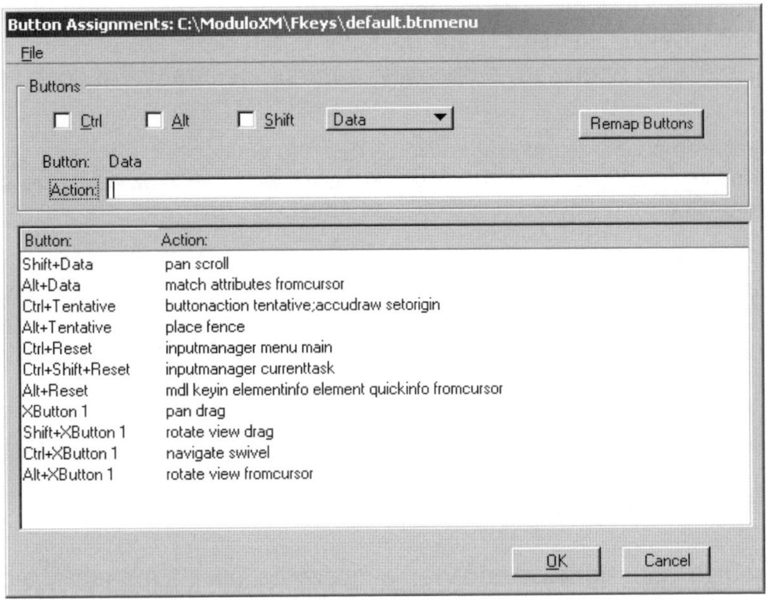

Por exemplo, você poderia definir as teclas <ALT> + Tentative para ativar o comando PLACE FENCE.

Não se recomenda sobrescrever essas funções, porém é uma decisão pessoal.

EXERCÍCIO: Definindo Place Fence para <ALT> + Tentative

1. A partir do menu Workspace, selecione **Button Assignments**.
2. (Opcional) Se desejar mapear os botões físicos, clique em Remap Buttons.

3. Na caixa de diálogo Button Assignments, ative **<ALT>** e na lista selecione **Tentative**.
4. No campo Action, digite **place fence** e pressione <ENTER>. Clique em **OK**.

Desfazendo Operações Realizadas

O MicroStation suporta UNDO ilimitado, o qual permite desfazer operações de "desenho" com a intenção de reparar um erro. Para isso, a partir do menu Edit, escolha Undo <operação> ou pressione **<CTRL>+Z**. Uma segunda opção é usar o ícone ao lado da barra de ferramentas Standard. Por exemplo, suponha que tenha excluído um elemento com a ferramenta Delete Element. Para desfazer esta operação, pressione <CTRL>+Z. Depois de desfazer uma operação, a operação anterior a ela também pode ser desfeita.

> Uma limitação ocorre quando o arquivo de desenho em questão é fechado ou comprimido. Similarmente, você pode usar os controles View Previous e View Next para navegar pelos enquadramentos e definições realizados nas vistas.

Refazer a Última Operação

Para refazer uma operação desfeita, a partir do menu Edit, escolha Redo ou pressione **<CTRL>+R**.

Fechando os Arquivos

Fechar um arquivo não significa encerrar a operação do MicroStation. Ao abrir outro arquivo (**File > Open**), você fecha o atual. Para fechar o arquivo atual sem precisar abrir outro arquivo, a partir do menu File, escolha CLOSE. A caixa de diálogo do MicroStation Manager (ou Windows, se essa opção estiver ativada) se abre.

Criando um Arquivo de Desenho

Para trabalhar no MicroStation, você primeiramente deve abrir um arquivo existente ou criar um.

EXERCÍCIO: Criando um arquivo de desenho chamado AULA01

1. No menu FILE, selecione **New**. A seed usada é exibida no quadro Seed File[1].
2. (Opcional) Para selecionar outro, clique em **Browse** e use a caixa de diálogo Select Seed File. Depois de selecionar o arquivo, clique em Abrir para fechar essa caixa.

---

1 Arquivos DGN do tipo semente (Seed files) e as sementes das folhas de desenho (seed sheet models) são, simplesmente, arquivos DGN copiados para dar origem aos novos arquivos e às folhas de desenho. Arquivos DGN podem abrigar um ou mais modelos e/ou folhas de desenho.

3. No **Nome do arquivo**, digite **AULA01**. A extensão ".dgn" é normalmente usada para indicar um arquivo do MicroStation; qualquer outra ou nenhuma também será aceita. Não é necessário digitar a extensão. Clique em **OK**.

Salvando o Trabalho

Quando você abre um arquivo para modificação, o MicroStation lê os dados do desenho a partir do arquivo armazenado no seu HardDisk, ou na rede. Um arquivo de desenho armazena informações sobre:

- Quantidade de janelas abertas;
- Posições das janelas na tela;
- Posição do desenho em cada janela.

Se o MicroStation foi instalado com as definições Default, qualquer arquivo de desenho é alterado com a colocação de uma linha ou a exclusão de um elemento. As mudanças são SALVAS AUTOMATICAMENTE. Todavia, mudanças feitas nos parâmetros do arquivo de desenho, como o Zoom em uma vista, ou o tamanho da janela, não são salvos automaticamente!

Save Settings

Ao contrário das mudanças feitas no desenho, o MicroStation não salva imediatamente as mudanças feitas nos parâmetros do arquivo. Quando você muda esses parâmetros, deve salvá-los a partir do menu **File > Save Settings**. O atalho <CTRL+F> pode ser usado. Todos os parâmetros controlados por caixas de definições e configurações de vista serão preservados. Além disso, o tamanho das janelas e o enquadramento de cada uma serão lembrados quando o arquivo for aberto novamente. Esse comando pode ser definido para ser executado automaticamente quando você fecha o arquivo.

EXERCÍCIO: Ativando Save Settings automático

1. A partir do menu Workspace, escolha **Preferences**.
2. Selecione a categoria **Operation**.
3. Marque a opção **Save Settings on Exit** e clique em **OK**.

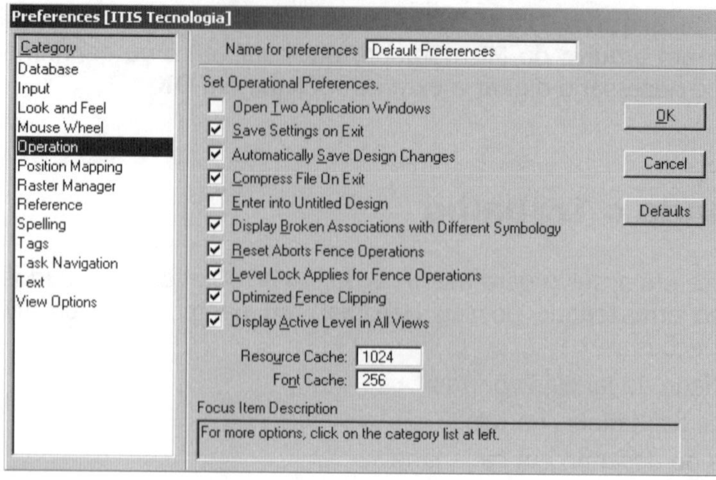

Comprimindo o Arquivo de Desenho Ativo

Quando você exclui um elemento do arquivo de desenho ativo, o elemento não é removido do arquivo de desenho, mas simplesmente marcado como "excluído". Comprimir um arquivo de desenho reduz seu tamanho por remover esses elementos. Esse comando é conhecido por usuários de outros sistemas CAD como "**Purge**". Contudo, ao usar a caixa de diálogo COMPRESS OPTIONS (File > Compress > Options), você pode selecionar os recursos que deseja remover definitivamente. São eles:

- Cabeçalhos de células vazios, Textos vazios, Textos que contenham somente caracteres de espaço, Células compartilhadas não usadas, Estilos de linhas não usados, Estilos de cotas não usados, Estilos de textos não usados, Níveis não usados e Fontes não usadas.

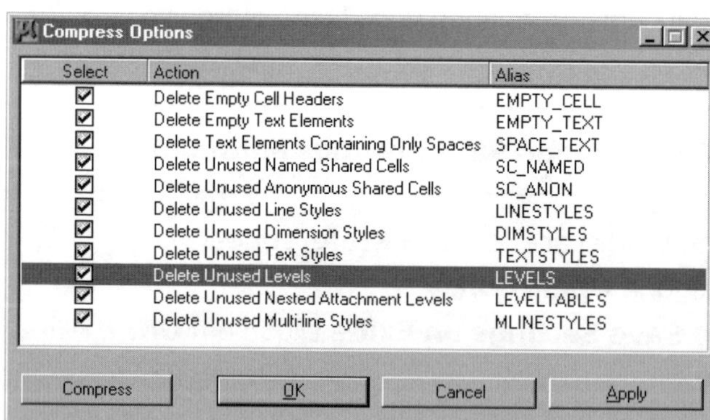

Comprimir um arquivo de desenho significa não poder mais voltar às mudanças realizadas. Para fazer com que o MicroStation comprima automaticamente o arquivo de desenho quando este é fechado, ligue a opção de preferências do usuário Compress File on Exit a partir do menu Workspace > Preferences... > Operation.

Capítulo 2

Trabalhando com Vistas

Dominar os recursos de visualização e saber manipular com facilidade as janelas de vista do MicroStation são fundamentais no processo de executar ou verificar um arquivo de desenho.

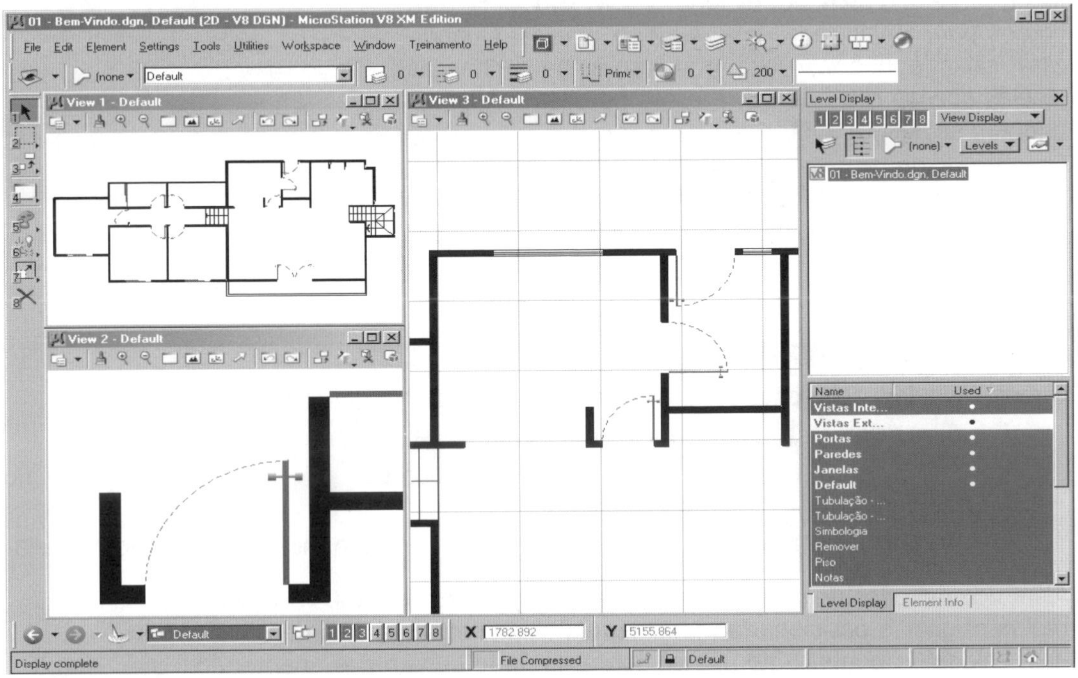

Isso se aplica também aos usuários que somente desejam buscar uma informação no desenho, mas que não executam nenhuma tarefa de criação no arquivo. Por exemplo, em grandes projetos é comum existirem folhas de desenho nas quais freqüentemente você consulta detalhes distribuídos, e usando múltiplas janelas de vista no MicroStation você terá maior facilidade e conforto na análise dos dados e na navegação pelo desenho.

Os controles de visualização do MicroStation facilitam o trabalho em um ambiente com múltiplas janelas de vista. Você pode exibir todo o desenho em uma única vista, enquanto trabalha em detalhes desse desenho em outras janelas. Este capítulo apresenta os principais recursos de visualização e manipulação de janelas de vista disponíveis no MicroStation.

Manipulando as Janelas de Vista

As janelas de vista no MicroStation permitem que você visualize os arquivos de desenho e anexos colocados como referência, do tipo vetor ou raster. É possível abrir até oito janelas de vista simultaneamente. Cada janela pode centralizar uma área em particular do desenho, podendo ainda ser dimensionada, posicionada e arranjada independentemente. Quando múltiplas janelas estão abertas, a janela de vista na qual você está trabalhando é chamada de **Active View**.

Abrindo e Fechando as Janelas

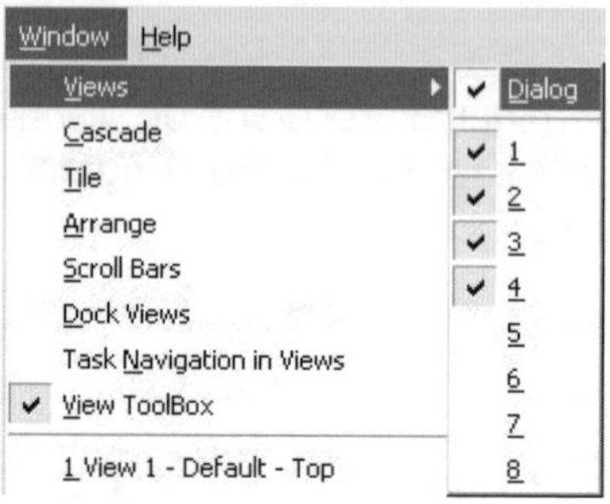

Para abrir ou fechar uma janela, a partir do menu Window, selecione Views, escolhendo o número da vista apresentado pelo submenu. A seleção Dialog do menu abre a caixa de diálogo VIEW GROUPS com botões para ativar cada uma das oito janelas. Quando essa caixa é aberta, você pode abrir ou fechar as janelas apenas clicando sobre esses botões. Essa caixa também se adapta à interface.

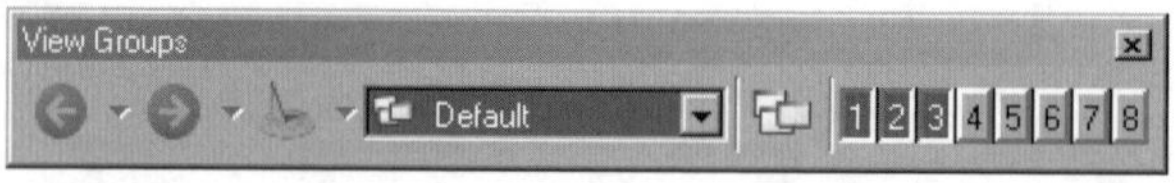

Arranjando as Janelas

O menu Window apresenta várias opções para distribuir as janelas na tela:

- **Cascade** - distribui as janelas em forma de cascatas.
- **Tile** - para organizar as janelas sem sobrepor as bordas com o mesmo tamanho.
- **Arrange** - arranja as janelas de vista aproveitando o máximo do espaço da tela.

Além dos métodos de distribuição das janelas já mencionados, você pode redimensionar e posicionar as janelas manualmente. Para redimensioná--las, coloque o ponteiro do mouse sobre um lado ou canto e, mantendo o botão esquerdo do mouse pressionado, arraste para o tamanho desejado.

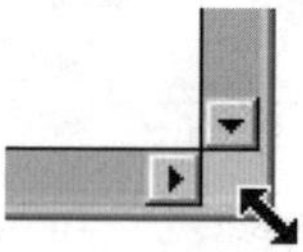

Outras Opções para Manipular as Janelas

Use os ícones do canto superior direto das janelas de vista para minimizar ou maximizar seu tamanho.

As mesmas funções podem ser encontradas a partir do menu de controle que aparece no canto superior esquerdo das janelas, clicando sobre o logo do MicroStation.

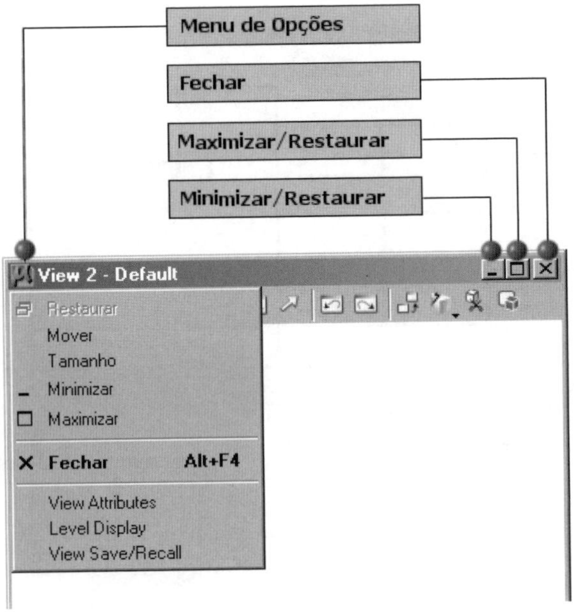

View Groups

Usando View Groups, você pode rapidamente mudar de uma configuração de janelas para outra. Por exemplo, em alguns estágios do seu processo de desenho, pode preferir arranjar a tela para que a janela 1 mostre uma vista isométrica ocupando dois terços da tela, enquanto as janelas 2, 3 e 4 compartilhem o restante da tela, ocupando o mesmo espaço, exibindo as janelas de vistas frontal, inferior e direita. No entanto, você também pode querer ter uma única vista ocupando toda a tela.

EXERCÍCIO: Alternando entre um grupo de vista e outro

1. A partir da caixa View Groups, selecione o grupo de vistas **Mapa+Detalhes**.

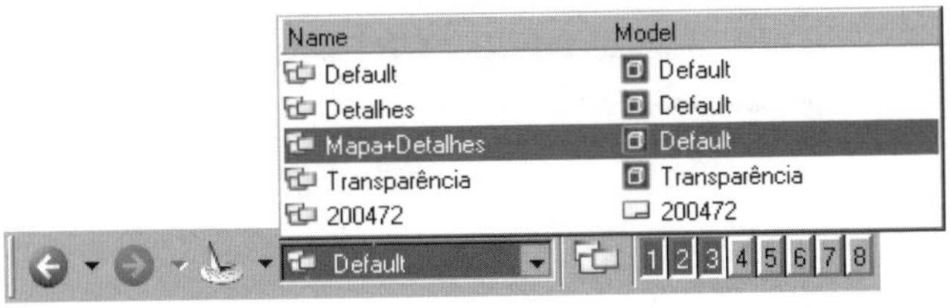

Observe que as janelas 6, 7 e 8 são abertas compartilhando o espaço da tela, enquanto as janelas 1, 2 e 3 foram fechadas. O layout montado é favorável à colocação dos equipamentos de banheiro, sem perder o contato visual com o plano geral do pavimento.

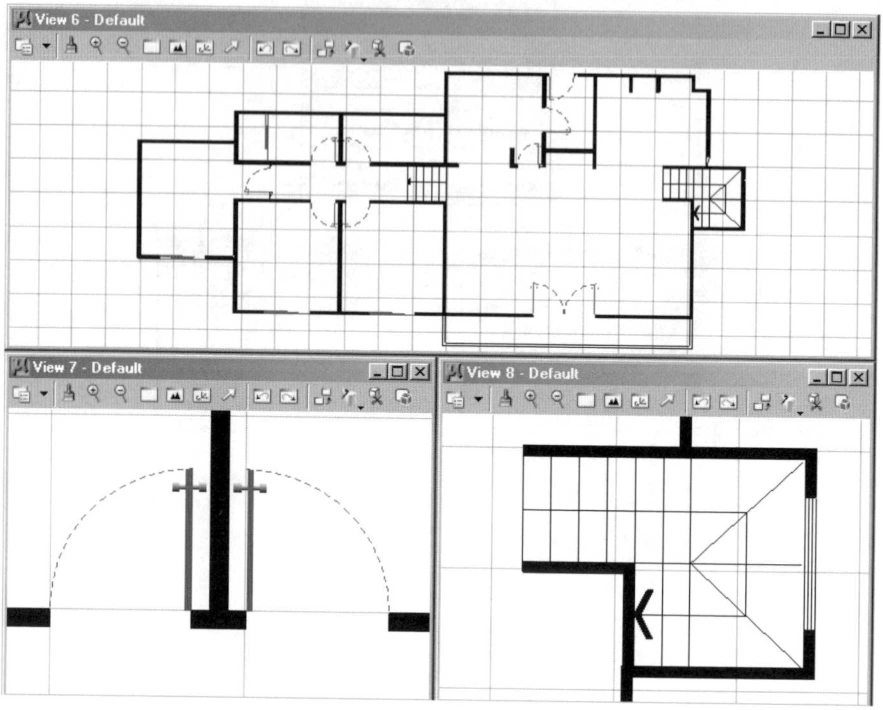

2. A partir da caixa View Groups, selecione o grupo de vistas **Detalhes**. Neste caso, as janelas 4 e 5 são abertas dividindo a tela, enquanto as janelas 6, 7 e 8 foram fechadas. O layout montado é favorável à edição comparativa dos detalhes do pavimento.
3. A partir da caixa View Groups, selecione o grupo de vistas **Default**. Agora as janelas 1, 2 e 3 são abertas, enquanto as demais são fechadas.

Para mudar o grupo ativo

1. A partir do menu de opções da caixa View Groups, selecione outro grupo, ou, na caixa de diálogo Manage View Groups, selecione outro grupo e clique em Apply (ou duplo-clique).

2. Sua tela exibe a nova configuração.

Para modificar um grupo de vista

1. Na caixa View Groups, clique sobre o ícone Manage View Groups.
2. Clique no ícone Edit View Group Properties.
3. A caixa View Group Properties se abre para você fazer as mudanças. Clique em OK.

	EXERCÍCIO: Para criar um grupo de vistas

1. Feche as janelas 1, 2 e 3 e abra as 7 e 8.
2. Arranje as janelas 7 e 8 conforme a figura.

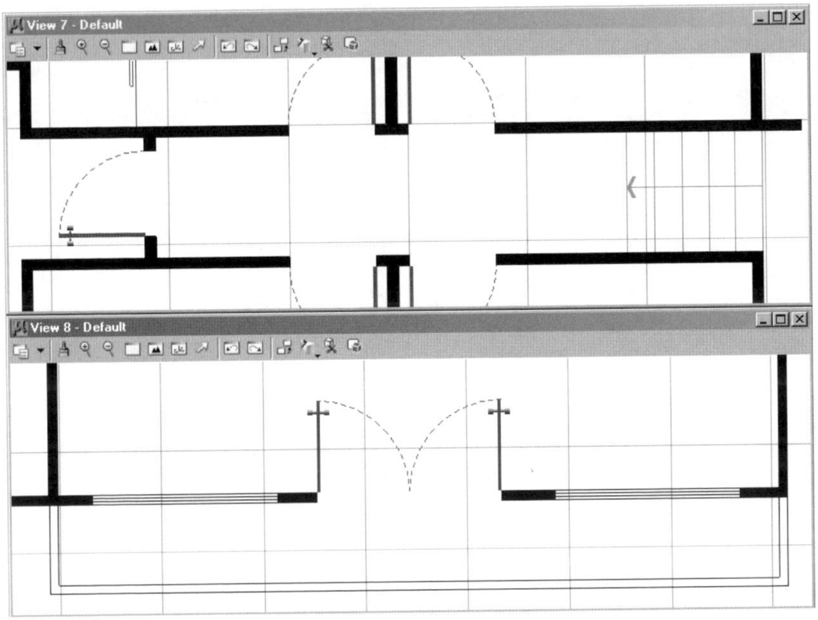

3. Na caixa View Groups, clique no ícone MANAGE VIEW GROUPS.
4. Clique sobre o ícone **Create View Group**.
5. No campo Name, digite: Longitudinais.
6. No campo Description, digite: Tile Horizontal.
7. Clique em **OK**. Em seguida clique em **Apply** e depois em Close.

Usando os Controles de Vista

Os controles de vista são usados para manipular a área de exibição de cada janela de vista. Os controles de uso mais comum podem ser acessados em cada janela de vista em uma barra de ferramentas chamada **View Control Bar**.

A barra dos controles de vista é uma característica opcional das janelas de vista na edição XM. Por default, a barra fica na parte de cima de cada janela de vista.

Você pode definir a sua localização ou evitar que ela seja exibida com o uso da opção **Show View ToolBox** da categoria View Options da caixa de diálogo PREFERENCES (Workspace > Preferences).

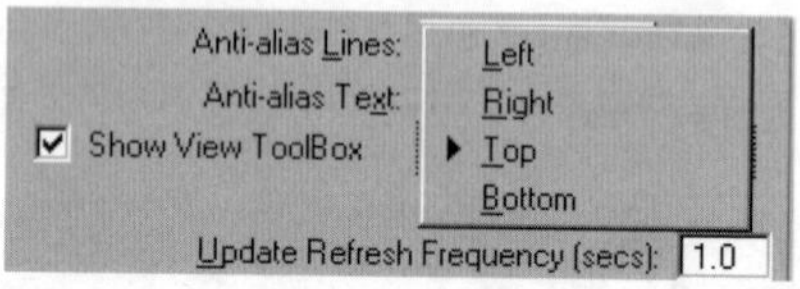

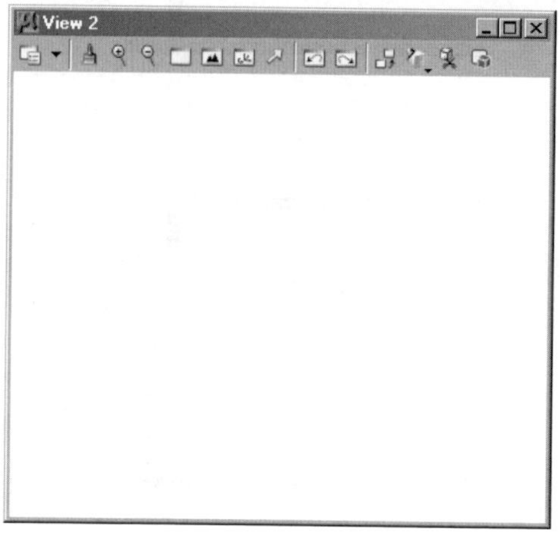

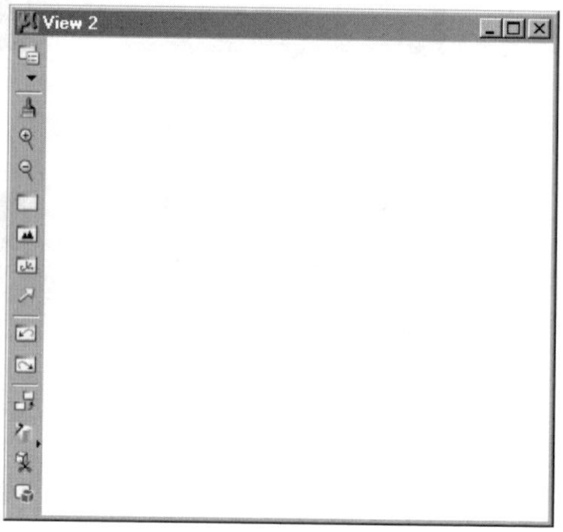

Controlando o tamanho dos ícones

Você pode definir o tamanho dos ícones exibidos na barra das janelas de vista pela opção View Tool Size da categoria Look and Feel da caixa de diálogo Preferences (Workspace > Preferences).

Além dos ícones das janelas de vista, os demais ícones da interface podem ser ajustados pela opção **Tool Size**.

Todos os controles também estão disponíveis na caixa de ferramentas View Control. Para selecionar a caixa de ferramentas View Control, escolha View Control a partir do menu Tools.

Update View

Atualiza a vista quando algumas operações deixam a exibição dos elementos incompleta. Por exemplo, ao excluir um elemento que passa sobre outro, a parte que estava sob o elemento excluído não é redesenhada automaticamente. A janela Tool Settings exibe a opção Update All Views, atualizando todas as janelas de vistas simultaneamente.

Zoom In

Aproxima a vista, centralizando a área indicada pelo ponteiro. O fator de aproximação pode ser especificado na janela do Tool Settings.

Zoom Out

Afasta a vista, centralizando a área indicada pelo ponteiro; basta clicar sobre a vista. O fator pode ser especificado na janela do Tool Settings.

Window Area

Usada para visualizar uma pequena área para um detalhe em outra vista. Entre com dois pontos na vista para definir a área que você deseja exibir na janela a partir da qual foi acionado o comando.

Tool Settings: normalmente o zoom é aplicado sobre a vista da qual a ferramenta foi selecionada. Se estiver com mais janelas abertas, você pode ativar a opção Apply to Window e escolher uma janela diferente, indicando o número da janela desejada, ou seja, você define o zoom em uma janela e o resultado aparece em outra.

EXERCÍCIO: Usando Window Area entre duas janelas

1. Na janela de vista 3 clique sobre o comando **Window Area**.

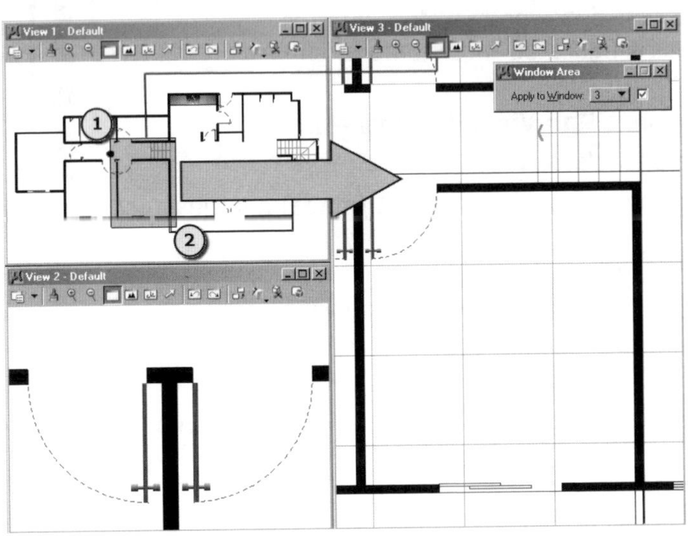

2. Leve o cursor para a vista 1 para definir o tamanho da área a ser enquadrada.

O resultado é exibido na vista 3, a partir da qual foi acionado o comando. Este procedimento é recomendado para evitar o excesso de comandos de vista quando se trabalha com apenas uma janela de vista aberta.

Fit View

Usada para enquadrar todo o conteúdo do desenho em uma única janela.

Tool Settings - a opção Files permite especificar que tipo de arquivo você quer enquadrar: todos (All), ativo (Active), referência (Reference) e imagem (Raster). As demais opções estão disponíveis somente para 3D.

Rotate View

Usada para rotacionar a janela de vista. Os elementos do desenho não rotacionam com o plano de desenho, porém o seu ponto relativo muda.

Tool Settings - as opções do menu Method dependem do tipo de arquivo com o qual você está trabalhando, em 2D ou 3D. No caso do 2D, as opções são Dynamic, 2 Points e Unrotated. O método 2 Points permite ancorar um ponto e determinar um segundo ponto, indicando assim uma nova direção para o eixo relativo X da vista. Unrotated retorna à rotação original.

Pan View

Permite mover a vista para uma parte diferente do desenho sem mudar o zoom atual.

EXERCÍCIO: Inspecionando o desenho com o comando Pan View

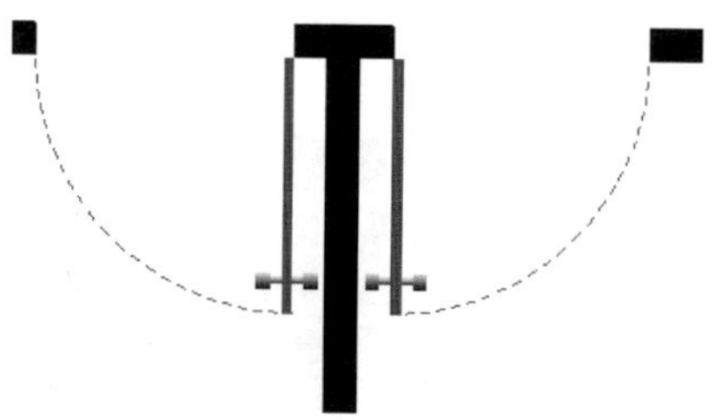

1. Com o comando Window Area da janela de vista 2, enquadre uma área do layout que permita ver as duas portas dos quartos centrais. Veja a figura ao lado como exemplo.
2. Acione o comando **Pan View** dessa janela.
3. Clique sobre a janela de vista 3.
4. Leve o cursor para a janela de vista 1 (mapa) e <u>inicie a inspeção do desenho</u>.

View Previous

Permite retornar a última operação de vista.

View Next

Permite desfazer a operação realizada pela ferramenta View Previous.

Copy View

O controle de vista Copy View ajusta os atributos de visualização de uma vista de acordo com os atributos de outra vista previamente selecionada.

View Display Mode

(Somente para 3D) Usada para definir um modo de exibição de qualquer janela de vista do MicroStation. Se uma janela de vista não for selecionada, o modo é aplicado à Active View.

Clip Volume

Usada para limitar o volume de exibição de uma vista à região contida em um elemento. É muito útil quando se deseja trabalhar em uma determinada região do modelo sem ser incomodado pela geometria de outros objetos nos quais você não tenha interesse naquele momento. Cada janela de vista pode ter um clip volume diferente aplicado.

Operações como view rotation, fence, hidden line removal e rendering são respeitadas pelos volumes cortados. O elemento que define o volume cortado pode ser modificado. Excluindo esse elemento, o volume cortado é removido. Uma vez que um clip volume foi aplicado a uma janela de vista, você pode ativar e desativar o volume cortado pelo controle de vista **Clip Volume** da caixa **View Attributes** (Settings > View Attributes). Similarmente, você pode fazer isso usando o ícone Show or Hide Clip Volume Element da janela Tool Settings apresentada pela ferramenta.

Para aplicar um Clip Volume

1. Selecione o controle Clip Volume.
2. Na janela Tool Settings, escolha um dos métodos oferecidos:

   Apply Clip Volume By Element - usado para identificar um Shape ou um paralelepípedo 3D que terá a sua área ou volume exibido.

   Apply Clip Volume By 2 Points - define a região que será exibida através de dois pontos dados. Em seguida, aceite com outro ponto.

   Apply Clip Volume By Polygon - indica a região que será exibida através de múltiplos pontos dados. Em seguida, aceite com outro ponto.

   Apply Clip Volume By Element Range - define a região (ou volume 3D) que será exibida baseado na largura e na altura do elemento identificado.

   Show or Hide Clip Volume Element - exibe ou oculta o elemento que define o volume (3D) ou a área (2D). Apenas identifique o elemento.

   Clear Clip Volume - remove o atributo de vista Clip Volume da vista identificada. Entre com um ponto na vista que possui o Clip.

3. Ligue a opção Display Clip Element, se desejar que a região seja delimitada por um elemento.

Clip Mask

Usada para cobrir a exibição dos elementos. Isso significa que somente os elementos localizados fora da região coberta serão exibidos naquela janela de vista.

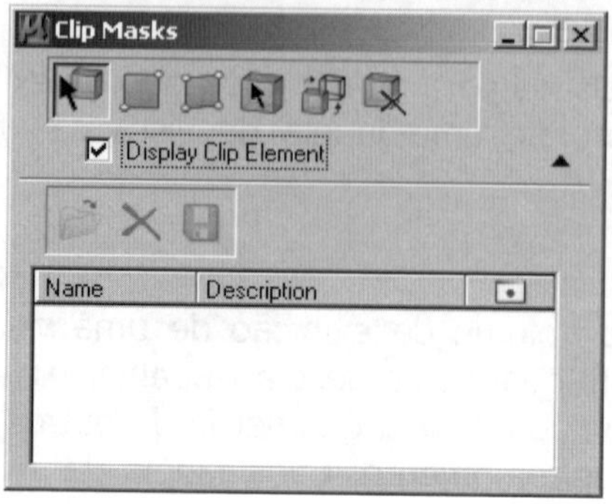

Para cobrir uma região da janela de vista

1. Selecione o controle Clip Masks.
2. Na janela Tool Settings, escolha um dos métodos oferecidos:

   Apply Clip Mask By Element - usado para identificar um Shape ou um paralelepípedo 3D que terá a sua área ou volume ocultado.

   Apply Clip Mask By 2 Points - define a região que será ocultada através de dois pontos. Em seguida, aceite com outro ponto.

   Apply Clip Mask By Polygon - indica a região que será ocultada através de múltiplos pontos. Em seguida, aceite com outro ponto.

   Apply Clip Mask By Element Range - define a região (ou volume 3D) que será ocultada baseado na largura e na altura do elemento.

   Show or Hide Clip Mask Element - exibe ou oculta o elemento que define o volume (3D) ou a área (2D). Identifique o elemento.

   Clear Clip Mask - remove o atributo de vista Clip Volume da vista identificada. Entre com um ponto na vista que possui o Clip.
3. Ligue a opção Display Clip Element, se desejar que a região seja delimitada por um elemento.

Menu Pop-Up View Control

O uso do menu pop-up é um meio fácil de acessar os controles de vista. Com o ponteiro do mouse sobre a vista, pressione (mantenha pressionada) a tecla <**SHIFT**> e clique em RESET (botão da direita do mouse). O menu aparece na posição do ponteiro no momento do clique.

Em seguida selecione o item correspondente ao controle que você deseja usar e execute esse comando em uma janela de vista.

Definindo os Atributos de Visualização

As janelas de vista possuem atributos que podem ser ajustados individualmente. Os atributos de visualização ligados à exibição dos elementos do arquivo estão dispostos na caixa View Attributes.

- Algumas definições de atributos de visualização atuam em partes de um modelo, como níveis, textos, enchimentos (Area Fill) e recursos de desenho como grades (grid).

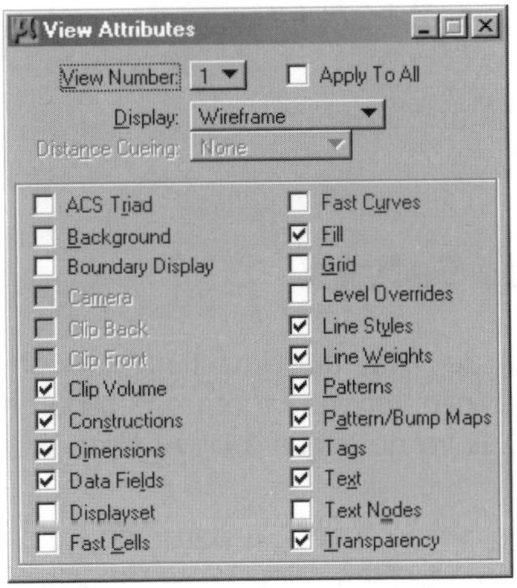

- Outros determinam uma maneira pela qual o modelo é exibido — com ou sem uma imagem de fundo ou atualização dinâmica, por exemplo. Muitos desses atributos não estão acessíveis na interface do workspace New User.

Para ligar/desligar os atributos

1. A partir do menu Settings, escolha **View Attributes** (ou pressione <**CTRL+B**>. Caso você esteja usando as definições default para as teclas de funções, pressione <**F5**>). Alternativamente, a partir de qualquer menu de opções de cada janela de vista, escolha View Attributes. Além disso, você também pode usar o ícone (o primeiro da esquerda) View Attributes da barra de controles de visualização das janelas de vistas.

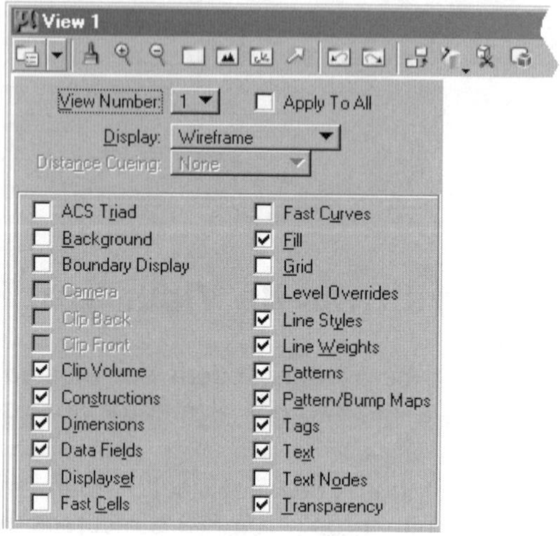

2. Na opção **View Number**, selecione o número da vista em que você deseja aplicar os atributos ou ative a opção **Apply To All** para aplicar os atributos a todas as janelas de vista.
3. Ative e desative os atributos desejados.

Usando Vistas Salvas

Vista salva é uma definição de vista que inclui níveis exibidos para ambos, modelo e referências, volume de corte (clip volume) e outros atributos da caixa View Attributes. A ela é dado um nome lógico, salvo no arquivo DGN. Uma vista salva pode ser chamada a qualquer momento.

Para abrir a caixa de diálogo Saved Views, a partir de qualquer menu de controle (logo MicroStation) de cada janela, escolha View Save/Recall. Alternativamente você pode selecionar Saved Views a partir do menu Utilities do MicroStation.

◉ **Abra o arquivo 02 - Vistas.dgn.**

É muito útil para desenhos muito complexos que precisam ter uma informação localizada rapidamente. Por exemplo, você saberia responder:

"Onde está localizada a mesa de trabalho da Srta. Joanna Baker?"

EXERCÍCIO: Carregando uma vista salva

1. A partir do menu Utilities, escolha **Saved Views**. Alternativamente, a partir de qualquer menu de controle de janela, escolha **View Save/Recall**.

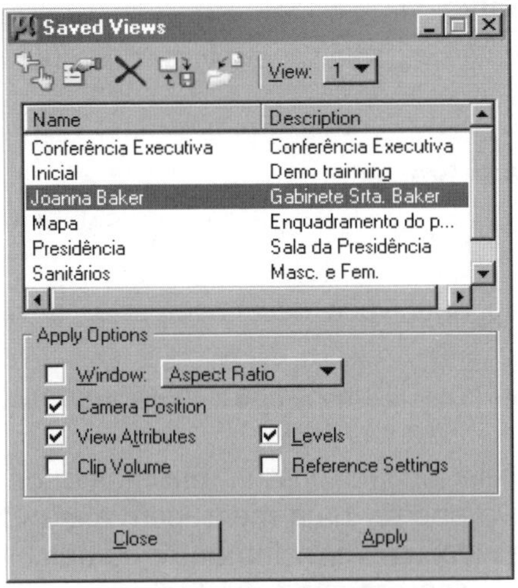

2. A partir da opção View, escolha o número da janela **1**.
3. Na lista, selecione a vista salva chamada **Joanna Baker**.
4. Clique no botão **Apply**.

EXERCÍCIO: Para dar nome e salvar uma vista

1. Acione o comando **Window Area** da janela de **vista 1**.
2. Usando a **janela 2**, enquadre o local de trabalho da RECEPCIONISTA que fica localizado no centro do lobby. O resultado é exibido na janela de vista 1.
3. A partir do menu Utilities, escolha **Saved Views**. Alternativamente, a partir de qualquer menu de controle de janela clique sobre o logo do MicroStation e escolha **View Save/Recall**.
4. Na caixa de diálogo Saved View, clique no ícone **Save View**.

5. No campo Name digite **Sra. Ana Ramos**. O número máximo de caracteres é 511. Caracteres alfanuméricos e os caracteres "$", ".", e "_" são válidos.
6. (Opcional) No campo Description digite **Recepcionista**.
7. A partir da opção View, escolha o número da vista que deseja salvar e clique em OK.

Para modificar as propriedades de uma vista salva

1. Na lista, selecione a vista que deseja alterar.
2. Clique no ícone Edit Saved View Properties.
3. Faça as alterações desejadas e clique em OK.

Para excluir uma vista salva

1. Na lista da caixa Saved Views, selecione a vista que quer excluir.
2. Clique no ícone Delete.

Para importar uma vista salva

1. Na caixa Saved Views, clique no ícone Import Saved View. A caixa Open File se abre.
2. Selecione o arquivo do qual você deseja importar a vista. A caixa Import Saved Views se abre.
   - Caso o arquivo não possua uma vista salva, uma mensagem é exibida na Status Bar.
   - Caso o arquivo selecionado possua um nome de vista salva igual a uma existente no arquivo aberto, uma mensagem alerta sobre o conflito. A vista em conflito será destacada em vermelho entre as demais listadas. Escolhendo uma vista em conflito, ela sobrescreve a existente.
3. Selecione a(s) vista(s) salva(s) que deseja importar.
4. Clique em OK.

Capítulo 3

Preparando para Desenhar

É fundamental compreender os CONCEITOS e METODOLOGIAS no que concernem às elaborações de um desenho, para que seu sistema tenha sucesso. Elaborar um projeto em um sistema CAD não é o mesmo que elaborar um projeto na forma convencional de desenho. Afinal de contas são recursos, ambientes, fluxo de trabalho e cronogramas diferentes.

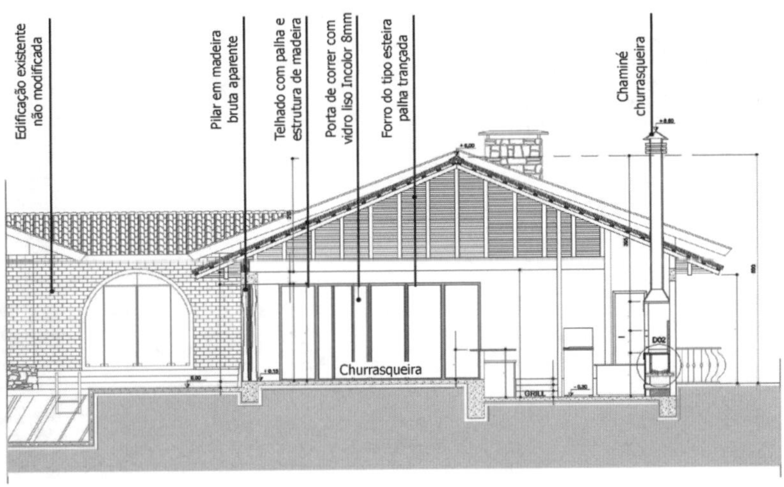

(6) Corte A
Escala 1:50

O usuário precisa compreender que esta é agora a sua ferramenta de trabalho, e logo é seu dever conhecer seus métodos e recursos. Seguramente você não vai absorver todas as informações num prazo tão curto quanto a duração da leitura; isso virá com a prática e o tempo. Um caminho a seguir para o sucesso de seus objetivos com o MicroStation é compreender o significado de **três mandamentos**. Acompanhe.

Planejamento

Reunir informações sobre o projeto, esclarecer dúvidas com os participantes, verificar se haverá **troca de arquivos** com terceiros ou entre departamentos; definir o **formato** do arquivo (DGN/DWG e PDF), definir os **padrões** que devem ser seguidos (layers, estilos de cotas, textos e hachuras), assegurar-se da existência de um **workspace** (configuração de ambiente) com os parâmetros para desenvolvimento do projeto e da **plotagem** dos documentos.

Disciplina

Respeitar os **procedimentos** recomendados das ferramentas e o padrão estabelecido para os desenhos. Isso inclui usar os estilos de textos que foram especificados, os estilos de cotas, a estrutura de níveis, arquivos, diretórios, tipos de elementos etc.

Paciência

A proficiência vem com a prática e o aprendizado, muitas vezes, com os erros. Seguindo com disciplina, os resultados esperados virão em um prazo menor. Procure discutir os procedimentos e recursos com outros usuários, independente da experiência de cada um, pois nem sempre quem tem mais tempo de uso representa quem sabe usar.

Uma boa dica para que o fluxo de trabalho não seja atrapalhado pela falta de conhecimento ou de prática ainda em formação é interagir de forma correta com a interface do MicroStation apresentada no capítulo anterior. Apenas faça isto:

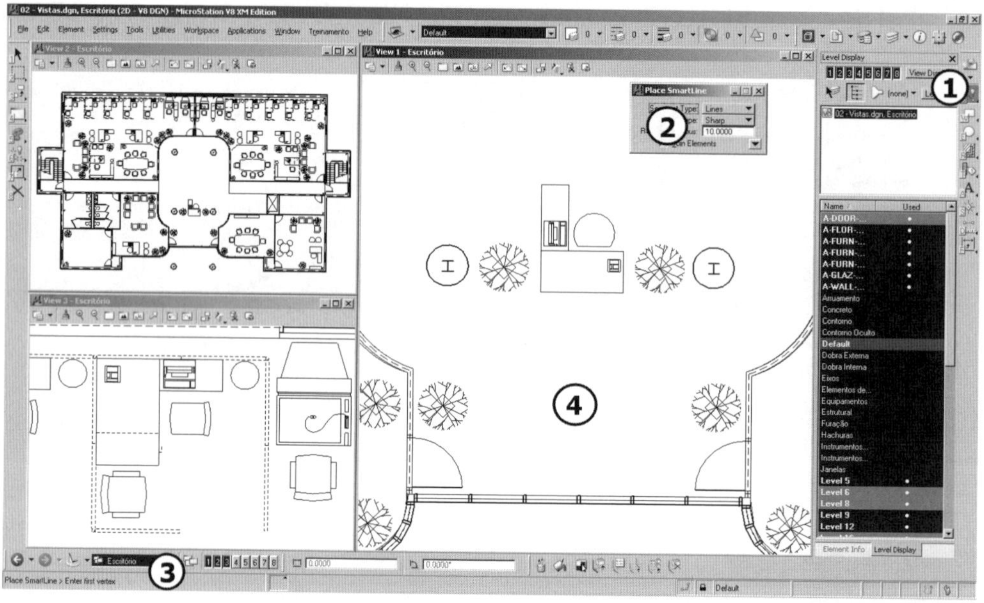

1. PRIMEIRAMENTE é preciso escolher A **FERRAMENTA** mais apropriada para a operação. Muitas ferramentas podem chegar ao mesmo resultado, porém certamente uma delas representa o melhor caminho.
2. Dependendo da ferramenta escolhida, opções diferentes de uso são oferecidas na janela Tool Settings. DEFINA OS **PARÂMETROS** DESEJADOS ANTES DE CONTINUAR.
3. Conforme os parâmetros especificados, os procedimentos de uso podem mudar, portanto LEIA ATENTAMENTE todos os passos na **STATUS BAR**.
4. Somente então se dirija à janela de vista para iniciar o uso da ferramenta. A cada ponto dado, sempre leia a Status Bar.

> Tenha a disciplina de seguir este procedimento sempre e certamente vai aprender o MicroStation rapidamente!

Seed Files (Arquivos Semente)

Quando você cria um desenho, especifica outro arquivo para servir de modelo para ele. O novo arquivo de desenho é, na realidade, uma cópia desse arquivo, o qual é denominado SEED FILE. Arquivos semente não (necessariamente) contêm elementos, mas como outros arquivos, podem conter configurações e definições de vistas.

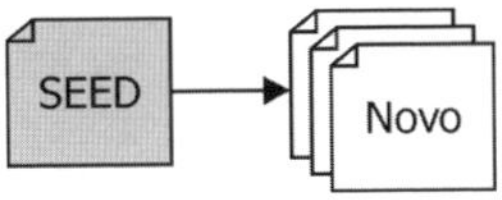

Ter um seed file customizado evita que você tenha de ajustar todas as configurações a cada vez que criar um arquivo. Se você desejar, pode ter um arquivo semente diferente para cada tipo de desenho que fizer.

Por exemplo: um para projetos de arquitetura que utilizam inicialmente centímetros como unidade principal, outro para projetos mecânicos que utilizam inicialmente milímetros e outro para levantamentos topográficos que utilizam metros. Uma variedade de seed files para disciplinas específicas é fornecida com o MicroStation, além dos genéricos, "seed2d.dgn" e "seed3d.dgn."

O Project Fundamentos XM do workspace GRG Engenharia utilizado neste livro possui um seed file definido chamado "semente2d.dgn", que está armazenado em C:\ModuloXM\sementes\.

EXERCÍCIO: Para selecionar um Seed File diferente

1. A partir do menu File, escolha **NEW** (ou <CTRL+N>).
2. Na opção **Seed**, clique em BROWSE.

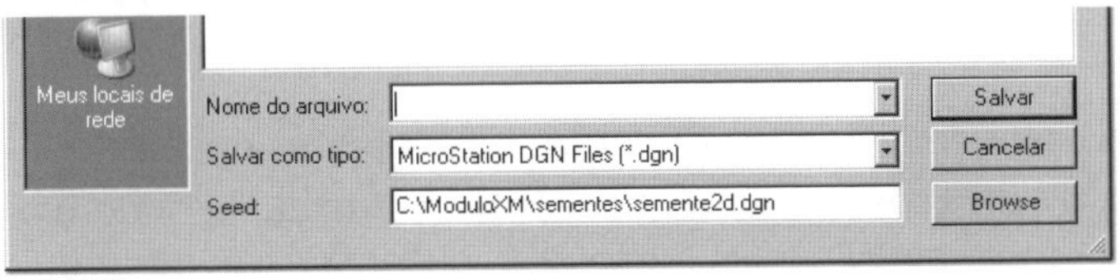

A caixa Select Seed File se abre. O tipo de arquivo exibido na lista, por default, é "MicroStation DGN Files [*.dgn]".

3. (Opcional) Para listar todos os arquivos, ou arquivos AutoCAD, escolha All Files [*.*] ou AutoCAD Drawing Files [*.dwg] a partir da opção List Files of Type.

No AutoCAD, o equivalente a um seed file é um arquivo TEMPLATE (*.DWT). Ao usar o filtro All Files [*.*] para selecionar um arquivo DWT, após selecioná-lo, automaticamente o filtro muda para AutoCAD Drawing Files [*.dwg]. Usando o MicroStation na criação de arquivos DWG, não existe diferença entre usar um arquivo DWT ou DWG.

4. (Opcional) Para selecionar outro drive de disco, ou uma pasta diferente, selecione **Meu Computador**.
5. Na lista de arquivos, **selecione o arquivo semente** (seed file) desejado. Ou, no campo Nome do Arquivo, digite o nome do arquivo semente que você deseja. Em seguida, clique em **OK**.

Set Seed File

O utilitário Set Seed File torna o MicroStation mais integrado com o Windows Explorer®. Com ele você pode especificar o arquivo semente que será copiado quando selecionar Novo > Bentley MicroStation Design File no Windows Explorer. O grupo de programa MicroStation XM (Iniciar > Programas > Bentley > MicroStation XM) apresenta um atalho para o utilitário Set Seed File.

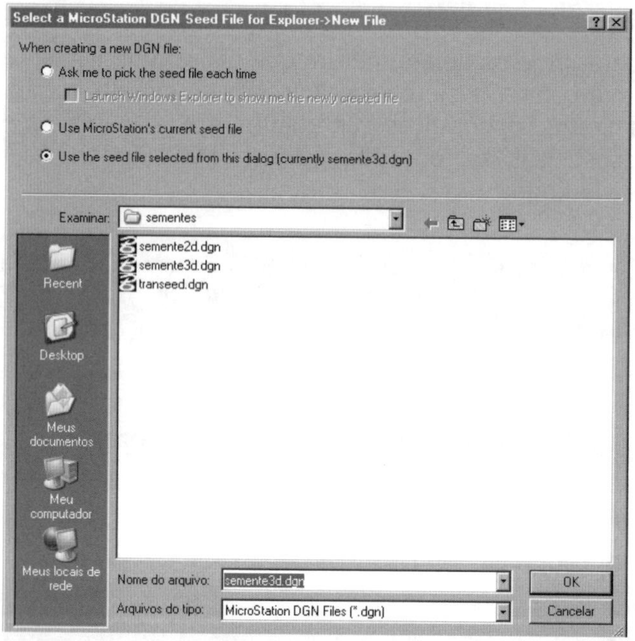

O utilitário é uma caixa de diálogo que oferece as seguintes opções:

- **Ask me to pick the seed file each time** - cada vez que um arquivo DGN for criado por meio do Windows Explorer, o sistema pede um arquivo semente.
- **Use MicroStation's current seed file** - verifica o arquivo semente atual, usado pelo último workspace utilizado.
- **Use the seed file selected from this dialog (currently [nome_do_arquivo].dgn)** - sempre usa o arquivo selecionado na caixa, independente do workspace utilizado.

O Plano de Desenho

Em um desenho 2D, o MicroStation é equivalente a uma folha de papel para desenhos. Ao contrário de uma folha de desenho, o espaço para o projeto (ou cubo, se for 3D) em um arquivo DGN é extremamente grande, permitindo que você projete em escala real (em verdadeira grandeza).

O plano de desenho é composto de pontos nos quais você entra com dados (data point) no momento em que coloca um elemento. Cada ponto no plano de desenho é associado a posições ou coordenado nos eixos X (horizontal) e Y (vertical).

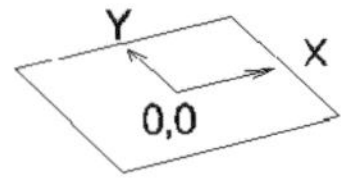

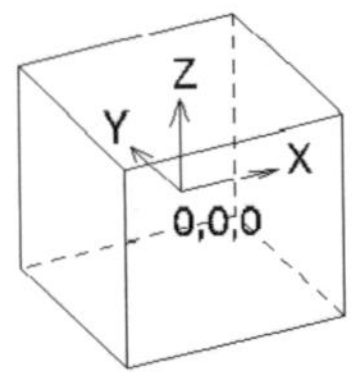

O plano de desenho nada mais é do que um SISTEMA CARTESIANO DE COORDENADAS. As coordenadas são expressas no formato (X,Y). Nos arquivos fornecidos com o MicroStation, o ponto chamado de Origem Global está definido exatamente no centro do plano de desenho nas coordenadas 0,0.

- Qualquer ponto localizado do lado direito da origem global tem um valor X positivo; qualquer ponto localizado do lado esquerdo tem um valor X negativo.
- Qualquer ponto localizado acima da origem global tem um valor Y positivo; qualquer ponto localizado abaixo tem um valor Y negativo.

Definindo a Origem Global

O comando ACTIVE ORIGIN (GO=) é usado para definir a origem global. Permite que você defina a coordenada <0,0,0> para qualquer ponto que deseje através de um data point.

Para digitar o comando para mudar a origem global

1. A partir do menu Utilities, escolha Key-in. Ou, na caixa Primary Tools, selecione Key-in.

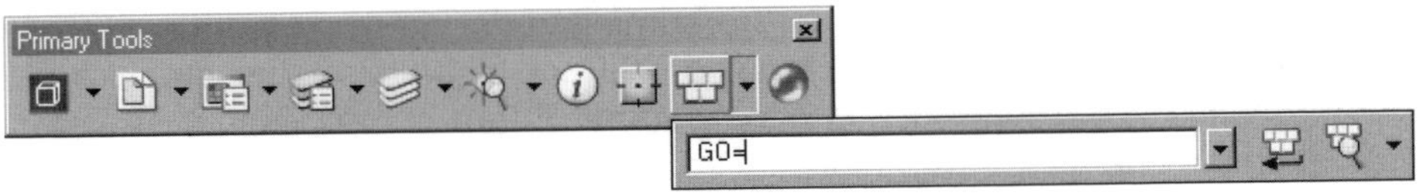

Working Units (Unidades de Trabalho)

Working units são as unidades do mundo real que você usa para criar o desenho ou modelo em um arquivo DGN. Cada eixo (X, Y e Z) possui uma extensão de **900 milhões de quilômetros**. Normalmente as unidades de trabalho são definidas no arquivo semente, a partir do qual seus arquivos são criados.

◉ **Abra o arquivo 03 - Coordenadas.dgn.**

Você pode escolher a sua master unit (unidade principal) e sub unit (subunidade) pelo nome, como Meters (metros) e Centimeters (centímetros). MUDANDO O NOME DAS UNIDADES, ISSO NÃO AFETA O TAMANHO DO MODELO.

EXERCÍCIO: Alterando a unidade de um arquivo existente

1. A partir do menu Settings, selecione **Design File...** .
2. Na caixa Design File Settings, selecione a categoria **Working Units**.

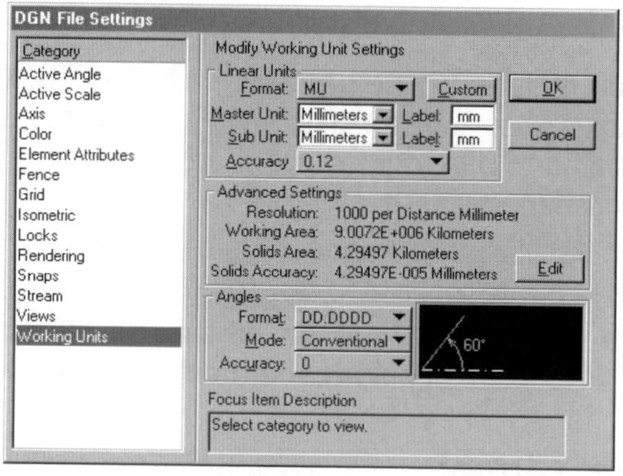

3. Defina a Master Unit para **Centimeters**.
4. Clique em **OK**. As cotas foram alteradas para a nova unidade, o que não impede que esse desenho seja cotado em outra unidade.

Definindo a Resolução

Localizado na caixa ADVANCED UNIT SETTINGS está o controle de Resolução, o qual determina a precisão do plano de desenho, afetando o tamanho dos elementos do modelo. Você deve consultar previamente o administrador do seu sistema antes de fazer qualquer mudança de resolução. No arquivo DGN, a resolução é usada para definir a precisão do plano de desenho, o que ocorre somente em comprimentos de valor muito alto. Por exemplo, na pior das hipóteses, ao trabalhar com uma precisão de 0.0001 metro, o tamanho do plano/cubo de desenho será de 900 milhões de quilômetros ao longo de cada eixo. Na maioria dos casos NÃO HÁ NECESSIDADE DE MUDAR A RESOLUÇÃO.

Leitura das Coordenadas

Você pode controlar o formato e a precisão pelos quais o MicroStation exibe as coordenadas, distâncias e ângulos na barra de status e nas caixas de diálogo. A definição não afeta a precisão dos cálculos, apenas a precisão do resultado.

Para definir a leitura das coordenadas

1. A partir do menu Settings, escolha Design File. A caixa DGN File Settings se abre.

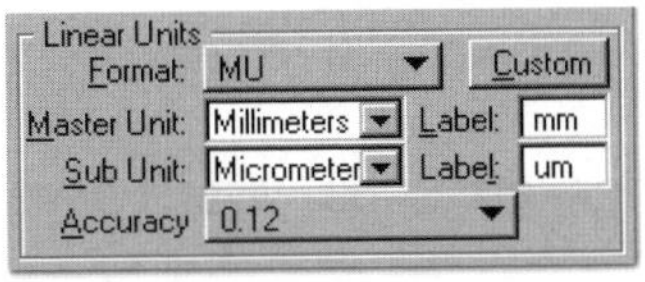

2. Na categoria **Working Units** selecione Format da seção Linear Units e escolha entre UM (master units), MU:SU (master e sub units) ou MU:SU:PU (master, sub units e positional units).
3. Na opção Accuracy, determine o número de **casas decimais** (1-6), **denominador fracionário** (1/64), ou exponencial.
4. A partir da opção Format da seção Angles, escolha DD.DDDD para leitura do ângulo em precisão decimal ou DD MM SS para leitura do ângulo em graus, minutos e segundos; ou ainda Gradians (grados) e Radians (radianos).

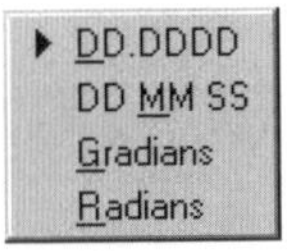

5. A partir da opção Mode, escolha entre Conventional, Azimuth ou Bearing.

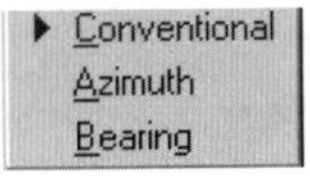

6. A partir da opção Accuracy, escolha o número de casas decimais (0-8).

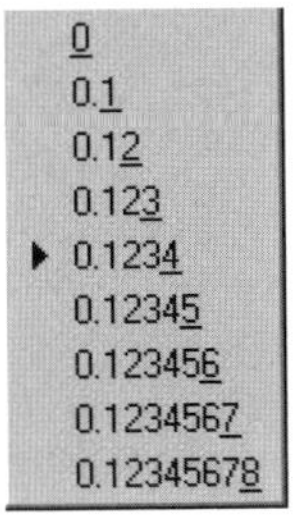

7. Clique em OK. Em seguida, a partir do menu File selecione Save Settings.

Entrada das Coordenadas com Precisão

Precision input é um método de entrada das coordenadas pelo teclado. Usando esse método, você pode especificar a exata localização de um ponto da seguinte forma:

- Por meio de coordenadas do plano é fornecida uma distância ao longo do eixo X e Y a partir de uma origem global, a qual recebe a coordenada "0,0" ("0,0,0" em 3D).
- Pela distância e ângulo relativo ao eixo X da vista, a partir do último ponto dado (data point) ou posicionado (tentative).
- Distâncias ao longo dos eixos do plano, a partir do último ponto dado ou posicionado.
- Distâncias ao longo dos eixos da vista, a partir do último ponto dado ou posicionado.

Existem dois métodos para entrada de coordenadas no MicroStation. Um deles é pela caixa Data Point Key-in, acessada a partir das teclas de atalho <P> (coordenada única) ou <M> (múltiplas coordenadas).

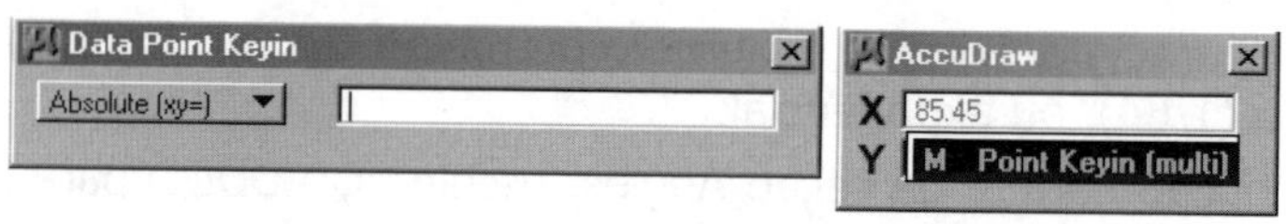

A janela Key-in (menu Utilities > Key-in, ou caixa Primary) também pode ser usada. Todavia, será necessário usar uma sintaxe que indica o tipo de coordenada fornecido.

O método mais recomendado, e que gera maior produtividade e precisão, é por meio do ACCUDRAW, abordado mais adiante.

Em 2D as coordenadas podem ser basicamente de três tipos: absolutas, relativas e auxiliares.

Coordenadas absolutas retangulares

Colocam um ponto em distâncias ao longo dos eixos X e Y de acordo com os eixos do plano de desenho a partir da origem global.

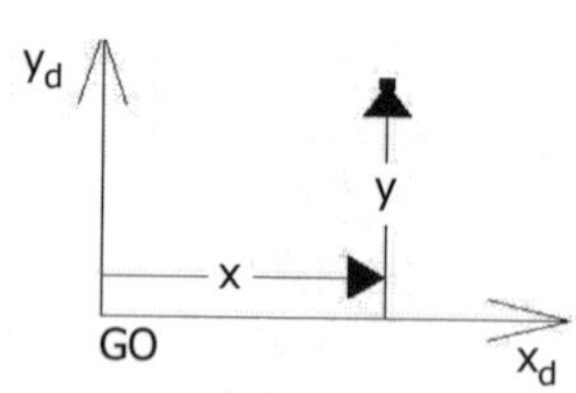

- Usando a caixa DataPoint Key-in, escolha **Absolute (xy=)**.
- Sintaxe usando Key-in: XY=<valor_X>,<valor_Y>.

Coordenadas relativas retangulares

Colocam um ponto em distâncias ao longo dos eixos X e Y de acordo com os eixos do plano de desenho a partir da origem do último ponto dado ou posicionamento do ponteiro (tentative).

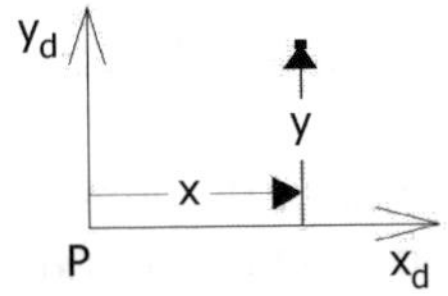

- Usando a caixa DataPoint Key-in, escolha **Delta (dl=)**.
- Sintaxe: DL=<valor_X>,<valor_Y>.

Coordenadas absolutas polares

Colocam um ponto em distâncias ao longo dos eixos X e Y de acordo com os eixos da vista a partir da origem do último ponto dado (data point) ou posicionamento do ponteiro (tentative).

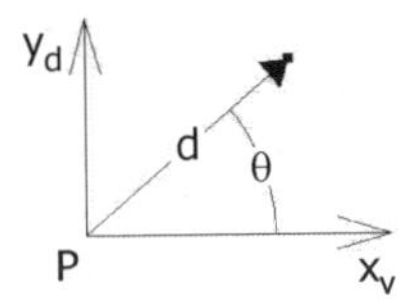

- Usando a caixa DataPoint Key-in, escolha **View Delta (dx=)**.
- Sintaxe: DX=<valor_X>,<valor_Y>.

> Saber diferenciar as coordenadas DL de DX será de grande ajuda em 3D.

Coordenadas relativas polares

Colocam um ponto a uma distância e direção (ângulo) de acordo com os eixos da vista a partir da origem do último ponto dado ou posicionamento do ponteiro (tentative).

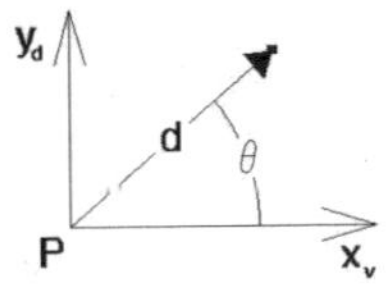

- Usando a caixa DataPoint Key-in, escolha **Distance (di=)**.
- Sintaxe: DI=<distância>,<ângulo>.

> Existem outros sistemas de coordenadas, como o sistema de coordenadas auxiliares que será abordado com os tópicos relacionados ao 3D.

Notas de sintaxe

- OMITINDO o valor de um eixo, o valor considerado será 0. Por exemplo: **DL=,4**; é o mesmo que digitar DL=0,4.
- Você pode especificar opcionalmente o número da vista na qual você deseja que seja dado o ponto, entrando com essa informação após a coordenada, distância ou ângulo. Por exemplo: a entrada XY=,,1 entra com um ponto na origem global do plano de desenho na vista 1.
- Se você estiver usando o formato do ângulo como DD MM SS (graus, minutos e segundos), para entrar como uma coordenada polar, veja este exemplo:

- Para entrar com MÚLTIPLOS PONTOS, coloque o número de repetições desejadas após o caractere "|" depois da coordenada. O default é 1. Por exemplo: para entrar com três dados incrementando distâncias relativas de 15, seria **DX=15|3**. O AccuDraw não proporciona a entrada de múltiplos pontos desta maneira.

◉ **Abra o arquivo 04 - Gráfico.dgn.**

Baseado nestas regras de sintaxe, você seria capaz de responder se as coordenadas lançadas neste arquivo estão corretas? A resposta encontra-se na última página deste capítulo.

DESAFIO: Analisando as coordenadas lançadas no gráfico

1. Com base nas regras de sintaxe expostas na janela 2, verifique as coordenadas fornecidas na janela 3, e compare com os pontos lançados no gráfico da janela 1 (ou acima). Depois de analisar as coordenadas, diga se elas estão corretas ou se existe alguma assinalada errada no gráfico. As coordenadas são: A) xy=–3,–2 | B) xy=–1,4 | C) dx=3,–1 | D) dx=2 | E) dx=,–4.

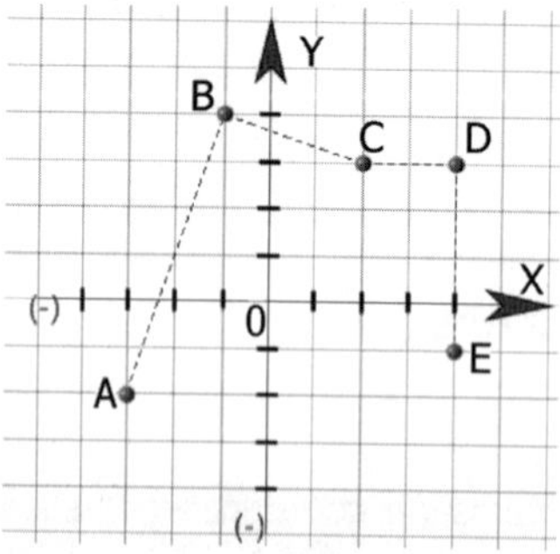

COORDENADAS ABSOLUTAS:

XY = x value,y value,z value

COORDENADAS RELATIVAS:

Retangulares

DX = x value,y value,z value

DL = x value,y value,z value Polar

DI = distance,angle

Usando o AccuDraw

AccuDraw é uma ferramenta auxiliar de desenho que avalia os parâmetros da atual posição de seu ponteiro, o último ponto dado, a última coordenada, as ferramentas necessárias, e qualquer diretiva que você tenha fornecido por meio dos atalhos do teclado, calculando, corrigindo, alinhando, armazenando, rotacionando etc. Enfim, AccuDraw gera a precisão necessária para que a coordenada seja aplicada de acordo com a ferramenta ativa. AccuDraw permite que você antecipe os passos durante o desenho e mude de idéia quantas vezes achar necessário antes de terminar de colocar o elemento.

◉ **Abra o arquivo 05 - AccuDraw.dgn.**

A caixa do AccuDraw exibe duas interfaces distintas:

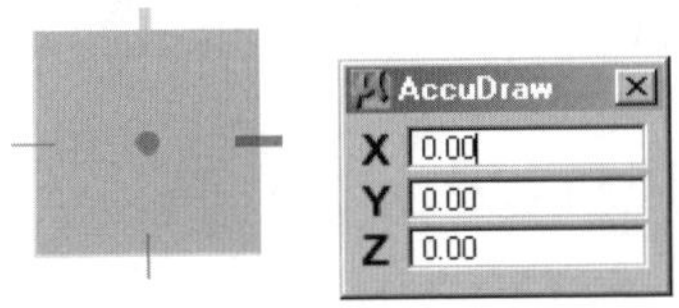

Plano de coordenada retangular.

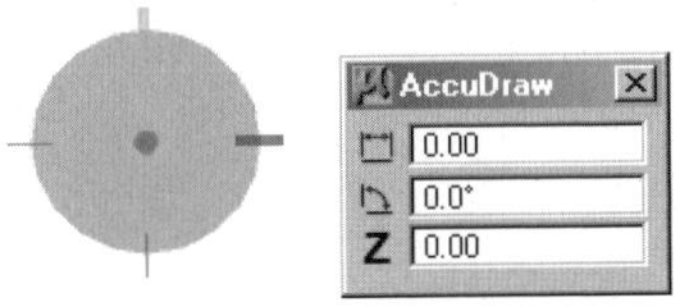

Plano de coordenada polar.

O Plano de Desenho do AccuDraw

O conceito básico do AccuDraw é o de pontos colocados em um plano de desenho. Enquanto você desenha, um "esquadro" (conhecido como COMPASSO ou ORIGEM) auxiliar aparece acompanhado de uma caixa na qual são digitadas as coordenadas.

Para alternar entre os sistemas de coordenadas, pressione a barra de espaço do teclado. Isso somente funciona quando a evidência está com a janela do AccuDraw.

Quando o AccuDraw está ativo, trata-se de um INPUT DE EVIDÊNCIA controlado pelas teclas <ESC> (ferramentas - Home) e <BARRA DE ESPAÇO> (ativa o AccuDraw). Estando o AccuDraw em evidência, você passa a contar com **diversos atalhos a partir do teclado** de comandos variados.

A caixa de diálogo do AccuDraw está em evidência.

Na Status Bar, o campo Dialog with Foco exibe um ícone com o aspecto do compasso do AccuDraw. Pressionando a tecla <ESC>, a evidência passa para Home (ferramentas). Pressionando a tecla <BARRA DE ESPAÇO>, a evidência passa para AccuDraw.

Inicialmente, a janela do AccuDraw aparece flutuando na tela como outra caixa de diálogo qualquer. Todavia, ela pode ser alocada na interface para maior comodidade.

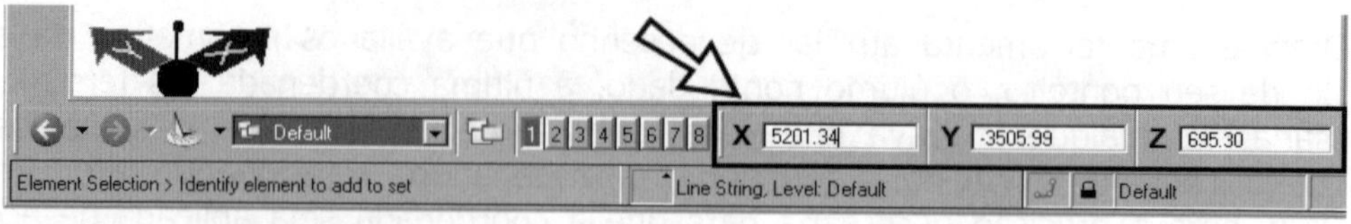

O Compasso do AccuDraw

A mais conhecida característica do AccuDraw é o "compasso". Visível somente quando o AccuDraw está ativo, possui o controle das entradas das coordenadas do MicroStation.

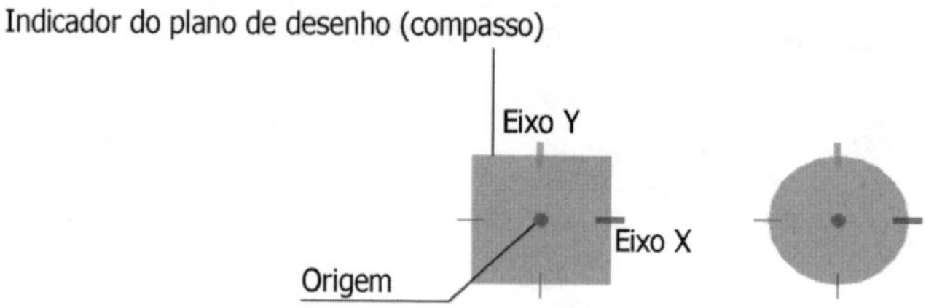

O ponto de origem

No centro do compasso está a origem, que é o ponto focal de todas as operações do AccuDraw. Várias opções do AccuDraw selecionam suas funções a partir do ponto de origem.

Todas as diretivas (distâncias, atalhos do teclado etc.) do AccuDraw operam em conjunto com o compasso. Na maioria dos casos, o compasso está localizado no último ponto dado. Além disso, existem diretivas do AccuDraw que permitem que você mova o compasso para posições diferentes sem precisar entrar com um ponto.

O indicador do plano de desenho

Ao redor do ponto de origem está o indicador do plano de desenho. Seu propósito inicial é indicar a atual orientação do plano de desenho do AccuDraw, e o atual sistema ativo de coordenada (quadrado para o sistema retangular e uma circunferência para polar).

Os eixos X e Y

As extremidades do compasso do AccuDraw são os eixos. Orientados por um ângulo reto entre si, esses eixos representam os eixos X e Y do plano de desenho.

Para diferenciar um eixo do outro, são usadas cores. Por default, A DIREÇÃO POSITIVA DO EIXO X É REPRESENTADA PELA COR VERMELHA, enquanto a direção positiva de Y é representada pela cor verde. Esta definição pode ser mudada pela tabela Display da caixa de diálogo AccuDraw Settings.

EXERCÍCIO: Para entrar com coordenadas usando o AccuDraw

1. A partir da caixa de ferramentas Linear Elements, selecione **Place Line**. Com o foco definido para Home, alternativamente você pode pressionar **<Q><2>**.
2. No canto inferior esquerdo da janela, entre com o primeiro ponto. Em seguida INDIQUE A DIREÇÃO da linha, levando o ponteiro para o lado direito.

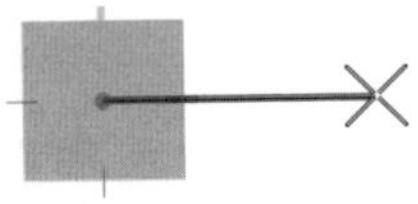

O campo do eixo do compasso que estiver sendo indicado sempre fica em evidência. Neste caso, o campo do eixo X é que está em evidência. Se o compasso do sistema de coordenada polar estiver aparecendo, pressione a barra de espaço para trocar o sistema para retangular.

3. **Digite 500** e em seguida pressione **<ENTER>**.

Se o valor digitado estiver errado, apenas pressione <ENTER> para liberar o campo, em seguida digite novamente o valor correto.

4. Aceite o ponto.
5. Indique a direção para o eixo Y, **digite 200 <ENTER> e aceite o ponto**.
6. Indique a direção para o lado direito (observe que a evidência está em Y negativo, mas não se preocupe, pois a linha será desenhada na direção que você indicar). **Digite 400 <ENTER>**.
7. Lentamente **empurre o ponteiro para cima** até aparecer uma pequena linha cortando a sua trajetória. Você deve sentir que o ponteiro trava temporariamente nessa posição.

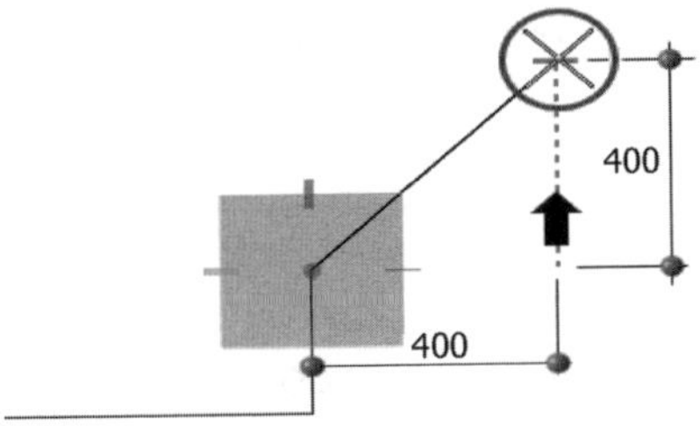

Quando o mesmo valor da coordenada anterior é atingido ao deslocar a direção sobre o novo eixo, um sinal gráfico avisa o usuário.

8. **Aceite o ponto** nessa posição (45°, por conseqüência). Observe que o plano de desenho3 do AccuDraw ficou rotacionado, acompanhando o alinhamento da linha, onde o eixo X do AccuDraw indica a orientação dessa linha.

9. **Pressione <V>** (no teclado) para rotacionar o plano de desenho de acordo com os eixos da vista. Se por algum motivo você desejar voltar ao alinhamento anterior, pressione <B>.
10. Indique a direção para o lado direito, **digite 300 <ENTER> e aceite o ponto**.

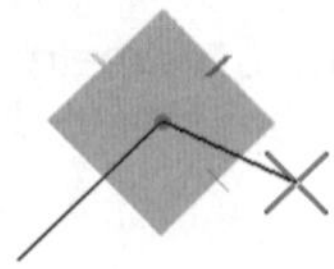

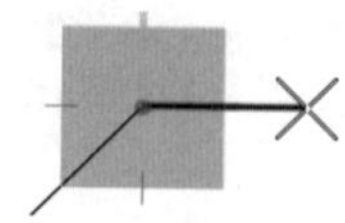

11. Indique a direção para o lado de baixo e **pressione <ENTER>**. Quando a tecla <ENTER> é pressionada antes de informar um valor, a linha fica "travada" no eixo corrente. Isso permite que você leve o ponteiro para outro local a fim de estabelecer um alinhamento geométrico.
12. Capture com o AccuSnap o vértice inferior do segmento vertical localizado à esquerda e **aceite esse ponto**.

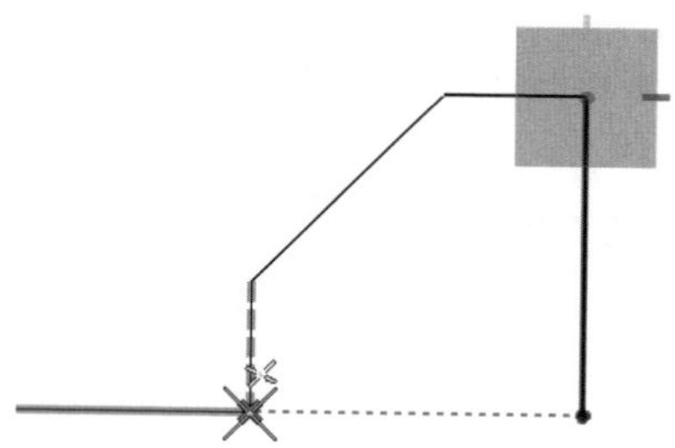

13. Pressione RESET para terminar.

Atalhos do AccuDraw

Sabemos que o AccuDraw tenta antecipar sua tarefa, proporcionando condições favoráveis, contudo ele não pode prever sempre suas intenções.

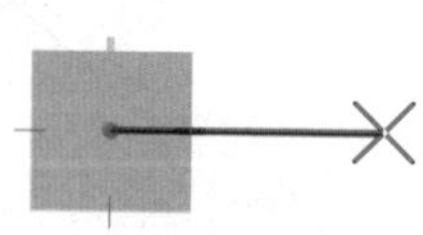

O AccuDraw, porém, apresenta vários comandos por meio de caracteres únicos ou duplos para serem acionados pelo teclado.

Lembre-se de que esses atalhos somente funcionam se o AccuDraw estiver em evidência.

Um menu pop-up confirma o atalho usado abaixo do campo em evidência. Esta função não é somente útil para confirmar o comando usado, mas também com propósitos de treinamento.

Quando DOIS CARACTERES são utilizados, uma caixa temporária aparece após a primeira letra ter sido pressionada, exibindo outros comandos iniciados pela letra em questão. Basta digitar a próxima letra para dar seqüência ao comando.

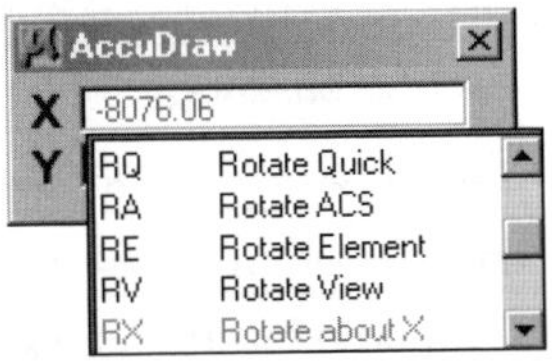

Você pode editar seus próprios comandos com o teclado, porém é recomendável ficar familiarizado com os comandos já configurados, evitando algumas dificuldades ao trocar de ambientes (workspaces).

A tabela seguinte lista os principais atalhos para operações realizadas com AccuDraw:

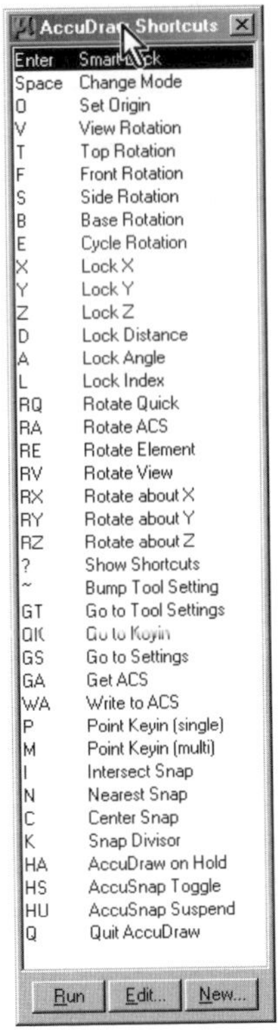

<ENTER>	Trava no eixo atual. Nas retangulares, trava o eixo X em 0 se o ponteiro estiver no plano de desenho do eixo Y; ou Y em 0 se o ponteiro estiver em X. Nas polares, trava o ângulo em 0°, 90°, –90°, ou 180°.
<SPACE>	Alterna entre os sistemas de coordenadas polares e retangulares.
<O>	Move a origem do plano de desenho para a posição atual do ponteiro.
<T>	Para rotacionar o plano de desenho, alinhando os eixos de acordo com o padrão da vista superior (Top view).
<F>	Para rotacionar o plano de desenho, alinhando os eixos de acordo com o padrão da vista frontal (Front view).
<S>	Para rotacionar o plano de desenho, alinhando os eixos de acordo com o padrão de vistas laterais (Side view).
<B>	Restaura a rotação anterior do plano desfeita pelo atalho <V>.
<E>	Para rotacionar os eixos entre os planos superior (top), frontal (front) e lateral (side) - somente em arquivos 3D.
<X>	Trava o eixo X.
<Y>	Trava o eixo Y.
<Z>	Trava o eixo Z (somente 3D).

<D>	Trava a distância atual do ponteiro nas coordenadas polares.
<A>	Trava o ângulo atual indicado pelo ponteiro.
<L>	Ativa e desativa o estado de indexação dos valores inseridos e das posições dos eixos. O efeito é temporário, até que outro dado seja inserido. Usado normalmente quando você quer trabalhar em um eixo e não em outro, ou quando precisa entrar com uma distância muito pequena e a automação do AccuDraw.
<R>,<Q>	Para rotacionar temporariamente o plano de desenho do AccuDraw.
<R>,<A>	Usado para rotacionar permanentemente o plano de desenho. Para rotacionar a atual posição do plano ACS (Sistema de Coordenadas Auxiliares).
<R>,<E>	Rotaciona o plano de desenho baseado no ângulo do elemento sob o cursor.
<R>,<V>	Para rotacionar a vista de acordo com o plano de desenho do AccuDraw.
<R>,<X>	Para rotacionar 90° o plano de desenho do eixo X.
<R>,<Y>	Para rotacionar 90° o plano de desenho do eixo Y.
<R>,<Z>	Para rotacionar 90° o plano de desenho do eixo Z.
<~>	Escolhe um item na caixa Tool Settings. O atalho é <~>, mas dependendo da configuração, o acionamento da tecla <ESC> é requerido - contudo, não é necessário pressionar <SHIFT>. Esse atalho encontra o primeiro item disponível da caixa Tool Settings que tenha opções e ativa o próximo valor válido. Por exemplo, ao desenhar com a SmartLine, estando o foco sobre o AccuDraw, você pode pressionar a tecla <~> (depois <ESC>) para mudar a opção Segment Type de Line para Arc, sem precisar mudar o foco para a janela Tool Settings.
<G>,<T>	Move o foco para a janela Tool Settings.
<G>,<K>	Abre (ou move o foco para) a janela Key-in.
<G>,<S>	Abre (ou move o foco para) a caixa de diálogo AccuDraw Settings.
<G>,<A>	Busca um ACS salvo.
<W>,<A>	Salva o alinhamento do plano de desenho como um ACS.
<P>	Abre a caixa Data Point Key-in para entrar com uma única coordenada.
<M>	Abre a caixa Data Point Key-in para entrar com múltiplas coordenadas.
<I>	Ativa o modo Snap Intersect.
<N>	Ativa o modo Snap Nearest.
<C>	Ativa o modo Snap Center.
<K>	Abre a caixa de diálogo Keypoint Snap Divisor, a qual é usada para definir um divisor para os pontos notáveis.
<H>,<A>	Suspende temporariamente o uso do AccuDraw.
<H>,<S>	Ativa e desativa o AccuSnap.
<H>,<U>	Suspende temporariamente o uso do AccuSnap.
<Q>	Desativa o AccuDraw.

EXERCÍCIO: Entrar com uma coordenada polar usando o AccuDraw

1. Com o AccuSnap (snap automático), capture o vértice inferior do segmento vertical localizado à direita e **aceite o ponto**. Para isso, basta aproximar o cursor do vértice.
2. Se o plano de desenho do AccuDraw indicar que o sistema de coordenadas retangulares (quadrado) está ativo, **pressione <SPACE BAR>** para mudar o sistema para POLAR.
3. **Indique a direção** da linha empurrando o ponteiro para a direita. <u>A evidência estará sobre o campo da "Distância"</u>. **Digite 500 <ENTER>.**
4. Para passar para o campo do "Ângulo", **pressione <TAB>** ou **<DOWN ARROW>**.
5. No campo Angle, **digite 23 <ENTER>**.
6. **Aceite o ponto**.

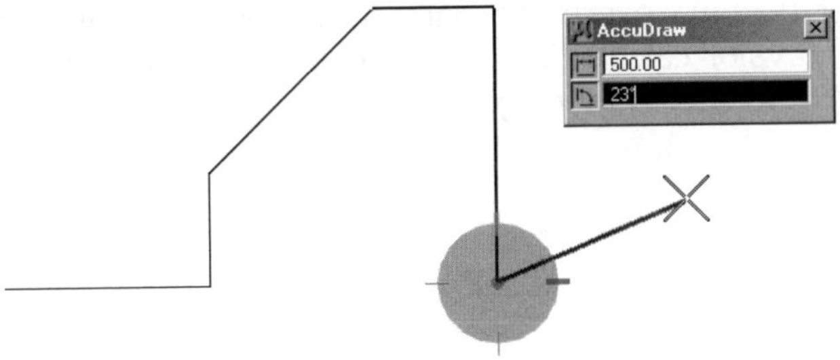

7. **Pressione <V>** para rotacionar o plano de desenho de acordo com os eixos da vista.
8. Ainda no campo Angle, **digite 78 <ENTER>**.
9. Para retornar ao campo da "Distância", **pressione <TAB>** ou **<DOWN ARROW>**.
10. **Digite 300 <ENTER> e aceite o ponto**.

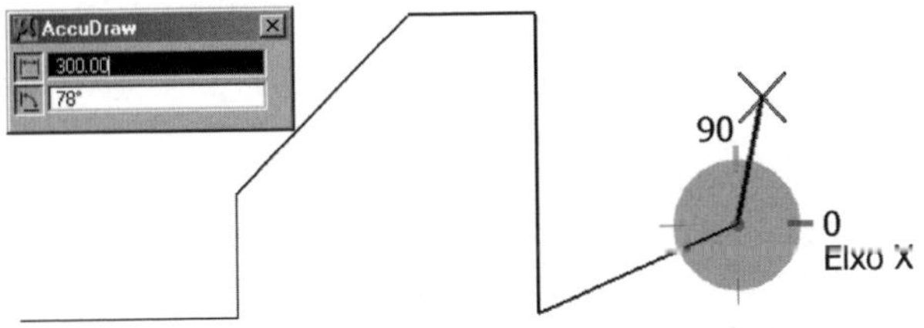

11. Clique em RESET para terminar.

> Se em vez de 78° você precisasse digitar 12° a partir do eixo Y, precisaria pressionar <R><Z>, girando o plano do AccuDraw 90°, orientando o eixo X para cima e digitando –12.

Usando a Calculadora do AccuDraw

Com a calculadora do AccuDraw é possível realizar operações matemáticas com os valores inseridos nos campos das coordenadas dos eixos, os quais são ajustados dinamicamente.

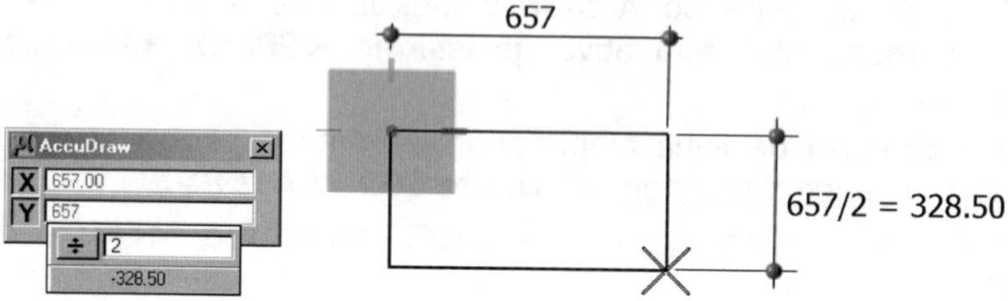

1. Após entrar com o valor da distância desejada, você pode digitar qualquer um dos seguintes operadores: **+**, **–**, *****, **/**.
2. Digite um valor ou uma expressão para completar o cálculo. Pressione <ENTER> para confirmar o valor calculado e um dado para aceitar graficamente o resultado. Pressione <ESC> se você quiser rejeitar o valor.

Realizando Operações Simples

A calculadora permite que você realize cálculos em valores mensuráveis (tentativa em um elemento, entrando com múltiplas distâncias), ou simplesmente digite equações inteiras, por exemplo: "5.23 + 1.34".

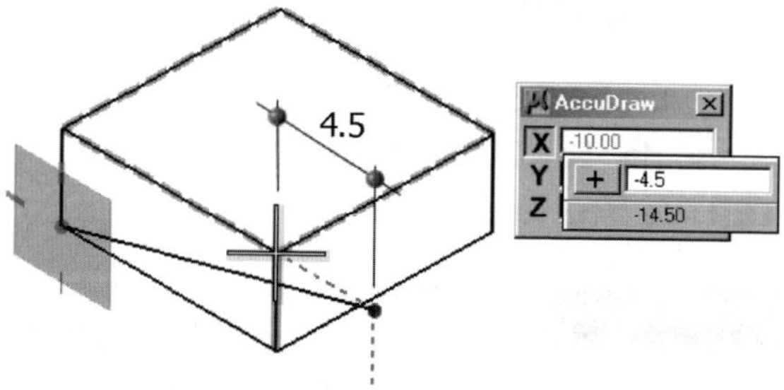

Não somente a calculadora elimina a possibilidade de uma calculadora física, como também com os operadores "+" e "–" você não precisa recolocar a origem do AccuDraw para entrar com a nova distância.

Você pode usar a calculadora para entrar com expressões complexas, incluindo múltiplos operadores, parênteses e expressões em C ("sin(30)", "tcb->actangle").

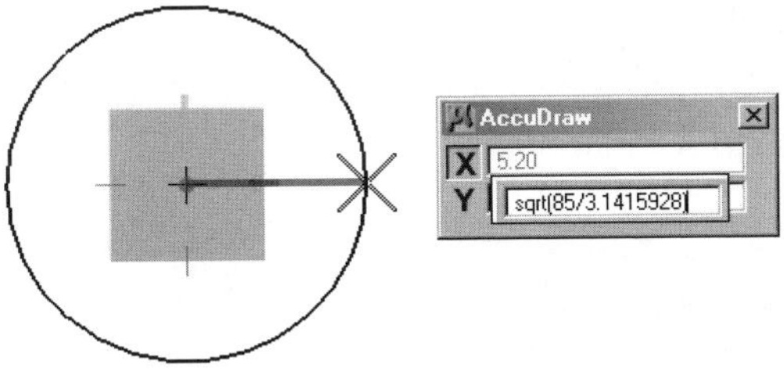

Também pode usar o caractere "=" antes de entrar com um valor na janela do AccuDraw. Considere que deseja criar um círculo com uma área específica; 85, por exemplo; então, ao colocar o círculo, você digitaria "**=sqrt(85/3.1415928)**"**<ENTER>**.

Você também pode definir e salvar variáveis. Apesar de não poder salvá-las em um arquivo e de não existir uma interface gráfica, essa funcionalidade pode ainda ser útil. Por default, a única variável salva é "PI." Para USAR A VARIÁVEL diretamente como uma distância ou ângulo, digite "**=<nome da variável>**".

- **Para salvar uma variável** - digite "**popcalc variable save <nome> <valor>**". O valor pode ser uma expressão complexa.

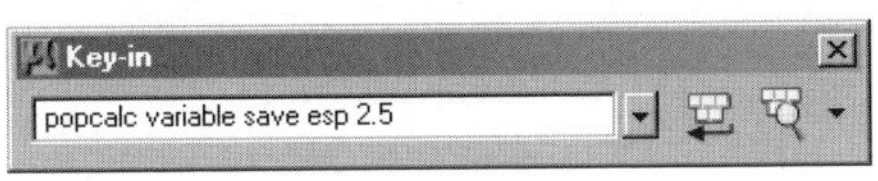

- **Para exibir as variáveis salvas** - digite "**popcalc variable show <nome>**". O nome é opcional; se ele não for fornecido, todas as variáveis são gravadas na caixa Messages. Fornecendo o nome, ele é exibido na Status Bar com o seu valor.

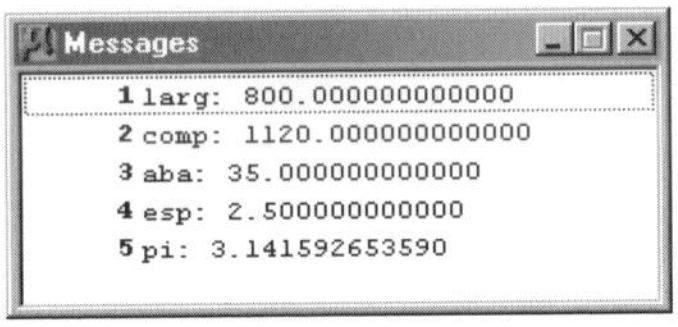

- **Para excluir as variáveis** - digite "**popcalc variable delete <nome>**".

Configurações para o AccuDraw

Muitos dos aspectos do comportamento do AccuDraw são definidos usando os controles da caixa AccuDraw Settings. A partir do submenu AccuDraw do menu Settings ou chamando pelo atalho <G S>, abre-se a caixa de diálogo AccuDraw Settings.

A Tabela Operations

Apresenta opções que são usadas para selecionar preferências de operação e aspectos ligados às performances do AccuDraw.

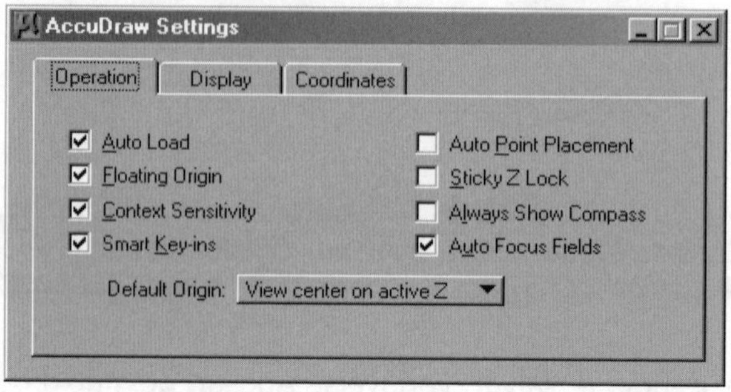

- **Auto Load** - se essa opção estiver ativada, o AccuDraw abre-se automaticamente quando o MicroStation é iniciado.
- **Floating Origin** - se ativada, a origem se move para o último ponto colocado.

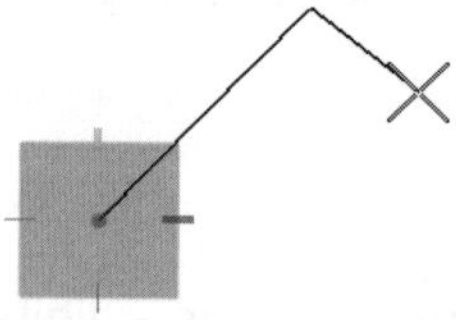

- **Context Sensitivity** - se ativada, entre outras características faz com que o compasso do AccuDraw acompanhe a rotação do elemento colocado.

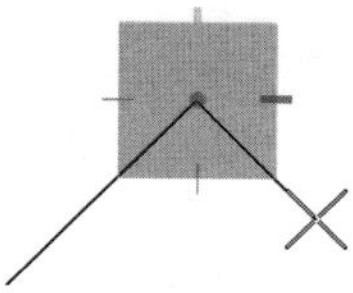

- **Smart Keyins** - se ativada, o AccuDraw interpreta um número como positivo ou negativo, dependendo da direção do ponteiro em relação ao compasso. No modo retangular (somente) o AccuDraw move o foco entre os campos, dependendo da posição do ponteiro.

Recomendada somente para usuários experientes.

- **Sticky Z Lock** - se ativada, ao travar o eixo Z, ele permanece assim por consecutivas operações. Normalmente, as travas dos eixos são liberadas depois de um ponto dado. Isso é de grande ajuda quando você quer desenhar em um plano específico (z=0), enquanto aplica tentativas em outros planos (3D). Com a trava ativada, o valor de Z permanece travado até que você desative manualmente.

- **Always Show Compass** - se essa opção estiver ativada, o compasso terá prioridade ao entrar com um ponto.
- **Auto Foco Fields** - (coordenadas polares) se ativada, os atalhos <A> e <D> definem o foco para os respectivos campos, além de travar no valor atual.
- **Default Origin** - quando uma ferramenta inicia o AccuDraw, não existe uma posição predefinida para a sua origem, no entanto essa opção pode determinar uma localização default.

  View Center on active Z - define a origem do AccuDraw para o centro da vista, na profundidade ativa do eixo Z.

  Global origin - determina a origem do AccuDraw para a origem global do arquivo de desenho.

  Global origin on active Z - define a origem do AccuDraw para a origem global dos eixos (X,Y) na profundidade ativa do eixo Z em relação à vista.

A Tabela Display

Apresenta opções que controlam várias características de visualização do compasso do AccuDraw, além de proporcionar acesso à customização dos atalhos do teclado.

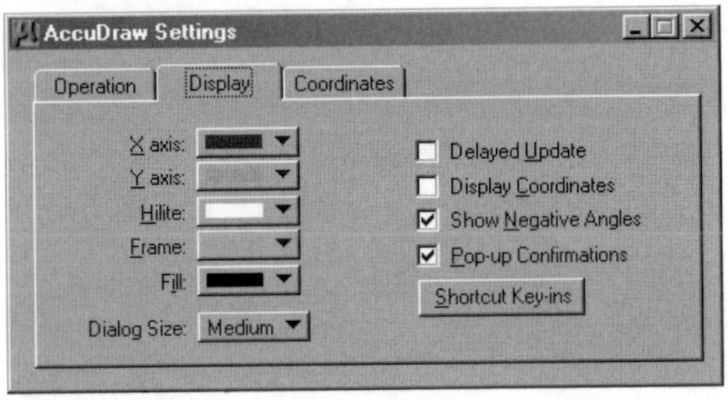

- **X/Y axis...** - define a cor do indicador do eixo X/Y positivo do compasso.
- **Hilite** - estabelece a cor dos indicadores dos eixos X e Y negativos.
- **Frame** - determina a cor da borda do compasso do AccuDraw.
- **Fill** - define a cor do interior do compasso do AccuDraw.
- **Dialog Size** - ajusta o tamanho da caixa de diálogo do AccuDraw.

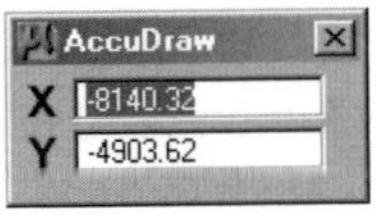

Small.

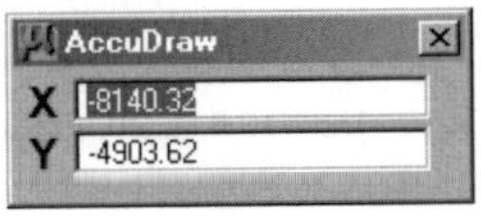

Medium.

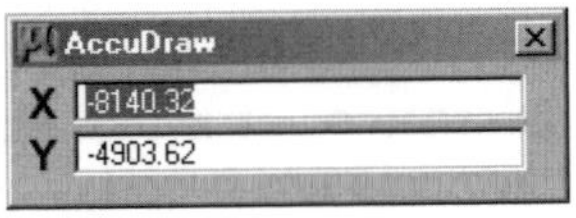

Large.

- **Delayed Update** - se ativada, as coordenadas X/Y da janela do AccuDraw são atualizadas somente quando o ponteiro parar. Se desativada, as coordenadas são atualizadas constantemente, acompanhando o movimento do ponteiro.

- **Display Coodinates** - se ativada, a coordenada a partir do último ponto é exibida no ponteiro.

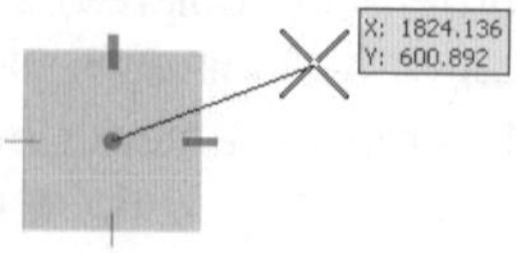

- **Show Negative Angles** - se ativada, o AccuDraw mostra ângulos negativos entre 0° e 180° no sentido horário (+/–180°). Se desativada, o AccuDraw mostra os valores entre 0° e 360°.
- **Pop-up Confirmation** - se ativada, o AccuDraw exibe o nome do atalho invocado.
- **Shortcut Key-ins** - abre a caixa de diálogo AccuDraw Shortcuts que lista as teclas de atalhos do AccuDraw, permitindo que comandos sejam criados. Uma tabela completa dos comandos é oferecida nas páginas seguintes.

A Tabela Coordinates

Apresenta controles que são usados para rotacionar o plano de desenho do AccuDraw e definir o seu sistema de coordenadas.

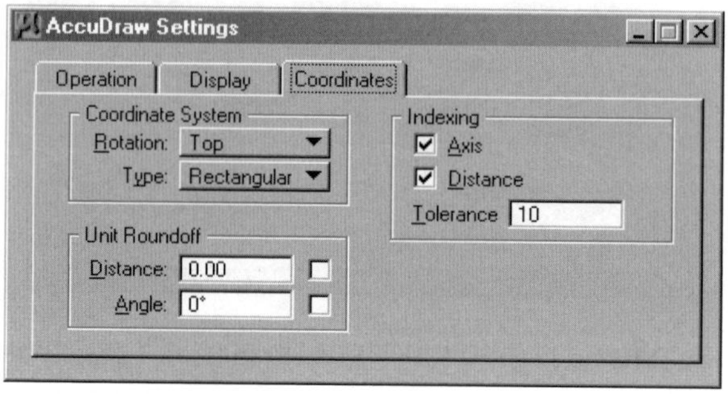

- **Coordinate System**

  Rotation - indica a rotação dos eixos do plano de desenho.

  Type - define o sistema de coordenadas utilizado pelo AccuDraw.

- **Unit Roundoff**

  Distance - trava a distância para a colocação de elementos. Se travarmos a distância em 2, todos os objetos colocados terão medidas múltiplas de 2.

  Angle - determina um passo para o ângulo ao colocar um elemento.

- **Indexing**

  Axis - se ativada, conduz o ponteiro do AccuDraw aos eixos X e Y quando este se aproxima. A distância necessária é controlada pela opção Tolerance.

  Distance - se ativada, define a distância mínima que o ponteiro deve estar da origem do AccuDraw para que uma distância seja dada.

Tolerance - para definir a distância mínima, em pixels, usada pelas opções Axis e Distance. Valores válidos de 1 a 99.

◉ **Crie um ARQUIVO chamado EXERCÍCIO_01.DGN.**

EXERCÍCIO: Usando o AccuDraw

Baseado na figura abaixo, faça o desenho usando os recursos do AccuDraw que você aprendeu neste capítulo.

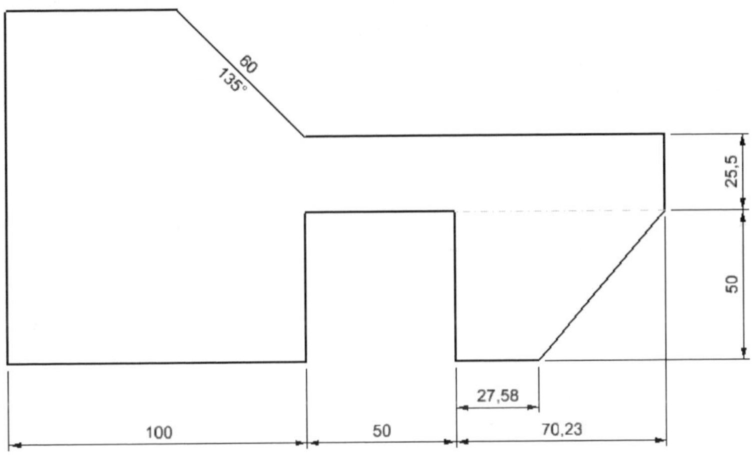

1. A partir da caixa de ferramentas Linear Elements, selecione **Place SmartLine** e ative a opção Join elements. Com o foco definido para Home, alternativamente você pode pressionar **<Q><1>**.

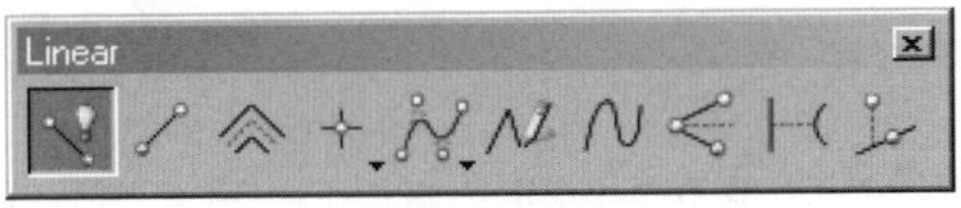

2. INDIQUE A DIREÇÃO para o lado direito, **digite 100 <ENTER> e aceite o ponto**.

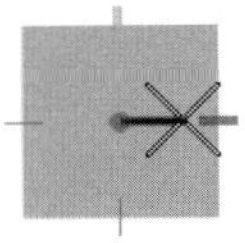

3. Em seguida use os comandos de vista para ajustar o desenho na janela de vista. Sugestão: **Fit View**, **Zoom Out** (duas vezes) e depois **Pan View**. Depois de usar os comandos de vista, clique em **RESET** para voltar o comando Place SmartLine!

4. INDIQUE A DIREÇÃO para cima, **digite 50 <ENTER> e aceite o ponto**.

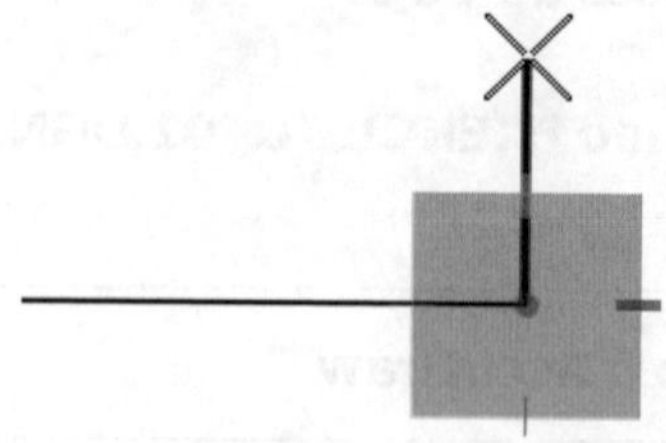

5. Leve o ponteiro lentamente para o lado direito (sobre o eixo X) e espere até que uma pequena linha faça uma interseção na trajetória, avisando que a distância anterior foi atingida. **Aceite esse ponto** (1). Repita o passo para o próximo vértice, porém levando o ponteiro para baixo; **aceite o ponto** (2).

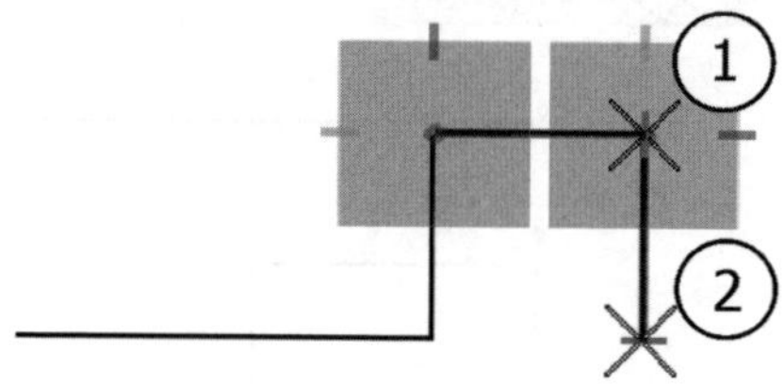

6. INDIQUE A DIREÇÃO para o lado direito, **digite 27.58 <ENTER> e aceite o ponto** (3).
7. Leve o ponteiro até o vértice (4), indicado na figura seguinte.

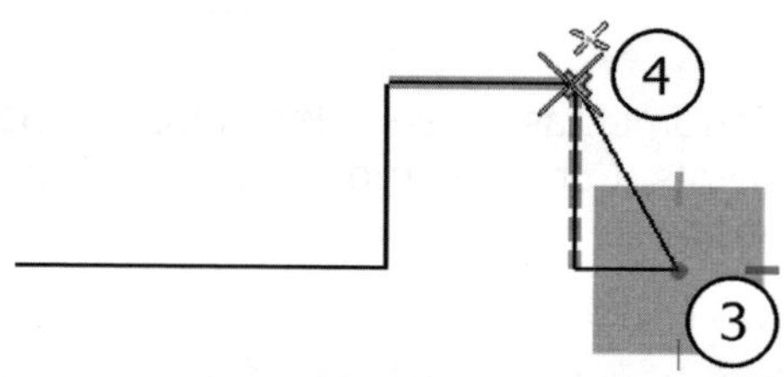

8. **Pressione a tecla <O>** para deslocar a origem para esse ponto.
9. INDIQUE A DIREÇÃO para o lado direito, **digite 70.23 <ENTER> e aceite o ponto**.

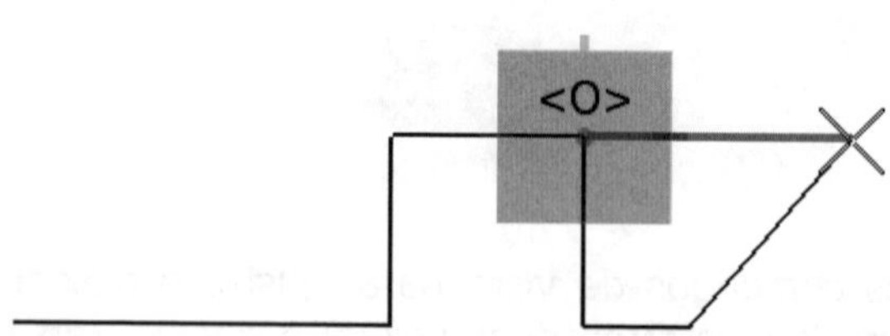

10. Para rotacionar o plano de desenho de acordo com os eixos da vista, **pressione <V>**.

11. INDIQUE A DIREÇÃO para cima, digite 25.5 <ENTER> e aceite o ponto.

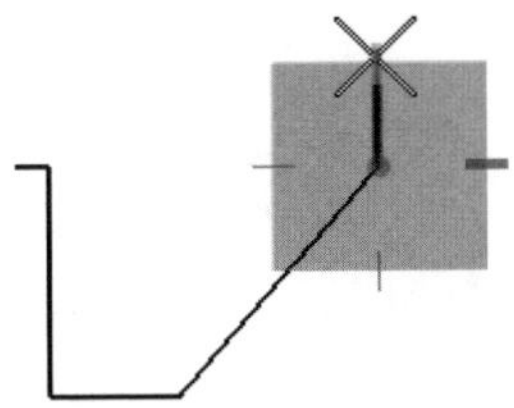

12. INDIQUE A DIREÇÃO para o lado esquerdo e **pressione <ENTER> para travar** o eixo atual. Em seguida capture o vértice, conforme indicado na figura seguinte, e **aceite o ponto**.

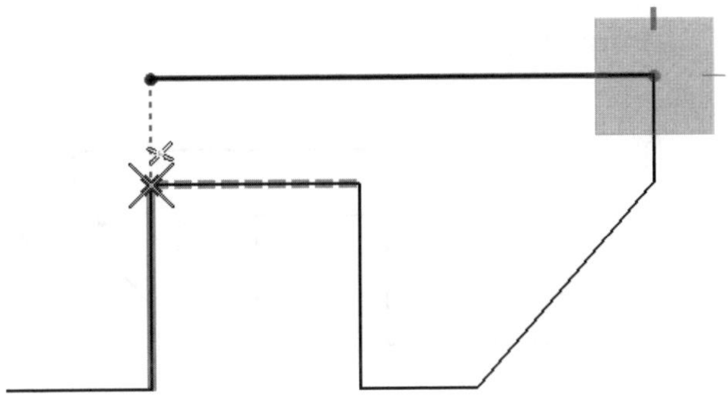

13. Para usar o sistema de coordenadas polares, **pressione <SPACE BAR>**.
14. Posicione o ponteiro no segundo quadrante e **digite 60 <ENTER>** para a distância.

15. Para passar a evidência para o campo do ângulo, **pressione <TAB>**. Em seguida **digite –45 <ENTER> e aceite o ponto**.

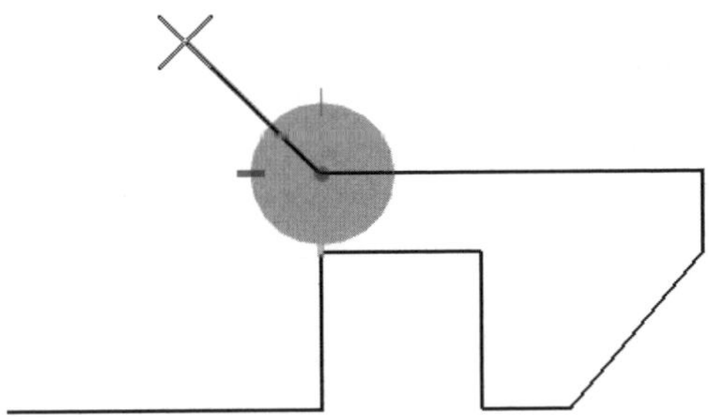

16. Para rotacionar o plano de desenho de acordo com os eixos da vista, **pressione <V>**.

17. Para usar o sistema de coordenadas retangulares, **pressione <SPACE BAR>**.

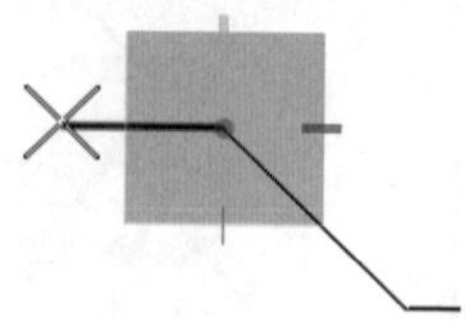

18. INDIQUE A DIREÇÃO para o lado esquerdo e **pressione <ENTER> para travar** o eixo atual. Em seguida capture o vértice, conforme indica a figura seguinte, e **aceite o ponto**.

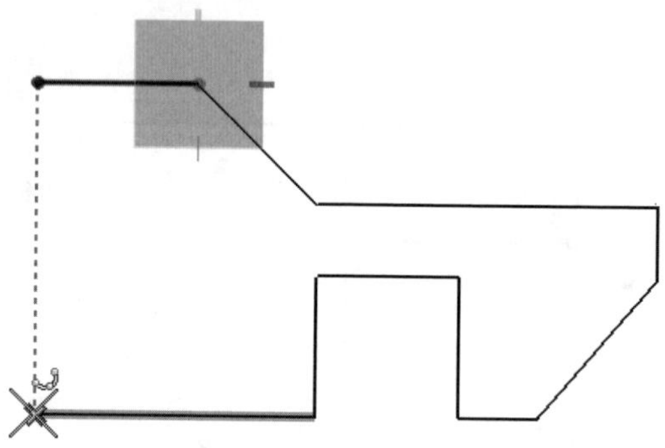

19. Leve o ponteiro até o ponto inicial e **aceite o ponto**. Ao capturar esse ponto, a janela Tool Settings deve expandir-se, oferecendo a opção Closed Element para criar um elemento fechado (sólido). Caso isso não ocorra, é porque em algum momento você interrompeu a construção ou desativou a opção Join Elements.

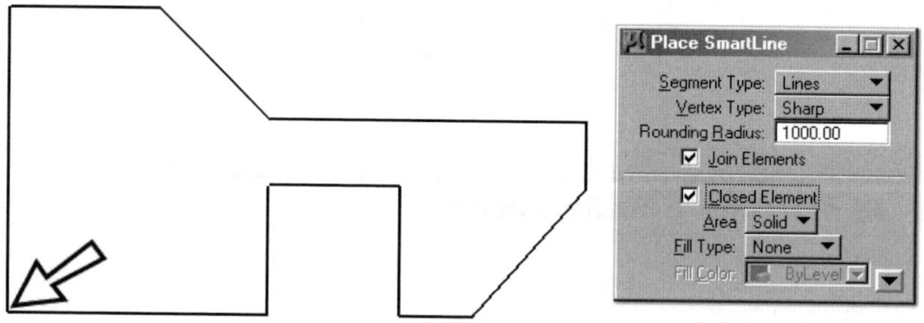

ATENÇÃO: Se errar ao aceitar um ponto, não pressione Reset, apenas dê UNDO <CTRL+Z> (desfazer). Reset significa "reajustar", o que indica que você concluiu a linha e deseja ajustá-la.

Dominar o AccuDraw é de grande ajuda para aumentar a sua produtividade. Após conseguir isso, procure acrescentar mais atalhos, customizando essa poderosa ferramenta auxiliar de desenho. Os atalhos do AccuDraw não fazem diferenciação entre maiúsculas e minúsculas.

Antes de Continuar

1. Quais os três mandamentos para trabalhar bem e com qualidade?
2. O que é Seed File e por que é utilizado?
3. Qual o atalho do AccuDraw que trava o eixo adjacente em zero?

Resposta do desafio (página 70)

Sim, todas as coordenadas estão lançadas corretamente.

Anotações

Capítulo 4

Desenhando com o MicroStation

Este capítulo apresenta ferramentas para colocação de geometrias primárias e as técnicas relacionadas. Quando você cria um desenho, adiciona elementos como linhas, arcos e polígonos. Depois pode modificar ou manipular esses elementos. Outras tarefas, tais como adicionar uma cota, colocar hachuras e textos serão tratadas mais adiante neste livro.

Task Navigation

Tasks

Tarefa é um conjunto de ferramentas agrupadas para facilitar um fluxo de trabalho particular. Você pode criar um grupo de tarefas baseadas em uma interface. As ferramentas agrupadas em uma tarefa podem ser aquelas padronizadas do MicroStation ou customizadas pelo usuário.

A Caixa de Ferramentas Task Navigation

A caixa de ferramentas Task Navigation possui uma lista chamada Task List, que tem por objetivo agrupar as principais tarefas relacionadas com um fluxo de trabalho.

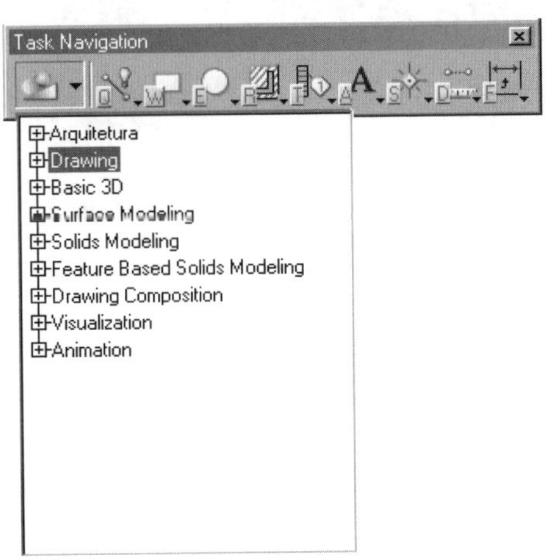

Normalmente essa caixa fica adaptada à interface do lado direito da janela do aplicativo. Se a caixa estiver fechada, ela pode ser aberta a partir do menu Window > Task Navigation.

A seguinte sintaxe de comando pode ser usada para ativar uma tarefa específica: Key-in: TASK ACTIVE [\endereço] <\nome_da_Tarefa>

Se você estiver usando o menu default para as teclas de função, pressione **<F2>** para exibir a Task List. Pressione **<F4>** para mostrar a tarefa ativa!

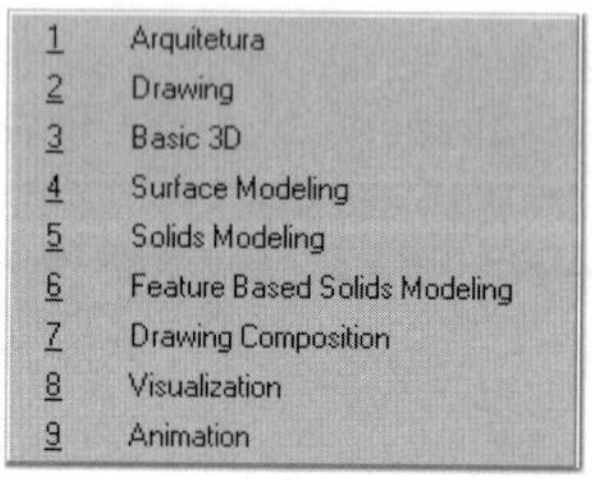

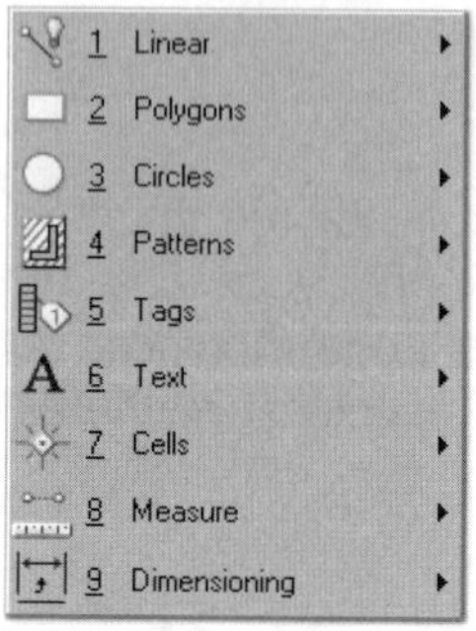

Esquerda: A Task List é aberta sob o ponteiro ao pressionar a tecla F2.
Direita: ao pressionar F4, a tarefa ativa é aberta sob o ponteiro.

Drawing Task

A tarefa DRAWING contém as ferramentas de desenho de uso mais comum. Ela é aberta quando você inicia o MicroStation pela primeira vez. Por default, é listada pela caixa de ferramentas Task Navigation.

Por default, as seguintes caixas de ferramentas compõem a tarefa Drawing:

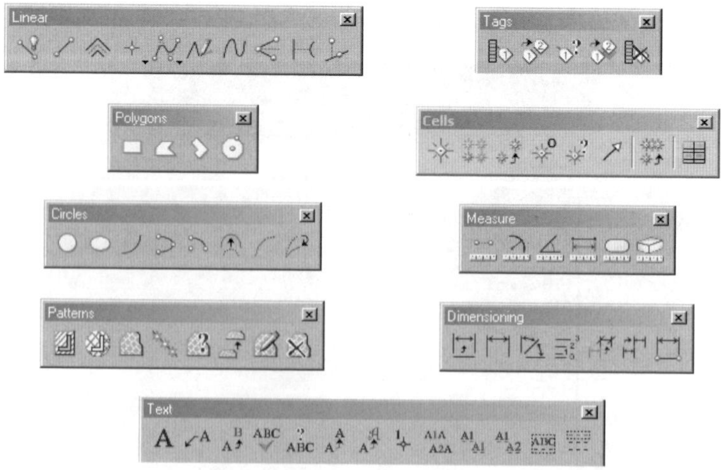

Geometria Primária

São quatro as tarefas que formam o conjunto de ferramentas para colocação das geometrias elementares:

- LINEAR Task
- POINTS Task
- POLYGONS Task
- CIRCLES Task

A maioria das ferramentas adiciona elementos ao desenho. Os elementos variam, porém os procedimentos são normalmente os mesmos.

1. Selecione a ferramenta apropriada.
2. Defina os parâmetros na janela Tool Settings.
3. Leia as instruções na Status Bar.
4. Inicie a colocação do elemento.

Linear Task

As ferramentas da tarefa Linear são usadas para colocar elementos lineares.

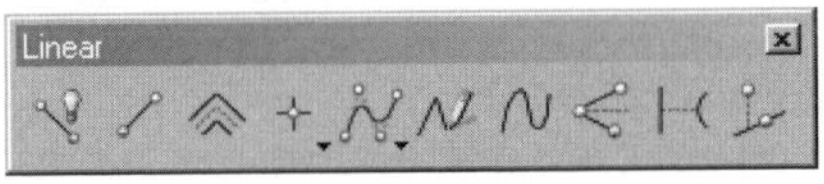

Tarefa Linear (aberta como uma caixa de ferramentas).

◉ **Crie um ARQUIVO chamado AULA02.DGN.**

Place SmartLine

Usada para colocar segmentos de linhas e arcos como elementos individuais ou complexos conectados, ou ainda como simples line string, shape, circle, complex chain ou complex shape. Essa ferramenta suporta todos os tipos de snap modes.

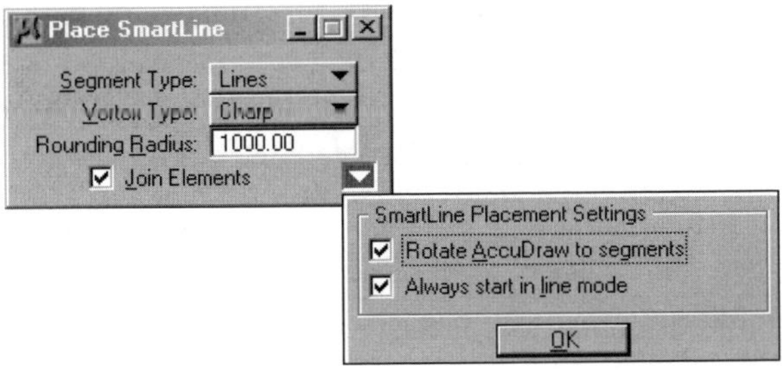

VÉRTICES ARREDONDADOS podem ser criados automaticamente pela ferramenta, pela colocação de um arco tangente entre dois segmentos de linhas adjacentes. Você também pode arredondar um vértice entre dois arcos, ou entre um arco e uma reta. Se um vértice arredondado não puder ser criado, um vértice de ângulo reto será colocado.

Tool Settings	**Efeito**
Segment Type	Tipo de segmento a ser utilizado, pode ser uma linha ou arco.
Vertex Type	Determina o tipo de vértice a ser utilizado, entre: Sharp (definido), Rounded (arredondado) e Chamfered (chanfrado). Após um "snap" para localizar um vértice e antes de aceitá-lo, você pode mudar o tipo de vértice do primeiro segmento. O vértice somente é aplicado depois do vértice final.
Rounded Radius	Se o tipo de vértice escolhido for Rounded, configura-se o raio do arco do arredondamento. Se após capturar o primeiro vértice por meio de "tentativa" e antes de aceitá-lo, o raio for modificado, a nova configuração é aplicada apenas ao raio final.
Chamfer Offset	Se o tipo de vértice escolhido for Chamfered, define-se uma distância para criar um chanfro de 45°.
Join Elements	Se desativada, a ferramenta coloca os segmentos como elementos independentes. Neste caso, elimina-se a possibilidade de criar linhas contínuas (line string), complex chain e complex shapes.
Closed Element	Quando o elemento colocado pela SmartLine for uma área fechada, ao capturar o snap desse ponto de fechamento, essa opção será exibida. Se ativada, ao aceitar a tentativa, confere ao elemento as características de um shape ou complex shape se houver a presença de um arco ou um tipo de vértice diferente de Sharp. Se o elemento não for fechado, as características de uma line string serão atribuídas ao elemento, ou de um complex chain se houver a presença de um arco ou um tipo de vértice diferente de Sharp.
Área	Desde que a opção Closed Element esteja ativada, escolhe-se o tipo de área do elemento entre as opções Solid (sólido) e Hole (furo).
Fill Type	Desde que a opção Closed Element esteja ativada, escolhe-se o tipo de preenchimento da área do elemento. None (sem preenchimento), Opaque (preenchido com a cor ativa), Outlined (preenchido com a cor de preenchimento, e a borda fica na cor ativa).
Fill Color	Desde que a opção Closed Element esteja ativada, escolhe-se a cor de preenchimento da área. A cor do preenchimento somente pode ser visualizada se a opção Fill da caixa de diálogo View Attributes estiver ativada para a vista na qual o elemento aparece.
Rotate AccuDraw to segments	Se ativada (SmartLine Placement Settings), o compasso rotaciona de acordo com o ângulo do segmento que você estiver colocando. Se desativada, o compasso do AccuDraw permanece alinhado com os eixos da vista e não rotaciona com os segmentos.
Always start in line mode	Se ativada (SmartLine Placement Settings), a opção Segment Type sempre virá definida para Lines quando você selecionar a ferramenta Place SmartLine. Se desativada, a opção Segment Type apresenta o último tipo de segmento usado.

	EXERCÍCIO: Usando a ferramenta Place Smartline

1. A partir da caixa de ferramentas Task Navigation, ative a tarefa DRAWING.
2. Na tarefa Linear, selecione a ferramenta Place SmartLine, ou com o foco definido para Home, simplesmente pressione **<Q><1>**.

Opcionalmente você pode pressionar qualquer ferramenta da tarefa em questão, e mantendo o botão esquerdo pressionado, escolher Open as ToolBox para extrair a tarefa como uma caixa de ferramentas flutuante.

3. Ajuste as opções oferecidas pela janela Tool Settings da seguinte maneira:

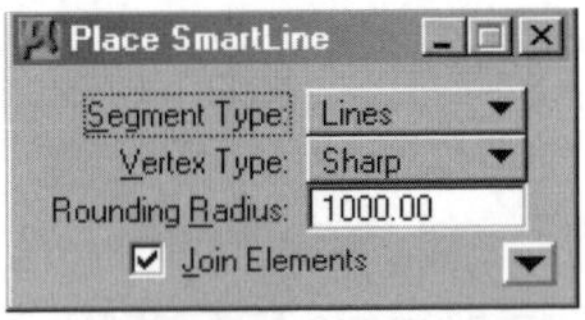

4. Entre com o primeiro ponto no canto inferior esquerdo da janela de vista.
5. Direcione o ponteiro para o eixo Y, **digite 1300 <ENTER> e aceite o ponto**.

6. Na janela Tool Settings, defina a opção VERTEX TYPE para **Chamfered**. Em seguida, no campo CHAMFER OFFSET **digite 300 <ENTER>**. Assegure-se de que a opção Join Elements esteja sempre ativada!

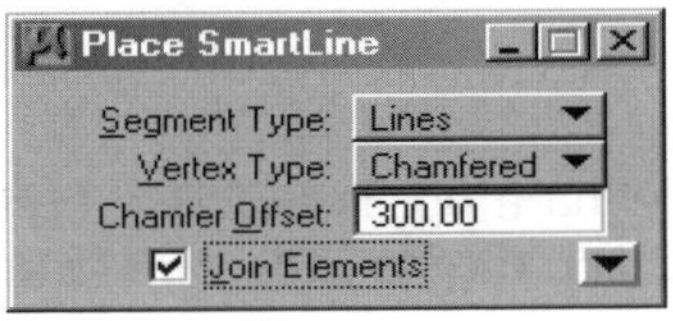

7. Direcione o ponteiro para o lado direito, **digite 1500 <ENTER> e aceite o ponto**.
8. Na janela Tool Settings, defina a opção VERTEX TYPE para **Sharp**.
9. Ainda na janela Tool Settings, defina a opção SEGMENT TYPE para **Arcs**.
10. Direcione o ponteiro para baixo, **digite 675 <ENTER>, /2 <ENTER> e aceite o ponto**. Observe que o compasso do AccuDraw mudou automaticamente para o sistema de coordenadas polares, apontando o eixo X (ponta vermelha) que representa o "0" do círculo trigonométrico.
11. Leve o arco no sentido horário até atingir **180° e aceite o ponto**.

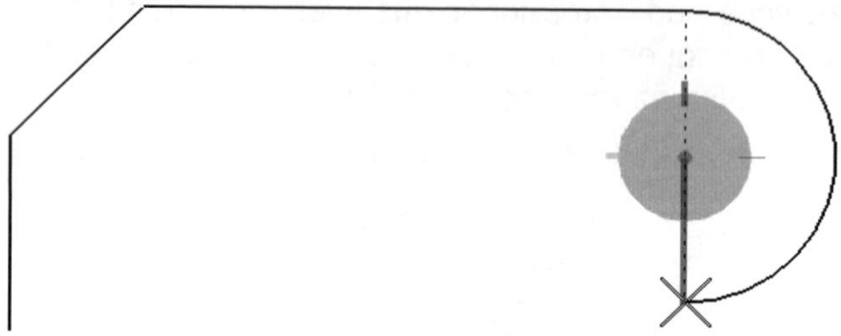

12. Na janela Tool Settings, defina a opção SEGMENT TYPE para **Lines**.
13. Pressione **<ESPAÇO>** para voltar ao sistema de coordenadas retangulares.
14. Volte o ponteiro para o lado esquerdo e pressione **<ENTER>** para travar no eixo horizontal. Em seguida, leve o ponteiro até encontrar o segmento vertical logo à frente.

    Observe que o campo X da janela do AccuDraw exibe o valor 1500.
15. Pressione "**=**" para ativar a calculadora do AccuDraw, em seguida, no campo aberto na caixa do AccuDraw, **digite $+600 <ENTER> e aceite o ponto**.

    Observe que agora o campo X da janela do AccuDraw exibe o valor 900, o qual define o comprimento do segmento que você acabou de colocar. O caractere "$" representa o valor atual do campo da janela do AccuDraw.

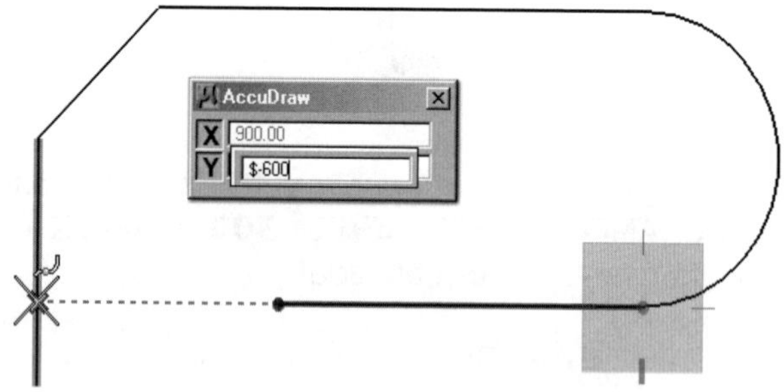

16. Na janela Tool Settings, defina a opção VERTEX TYPE para **Rounded**. Em seguida, no campo ROUNDING RADIUS, **digite 200 <ENTER>**.
17. Coloque o ponteiro para baixo e pressione **<ENTER>** para travar esse eixo.

18. Leve o ponteiro até o vértice inferior do segmento vertical ao lado. Observe que o campo do AccuDraw apresenta o valor 625, o que define o comprimento do segmento que você vai colocar. **Aceite o ponto**.

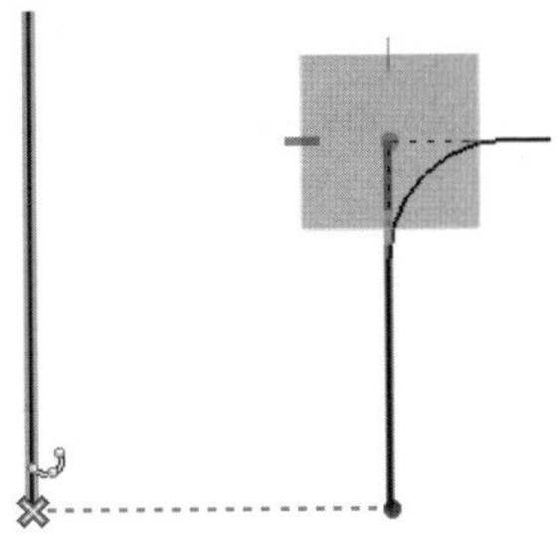

19. Na janela Tool Settings, defina a opção VERTEX TYPE para **Sharp**.
20. Leve novamente o ponteiro até o vértice inferior do segmento vertical ao lado. Observe que a janela Tool Settings é expandida. Assegure-se de que Join Elements e Close Element estejam ativados. **Aceite o ponto**.

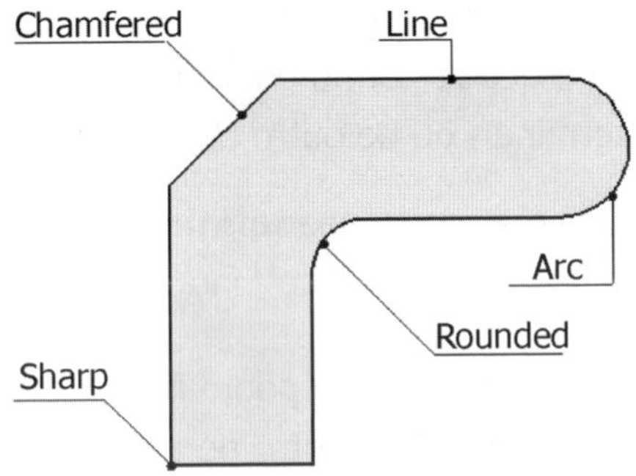

A figura anterior apresenta uma forma típica criada com a ferramenta Place Smart Line, usando suas principais características geométricas.

Se você colocar um vértice num lugar errado, pode refazê-lo sem interromper o comando, com as teclas <CTRL+Z>.

Place Line

A ferramenta Place Line permite que você coloque um único segmento ou vários segmentos conectados pelas extremidades. Ao contrário da SmartLine, a ferramenta Place Line não une os segmentos para formar um único elemento.

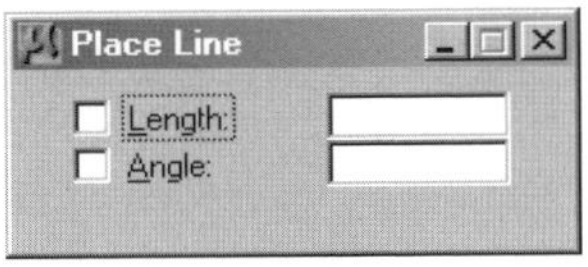

Tool Settings	Efeito
Length	Se estiver ativada, você pode especificar o comprimento do segmento. O comprimento permanece ativo, permitindo que você coloque múltiplos segmentos com o mesmo valor, até que desmarque a opção. Se desejar especificar um valor para um único segmento, entre com o valor sem marcar a opção. Ela será ativada ao digitar, mas desativada após a colocação do segmento.
Angle	Se estiver ativada, você pode especificar um ângulo no qual deseja que a reta seja colocada. Da mesma forma que o comprimento, o valor permanece ativo até que você desligue a opção.

Para colocar uma linha

1. A partir da caixa de ferramentas Task Navigation, ative a tarefa DRAWING.
2. Na tarefa Linear, selecione a ferramenta Place Line, ou com o foco definido para Home, simplesmente pressione **<Q><2>**.

   Opcionalmente você pode pressionar qualquer ferramenta da tarefa em questão, e mantendo o botão esquerdo pressionado, escolher Open as ToolBox para extrair a tarefa como uma caixa de ferramentas flutuante.
3. Entre com o ponto inicial e depois com o ponto final.
4. Pressione RESET para terminar, ou dê outro ponto para definir o próximo segmento.

Para colocar uma linha com o ângulo predefinido

1. Depois que selecionar a ferramenta Place Line, entre com o ângulo na janela Tool Settings.
2. Entre com o ponto inicial e depois com o ponto final.
3. Pressione RESET para terminar, ou dê outro ponto para definir o próximo segmento.

Place Multi-Line

A ferramenta Place Multi-line permite que você insira um tipo especial de elemento do MicroStation chamado "multilinha". A multilinha consiste em até 16 linhas paralelas.

◉ **Abra o arquivo 06 - Multi-line Joints.dgn.**

Cada um dos componentes pode ter sua própria simbologia, como nível, cor, peso, estilo e classe. As multilinhas são ideais para desenhar paredes, janelas, muros, esquadrias, caibros, lajes, pilares, calçadas, corrimãos, pisos, telhados, layouts de dutos, eletrocalhas, perfis de montagem, enfim, para qualquer projeto que exija o uso de linhas paralelas.

Tool Settings	Efeito
Length	Define o comprimento da multilinha. O comprimento permanece ativo, permitindo que você coloque vários segmentos com o mesmo valor, até que desligue.
Angle	Se estiver ativada, você pode especificar um ângulo no qual deseja que a multilinha seja colocada. Da mesma forma que o comprimento, o valor permanece ativo até que você desligue a opção.
Style Scale	Se estiver ativada, o parâmetro Offset dos componentes Lines sofre escala conforme o fator declarado.
Place By	Modo pelo qual você coloca uma multilinha no desenho, localizando o ponteiro do mouse em quatro diferentes posições sobre o elemento.
Association	Se estiver ativada, você pode associar o vértice de uma multilinha com outro elemento através de um snap. Uma vez criada a associação, movendo o outro elemento, o vértice da multilinha também é movido.
Close Element	Fecha a multilinha, resolvendo as interseções dos componentes (você também pode fechar uma multilinha digitando Close na janela Key-in).

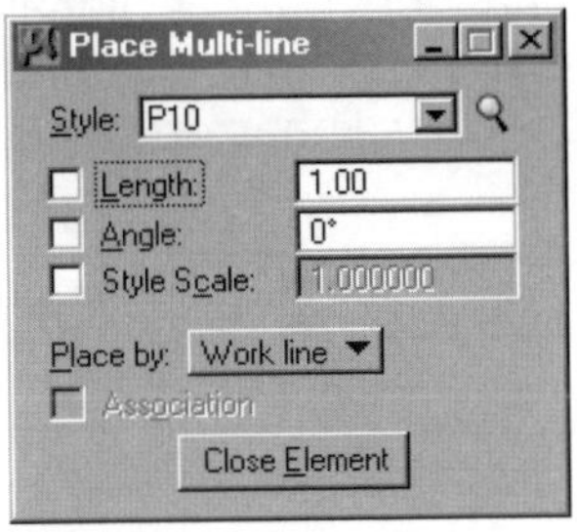

A tabela seguinte ajuda a compreender melhor cada um dos modos de colocação oferecidos pela opção Place By:

Place by	Modo de colocação	Ilustração
Work Line	Ajustado à posição 0,0 definida na multilinha (na figura ao lado representada pela linha tracejada), pode coincidir com um componente colocado nessa posição.	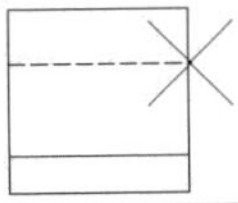
Center	Ajustado ao centro das linhas externas (linha de valor mais alto e de valor mais baixo), pode coincidir com um componente colocado nessa posição.	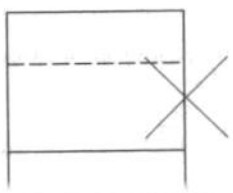
Maximum	Ajustado à linha de valor mais alto.	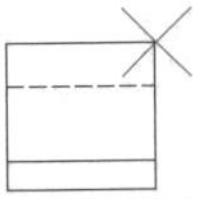
Minimum	Ajustado à linha de valor mais baixo.	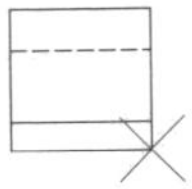

As linhas paralelas que formam a multilinha são distribuídas baseadas em uma distância relativa (Offset) de uma linha imaginária chamada Work Line. Às linhas que se encontram abaixo da Work Line são atribuídos valores negativos.

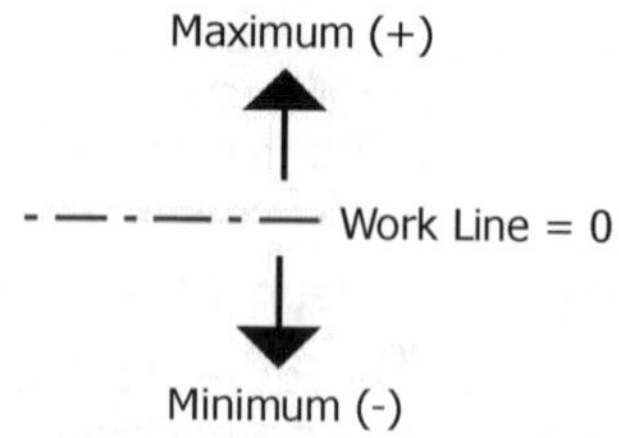

Componentes da Multilinha

São quatro os componentes que formam um multilinha. Além das LINHAS PARALELAS, existem os seguintes componentes: Start Cap (fechamento da extremidade inicial), End Cap (fechamento da extremidade final) e Joints (junções).

- **START CAP E END CAP** - a multilinha pode ter três diferentes tipos de fechamentos: Line - linha que une as linhas externas do conjunto em um determinado ângulo, Outer Arc - arco que une as linhas externas do conjunto, Inner Arcs - arco que une duas linhas de valores mais próximos ao centro.

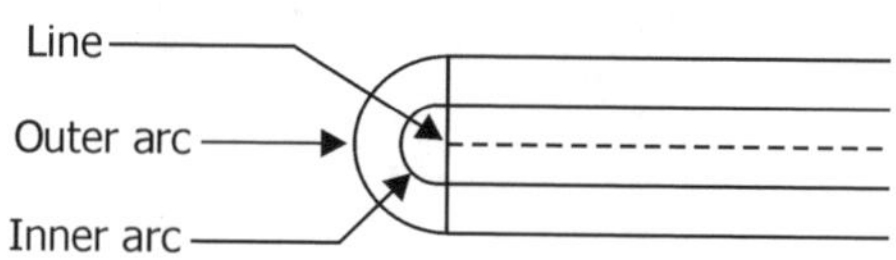

- **JOINTS** - linhas que conectam os vértices internos e externos de um possível dobramento.

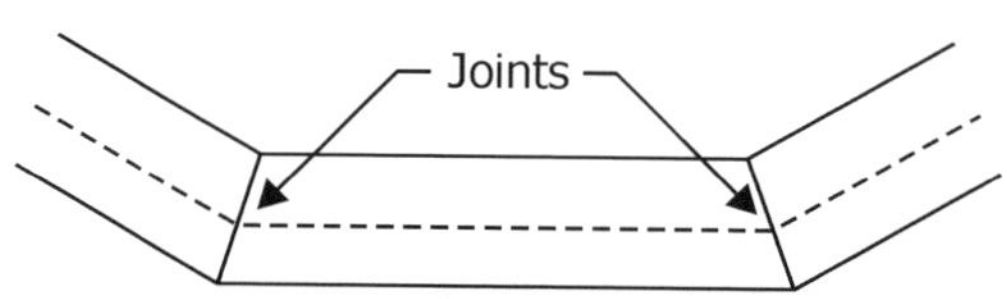

A Caixa de Definições Multi-Line Styles

Usada para controlar as definições de um estilo de uma multilinha. Qualquer mudança feita em um estilo atualiza qualquer multilinha dele que tenha sido colocada no arquivo. Uma amostra da multilinha que é definida será exibida na parte inferior da caixa. Abra a caixa de definições Multi-line Styles a partir do menu Element > Multi-line Styles.

O estilo especifica a forma da multilinha colocada pela ferramenta Place Multi-line. As linhas criadas têm suas distâncias relativas variadas. Cada componente de uma multilinha tem o seu próprio nível, cor, estilo de linha e espessura. O menu STYLE da caixa apresenta opções para criar, salvar, copiar, renomear, excluir, redefinir e importar um estilo de multilinha. Quanto aos componentes de uma multilinha, estes são inseridos, copiados e excluídos a partir do menu PROFILE da caixa.

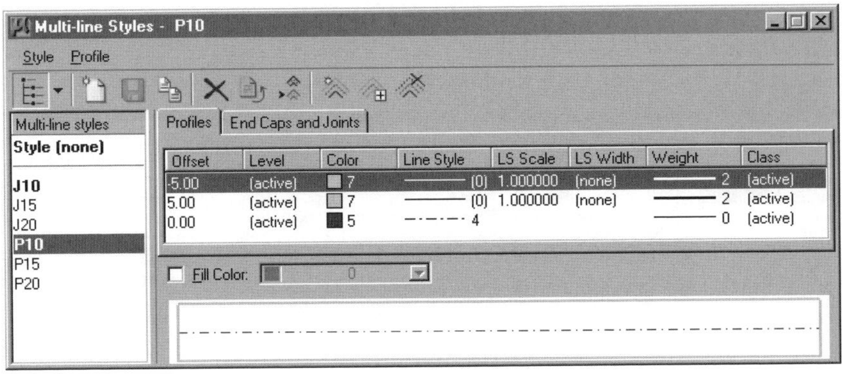

Você pode salvar os estilos das multilinhas em uma biblioteca DGN (DGNLIB).

EXERCÍCIO: Para criar um estilo de multilinha

O exercício seguinte propõe a criação de um estilo de multilinha para representar uma janela em planta para paredes com 15cm de largura. O arquivo atual possui a unidade definida em CENTÍMETROS, portanto considere isso ao definir as distâncias relativas entre as linhas.

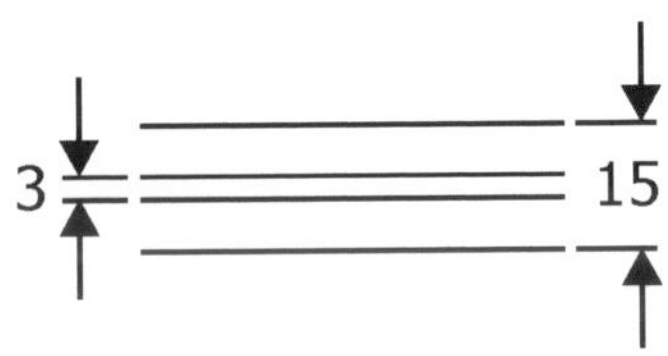

1. A partir do menu Element, selecione Multi-lines Styles.
2. A partir do menu Style da caixa, selecione New. Opcionalmente você pode clicar no ícone **Create Multi-line Style**.

3. Na lista de estilos, substitua o nome **Untitled-1** por **J15**.
4. A partir do menu Profile, selecione Insert para criar componentes. Opcionalmente você pode clicar no ícone **Insert New Profile** para criar esses componentes. Crie quatro componentes, conforme os atributos indicados na figura seguinte.

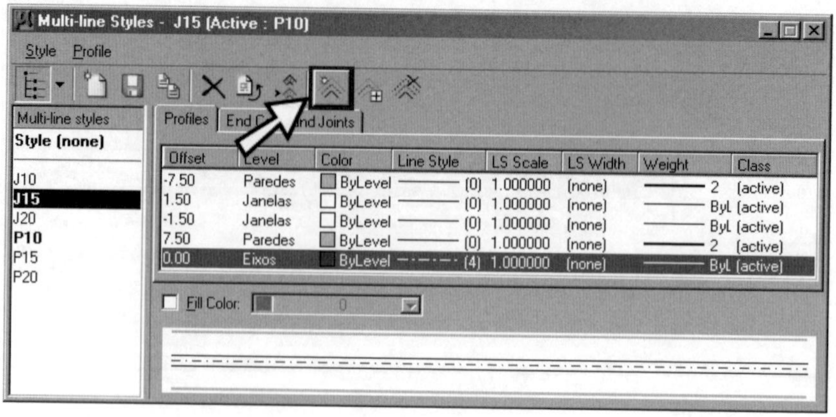

A diferença numérica entre os componentes de valores –7.50 e 7.50 resulta em 15cm, o valor requerido para a largura da parede. A diferença numérica entre os componentes de valores –1.50 e 1.50 resulta em 3cm, o valor requerido para a largura da esquadria da janela. Isso deixa o modo de colocação Work Line (valor 0) no centro da janela, o que significa que entre os modos de colocação CENTER e WORK LINE não haverá diferença na posição do ponteiro.

5. Clique na tabela **End Caps and Joints**. Desligue todas as opções relacionadas a Line, Outer Arc, Inner Arcs e Color from Segment.

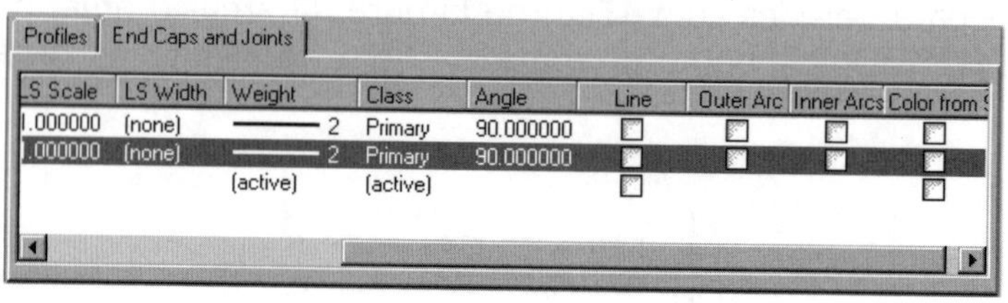

6. A partir do menu Style, selecione Save para salvar o estilo atual. Opcionalmente você pode clicar no ícone **Save Multi-line Style**.

7. Na barra de ícones clique em **Set Multi-line style active**.

EXERCÍCIO: Para colocar um estilo de multilinha

1. A partir da caixa de ferramentas Task Navigation, ative a tarefa DRAWING.

2. Na tarefa Linear, selecione a ferramenta Place Multi-line, ou com o foco definido para Home, simplesmente pressione **<Q><3>**.

Opcionalmente você pode pressionar qualquer ferramenta da tarefa em questão, e mantendo o botão esquerdo pressionado, escolher Open as ToolBox para extrair a tarefa como uma caixa de ferramentas flutuante.

3. Na opção STYLE da janela Tool Settings, selecione **J15**.
4. Deixe as opções Lenght (comprimento) e Angle (ângulo) desmarcadas.
5. Na opção PLACE BY, selecione **Center**.
6. Entre com o ponto inicial no canto superior esquerdo da tela.
7. Indique a direção para o lado direito, **digite 250 <ENTER> e aceite o ponto**. Pressione RESET.

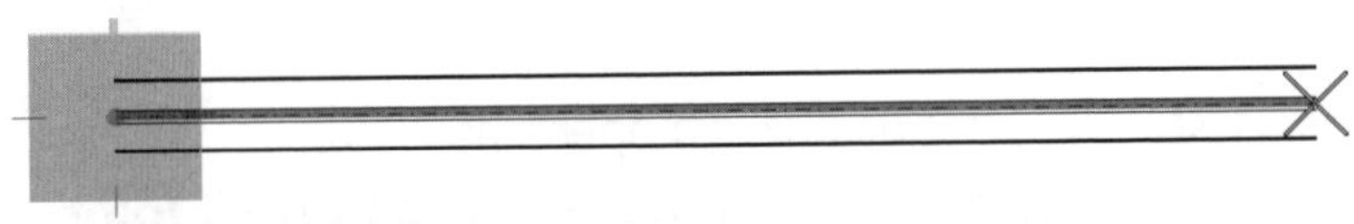

8. Capture o vértice superior esquerdo da multilinha existente e **aceite esse ponto**.

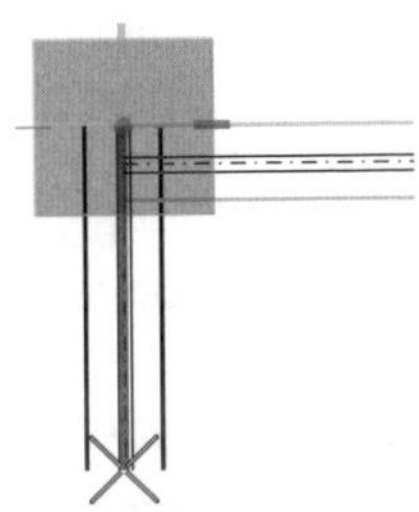

9. Indique a direção para baixo, digite 200 <ENTER> e aceite o ponto.
10. Clique em RESET para concluir.
11. A seguir construa outros segmentos, como mostra a figura a seguir.

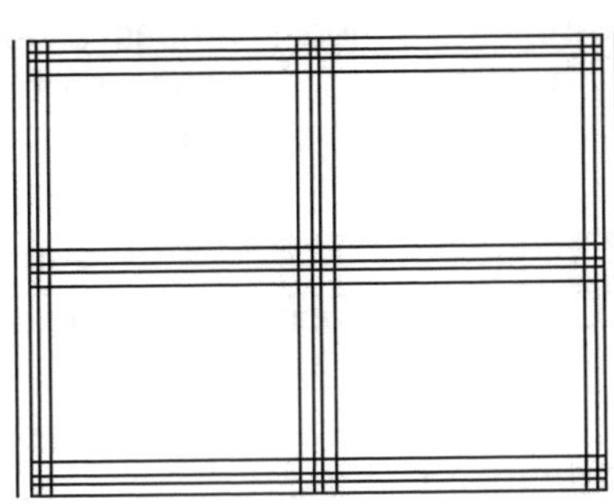

EXERCÍCIO: Demonstrando o uso das junções entre as multilinhas

1. A partir do menu Tools, selecione Multi-line Joints.

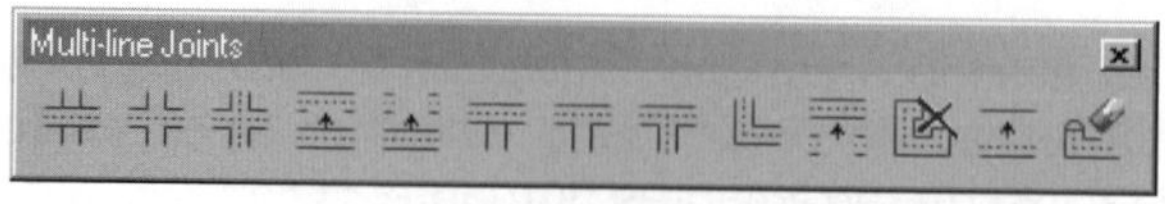

2. Na caixa Multi-line Joints, clique em **Construct Closed Cross Joint**.
3. Identifique a linha vertical central e depois a linha horizontal central.

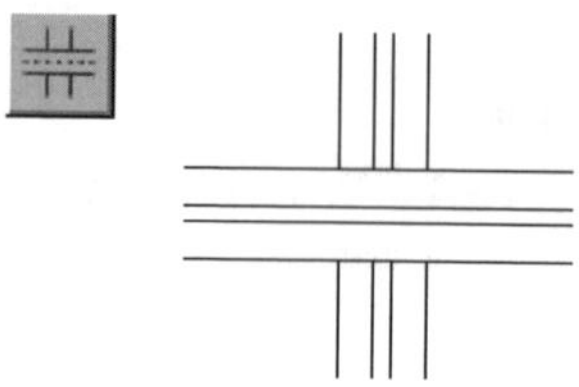

Observe que a multilinha identificada depois se sobrepõe à primeira. Embora a primeira multilinha tenha sido dividida graficamente em duas partes, ela continua sendo um único elemento.

4. **Pressione <CTRL+Z>** para desfazer a operação.
5. Na caixa Multi-line Joints, clique em **Construct Open Cross Joint**.
6. Identifique a linha vertical central e depois a linha horizontal central.

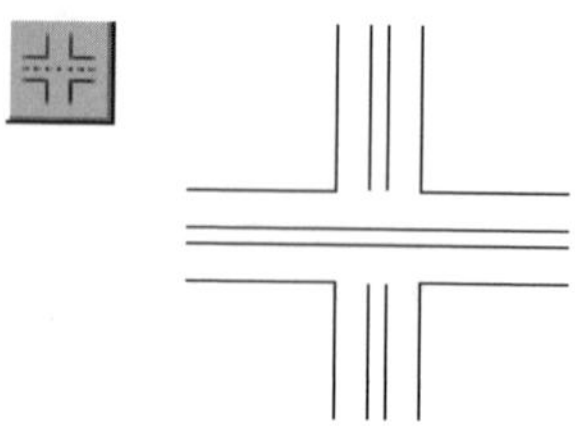

Note que somente as linhas internas da multilinha identificada depois se sobrepõem à primeira, enquanto as linhas externas são unidas. Embora a primeira linha tenha sido dividida graficamente em duas partes, ela continua sendo um único elemento.

7. **Pressione <CTRL+Z>** para desfazer a operação.
8. Na caixa Multi-line Joints, clique em **Construct Merged Cross Joint**.

9. Identifique a linha vertical central e depois a linha horizontal central.

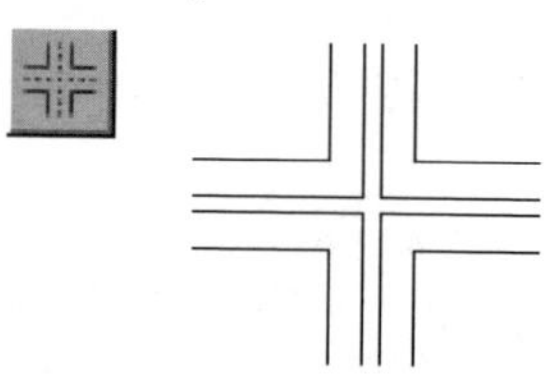

Todas as linhas (internas e externas) das multilinhas são unidas. Embora ambas as linhas tenham sido divididas graficamente em duas partes, cada uma delas continua sendo um único elemento.

10. Na caixa Multi-line Joints, clique em **Construct Closed Tee Joint**.
11. Identifique a linha vertical central e depois a linha horizontal superior.

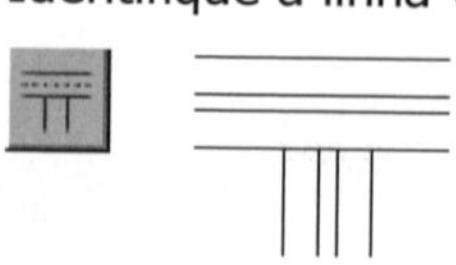

Observe que a multilinha identificada depois se sobrepõe à primeira.

12. **Pressione <CTRL+Z>** para desfazer a operação.

13. Na caixa Multi-line Joints, clique em **Construct Open Tee Joint**.
14. Identifique a linha vertical central e depois a linha horizontal superior.

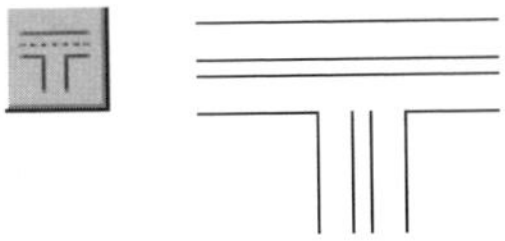

Somente as linhas internas da multilinha identificada depois se sobrepõem à primeira, enquanto as linhas externas são unidas.

15. **Pressione <CTRL+Z>** para desfazer a operação.
16. Na caixa Multi-line Joints, clique em **Construct Merged Tee Joint**.
17. Identifique a linha vertical central e depois a linha horizontal superior.

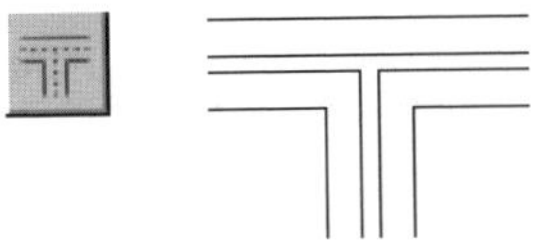

Observe que todas as linhas (internas e externas) das multilinhas são unidas.

18. Faça o mesmo com essa ferramenta nas outras junções em T do desenho.
19. Na caixa Multi-line Joints, clique em **Construct Corner Joint**.
20. Em um dos cantos do desenho, identifique qualquer uma das linhas e depois a outra.

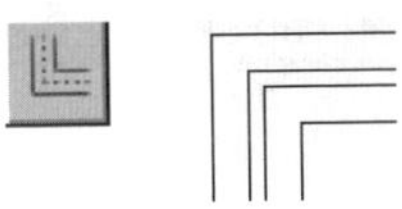

Todas as linhas (internas e externas) das multilinhas são unidas.

21. Faça o mesmo com essa ferramenta nas outras junções em L do desenho.
22. Na caixa Multi-line Joints, clique em **Cut Single Component Line**.
23. Identifique um dos componentes da multilinha horizontal central, conforme indica a figura.

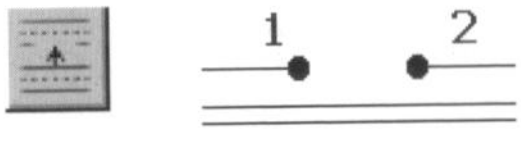

Aceite o segundo ponto para definir o tamanho da abertura. Somente uma das linhas é cortada.

24. **Pressione <CTRL+Z>** para desfazer a operação.
25. Na caixa Multi-line Joints, clique em **Cut All Component Lines**.
26. Identifique um dos componentes da multilinha horizontal central, como indica a figura.

Aceite o segundo ponto para definir o tamanho da abertura. Todas as linhas são cortadas. Embora a multilinha tenha sido dividida graficamente em duas partes, continua sendo um único elemento.

27. Na caixa Multi-line Joints, clique em **Uncut Component Lines**.
28. Capture um dos vértices da abertura com um snap e aceite esse ponto.

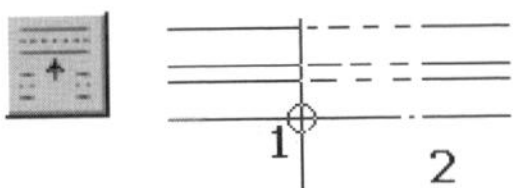

Após aceitar o snap, todos os componentes cortados são reconstruídos.

(Place Multi-Line) Multi-Line Joints: Multi-Line Partial Delete

Usada para excluir parcialmente uma multilinha sem perder nenhuma abertura previamente criada.

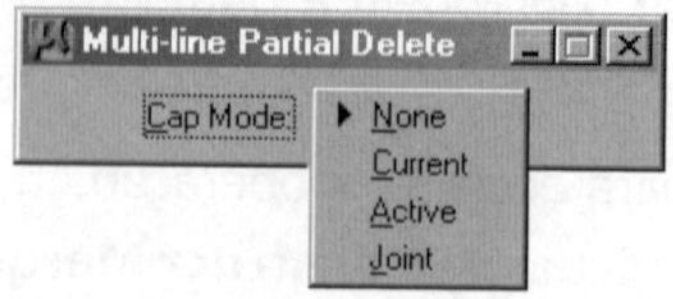

Tool Settings	Descrição
Cap Mode	Determina como os fechamentos (end caps) são criados e definidos: • **None** - nenhum fechamento é criado. O ângulo do end cap será de 90°. O efeito é o mesmo provocado pela ferramenta Cut All Component Lines. • **Current** - usa as definições de start cap e end cap da multilinha identificada. • **Active** - usa as definições da multilinha ativa. • **Joint** - usa a definição de Joint da multilinha identificada em vez da definição do end cap. Assegura que o ângulo do end cap seja de 90°.

Para excluir parte de uma multilinha

1. Identifique a multilinha em um dos pontos em que você quer iniciar a exclusão.
2. Para abrir a multilinha, entre com um ponto para definir a outra extremidade da abertura. Se for uma multilinha fechada (perímetro fechado), esse segundo ponto define a direção da abertura. Então, entre com outro ponto para completar a abertura.

(Place Multi-Line) Multi-Line Joints: Move Multi-Line Profile

Usada para mover um componente de uma multilinha individualmente, ou reposicionar a Work Line de uma multilinha sem mover suas linhas.

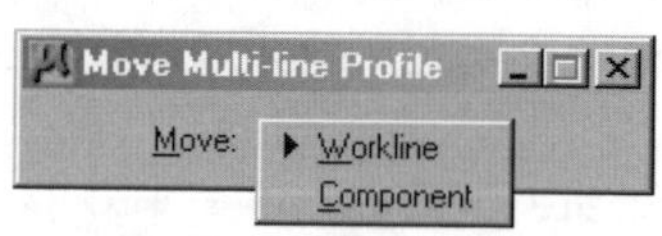

Tool Settings	Descrição
Move	Determina a operação que a ferramenta vai realizar. • **Workline** - move a workline da multilinha sem mover suas linhas. • **Component** - move um único componente da multilinha identificada.

(Place Multi-Line) Multi-Line Joints: Edit Multi-Line Cap

 Usada para editar o fechamento (end cap) de uma multilinha.

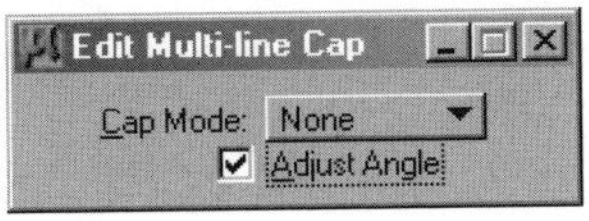

Tool Settings	Descrição
Cap Mode	Define o tipo de end cap: • **None** - remove o fechamento. O fechamento será de 90°. Tem o mesmo efeito provocado pelo uso da ferramenta Cut All Component Lines. • **Current** - não muda o fechamento. Essa opção fica habilitada somente quando a opção Adjust Angle está ativada. • **Active** - usa a definição de fechamento da multilinha ativa. • **Joint** - usa a definição de Joint da multilinha ativa em vez do fechamento. Assegura que o fechamento seja de 90°.
Adjust Angle	Se estiver ativada, o ângulo do end cap pode ser ajustado dinamicamente.

◉ **No arquivo atual, abra o modelo chamado Multiline Joints.**

EXERCÍCIO: Criando junções entre as multilinhas

1. A partir do menu Element, selecione **Multi-line Styles**.
2. Selecione o estilo **P10**, em seguida clique sobre o ícone **Set Multi-line Style Active**. Feche a caixa Multi-line Styles.

3. A partir do menu Tools, selecione **Multi-line Joints**.
4. Usando as ferramentas da caixa Multi-line Joints, crie as junções das linhas contidas na janela 1, baseando-se no modelo exibido pelas janelas 2 e 3.

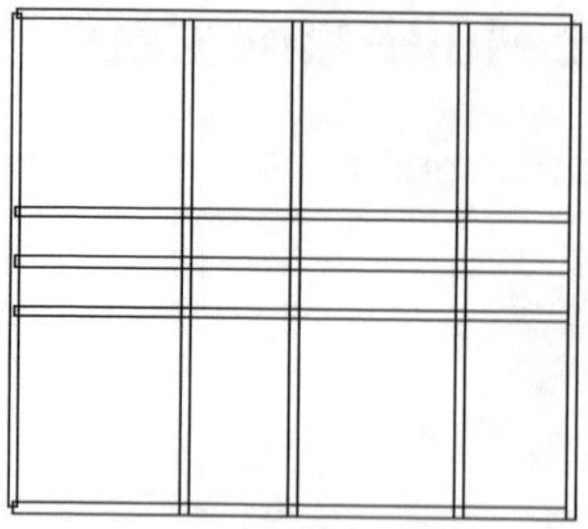

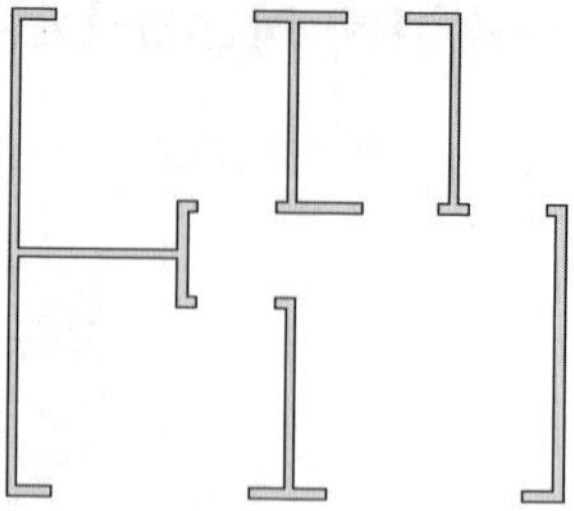

5. Divida a multilinha vertical central em duas usando a ferramenta **Multi-line Partial Delete**, com a opção CAP MODE definida para **Active**.
6. Primeiramente faça todas as junções em "L" usando a ferramenta **Construct Corner Joint**.

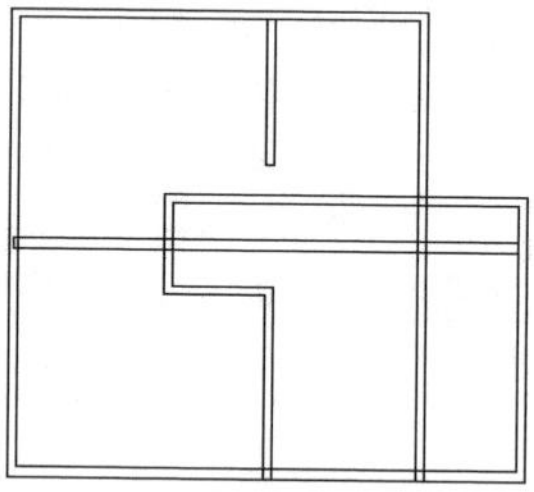

7. Em seguida faça as junções em "T" usando a ferramenta **Construct Merge Tee Joint**.

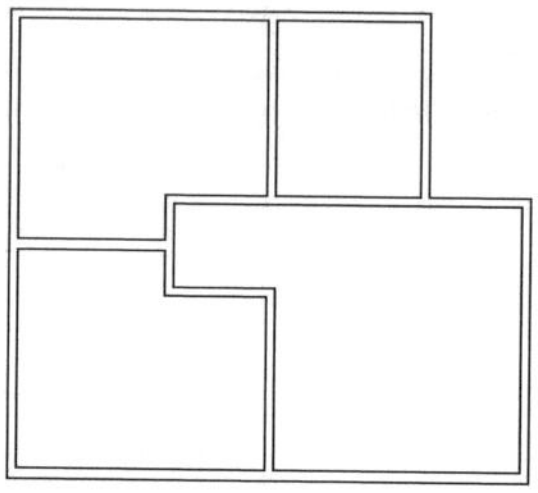

8. Para criar as aberturas das portas, use a ferramenta **Multi-line Partial Delete**, com a opção CAP MODE definida para **Active**. Todas as portas possuem 80cm de abertura com 10cm de afastamento do canto da parede, conforme as posições indicadas no modelo da janela 3.
   - Capture o canto da parede com um **snap** e **pressione <O>** para deslocar a origem do AccuDraw para esse ponto.
   - Indique a direção da abertura e digite 10 <ENTER>, aceitando esse ponto.

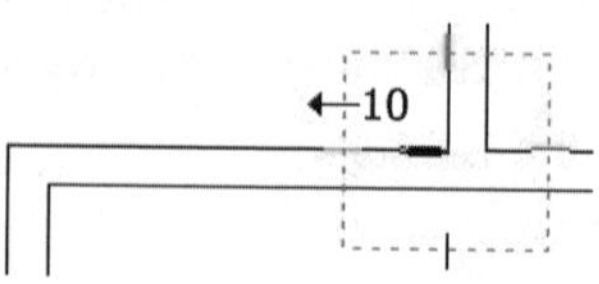

- Indique a direção da abertura e digite 80 <ENTER>, aceitando esse ponto.

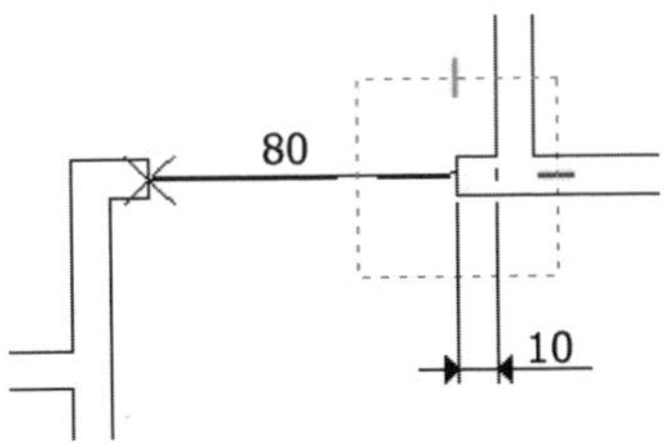

9. Para terminar, faça as aberturas para as janelas nas posições indicadas no modelo da janela 3. O tamanho das aberturas fica ao seu critério.

Abaixo encontra-se o exemplo de um corte de uma casa em que 98% do desenho é feito com multilinhas, desde a fundação à tesoura da cobertura, incluindo as esquadrias da porta e das janelas; exceto pelas linhas indicadas na figura.

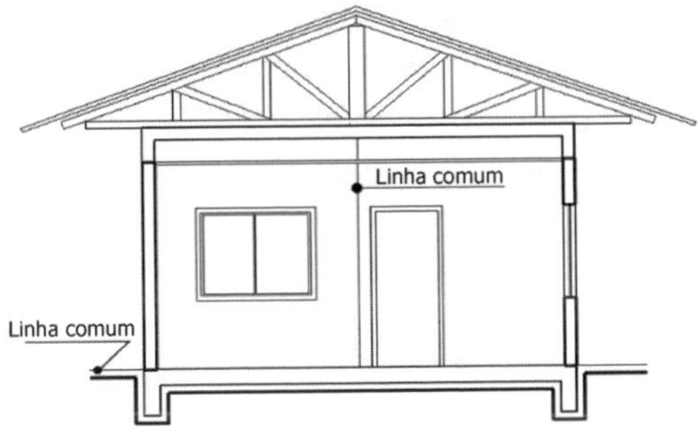

A função **Remap Elements** permite mudar um ou mais estilos de multilinha existentes no modelo por outro específico. Essa função é acessada pelo menu pop-up na lista de estilos da caixa de diálogo Multi-line Styles (Element > Multi-line Styles).

Place Stream Line String

Para colocar uma line string suavizada - normalmente usada com mesas digitalizadoras e canetas em vez do mouse. Muitos vértices podem ser definidos sem a necessidade de entrar com um grande número de pontos individuais. O movimento do ponteiro define o traçado, e os pontos são gravados baseados nos parâmetros definidos.

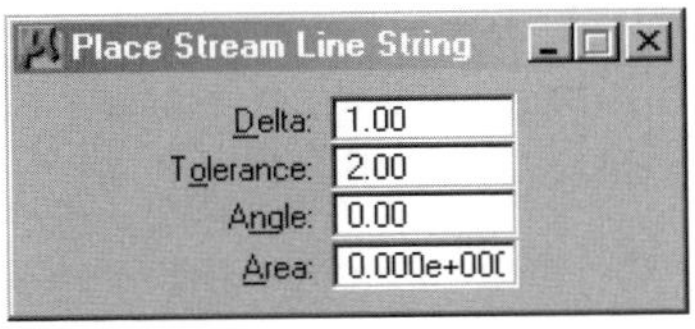

Tool Settings	Efeito
Delta	Define a distância mínima, em working units, entre os pontos colocados.
Tolerance	Define a distância máxima, em working units, entre os pontos colocados.
Angle	Define o ângulo; quando excedido, grava o último ponto como um ponto dado.
Área	Define a área; quando excedida, grava o último ponto como um ponto dado.

Para colocar uma Stream Line String

1. A partir da caixa de ferramentas Task Navigation, ative a tarefa DRAWING.
2. Na tarefa Linear, selecione a ferramenta Place Stream Line String, ou com o foco definido para Home, simplesmente pressione **<Q><6>**.

   Opcionalmente você pode pressionar qualquer ferramenta da tarefa em questão, e mantendo o botão esquerdo pressionado, escolher Open as ToolBox para extrair a tarefa como uma caixa de ferramentas flutuante.
3. Entre com um ponto para definir a origem.
4. Mova o ponteiro. Os pontos são colocados sem pressionar o botão de dados (esquerdo).
5. Pressione RESET para concluir a Line String.

Uma line string pode ter 5.000 vértices. Se mais de 5.000 vértices forem definidos, um complex chain constituído de uma ou mais line strings é criado.

Place Point or Stream Curve

Para colocar um ponto ou uma curva suavizada - normalmente usada com mesas digitalizadoras e canetas em vez de mouse.

Tool Settings	Efeito
Method	**Point** - cria uma relação entre o primeiro e o segundo pontos colocado e o próximo com os demais até o último ponto. Em muitos casos, B-splines é mais precisa e fácil de manipular. **Stream** - usada com mesas digitalizadoras e canetas em vez de mouse. Muitos vértices podem ser definidos sem a necessidade de entrar com um grande número de pontos. O movimento do ponteiro define o traçado e pontos são gravados baseados nas definições feitas na janela do Tool Settings.
Delta	Define a mínima distância em W.units, entre os pontos.
Tolerance	Define a máxima distância em W. units, entre os pontos.
Angle	Define o ângulo; quando excedido, grava o último ponto como um ponto dado.
Área	Define a área; quando excedida, grava o último ponto como um ponto dado.

Para colocar uma Point Curve

1. A partir da caixa de ferramentas Task Navigation, ative a tarefa DRAWING.
2. Na tarefa Linear, selecione a ferramenta Place Point or Stream Curve, ou com o foco definido para Home, simplesmente pressione **<Q><7>**.

   Opcionalmente você pode pressionar qualquer ferramenta da tarefa em questão, e mantendo o botão esquerdo pressionado, escolher Open as ToolBox para extrair a tarefa como uma caixa de ferramentas flutuante.
3. Na janela do Tool Settings selecione o método Point.
4. Entre com um ponto para definir o início da curva.
5. Entre com um segundo ponto para fazer o primeiro segmento da curva.
6. Entre com um ponto para completar o primeiro segmento da curva.
7. Entre com pontos adicionais, para colocar mais segmentos de curva. Pressione RESET para terminar.

Para colocar uma Stream Curve

1. Na janela do Tool Settings selecione o método Stream.
2. Entre com um ponto para definir a origem.
3. Mova o ponteiro. Os pontos são colocados sem pressionar o botão de dados (esquerdo). Pressione RESET para concluir a curva.

Construct Angle Bisector

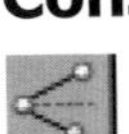

Usada para construir a bissetriz de um ângulo formado a partir de três pontos.

◉ **Abra o arquivo 07 - Lineares.dgn.**

EXERCÍCIO: Para construir a bissetriz de um ângulo

1. A partir da caixa de ferramentas Task Navigation, ative a tarefa DRAWING.
2. Na tarefa Linear, selecione a ferramenta Construct Angle Bisector, ou com o foco definido para Home, simplesmente pressione <Q><8>.

   Opcionalmente você pode pressionar qualquer ferramenta da tarefa em questão, e mantendo o botão esquerdo pressionado, escolher Open as ToolBox para extrair a tarefa como uma caixa de ferramentas flutuante.
3. Entre com um ponto (1) para definir o final da primeira "perna" do ângulo que será calculado.
4. Entre com o segundo ponto (2) para definir o vértice do ângulo.
5. Entre com um terceiro ponto (3) para definir o final da segunda "perna" do ângulo.

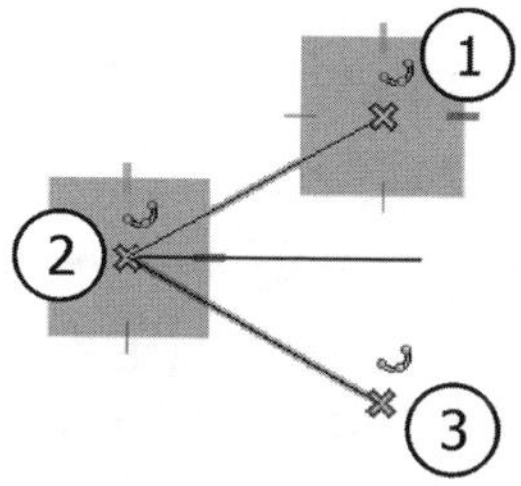

O comprimento da linha gerada tem o tamanho médio entre os pontos selecionados. Por exemplo, se a distância entre os pontos 1 e 2 é igual a 50, e a distância entre os pontos 2 e 3 é igual a 100, então o comprimento da linha resultante é igual a 75, pois a soma da distância entre os pontos 1 e 2 com a distância entre os pontos 3 e 4 é 150.

Construct Minimum Distance Line

Usada para construir uma linha entre dois elementos na menor distância possível.

EXERCÍCIO: Para construir uma linha na mínima distância

1. Selecione a ferramenta Construct Minimum Distance Line.
2. Identifique o primeiro elemento.
3. Identifique o segundo elemento.
4. Aceite para iniciar a construção.

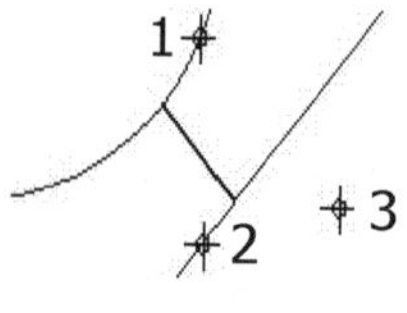

Construct Line at Active Angle

Usada para construir uma linha que faz a interseção de um segmento de linha com um ângulo ativo (linha ou segmento de uma line string ou shape). As opções disponíveis são as seguintes:

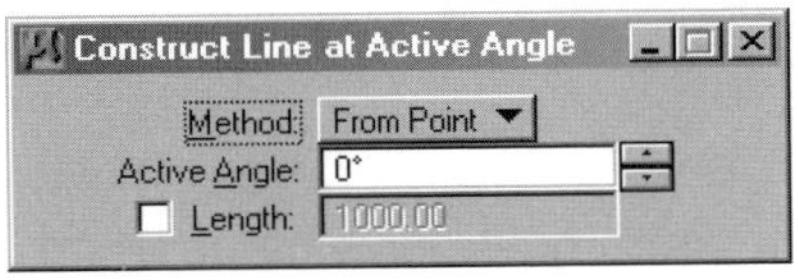

Tool Settings	Efeito
Method	**From Point** - a interseção é definida onde o elemento foi identificado. **To Point** - a interseção é definida pelo segundo ponto.
Active Angle	Determina o ângulo, medido no sentido anti-horário a partir da interseção no segmento, no qual a linha é construída.
Length	Se ativado, o comprimento é restrito ao valor digitado no campo.

Para construir uma linha de acordo com o ângulo ativo

1. Identifique o elemento para interseção. Se From Point, define a interseção.
2. Entre com um ponto. Se o comprimento estiver desativado, um ponto definirá o comprimento. Se o método for To Point, esse ponto vai indicar a interseção.

Points Task

Se você estiver usando a tarefa DRAWING, os comandos das ferramentas de colocação de pontos também podem ser acessados a partir da **Linear Task**. Alternativamente, ela pode ser aberta a partir do menu Tool > Tool Boxes > Points.

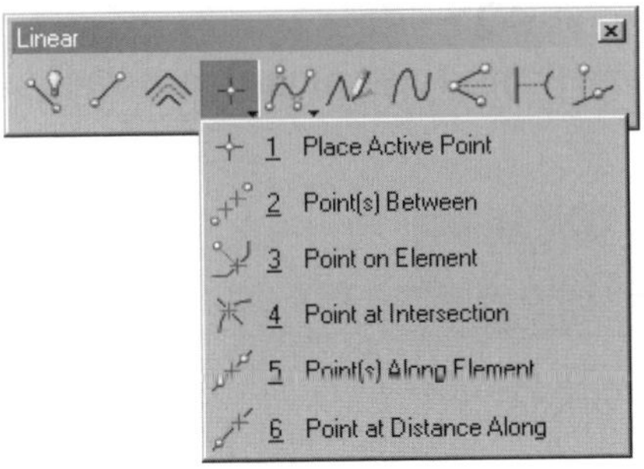

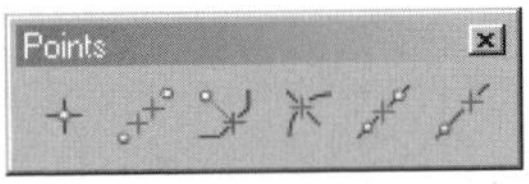

Todavia, se desejar abrir a caixa como uma tarefa, escolha Points na TASK LIST.

Um ponto pode ser usado como uma referência do desenho, um indicativo qualquer. Ele pode ser representado pela célula de uma biblioteca anexa, um caractere de texto, um símbolo ou uma linha sem comprimento (zero), ou seja, um elemento ponto.

◉ **Abra o arquivo 08 - Points.dgn.**

O ângulo ativo para colocação desse elemento é definido a partir da caixa de diálogo DGN File Settings (menu Settings > Design File...).

A escala ativa para colocação das células também é definida a partir dessa caixa. A fonte ativa, altura e largura do texto para a colocação do caractere são definidas a partir da caixa de diálogo Text (menu Element > Text Styles).

Place Active Point

Usado para colocar um ponto no arquivo de desenho.

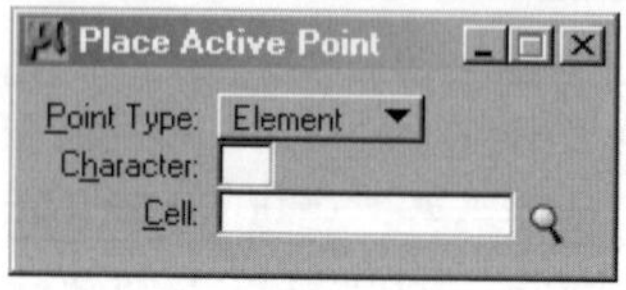

Tool Settings	Efeito
Point Type	Define o tipo de ponto: Element (ponto), Character (caractere) ou Cell (célula).
Character	O ponto assume o formato de um caractere de texto ou símbolo.
Cell	O ponto assume o formato de uma célula.

EXERCÍCIO: Para colocar uma célula no lugar de um ponto

1. A partir da caixa de ferramentas Task Navigation, ative a tarefa DRAWING.
2. Na tarefa Linear, selecione a ferramenta **Place Active Point**, ou com o foco definido para Home, simplesmente pressione **<Q><4><1>**.
3. No campo Cell, **digite "poste"**. A opção Point Type muda para Cell automaticamente.

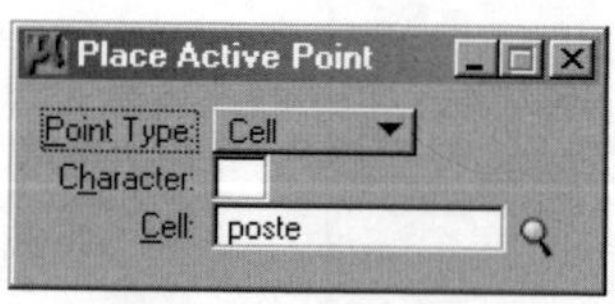

4. **Na janela 1**, entre com um ponto para posicionar a célula (active point).
5. Continue a inserir pontos para colocar o mesmo Active Point.

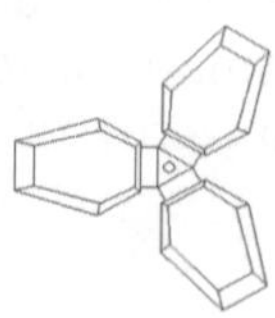

A ferramenta Place Active Point é normalmente usada com células e caracteres (uma letra qualquer) para indicar o centro de um arco ou um marco no desenho.

Construct Points Between Data Points

Usada para construir um número de espaçamentos iguais entre dois pontos.

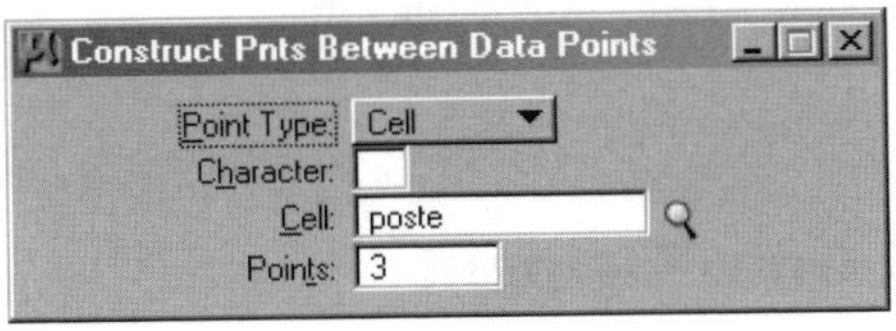

Tool Settings	Efeito
Points	Define quantos Active Points serão construídos.

A ferramenta Construct Points Between Data Points é usada com a mesma regularidade em 3D que em 2D, pois são muitas as situações em que é necessário distribuir um elemento entre dois pontos com espaços iguais entre os elementos.

A figura ao lado mostra uma "escada de marinheiro" sendo colocada em uma parede para dar acesso ao próximo nível.

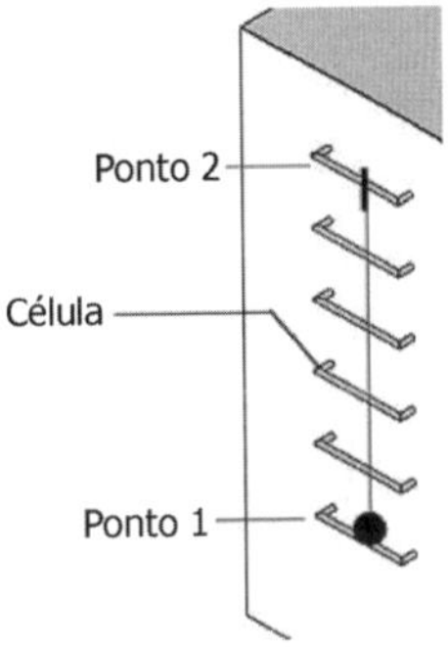

EXERCÍCIO: Para construir Active Points entre dois pontos

1. A partir da caixa de ferramentas Task Navigation, ative a tarefa DRAWING.
2. Na tarefa Linear, selecione a ferramenta **Construct Active Points Between Data Points**, ou com o foco definido para Home, simplesmente pressione **<Q><4><2>**.
3. No campo Cell, **digite "poste"**. A opção Point Type muda para Cell automaticamente.
4. No campo Points, **digite "3"**. Ele define o número de instâncias que serão colocadas.
5. **Na janela 2**, entre com um ponto para definir a localização do primeiro Active Point.

6. Entre com um segundo ponto para definir a localização do último Active Point.
   Os Active Points colocados possuem espaços iguais entre eles.
   Os pontos serão substituídos pela célula ativa.

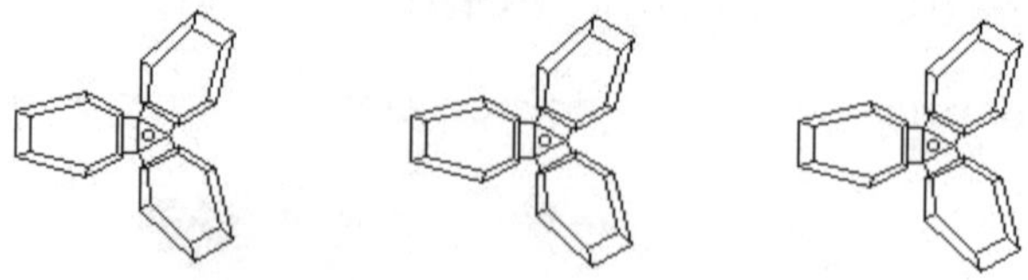

Project Active Point Onto Element

Para construir um ponto sobre o perímetro de um elemento.

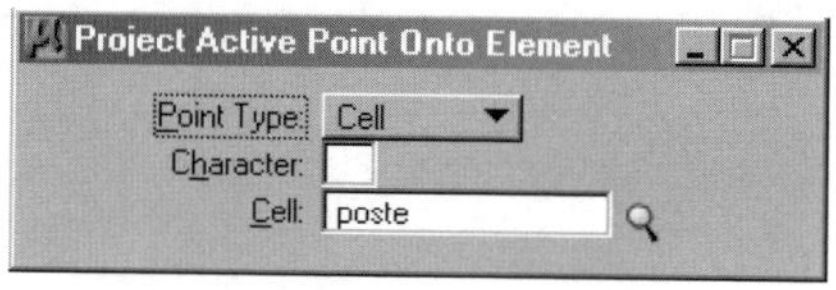

EXERCÍCIO: Para projetar um Active Point no elemento

1. A partir da caixa de ferramentas Task Navigation, ative a tarefa DRAWING.
2. Na tarefa Linear, selecione a ferramenta **Project Active Point Onto Element**, ou com o foco definido para Home, simplesmente pressione **<Q><4><3>**.
3. **Na janela 3**, identifique o elemento (curva).
4. Movimente o ponteiro sobre a curva, em seguida entre com um ponto para projetar o Active Point.

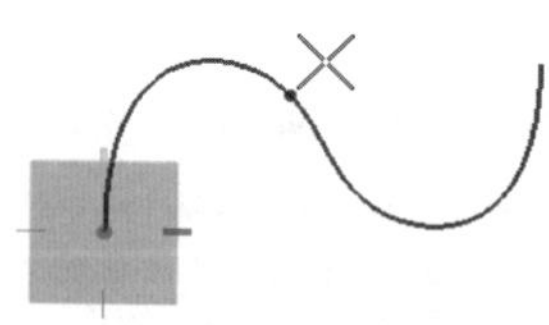

◉ **No arquivo atual abra o grupo de vista Continuação.**

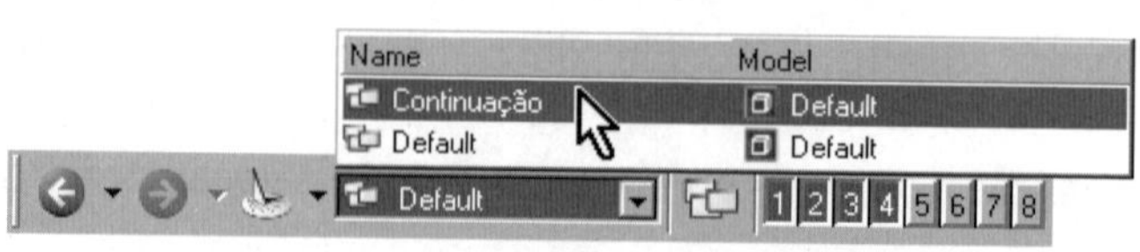

Construct Active Point at Intersection

Usada para construir um Active Point na interseção de dois elementos.

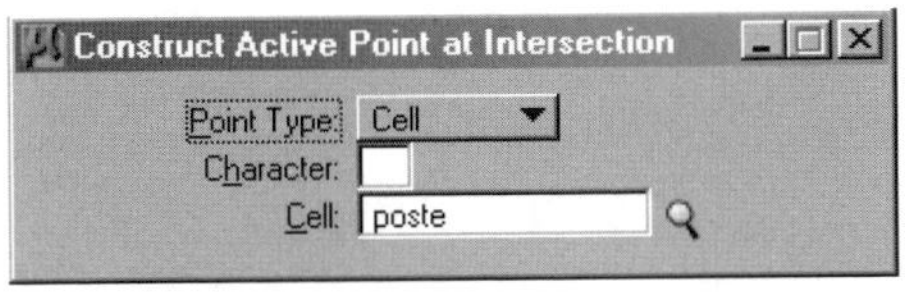

EXERCÍCIO: Para construir um Active Point na interseção

1. A partir da caixa de ferramentas Task Navigation, ative a tarefa DRAWING.
2. Na tarefa Linear, selecione a ferramenta **Construct Active Point at Intersection**, ou com o foco definido para Home, simplesmente pressione **<Q><4><4>**.
3. **Na janela 6**, identifique a linha na vertical.
4. Identifique a linha horizontal e em seguida aceite a construção.

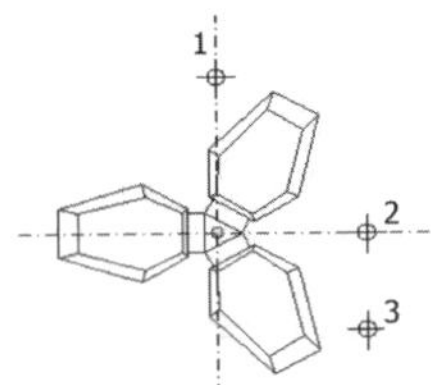

Construct Active Points Along Element

Usada para construir um número específico de Active Point sobre um elemento entre dois pontos. O valor da distância entre cada instância de Active Point é o mesmo.

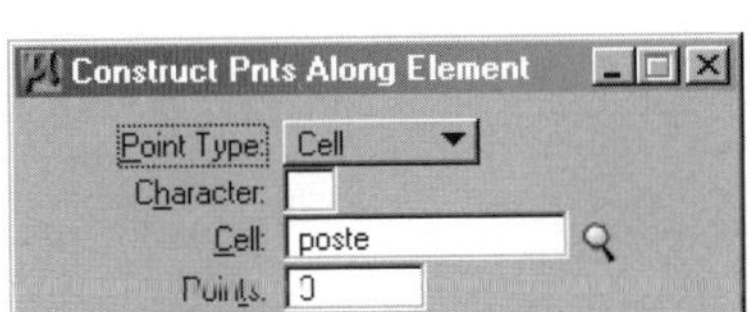

EXERCÍCIO: Para distribuir Active Points entre dois pontos

1. A partir da caixa de ferramentas Task Navigation, ative a tarefa DRAWING.
2. Na tarefa Linear, selecione a ferramenta **Construct Active Points Along Element**, ou com o foco em Home, simplesmente pressione **<Q><4><5>**.

3. No campo Cell, digite "**poste**", e no campo Points, digite "**3**".
4. **Na janela 5**, identifique o início do arco.
5. Entre com o segundo ponto próximo do final do arco.

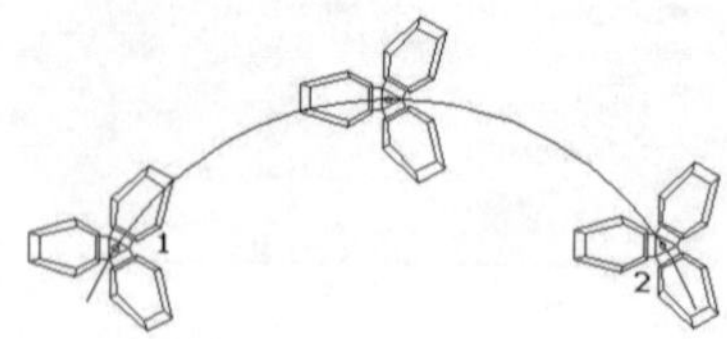

Construct Active Point at Distance Along Element

Constrói um Active Point em um elemento a partir de uma distância da identificação.

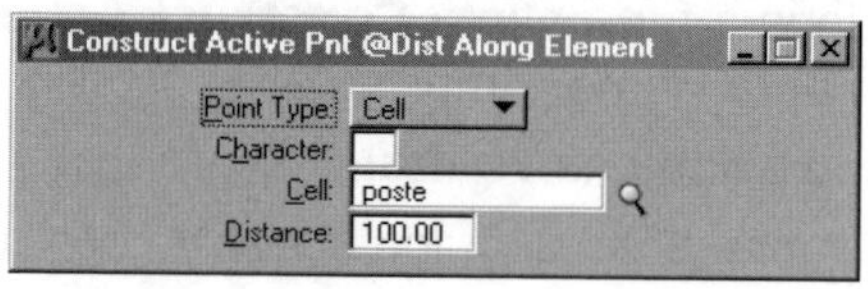

EXERCÍCIO: Construir um Active Point a uma distância específica

1. A partir da caixa de ferramentas Task Navigation, ative a tarefa DRAWING.
2. Na tarefa Linear, selecione a ferramenta **Construct Active Point at Distance Along Element**, ou com o foco definido para Home, simplesmente pressione **<Q><4><6>**.
3. No campo Cell, digite **poste**.
4. No campo Distance, digite **400**.
5. Identifique o ponto a partir do qual será inserida uma distância (1).
6. Entre com um ponto para estabelecer a direção a seguir (2).

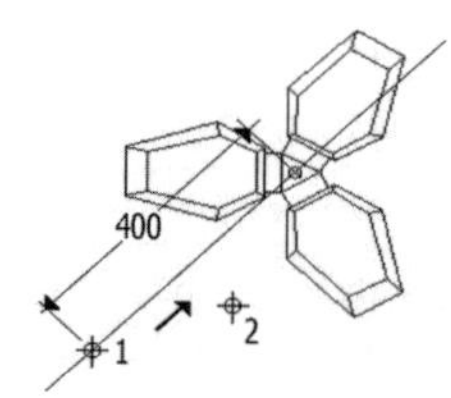

Polygons Task

As ferramentas da tarefa Polygons são usadas para colocar formas poligonais planares.

Tarefa Polygons (aberta como uma caixa de ferramentas).

◉ **Crie um ARQUIVO chamado AULA03.DGN.**

Place Block

Coloca um quadrilátero retangular.

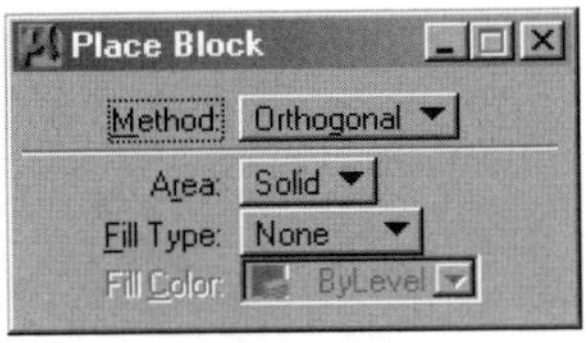

Tool Settings	Efeito
Method	**Orthogonal** - o polígono é ortogonal à vista em que os pontos são colocados. **Rotated** - a orientação é definida a partir de um ponto (passo 3).
Área	Ativa a área entre as opções Solid (sólido) e Hole (furo).
Fill Type	Ativa o tipo de enchimento. • None (sem enchimento) • Opaque (preenchido com a cor ativa) • Outlined (preenchido com a cor de enchimento)
Fill Color	Define a cor do enchimento. Se Opaque, define a cor ativa. Se Outlined, define uma cor diferente da cor ativa.

EXERCÍCIO: Para colocar um polígono retangular

1. A partir da caixa de ferramentas Task Navigation, ative a tarefa DRAWING.
2. Na tarefa Linear, selecione a ferramenta **Place Block**, ou com o foco definido para Home, simplesmente pressione **<W><1>**.
3. **Entre com um ponto** para definir um canto.
4. Movimente o mouse INDICANDO O EIXO NO QUAL VOCÊ QUER DIGITAR A PRIMEIRA COORDENADA. Por exemplo, se você deseja colocar um quadrilátero de X=1000 e Y=700, oriente o cursor conforme exibe a figura do lado esquerdo, então **digite 1000 <ENTER> 700 <ENTER> e aceite o ponto**.

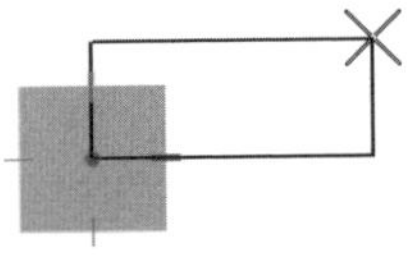

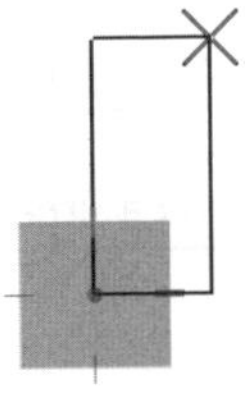

Do contrário, oriente o cursor conforme a figura do lado direito e digite 70 <ENTER> 100 <ENTER>.

Se o método for ROTATED, entre com um ponto para definir a orientação. Neste caso, o sistema de coordenadas Polares ajuda a determinar o ângulo. Após digitar a distância, pressione <TAB> para alternar para o campo Angle da caixa do AccuDraw.

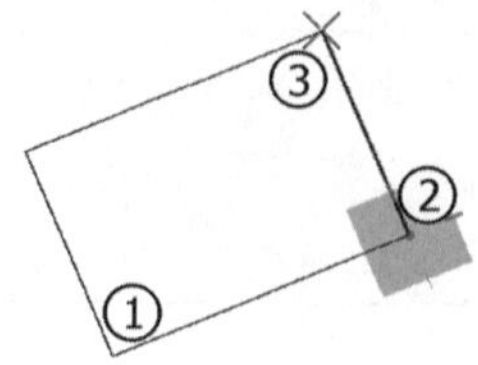

5. Entre com um ponto para definir o canto oposto, se o método for Orthogonal. Se o método for Rotated, esse ponto representa a base do polígono. Isso exige que você defina mais um ponto. Por exemplo, considerando um ângulo de 23° sobre o exemplo anterior:
   - **Polar** - 100 <ENTER> <TAB> <23> <ENTER>
   - **Retangular** - 70 <ENTER>

Place Shape

Usada para colocar um polígono irregular através de uma série de pontos.

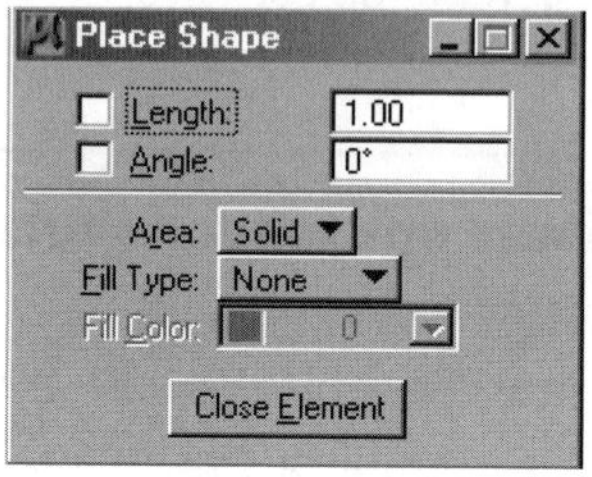

Tool Settings	Efeito
Length	Se estiver ativada, essa opção define o comprimento do segmento em w. units.
Angle	Se ativada, restringe o lado ao ângulo ativo que pode ser digitado.
Área	Ativa a área entre as opções Solid (sólido) e Hole (furo).
Fill Type	Ativa o tipo de enchimento - None (sem enchimento), Opaque (preenchido com a cor ativa) ou Outlined (preenchido com a cor de enchimento).
Fill Color	Define a cor do enchimento. Se Opaque define a cor ativa. Se Outlined, indica uma cor diferente da cor ativa.

EXERCÍCIO: Para colocar um polígono irregular

1. A partir da caixa de ferramentas Task Navigation, ative a tarefa DRAWING.
2. Na tarefa Linear, selecione a ferramenta **Place Shape**, ou com o foco definido para Home, simplesmente pressione **<W><2>**.
3. Entre com um ponto para definir o primeiro vértice.
4. Continue inserindo pontos para definir outros vértices.
5. Para fechar a forma, entre com um ponto sobre o primeiro vértice, ou clique no botão Close Element.

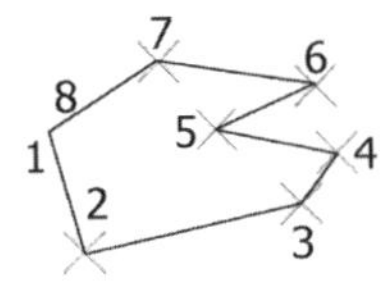

Place Orthogonal Shape

Usada para colocar um polígono "não retangular" em que cada segmento é paralelo ou perpendicular aos demais.

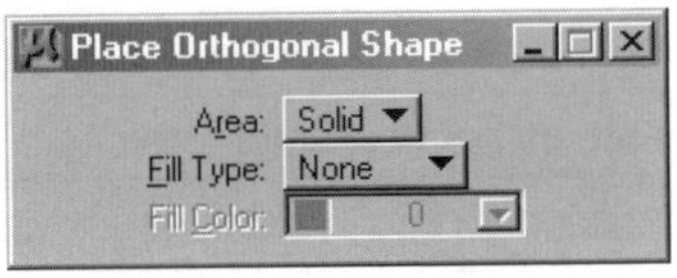

Tool Settings	Efeito
Area	Ativa a área entre as opções Solid (sólido) e Hole (furo).
Fill Type	Ativa o tipo de enchimento - None (sem enchimento), Opaque (preenchido com a cor ativa) ou Outlined (preenchido com a cor de enchimento).
Fill Color	Define a cor do enchimento. • Se Opaque, define a cor ativa. • Se Outlined, indica uma cor diferente da cor ativa.

Para colocar o polígono

1. A partir da caixa de ferramentas Task Navigation, ative a tarefa DRAWING.
2. Na tarefa Linear, selecione a ferramenta **Place Orthogonal Shape**, ou com o foco definido para Home, simplesmente pressione **<W><3>**.
3. Entre com um ponto para definir o primeiro vértice.
4. Entre com um ponto para definir a orientação (segundo vértice).
5. Continue inserindo pontos para definir outros vértices.
6. Feche o polígono entrando com um ponto sobre o primeiro vértice colocado.

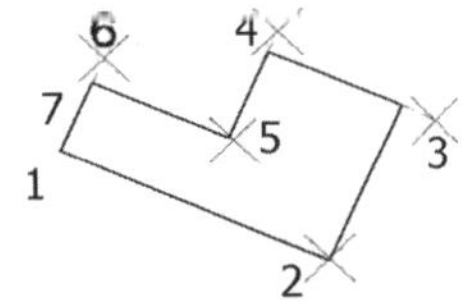

Em 3D, a ferramenta Place Orthogonal Shape força os polígonos a serem planares. Se os pontos inseridos não forem planares, os vértices do polígono são forçados a ficar no plano definido pelos três primeiros vértices que não são colineares.

Place Regular Polygon

Usada para colocar um polígono regular - de três a 100 lados e ângulos iguais em cada vértice. Por exemplo, um quadrado é um polígono regular de quatro lados.

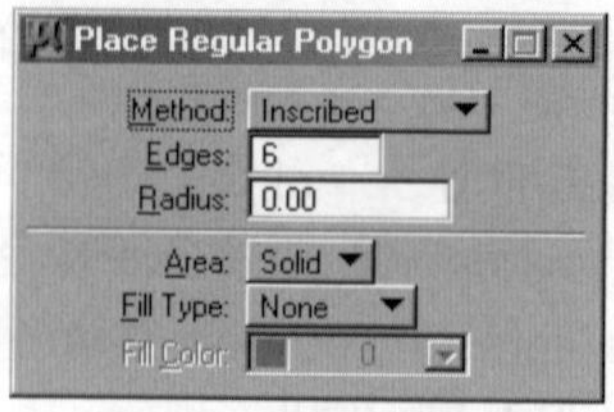

Tool Settings	Efeito
Method	**Inscribed (inscrito)** - o raio do polígono é projetado sobre o vértice. **Circumscribed (circunscrito)** - o raio é projetado sobre o ponto médio do lado.
Edge	Define o número de lados, que pode variar de três a 100.
Radius	Se diferente de 0, determina o raio. Se 0, o raio é definido por um ponto.
Area	Ativa a área entre as opções Solid (sólido) e Hole (furo).
Fill Type	Ativa o tipo de enchimento - None (sem enchimento), Opaque (preenchido com a cor ativa) ou Outlined (preenchido com a cor de enchimento).
Fill Color	Define a cor do enchimento. Se Opaque, define a cor ativa. Se Outlined, indica uma cor diferente da cor ativa.

Para colocar um polígono regular com o raio digitado

1. Digite um valor diferente de 0.
2. Escolha o método desejado.
3. Entre com um ponto para definir o centro.

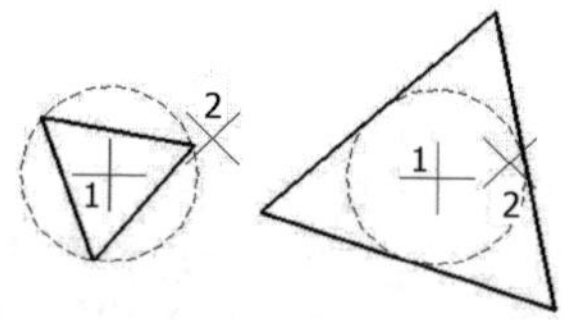

Para colocar um polígono regular com o raio definido graficamente

1. No campo Radius, digite 0 e escolha o método desejado.
2. Entre com um ponto para definir o centro.
3. Entre com um ponto para definir o raio do círculo imaginário.

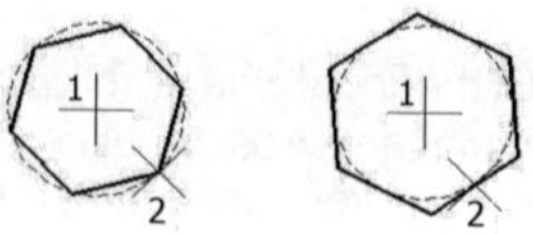

Para colocar um polígono regular definindo o lado

1. Na janela do Tool Settings, escolha o método Edge.
2. Entre com um ponto para definir um vértice.
3. Entre com um ponto para indicar o outro vértice que vai definir o tamanho dos lados.

◉ **Crie um ARQUIVO chamado EXERCÍCIO_02.DGN.**

EXERCÍCIO: Desenhando uma chave

O exercício tem como objetivo principal treinar a atenção aos parâmetros definidos na janela Tool Settings, bem como outras características de operação do AccuDraw.

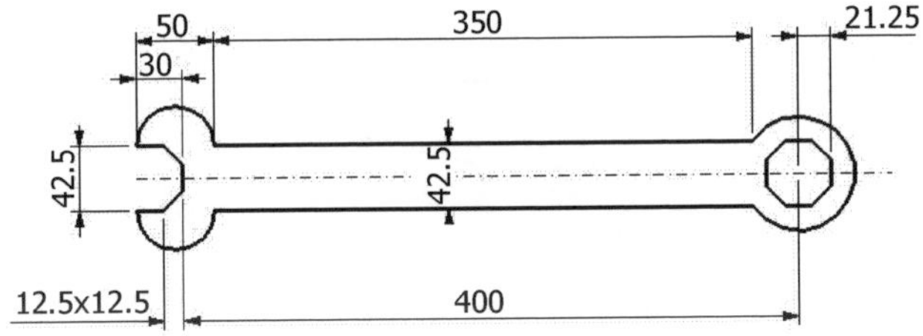

1. Na caixa de ferramentas **Attributes**, ative o nível **Contorno**. Alternativamente pressione <SHIFT><F3> e na lista de níveis, escolha "Contorno".

2. Pressione **<ESC>** para definir o foco para **Home**.
3. Pressione **<Q><1>** para ativar a ferramenta **Place SmartLine**. Na janela Tool Settings, defina os seguintes parâmetros:

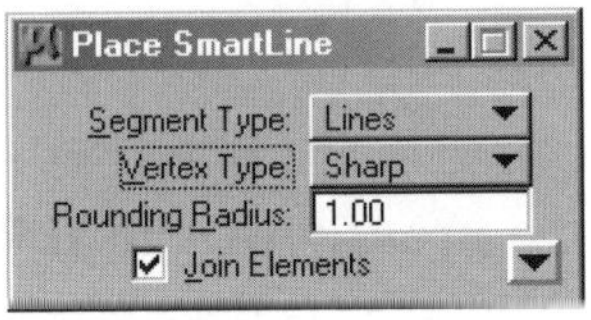

4. Entre com o primeiro ponto (1) do lado direito da tela e aponte para a esquerda.
5. Digite 350 <ENTER> e aceite o ponto (2).
6. Nos comandos de vista da janela clique FIT VIEW, logo em seguida clique ZOOM OUT.
7. Volte com o cursor para a tela e clique em RESET. A ferramenta Place SmartLine retorna sem perder a conectividade da linha que era colocada antes dos comandos de vista.

COMANDOS DE VISTA NÃO INTERROMPEM A OPERAÇÃO!

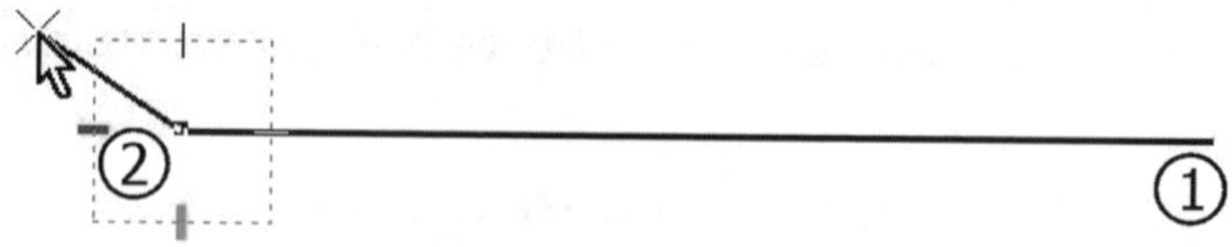

8. Pressione **<ESC>** para definir o foco para **Home**.
9. **Pressione <U>**. A opção SEGMENT TYPE muda para **Arcs**.
10. Volte para a tela e aponte para o lado esquerdo. Digite **25 <ENTER>** e **aceite** o ponto (3).
11. Leve o cursor no sentido anti-horário até atingir **180°** com o arco e **aceite** o ponto (4).

12. Com o foco em Home, **pressione <U>**. A opção SEGMENT TYPE muda para **Lines**.
13. Volte para a tela e aponte para o lado direito. Digite **30 <ENTER>** e **aceite** o ponto (5).
14. Com o foco em Home, **pressione <I><I>**. A opção VERTEX TYPE muda para **Chamfered**.
15. **Pressione <O>**, e no campo CHAMFER OFFSET digite **12.5 <ENTER>**.
16. Volte para a tela e aponte para baixo. Digite **42.5 <ENTER>** e **aceite** o ponto (6).

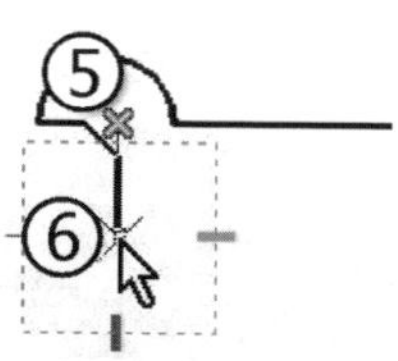

17. Aponte para o lado esquerdo e **pressione <ENTER>** para travar o eixo corrente.
18. Dê um **Snap** sobre o vértice superior da boca da chave, e **aceite** o ponto (7).

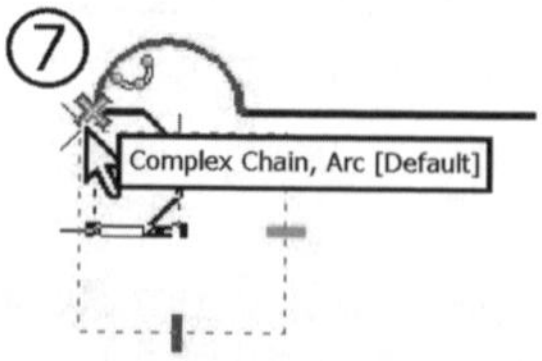

19. Com o foco em Home, **pressione <I>**. A opção VERTEX TYPE muda para **Sharp**.

20. Com o foco em Home, **pressione <U>**. A opção SEGMENT TYPE muda para **Arcs**.
21. Volte para a tela e aponte para o lado direito. Digite **25 <ENTER>** e **aceite** o ponto (8).
22. Leve o cursor no sentido anti-horário até atingir **180°** com o arco (9).

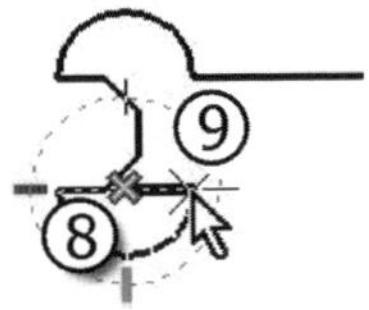

23. Com o foco em Home, **pressione <U>**. A opção SEGMENT TYPE muda para **Lines**.
24. Aponte para o lado direito e **pressione <ENTER>** para travar o eixo corrente.
25. Dê um Snap no início da linha de cima e **aceite** o ponto.

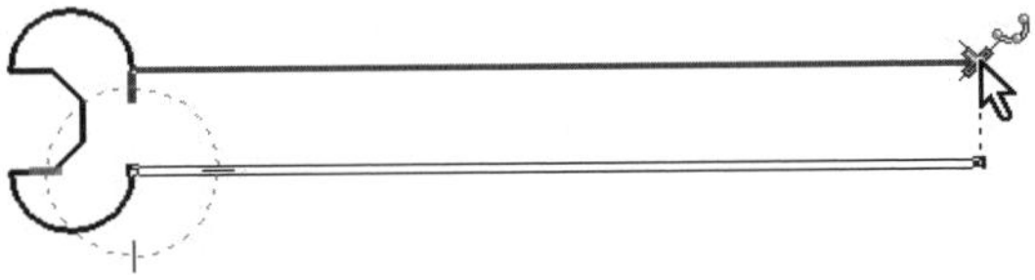

26. Com o foco em Home, **pressione <U>**. A opção SEGMENT TYPE muda para **Arcs**.
27. Volte para a tela e dê um **Snap** no centro da boca da chave; **pressione <O>** para posicionar a origem do AccuDraw.

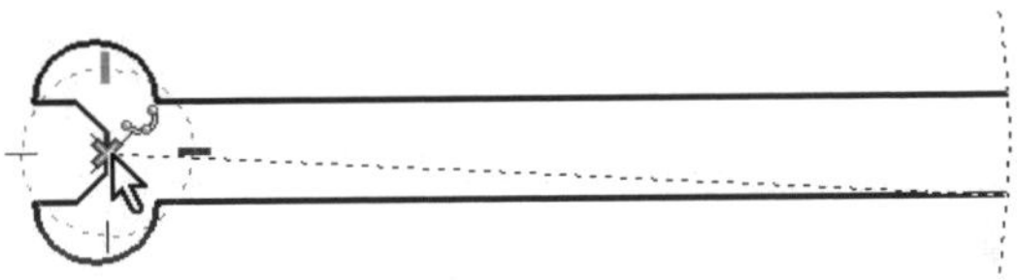

28. Aponte para o lado direito, digite **400 <ENTER>** e **aceite** o ponto.
29. Leve o cursor no sentido anti-horário até atingir o início da linha de cima e **aceite o ponto**.

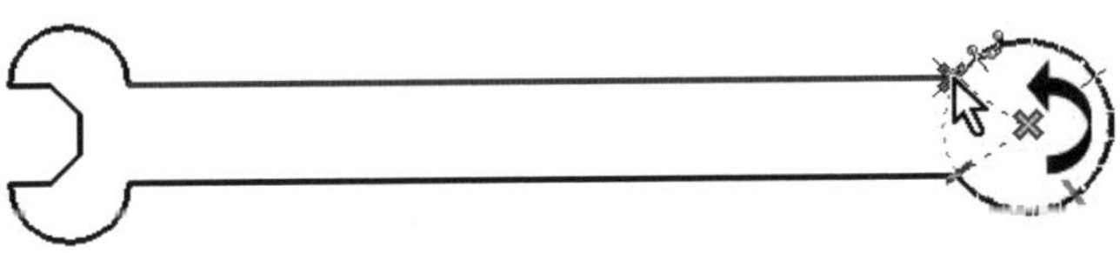

30. Pressione **<W><4>** para ativar a ferramenta **Place Regular Polygon**.

31. Com o foco em Home, **pressione <Y>**. A opção METHOD muda para **Circumscribed**.
32. Com o foco em Home, **pressione <U>**. No campo Edges, digite **8 <ENTER>**.

33. No campo Radius, digite **21.25 <ENTER>**.

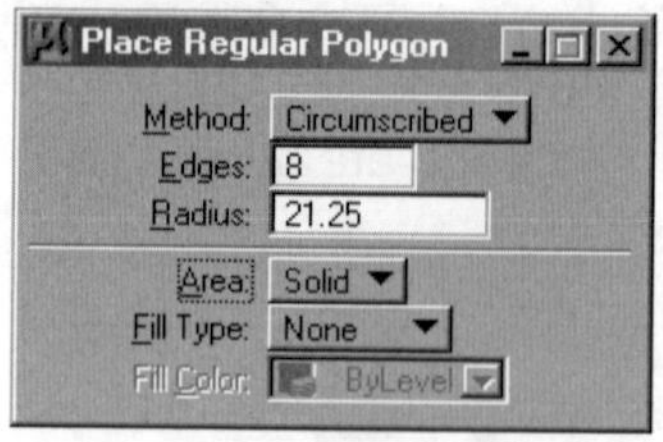

34. Aproxime o cursor do centro do arco e **aceite o ponto** capturado com o AccuSnap.
35. Aponte o cursor para o LADO DIREITO e **aceite o ponto**. Não precisa cotar o desenho!

Circles Task

As ferramentas da tarefa Circles são usadas para colocar círculos, elipses e arcos.

Tarefa Circles (aberta como uma caixa de ferramentas).

◉ **Crie um ARQUIVO chamado AULA04.DGN.**

Place Circle

 Coloca um círculo.

Tool Settings	Efeito
Method	**Center** - pelo centro. **Edge** - por três pontos da circunferência. **Diameter** - pelas extremidades do diâmetro.
Área	Ativa a área entre as opções Solid (sólido) e Hole (furo).
Fill Type	**None** - sem enchimento. **Opaque** - preenchido com a cor ativa. **Outlined** - preenchido com a cor de enchimento.

Tool Settings	Efeito
Fill Color	Define a cor do enchimento. Se Opaque, define a cor ativa. Se Outlined, define uma cor diferente da cor ativa.
Diameter	Se ativado, define o diâmetro em working units (se o método estiver definido para Center ou Edge). Para definir através do raio, escolha essa opção a partir do botão.

Para colocar um círculo pelo seu próprio centro

1. A partir da caixa de ferramentas Task Navigation, ative a tarefa DRAWING.
2. Na tarefa Linear, selecione a ferramenta **Place Circle**, ou com o foco definido para Home, simplesmente pressione **<E><1>**.
3. Na janela do Tool Settings, escolha o método Center.
4. Entre com um ponto para definir o centro.
5. Se Diameter (ou Radius) estiver desativado, entre com um ponto para definir o raio.

Para colocar um círculo por três pontos

1. Na janela do Tool Settings, escolha o método Edge.
2. Entre com um ponto da circunferência.
3. Entre com um segundo ponto da circunferência. Se o ponto não puder definir uma circunferência, o círculo desaparece.
4. Se Diameter (ou Radius) estiver desativado, entre com o terceiro ponto da circunferência.

Para colocar um círculo pelo diâmetro

1. Na janela do Tool Settings, escolha o método Diameter.
2. Entre com um ponto para definir uma das extremidades do diâmetro.
3. Entre com um ponto para definir a outra extremidade do diâmetro.

Place Ellipse

Coloca uma elipse.

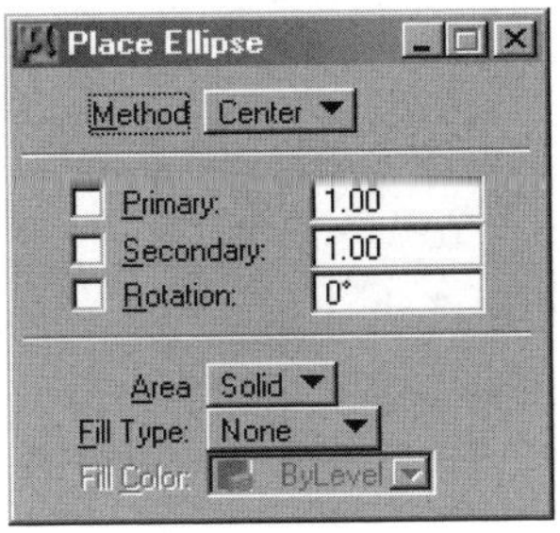

Tool Settings	Efeito
Method	**Center** - pelo centro e uma extremidade do primeiro eixo. **Edge** - pelas extremidades do primeiro eixo.
Primary	Se ativado, define o tamanho da metade do primeiro eixo colocado.
Secondary	Se ativado, indica o tamanho da metade do segundo eixo.
Rotation	Se ativado, define a rotação do primeiro eixo em relação ao eixo X da vista.
Area	Ativa a área entre as opções Solid (sólido) e Hole (furo).
Fill Type	Tipo de enchimento - None (nenhum), Opaque ou Outlined.
Fill Color	Cor do enchimento.

Para colocar uma elipse pelo centro e por pontos

1. A partir da caixa de ferramentas Task Navigation, ative a tarefa DRAWING.
2. Na tarefa Linear, selecione a ferramenta **Place Ellipse**, ou com o foco definido para Home, simplesmente pressione **<E><2>**.
3. Na janela do Tool Settings, escolha o método Center.
4. Entre com um ponto para definir o centro. Se as opções Primary, Secondary e Rotation estiverem ativadas, a elipse já pode ser colocada.
5. Se necessário, defina o ponto final do primeiro eixo.
6. Se necessário, defina o ponto final do segundo eixo.

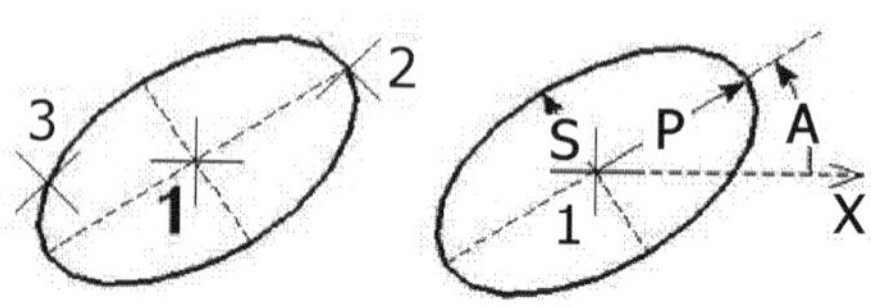

Place Arc

Coloca um arco circular. Arcos podem ser colocados no sentido horário e anti--horário.

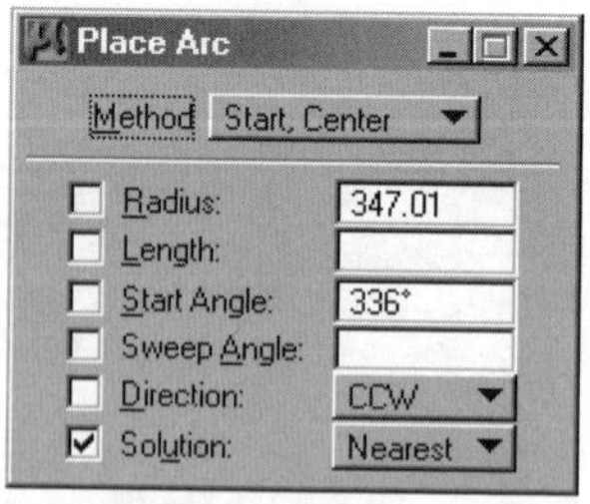

Quando um arco está restrito por um snap, como Tangent ou Perpendicular, e mais de um resultado for possível, o MicroStation exibe ícones, representando cada possibilidade de resultado. Neste caso você pode usar o ponteiro para selecionar a solução desejada, ou o parâmetro Solution para escolher o resultado.

Alternativamente você pode usar o teclado e pressionar:

- **<ALT>** para mudar para a próxima solução, ou ainda digitar CONSGEOM NEXT SOLUTION.
- **<CTRL>** para selecionar a solução mais próxima do ponteiro, ou ainda digitar o comando CONSGEOM NEAREST SOLUTION.

Tool Settings	**Efeito**
Method	**Start, Center** - construído na ordem: início, centro e depois o ângulo contido (conseqüentemente, a direção). **Center, Start** - construído na ordem: centro, início e depois o ângulo contido (conseqüentemente, a direção). **Start, Mid, End** - construído por três pontos na ordem: início, meio e fim. **Start, End, Mid** - construído por três pontos na ordem: início, fim e ponto no arco.
Radius	Se essa opção estiver ativada, define o raio.
Length	Se essa opção estiver ativada, define o comprimento do arco.
Start Angle	Se ativada, define o ângulo entre o início do arco e o eixo X da vista.
Sweep Angle	Se ativada, define o ângulo da curvatura (ângulo contido).
Direction	Se desativada, a direção do arco é definida interativamente. Se ativada, a direção é controlada pelas opções CW (horário) e CCW (anti-horário).
Solution	Se ativada, e houver mais de uma possibilidade para o próximo ponto, permite que você escolha a solução a partir do menu.

Para colocar um arco pelo centro

1. A partir da caixa de ferramentas Task Navigation, ative a tarefa DRAWING.
2. Na tarefa Linear, selecione a ferramenta **Place Arc**, ou com o foco definido para Home, simplesmente pressione **<E><3>**.
3. Na janela Tool Settings, escolha o método **Start, Center**.
4. Entre com um ponto para definir o início do arco. Se as opções Radius, Start Angle e Sweep Angle estiverem ativadas, entre com um ponto para definir o centro do arco. Se as opções Radius e Start Angle estiverem ativadas, esse ponto define o ângulo da curvatura.
5. Se a opção Sweep Angle estiver ativada, esse ponto define o centro do arco. De outra forma, esse ponto indica o centro do arco. Se necessário, entre com um ponto para definir o ângulo.

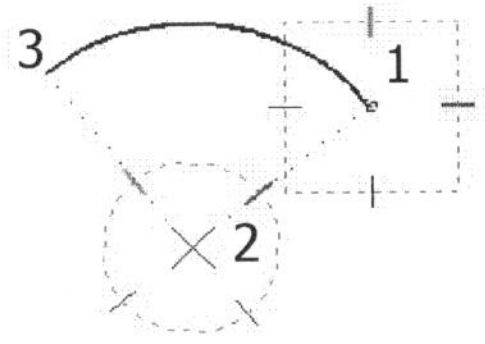

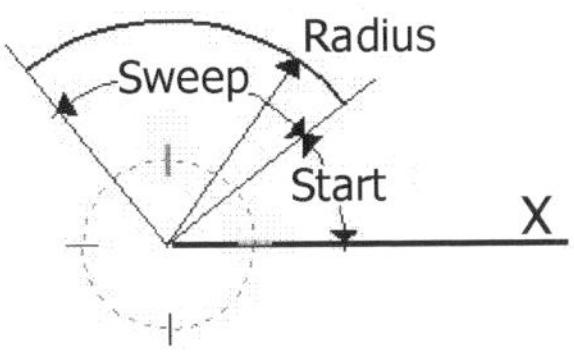

Com o método definido para Center. Esquerda: todas as restrições desativadas. Direita: todas as restrições ativadas. Raio (Radius), ângulo inicial (Start Angle) e ângulo contido (Sweep Angle).

Para colocar um arco definido por três pontos

1. A partir da caixa de ferramentas Task Navigation, ative a tarefa DRAWING.
2. Na tarefa Linear, selecione a ferramenta **Place Arc**, ou com o foco definido para Home, simplesmente pressione **<E><3>**.
3. Na janela do Tool Settings, escolha o método **Star, Mid, Edge**.
4. Entre com um ponto para definir o início do arco.
5. Se necessário, entre com um segundo ponto para definir um ponto no arco.
6. Se necessário, dê mais ponto para definir um ponto no arco e o ângulo da curvatura.

Place Half Ellipse

Coloca um arco elíptico com um ângulo da curvatura de 180°.

◉ **Abra o arquivo 09 - Half Ellipse.dgn.**

Para colocar metade de uma elipse

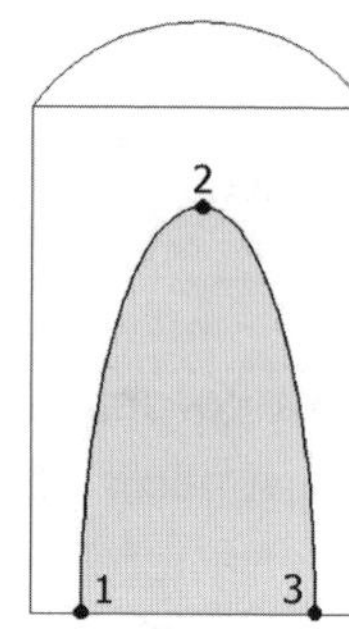

1. A partir da caixa Task Navigation, ative a tarefa DRAWING.
2. Na tarefa Linear, selecione a ferramenta **Place Half Ellipse**, ou com o foco definido para Home, simplesmente pressione **<E><4>**.
3. Entre com um ponto para definir uma extremidade do primeiro eixo.
4. Entre com um segundo ponto para definir um ponto no arco.
5. Entre com um terceiro ponto para definir a outra extremidade do primeiro eixo.

Place Quarter Ellipse

Coloca um arco elíptico com um ângulo da curvatura de 90°.

Para colocar um quarto de elipse

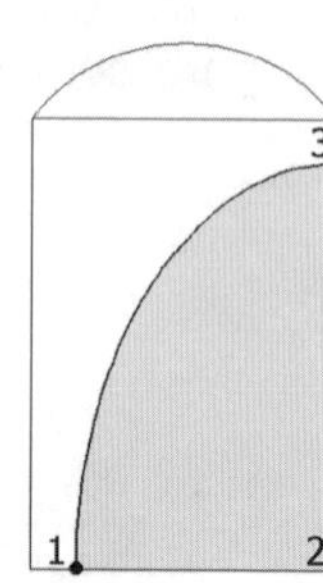

1. Na tarefa Linear, selecione a ferramenta **Place Quarter Ellipse**, ou com o foco definido para Home, simplesmente pressione **<E><5>**.
2. Entre com um ponto para definir uma extremidade do arco.
3. Entre com um segundo ponto para definir a orientação do eixo.
4. Entre com um terceiro ponto para definir o ponto final do arco.

Modify Arc Radius

Usado para modificar raio, ângulo da curvatura e centro de um arco circular. Os pontos iniciais e finais do arco não se movem.

Para modificar o raio de um arco

1. Na tarefa Linear, selecione a ferramenta **Modify Arc Radius**, ou com o foco definido para Home, simplesmente pressione **<E><6>**.
2. Identifique o arco e entre com um ponto para redefinir o raio, o ângulo da curvatura e o centro.

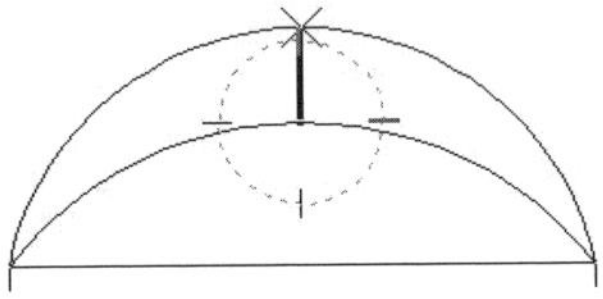

Modify Arc Angle

Usado para aumentar ou diminuir o comprimento (ângulo da curvatura) de um arco.

Para modificar o ângulo da curvatura de um arco

1. A partir da caixa Task Navigation, ative a tarefa DRAWING.
2. Na tarefa Linear, selecione a ferramenta **Modify Arc Angle**, ou com o foco definido para Home, simplesmente pressione **<E><7>**.
3. Identifique o arco perto de uma extremidade.
4. Entre com um ponto para aumentar ou diminuir o comprimento do arco.
5. Opcionalmente você pode querer rotacionar o plano de desenho do AccuDraw de acordo com os eixos da vista <V>.

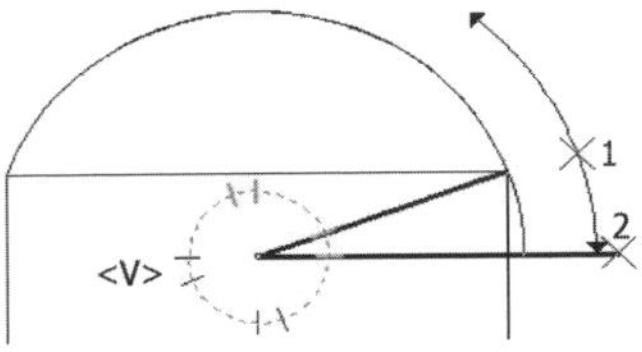

Modify Arc Axis

Usado para aumentar ou diminuir os eixos de um arco.

Para modificar o eixo de um arco

1. A partir da caixa Task Navigation, ative a tarefa DRAWING.
2. Na tarefa Linear, selecione a ferramenta **Modify Arc Axis**, ou com o foco definido para Home, simplesmente pressione **<E><8>**.
3. Identifique o arco perto do eixo a ser modificado.
4. Entre com um ponto para redefinir o eixo.

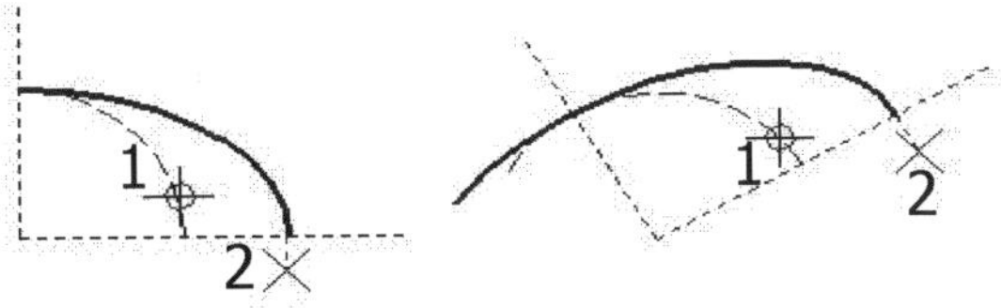

Anotações

Capítulo 5

Trabalhando com Snaps

Identificação dos Elementos

Em muitas das operações que você realiza é preciso identificar os elementos existentes, ou "capturar" pontos específicos deles. O MicroStation proporciona ferramentas para fazer essas tarefas. Você pode rapidamente e convenientemente identificar esses elementos ou localizar pontos notáveis usando **tentative snaps points** e **data points**.

Identificando Elementos Manualmente

Várias ferramentas requerem que você identifique um ou mais elementos. É possível fazer isso manualmente, colocando o ponteiro sobre o elemento e aplicando um data point. Se quiser especular elementos identificados inicialmente, pode entrar com tentative points, até que o elemento correto seja destacado, e assim aceitar a seleção.

Identificação Automática dos Elementos

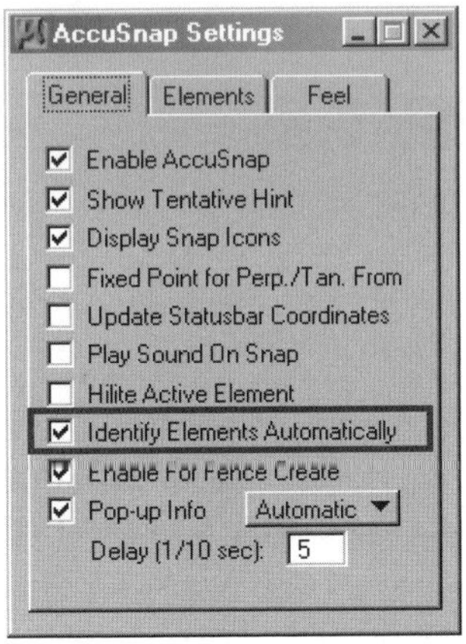

Separadamente ou em conjunto com o AccuSnap, você pode habilitar a capacidade de identificar automaticamente os elementos por várias ferramentas. Essa característica é habilitada por meio do parâmetro Identify Elements Automatically da tabela GENERAL da caixa de diálogo **AccuSnap Settings**. Como o AccuSnap, esse parâmetro pode reduzir drasticamente o número de cliques necessários em uma sessão de desenho. Usando-o com a ferramenta Delete Element, por exemplo, você somente terá de mover o ponteiro em cima do elemento desejado para que ele seja destacado. Um único dado exclui o elemento destacado.

A caixa de diálogo AccuSnap Settings é acessada a partir do ícone de Snaps da barra de status!

AccuSnap

AccuSnap proporciona uma nova funcionalidade de tentativas, a qual pode ser usada sozinha ou em combinação com o AccuDraw. Isso proporciona uma assistência gráfica - um ponteiro "inteligente" - para "capturar" automaticamente os elementos. Elimina a necessidade de pressionar o botão de tentativa, reduzindo consideravelmente o número de cliques durante uma sessão de desenho.

Ativando e Desativando o AccuSnap

1. Na caixa AccuSnap Settings, ative a opção **Enable AccuSnap**. A caixa é aberta a partir do menu Snaps localizado no lado direito da Status Bar.

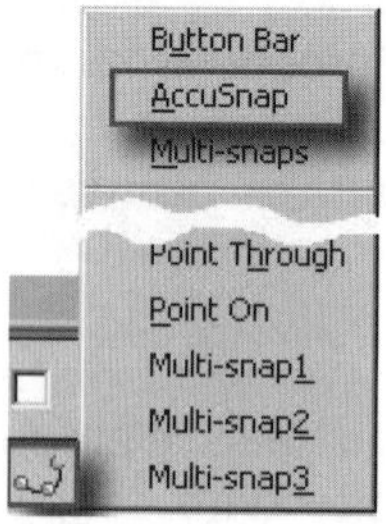

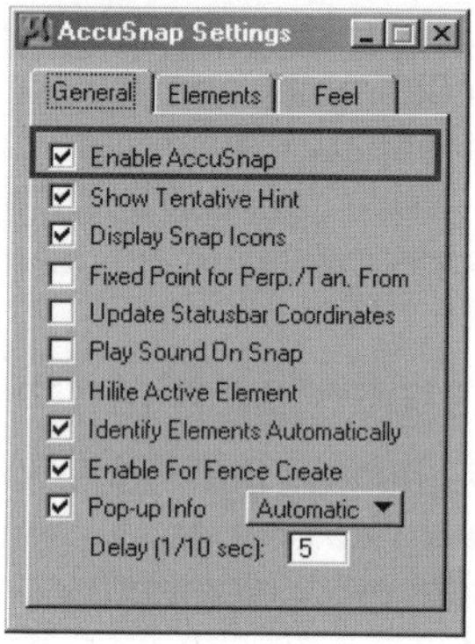

2. Na barra de botões Snap Mode, clique no ícone **Toggle AccuSnap**.

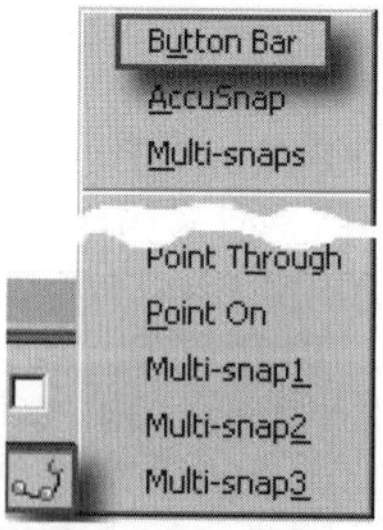

Quando ativado, você simplesmente seleciona uma ferramenta e move o ponteiro sobre o elemento, deixando que o AccuSnap encontre e mostre o ponto notável mais próximo daquela posição. Se desejar, ainda pode ajustar várias definições para que o AccuSnap opere à sua maneira.

O AccuSnap complementa o método-padrão, ou o método manual de dar snaps, porque, quando ativo, você ainda pode usar o método manual, pressionando o botão de tentativas do mouse. Além disso, quando você utiliza o AccuSnap em conjunto com o AccuDraw, pode usar os atalhos **<HU>** para suspender o AccuSnap em um ponto, e **<HS>** ou **<CTRL>+<SHIFT>** para ativar/desativar o AccuSnap.

Definições do AccuSnap

A caixa AccuSnap Settings possui três tabelas de definições de parâmetros. A primeira delas é:

A tabela general

1. **Enable AccuSnap** - ativa/desativada o AccuSnap.
2. **Show Tentative Hint** - se estiver ativado, com o ponteiro dentro da tolerância, exibe uma prospectiva da localização do ponto notável com uma cruz (+), acompanhada do ícone do snap mode ativo.
3. **Display Snap Icons** - exibe o ícone do snap atual.
4. **Fixed Point for Perp./Tan. From** - para ser usado com a ferramenta Place SmartLine. Se ativado, e ao usar o snap Perpendicular, AccuSnap usa o modo Perpendicular From. Ao usar o modo Tangent Snap, AccuSnap usa o modo Tangent From.

   Update Status Bar Coordinates - atualiza a barra de status com as coordenadas da posição atual do cursor quando da captura de um ponto notável.

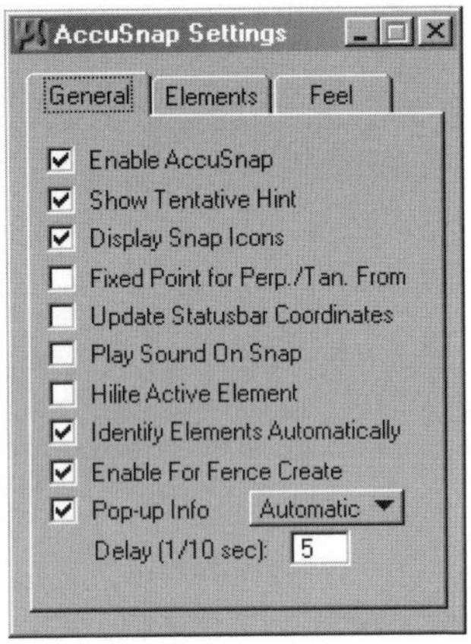

5. **Play Sound On Snap** - emite um aviso sonoro quando um ponto notável é capturado.
6. **Hilite Active Element** - se ativado, AccuSnap destaca o elemento sobre o qual o ponteiro está posicionado. Se estiver desativado, destaca somente se o elemento tiver um ponto notável capturado (recomendado).
7. **Identify Elements Automatically** - se ativado, o elemento é identificado automaticamente quando o ponteiro estiver sobre ele.
8. **Enable For Fence Create** - se ativado, o AccuSnap é habilitado ao colocar uma Fence.
9. **Pop-up Info** - exibe informações sobre o elemento localizado sob o ponteiro. Apresenta duas opções:
   - **Tentative** - exibe as informações somente quando um snap manual é aplicado.
   - **Automatic** - exibe as informações sempre que um ponto notável é capturado pelo AccuSnap.

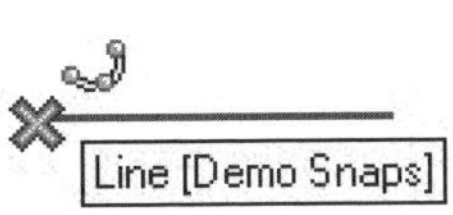

A tabela Elements

A tabela Elements da caixa AccuSnaps Settings permite que você defina os tipos de elementos que devem ser evitados pelo AccuSnap. Isso não o impede de usar o Snap manual para capturar esses elementos.

> Desabilitar a captura de **Dimensions** e **Text** pode ser de grande ajuda quando você está editando uma folha de desenho em que a presença de textos e cotas acontece em grande quantidade.

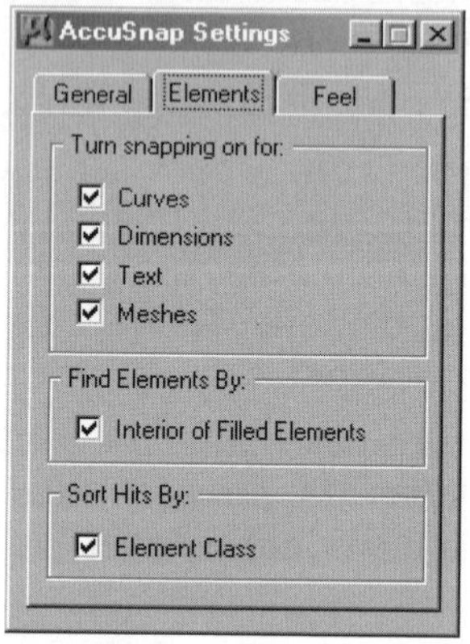

Além disso, se a opção Element Class do quadro Sorts Hits By estiver ativada, a ordem na qual o AccuSnap encontra os elementos é determinada pela sua classe - primeiro os elementos da classe Primary, seguidos dos elementos da classe Construction, Pattern e Dimension.

A tabela Feel

O AccuSnap trabalha com o Snap Mode ativo e, na maioria das vezes, é similar em operação ao método manual das tentativas. Aqui você pode ajustar a sensibilidade do AccuSnap com relação aos elementos.

- **Keypoint Sensitivity** - ajusta o quanto o ponteiro pode estar próximo do elemento antes que o AccuSnap aplique o snap.
- **Stickiness** - ajusta o quanto você pode mover o ponteiro ao longo de um elemento, e que o sistema ainda terá a preferência por ele em relação a outro elemento que esteja mais próximo do ponteiro.
- **Snap Tolerance** - ajusta o quão próximo o ponteiro pode estar de um elemento para que o snap capture um ponto.

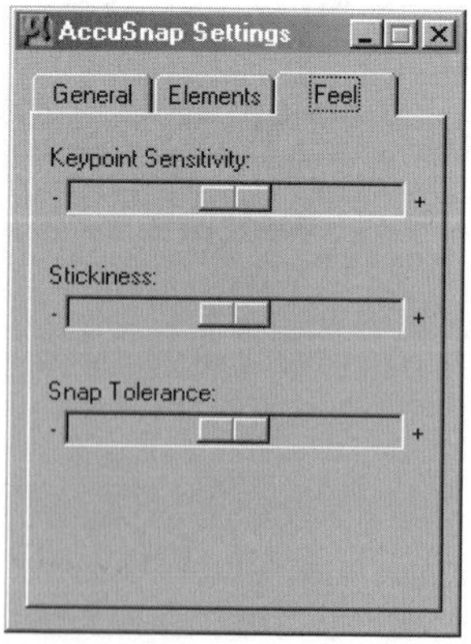

A proximidade do ponteiro de um ponto notável, antes de o AccuSnap encontrá-lo, é definida pela opção **Locate Tolerance** da categoria Input da caixa Preferences (Workspace > Preferences).

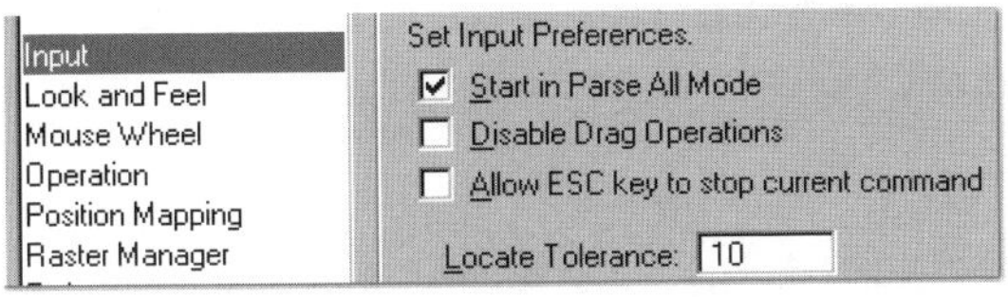

Esquerda: Com o ponteiro dentro da tolerância, AccuSnap exibe uma prospectiva da localização do ponto notável com uma cruz (+), acompanhada do ícone do snap mode ativo.

Direita: Com o ponteiro dentro da área Keypoint Sensitivity, AccuSnap destaca o elemento e exibe o local da tentativa com um "X" de linha mais grossa (captura o ponto notável). Um data point neste estágio aceita o ponto.

AccuSnap e os Snap Modes

O AccuSnap melhora muito o padrão de snaps ao exibir e, automaticamente, aplicar a tentativa ao mover o ponteiro sobre um elemento. Com o AccuSnap ativado, você raramente precisará entrar com uma tentativa manualmente.

Usando os Snaps (Tentative Point - TP)

Snap é um input gráfico usado para predefinir a localização do próximo dado. Aceitando a localização de um snap, você dá um ponto nesse local. Pode ser usado também para definir um PONTO DE REFERÊNCIA para entrar com o próximo dado. Os Snaps ajudam você a construir elementos que sejam conectados a elementos existentes com maior precisão ou, ainda, que exista alguma relação precisa entre eles.

> O uso do snap também é chamado de tentativa por muitos usuários.

Usando os snaps você pode, por exemplo:

- Colocar uma linha a partir da extremidade de um elemento ao meio de outro.
- Colocar uma linha perpendicular ou paralela à outra.
- Colocar um círculo tangente a um arco ou uma curva.
- Colocar um símbolo no centro geométrico de uma forma qualquer.

Sempre existirá um snap "ativo", que após o uso de outro será reativado. O snap é afetado pela trava SNAP LOCK ativada a partir da caixa Locks.

Selecionando um Modo de Snap

Existem muitas maneiras de acessar ou selecionar os modos de snap no MicroStation. A melhor delas é aquela à qual você se adaptar com maior facilidade.

Pela caixa de ferramentas Snap Mode

1. A partir do submenu Snaps do menu Settings, ou menu Active Snap Mode da Status Bar, escolha Button Bar. A caixa Snap Mode se abre, exibindo o ícone do snap ativo já acionado.
2. Clique no outro modo. O ícone do modo selecionado fica acionado, enquanto o do snap ativo fica "hachurado", indicando que o sistema retornará para ele depois de concluída a operação.

Duplo-clique torna o modo selecionado o novo snap ativo.

Pelo menu pop-up

1. Coloque o ponteiro em um ponto qualquer da vista.
2. Pressione a tecla **<SHIFT>** (mantenha pressionada) e **clique no botão de tentativas**. Por default, o botão de tentativas manuais é definido para os botões esquerdo e direito, pressionado simultaneamente.

3. Solte a tecla <SHIFT>.
4. Selecione o modo desejado.

Se ao selecionar o modo desejado você mantiver a tecla **<SHIFT>** pressionada (ou pressionar novamente), o modo selecionado torna-se o novo snap ativo.

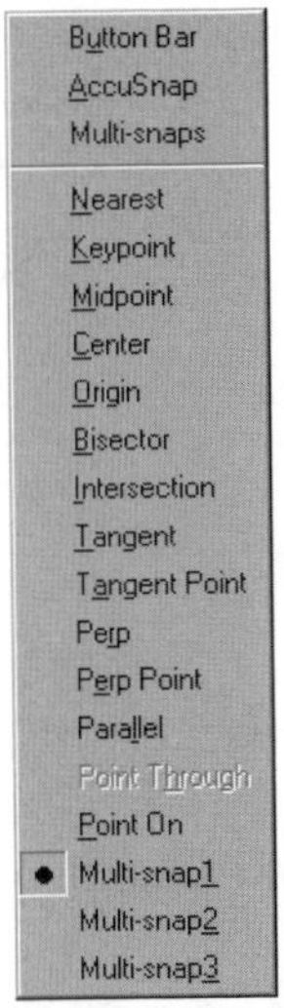

Pela Status Bar

1. Selecione o menu Active Snap Mode a partir da Status Bar.
2. Escolha o modo desejado.

Se ao selecionar o modo desejado você mantiver a tecla **<SHIFT>** pressionada, o modo selecionado torna-se o novo snap ativo.

Efeitos dos Modos de Snap

Desde que a trava de Snap esteja ativada, quando você entrar com um snap próximo de um elemento, acontecerá o seguinte:

◉ **Abra o arquivo 10 - Modos de Snaps.dgn.**

Nearest

Pega o ponto do elemento mais próximo do ponteiro. Apesar de parecer aleatório, é de grande ajuda em muitos casos de interseção de elementos.

EXERCÍCIO: Usando o Snap Nearest

1. A partir da caixa de ferramentas Task Navigation, ative a tarefa DRAWING.
2. Na tarefa Linear, selecione a ferramenta **Place Line**, ou com o foco definido para Home, simplesmente pressione **<Q><2>**.

3. Capture o PONTO VERMELHO e aceite esse ponto. Leve o ponteiro para baixo e TRAVE o eixo, **pressionando <ENTER>**.
4. A partir da STATUS BAR, selecione o **menu Snaps** e **NEAREST**. Esse modo captura o ponto mais próximo do ponteiro. Alternativamente você pode pressionar **<N>**, desde que o foco esteja em AccuDraw.

5. Passe o ponteiro ao longo do arco, abaixo do ponto. Observe que, como o eixo está travado, o ponto mais próximo (nearest) conseqüentemente será a interseção da trajetória.

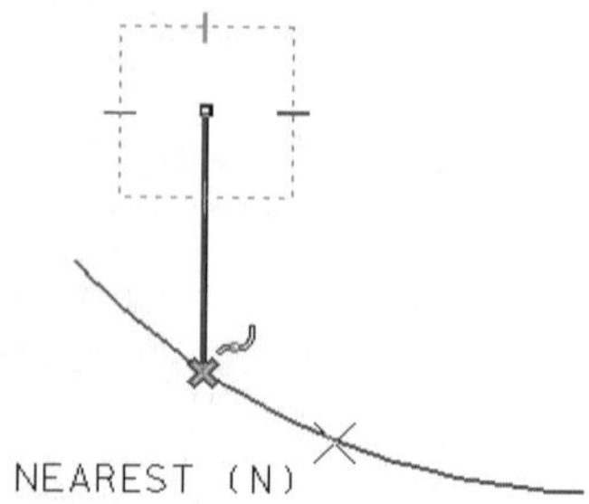

6. Aceite o ponto e pressione RESET para concluir.

Keypoint

Captura o ponto notável mais próximo de um elemento. Os pontos notáveis são espaços regulares distribuídos ao longo de um segmento ou quadrante de uma circunferência. Esse espaçamento é determinado por um fator de divisão, o qual pode ser alterado a partir da categoria Snaps da caixa DGN File Settings (menu Settings > Design File...).

O fator de divisão pode ser alterado a partir do **atalho <K>** do AccuDraw. Se o valor do fator for igual a 1, os pontos notáveis de um segmento serão suas extremidades. Se o valor do fator for igual a 2, o modo dividirá o segmento em duas partes iguais e assim por diante.

EXERCÍCIO: Usando o Snap Keypoint

1. A partir da caixa de ferramentas Task Navigation, ative a tarefa DRAWING.
2. Na tarefa Linear, selecione a ferramenta **Place Line**, ou com o foco definido para Home, simplesmente pressione **<Q><2>**.
3. Desde que o AccuDraw esteja ativo (em evidência), **pressione <K>**.

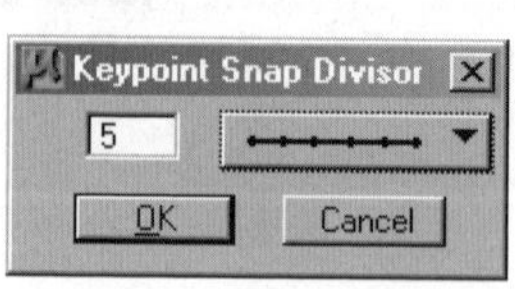

4. Na caixa Keypoint Snap Divisor, **digite 5 <ENTER>** para definir um novo fator.
5. Capture a extremidade de uma das linhas verticais e **aceite o ponto**.

   Capture a extremidade da outra linha e **aceite o ponto**.

6. Pressione RESET (botão direito do mouse).
7. Prossiga capturando outros pontos notáveis, passando o ponteiro ao longo das linhas, conforme a figura ao lado.

   Continue até atingir a outra extremidade. Observe que cada linha foi dividida em cinco partes iguais. Para retornar ao fator de divisão anterior, **pressione <K> e digite 2 <ENTER>**.

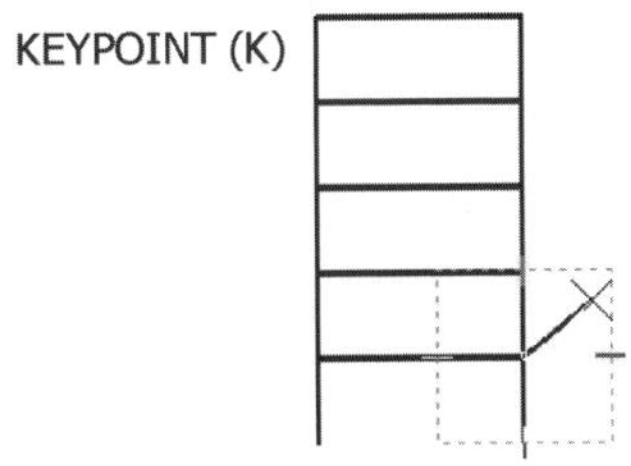

O uso do fator de divisão de snaps influencia em outros modos além do Keypoint.

Mid Point

Captura o ponto médio de um segmento.

Center

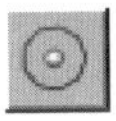

Captura o centro dos elementos (círculos, arcos, textos etc.) e o centro geométrico de outros elementos como shapes (polígonos regulares e irregulares), linhas e curvas.

EXERCÍCIO: Usando o Snap Center

1. A partir da caixa de ferramentas Task Navigation, ative a tarefa DRAWING.
2. Na tarefa Linear, selecione a ferramenta **Place Line**, ou com o foco definido para Home, simplesmente pressione **<Q><2>**.

3. A partir da STATUS BAR, selecione o **menu Snaps** e escolha **CENTER**. Alternativamente você pode pressionar **<C>**, desde que o foco esteja em AccuDraw.
4. **Passe o ponteiro na borda** da circunferência. Observe que o centro geométrico será encontrado automaticamente. **Aceite o ponto**.

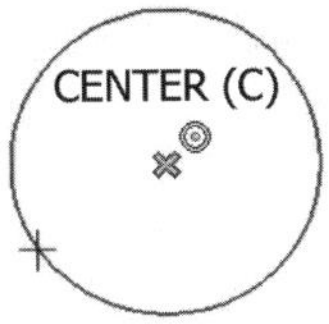

5. Após usar o Snap Center, o modo Keypoint torna-se ativo novamente por ser o default.
6. Passe o ponteiro ao longo da borda da circunferência e os pontos notáveis dividem cada quadrante em duas partes iguais (se K=2).

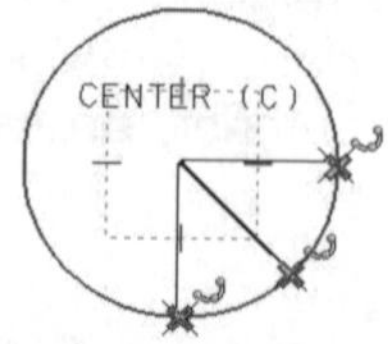

Para tornar o snap selecionado o modo default, ao selecioná-lo com o menu Snaps, mantenha a tecla <SHIFT> pressionada.

Se estiver usando a barra de ícones de snaps, dê um duplo-clique no snap desejado; ele se torna default.

Origin

Pega a origem de uma célula ou texto, centro geométrico de uma curva, o primeiro ponto de uma cota, ou o primeiro vértice de uma linha ou polígono.

Bisector

Captura o ponto médio de todo perímetro ou extensão de um elemento.

Intersection

Captura a interseção de dois elementos. Ao passar o ponteiro sobre uma interseção gráfica, ela é imediatamente capturada. Caso os elementos não sofram uma interseção gráfica, a interseção de suas projeções é encontrada. Neste caso, dois snaps são necessários. Um snap manual é dado no primeiro elemento, o qual é destacado. Em seguida, passe o ponteiro sobre o outro elemento que também será destacado mudando seu estilo de linha.

Você pode continuar executando snaps, e a relação entre os dois últimos snaps define a interseção.

EXERCÍCIO: Usando o Snap Intersect

1. A partir da caixa de ferramentas Task Navigation, ative a tarefa DRAWING.
2. Na tarefa Linear, selecione a ferramenta **Place Line**, ou com o foco definido para Home, simplesmente pressione **<Q><2>**.
3. A partir da STATUS BAR, selecione o **menu Snaps** e escolha **INTERSECTION**. Alternativamente você pode pressionar **<I>**, desde que o foco esteja em AccuDraw.
4. Aplique um tentative point **manualmente** (snap) sobre a linha que está na horizontal, em seguida **passe o ponteiro** sobre a linha que está localizada logo abaixo.

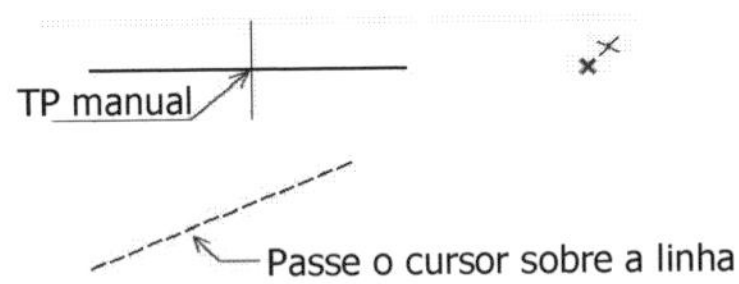

5. Observe que a interseção é capturada baseada na projeção das linhas. **Aceite esse ponto**.

Tangent

Permite colocar o elemento em uma posição de tangência em qualquer direção ao elemento existente, movendo dinamicamente sua posição ao longo do lado identificado do elemento existente.

EXERCÍCIO: Usando Snap Tangent e Tangent Point

1. A partir da caixa de ferramentas Task Navigation, ative a tarefa DRAWING.
2. Na tarefa Linear, selecione a ferramenta **Place Line**, ou com o foco definido para Home, pressione **<Q><2>**.
3. Capture o ponto do lado esquerdo acima da circunferência e **aceite o ponto**.
4. A partir da STATUS BAR, selecione o **menu Snaps** e escolha **TANGENT**.
5. Aproxime o ponteiro da circunferência e observe que são oferecidas duas soluções. Escolha a solução da tangência pelo lado esquerdo. **Aceite o ponto**. Pressione RESET para terminar.
6. Repita o procedimento usando o outro ponto.

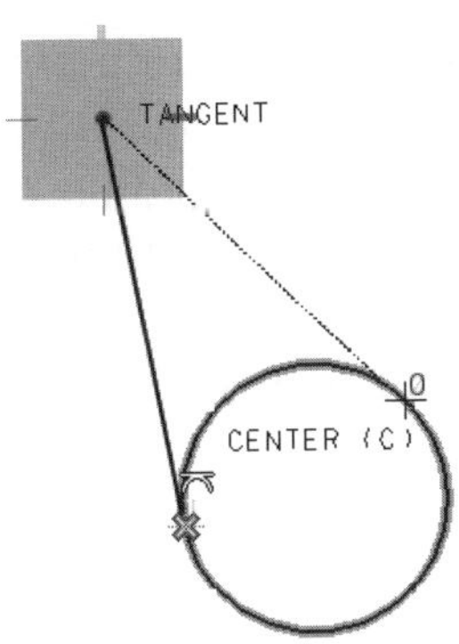

Tangent Point

Possibilita colocar o elemento em uma posição de tangência em duas direções, restritas ao ponto notável identificado. Obedece ao fator de divisão estabelecido através do atalho <K>.

1. A partir da caixa de ferramentas Task Navigation, ative a tarefa DRAWING.
2. Na tarefa Linear, selecione a ferramenta **Place Line**, ou com o foco definido para Home, simplesmente pressione **<Q><2>**.
3. A partir da STATUS BAR, selecione o **menu Snaps** e **TANGENT POINT**.
4. Passe o ponteiro sobre a borda da circunferência. Quando o ponto notável desejado for capturado, **aceite o ponto**.
5. Entre com a distância desejada e clique em RESET para concluir a construção da linha.

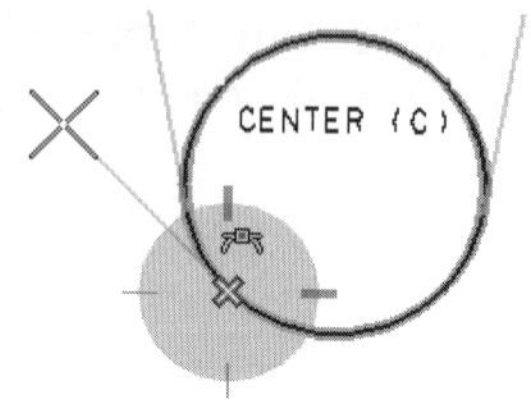

Perpendicular

Permite colocar o elemento em uma posição perpendicular ao existente, movendo dinamicamente sua posição ao longo do lado identificado do elemento existente.

◉ **No arquivo atual, abra o modelo OUTROS MODOS.**

EXERCÍCIO: Usando Snap Perpendicular e Perpendicular Point

1. A partir da caixa de ferramentas Task Navigation, ative a tarefa DRAWING.
2. Na tarefa Linear, selecione a ferramenta **Place Line**, ou com o foco definido para Home, simplesmente pressione **<Q><2>**.
3. A partir da STATUS BAR, selecione o **menu Snaps** e **PERP**.

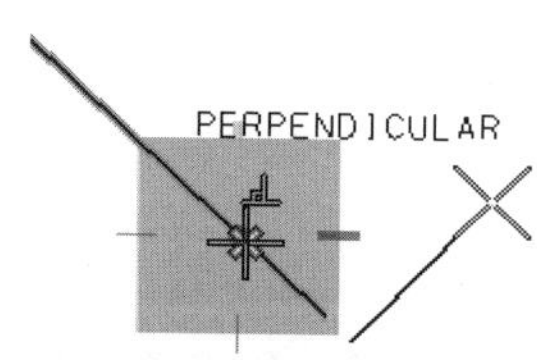

4. Passe o ponteiro sobre a linha indicada para esse modo e **aceite o elemento**.
5. A linha pode ser deslocada para qualquer posição, preservando a perpendicularidade com o segmento do elemento identificado. Aceite em qualquer posição e pressione RESET para concluir a linha.

Perpendicular From

Possibilita colocar o elemento em uma posição perpendicular ao elemento existente, restrita ao ponto notável identificado.

1. A partir da caixa de ferramentas Task Navigation, ative a tarefa DRAWING.
2. Na tarefa Linear, selecione a ferramenta **Place Line**, ou com o foco definido para Home, pressione **<Q><2>**.

3. A partir da STATUS BAR, selecione o **menu Snaps** e **PERP POINT**.
4. Passe o ponteiro sobre o ponto médio da linha indicada para esse modo e **aceite**. O snap captura um ponto notável definido pelo atalho <K>.
5. Aceite a linha onde desejar e clique em RESET para terminar.

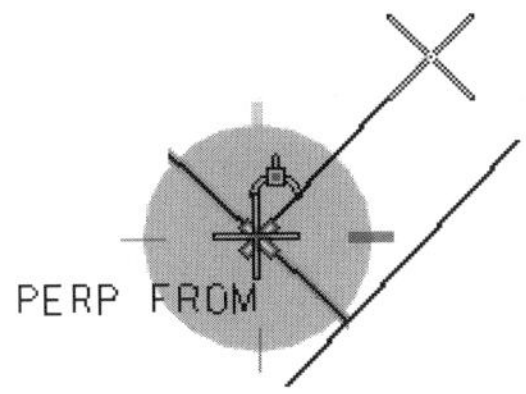

Parallel

Ao contrário dos demais modos, esse snap não define o ponto pelo qual a nova linha vai passar. Em vez disso, define o lado de um elemento ao qual a nova linha será paralela. Após realizar o snap, inicie a nova linha onde desejar.

EXERCÍCIO: Usando o Snap Parallel

1. A partir da caixa de ferramentas Task Navigation, ative a tarefa DRAWING.
2. Na tarefa Linear, selecione a ferramenta **Place Line**, ou com o foco definido para Home, simplesmente pressione **<Q><2>**.
3. A partir da STATUS BAR, selecione o **menu Snaps** e **PARALLEL**.
4. Passe o ponteiro sobre a linha indicada para esse modo e **aceite esse elemento**.
5. Entre com um ponto onde desejar para iniciar a linha. A linha é forçada a ser paralela ao segmento do elemento previamente identificado.
6. Entre com um segundo ponto para completar a linha e pressione RESET para concluir.

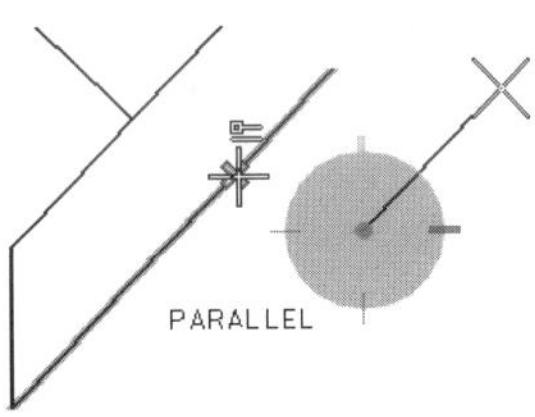

Point Through

Define um ponto notável pelo qual o novo elemento deve passar. Ao capturar um ponto, o elemento colocado será forçado a passar por esse ponto ou a ter sua orientação em interseção com esse ponto.

1. A partir da STATUS BAR, selecione o **menu Snaps** e **POINT THROUGH**.
2. Entre com um ponto no local desejado e **aceite esse ponto**.
3. Inicie a colocação de um elemento como uma linha, círculo ou arco. O ponto previamente dado será interpolado.

Point On

Ao identificar um elemento existente, faz com que o novo elemento fique restrito ao seu perímetro ou projeção.

EXERCÍCIO: Usando o Snap Point On

1. A partir da caixa de ferramentas Task Navigation, ative a tarefa DRAWING.
2. Na tarefa Linear, selecione a ferramenta **Place Line**, ou com o foco definido para Home, simplesmente pressione **<Q><2>**.
3. Inicie a colocação da linha sobre VÉRTICE SUPERIOR DA LINHA VERTICAL.
4. A partir da STATUS BAR, selecione o **menu Snaps** e **POINT ON**.
5. Passe o ponteiro sobre a linha horizontal e **aceite o ponto**.

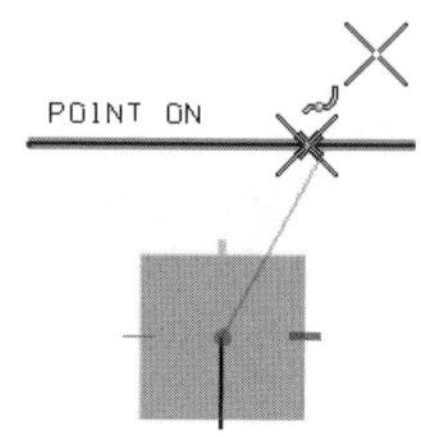

6. Leve o ponteiro para cima da linha horizontal. Observe que a linha não ultrapassa os limites da linha horizontal identificada previamente pelo snap. **Aceite o ponto.**

Multi-Snaps

Existem três modos que proporcionam o uso de múltiplos snaps por meio das tentativas manuais e do AccuSnap a partir da versão 2004 Edition. Eles são numerados como multi--snap 1, 2 e 3.

Diferente de um modo habitual de snap, o multi-snap é uma lista ordenada de snaps. Quando um multi-snap está ativo e você move o ponteiro sobre um elemento com o AccuSnap ativado, ou aplica um snap manual, o MicroStation processa seqüencialmente a lista de snaps definida nele.

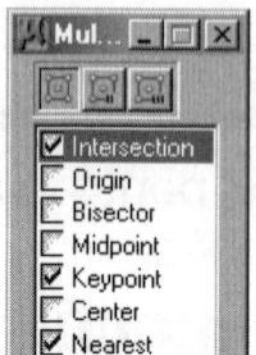

Por default, **multi-snap 1** ativa os snaps: intersection, keypoint e nearest.

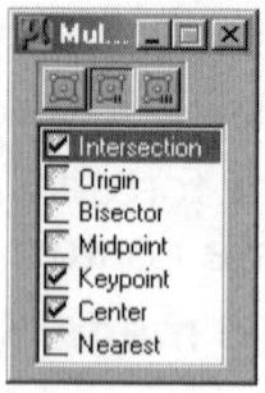

Por default, **multi-snap 2** ativa os snaps: intersection, keypoint e center.

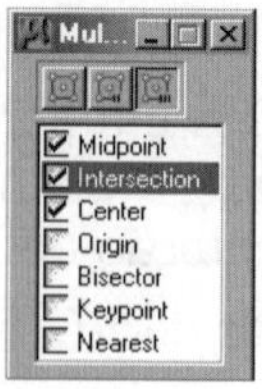

Por default, **multi-snap 3** contém os seguintes modos de snaps: midpoint, intersection e center.

Você pode modificar o conteúdo de um Multi-Snap pela caixa Multi-Snaps que lista todos os modos possíveis para cada Multi-Snap selecionado na barra de ícones dessa mesma caixa.

Para definir um Multi-Snap

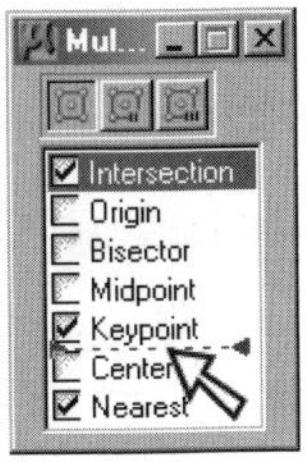

1. A partir do menu Snaps na Status Bar, selecione Multi-Snaps. A caixa Multi-Snaps se abre, exibindo todos os modos que podem ser associados a um Multi-Snap específico.
2. Marque ou desmarque os modos desejados. Para mudar a ordem na qual os modos são processados, arraste e solte a entrada.

◉ **No arquivo atual, abra o modelo TERRENO INSTALAÇÃO INDUSTRIAL.**

EXERCÍCIO: Usando o Multi-Snap

1. Na caixa de ferramentas Attributes, ative o nível chamado "**Limites**". Alternativamente, você pode simplesmente pressionar **<SHIFT+F3>** para abrir a lista de níveis sob o seu ponteiro.
2. Com o modo **Multi-Snap 1** ativo, use a ferramenta Place Shape para desenhar através de uma malha predefinida o limite do terreno de uma instalação industrial. Como resultado o contorno do lote deve ficar como mostra a figura seguinte. Use as interseções para definir o limite.

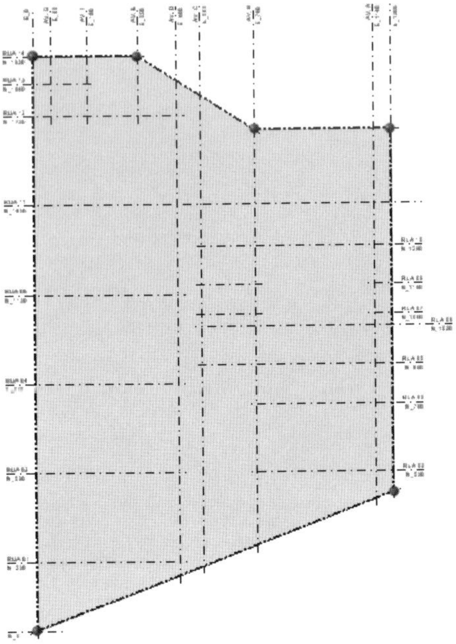

Snaps nas Células

Para dar um snap na origem de uma célula, defina o Snap Mode para **Origin**. Se o Snap Mode não estiver definido para Origin, o snap captura os pontos notáveis dos elementos das células.

Antes de Continuar

1. Quais atalhos do AccuDraw são usados para ativar/desativar o AccuSnap?
2. Como evitar que o AccuSnap fique capturando textos e cotas?
3. Como selecionar um modo Snap no menu e ao mesmo tempo torná-lo default?

Capítulo 6

Manipulando e Modificando Elementos

Trabalhando com Múltiplos Elementos

As modificações e manipulações nos elementos existentes no arquivo ativo podem ser realizadas de acordo com uma seleção previamente definida ou individualmente. Para operações que envolvem vários elementos simultaneamente, você pode usar a ferramenta **Element Selection**. Essa ferramenta permite que você selecione múltiplos elementos para serem manipulados ou modificados, como um grupo. Usando esse método, você pode mover, copiar, escalonar, mover os vértices e os segmentos.

◉ **Abra o arquivo 11 - Selection.dgn.**

Element Selection

Usada para selecionar um elemento ou mais para modificação ou manipulação. Um conjunto de elementos selecionados é chamado de SELECTION SET.

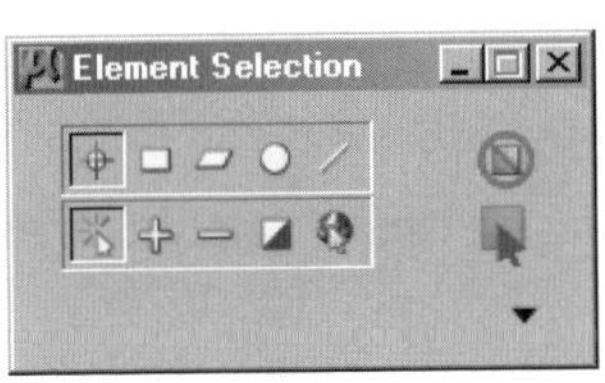

Nos parâmetros adicionais da ferramenta Element Selection, as tabelas permitem que você selecione os elementos baseado em um ou mais atributos, como nível, cor, estilo de linha, espessura, tipo, classe ou template. Alternativamente, quando você seleciona os elementos graficamente, os atributos são destacados e exibidos em cada tabela.

EXERCÍCIO: Selecionando elementos com a ferramenta Element Selection

1. Selecione a ferramenta **Element Selection**. Alternativamente **pressione <1>**, se o foco estiver definido para Home.
2. Clique no elemento que você quer selecionar. A Status Bar exibe o número de elementos selecionados.

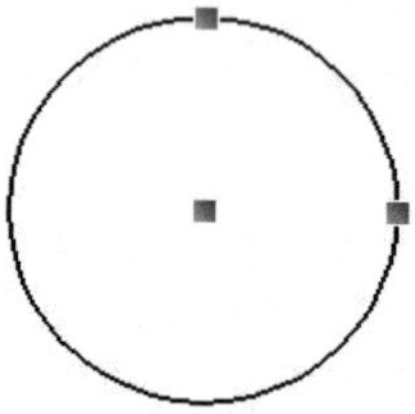

3. Clique no vazio para remover a seleção.

Para selecionar um ou mais elementos

1. Selecione a ferramenta **Element Selection**. Alternativamente **pressione <1>**, se o foco estiver definido para Home.
2. Arraste o ponteiro (botão esquerdo), envolvendo os elementos que deseja selecionar.
3. Solte o botão. Os elementos totalmente contidos na área de seleção serão selecionados.

Para selecionar todos os elementos, incluindo os invisíveis

1. A partir do menu EDIT, escolha **Select All**. TENHA CUIDADO AO ESCOLHER ESSE RECURSO para selecionar elementos quando o arquivo for muito grande, pois pode levar algum tempo para ser realizado. Lembre-se de que mesmo os elementos não visíveis são selecionados!

Para selecionar um ou mais elementos adicionais

1. Selecione a ferramenta **Element Selection**. Alternativamente **pressione <1>**, se o foco estiver definido para Home.
2. Pressione **<CTRL>** e identifique cada elemento que quer selecionar. Opcionalmente você pode selecionar os elementos sem precisar envolver todo o elemento; pressione em conjunto com a **tecla <CTRL>**, a **tecla <SHIFT>**.
3. Solte o botão do mouse.

Para retirar a seleção de um elemento

1. Com a **tecla <CTRL>** pressionada, selecione o elemento.

O Método Block/Shape/Circle

Localizado nos métodos da janela do Tool Settings, o método Shape permite selecionar uma área do arquivo ativo, colocando um shape similar ao método apresentado pela ferramenta Place Shape.

Alternando entre overlap e inside

Para alternar entre overlap e inside, clique uma segunda vez no mesmo ícone do shape, block ou circle. Os ícones mudam a aparência para refletir a definição atual.

Modo de seleção	Block	Shape	Circle	Estilo da borda
Inside				Sólida
Overlap				Tracejada

Os botões Select All e Clear

Dois botões são dedicados às funções de limpeza de seleção e seleção total do arquivo de desenho. Os dois botões compartilham a mesma localização à direita na janela Tool Settings.

Modo	Descrição
	Select All
	Clear

Métodos/modos e seus atalhos

Os atalhos para os métodos e modos seguem o padrão estabelecido pela categoria Position Mapping das preferências do usuário.

Método	Descrição	Modo	Descrição
	Individual <Y>		New <H>
	Block <U>		Adicionar <J>
	Shape <I>		Subtrair <K>
	Circle <O>		Inverter <L>
	Line <P>		Selecionar tudo ou limpar <;>

Usando os Manipuladores

Você pode usar os manipuladores para modificar: ELEMENTOS INDIVIDUAIS (incluindo sólidos 3D), GRUPOS DE ELEMENTOS, REFERÊNCIAS (quando a opção Treat Attachment as Element for Manipulation estiver ativada), CLIP BOUNDARIES das referências, FENCES COM NOME (quando o nome da Fence for exibido).

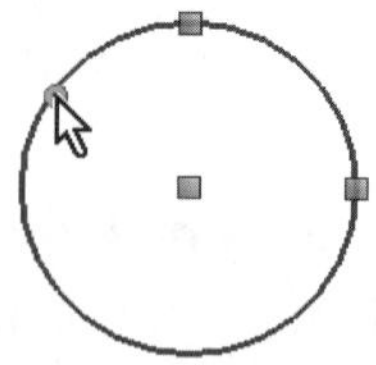

A circunferência exibe três manipuladores após ter sido selecionada com a ferramenta Element Selection.

Os manipuladores (ou Handles) são exibidos quando os elementos da figura são selecionados com a ferramenta Element Selection. Quando eles aparecem, você pode:

- Modificar um elemento preservando as relações geométricas, como os ângulos dos vértices e os raios.
- Modificar um elemento pressionando a tecla **<ALT>** para também modificar as relações geométricas desse elemento.
- Mover e copiar um elemento.
- Usar a tecla <CTRL> para selecionar múltiplos manipuladores e modificá-los simultaneamente. Quando isso acontece, você deve selecionar qualquer dos manipuladores destacados para realizar a operação.

Se os manipuladores não forem exibidos, verifique se o ícone DISABLE HANDLES na janela Tool Settings está ativado. Desative, se necessário.

EXERCÍCIO: Para mover elementos com Element Selection

1. Com a ferramenta **Element Selection** selecione o CÍRCULO.
2. Identifique o manipulador localizado no centro.
3. Leve o elemento selecionado para a extremidade direita da linha horizontal.

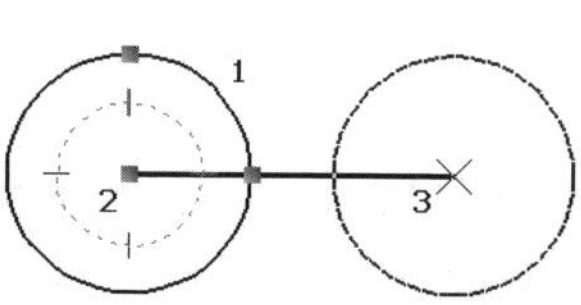

EXERCÍCIO: Para escalonar ou modificar o elemento selecionado

LINHA - selecione a linha e, a partir de um dos manipuladores, faça a alteração desejada.

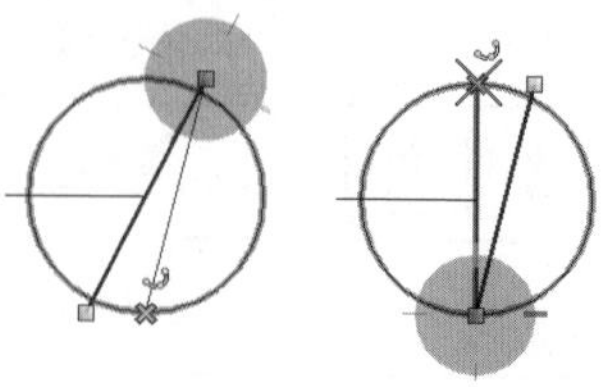

TEXTOS - o exemplo seguinte mostra a modificação da escala do texto a partir do manipulador central do lado direito, preservando a proporção entre largura e altura.

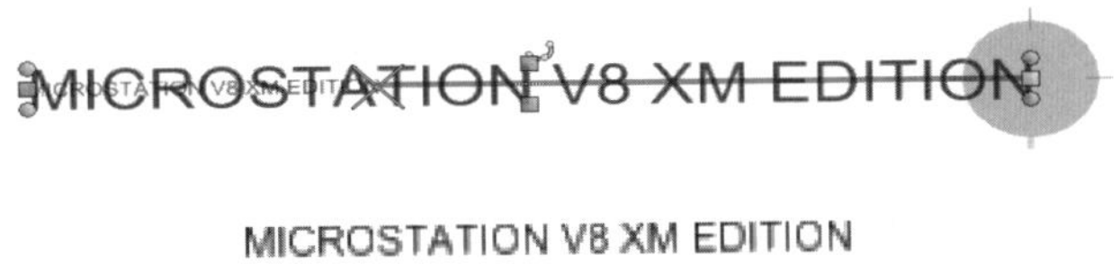

TEXTOS - o próximo exemplo mostra a modificação da escala do texto a partir do mesmo manipulador, pressionando a tecla <ALT> depois de selecioná-lo (não precisa manter pressionada), portanto sem preservar a proporção entre largura e altura.

TEXTOS - o exemplo seguinte mostra a modificação da escala do texto a partir do manipulador do canto superior direito (círculo). Desta vez o texto é reorganizado conforme os novos limites da caixa de texto.

ARCOS - o exemplo mostra a modificação do raio do arco a partir do manipulador do meio.

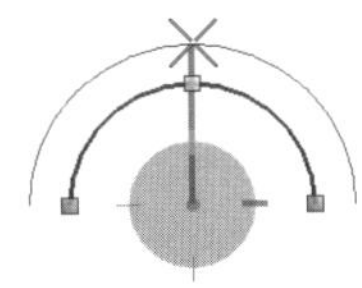

ARCOS - o exemplo ao lado mostra a modificação do raio e do ângulo do arco a partir do mesmo manipulador, porém pres sionando a tecla <ALT> (não precisa manter pressionada).

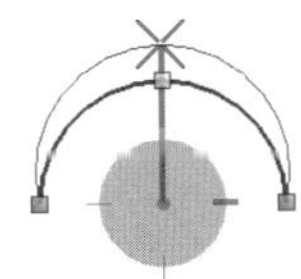

ARCOS - o exemplo mostra a modificação do ângulo do arco a partir de um manipulador da extremidade do arco.

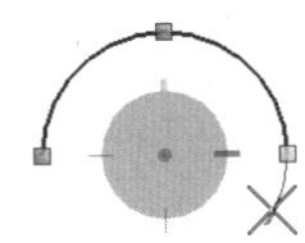

ARCOS - o exemplo ao lado mostra a modificação do raio e do ângulo do arco a partir do mesmo manipulador, porém pressionando a tecla <ALT> (não precisa manter pressionada).

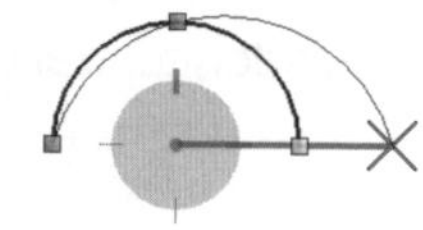

ARCOS - o exemplo move o arco, preservando suas relações geométricas a partir da seleção de todos os manipuladores.

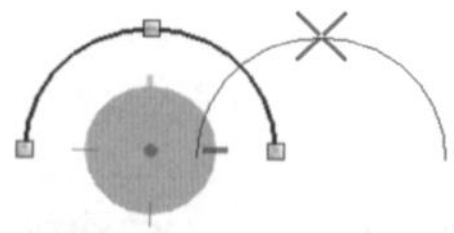

CÍRCULOS - o exemplo mostra a transformação do círculo em uma elipse ao selecionar um dos manipuladores da borda e pressionar a tecla <ALT> (não precisa manter pressionada).

CÍRCULOS - este exemplo mostra a capacidade de modificar vários elementos selecionados por meio da ferramenta **Element Information**, acessada a partir da caixa de ferramentas PRIMARY.

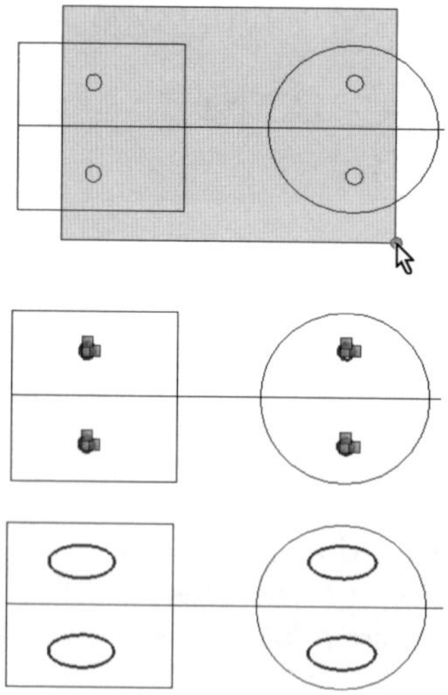

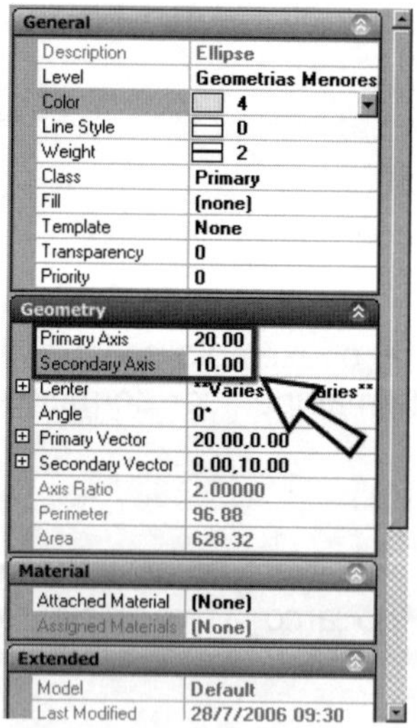

General	
Description	Ellipse
Level	Geometrias Menores
Color	4
Line Style	0
Weight	2
Class	Primary
Fill	(none)
Template	None
Transparency	0
Priority	0
Geometry	
Primary Axis	20.00
Secondary Axis	10.00
Center	**Varies aries**
Angle	0°
Primary Vector	20.00,0.00
Secondary Vector	0.00,10.00
Axis Ratio	2.00000
Perimeter	96.88
Area	628.32
Material	
Attached Material	(None)
Assigned Materials	(None)
Extended	
Model	Default
Last Modified	28/7/2006 09:30

Neste caso, opcionalmente você pode ocultar os manipuladores, uma vez que eles não serão utilizados para a modificação, a partir do ícone **Select Handles** da janela Tool Settings.

POLÍGONOS - o exemplo mostra a modificação do polígono, preservando suas relações geométricas através do manipulador do canto superior direito.

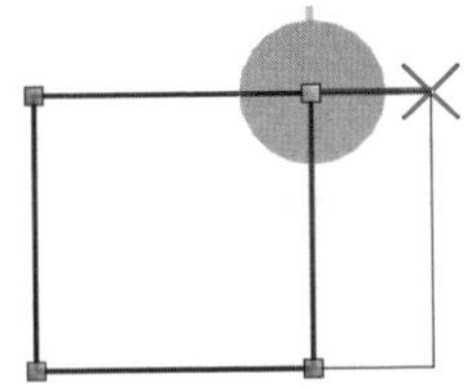

POLÍGONOS - o próximo exemplo mostra a modificação do polígono a partir do mesmo manipulador, porém pressionando a tecla **<ALT>** (não precisa manter pressionada).

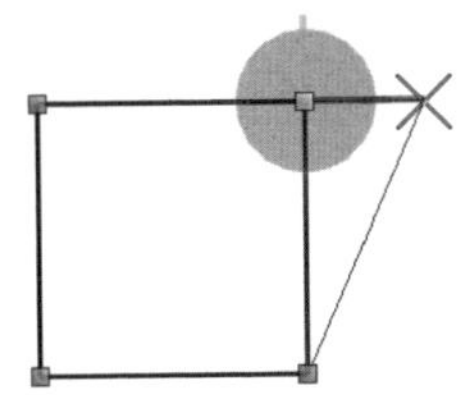

POLÍGONOS - o exemplo mostra a modificação do polígono a partir da seleção de três manipuladores.

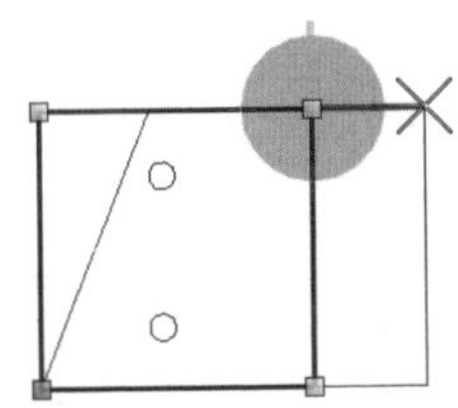

Usando Fence para Manipular e Modificar Elementos

Além de usar a ferramenta Element Selection para selecionar os elementos, você pode usar também a ferramenta Fence, que é uma área delimitada pelo usuário com a finalidade de realizar uma operação específica, como IMPRIMIR certa região do desenho, por exemplo. Enquanto a ferramenta Element Selection "seleciona elementos", a ferramenta Fence "seleciona uma região".

Adicionalmente, você pode dar nomes a uma Fence para que mais tarde ela seja chamada novamente. Uma vez que a Fence delimita uma região temporariamente, essa região é perdida quando o arquivo é fechado, por exemplo. Dando nomes às Fences, você pode reaproveitá-las a qualquer momento no seu fluxo de trabalho.

◉ **Abra o arquivo 12 - Fence.dgn.**

Place Fence

A ferramenta Place Fence é usada para definir os limites da região que sofrerá a operação. Ao colocar uma fence - block, shape ou circle - ela é exibida com a cor usada para destacar elementos selecionados.

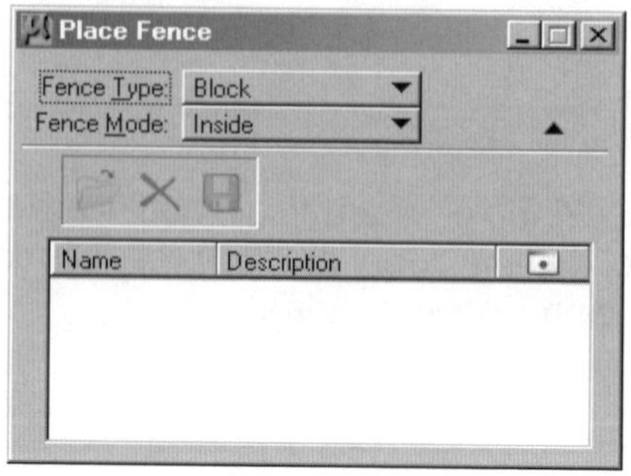

Tool Settings	Efeito
Fence Type	**Block, Shape e Circle** - a região é definida por formas geométricas. **Element, From View, From File e From Flood** - a região é definida por uma entidade lida do arquivo. From File ainda oferece as opções Active, All e Choose.
Fence Mode	Define o modo de seleção da Fence, em conjunto com o tipo da Fence.
Named Fence Tools	 **Activate Named Fence** - torna o nome selecionado na lista de Fences a Fence ativa.
	 **Delete Named Fence** - exclui o nome selecionado na lista.
	 **Create Named Fence from Active Fence** - cria um nome e uma descrição para a Fence ativa.
	Lista de Fences - lista os nomes das Fences salvas naquele modelo. Os campos são editáveis e podem ser ordenados conforme desejar. 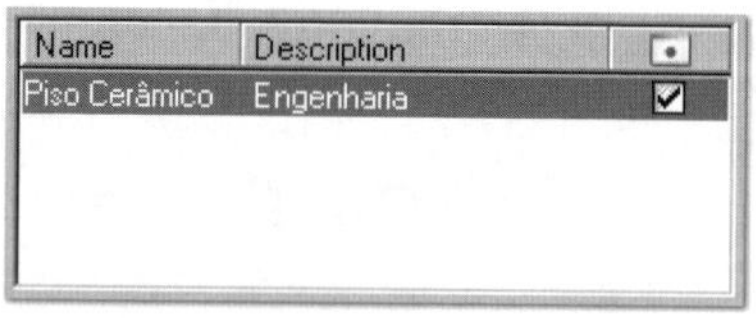

Procedimento geral para colocar uma Fence

1. Na caixa de ferramentas MAIN, selecione a ferramenta **Place Fence**. Alternativamente você pode simplesmente pressionar **<2><1>**, desde que o foco esteja em Home.

2. Na opção Fence Type da janela do Tool Settings, defina o tipo da Fence.

3. Na opção Fence Mode da janela do Tool Settings, defina o modo da Fence.
4. Coloque a Fence na janela de vista, conforme o tipo selecionado.
5. (Opcional) Na janela Tool Settings, clique no ícone **Create Named Fence From Active Fence** e defina um nome e uma descrição para a Fence ativa.

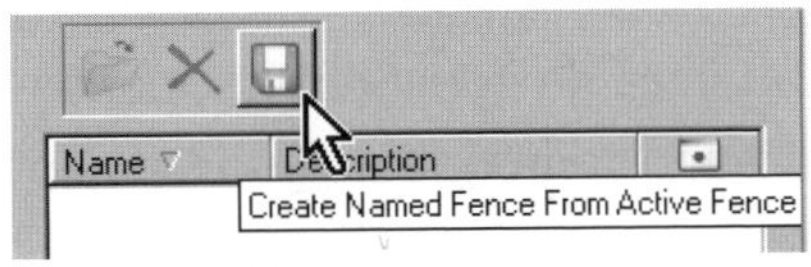

Para remover uma Fence colocada

1. SELECIONE NOVAMENTE o ícone da ferramenta Place Fence. Alternativamente você pode simplesmente pressionar **<2><1>**, desde que o foco esteja em Home.

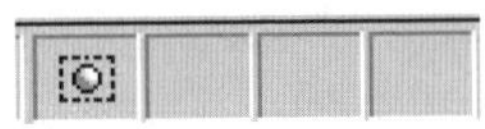

Nunca deixe uma Fence colocada no arquivo sem usá-la. Enquanto uma Fence se faz presente, um ícone é exibido na barra de status.

EXERCÍCIO: Para colocar uma Fence retangular

1. Na caixa de ferramentas MAIN, selecione a ferramenta **Place Fence**. Alternativamente você pode simplesmente pressionar **<2><1>**, desde que o foco esteja em Home.
2. Na opção Fence Type da janela do Tool Settings, defina o tipo para **Block**.
3. Entre com o primeiro ponto no canto inferior esquerdo do banheiro.
4. Entre com um segundo ponto para definir a diagonal (canto oposto).

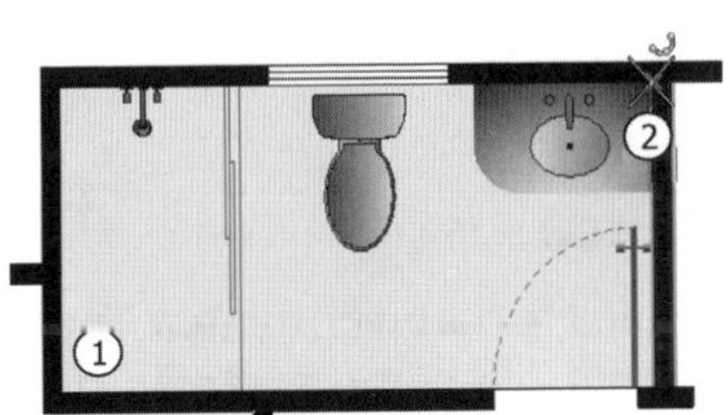

5. Na janela Tool Settings clique no ícone **Create Named Fence From Active Fence**.
6. No campo **Name**, digite **BWC 1**. Se desejar, preencha o campo Description.

	EXERCÍCIO: Para colocar uma Fence poligonal

1. Na caixa de ferramentas MAIN, selecione a ferramenta **Place Fence**. Alternativamente você pode simplesmente pressionar **<2><1>**, desde que o foco esteja em Home.
2. Na opção Fence Type da janela do Tool Settings, defina o tipo para **Shape**.
3. Defina os vértices do polígono conforme a figura seguinte.

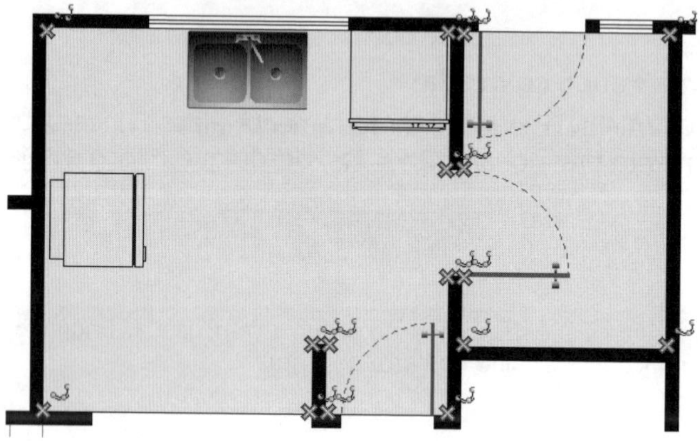

4. Na janela Tool Settings clique no ícone **Create Named Fence from Active Fence**.

5. No campo **Name**, digite **Serviços**. Se desejar, preencha o campo Description.

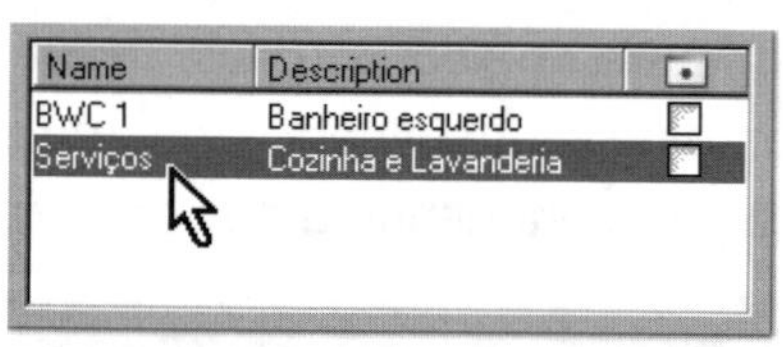

Modos de Seleção da Fence

A opção Fence Mode fica disponível a partir da janela Tool Settings quando a ferramenta Place Fence é selecionada. Ela controla como a região delimitada pela Fence atua sobre os elementos do modelo.

INSIDE	Considera somente os elementos que estão totalmente na Fence.
OVERLAP	Considera os elementos que estão totalmente na Fence, e também aqueles que, de alguma forma, são tocados por ela.
CLIP	Considera os elementos que estão totalmente na Fence, e também a parte inserida dos elementos que estão em torno da Fence.

VOID	O contrário do Inside, pois considera somente os elementos que estão totalmente fora da Fence.
VOID-OVERLAP	O contrário do overlap, pois considera os elementos que estão totalmente fora da Fence, e também aqueles que, de alguma forma, são tocados por ela.
VOID-CLIP	O contrário do clip, pois considera os elementos que estão totalmente fora da Fence, e também a parte dos elementos que permaneceram fora da Fence.

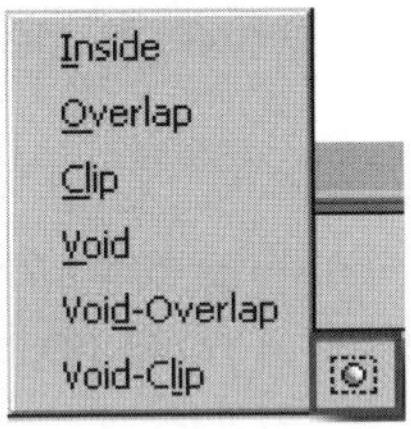

Opcionalmente você pode selecionar o modo de seleção desejado a partir da Status Bar, clicando no ícone da Fence quando ela estiver colocada no arquivo.

Considerando o posicionamento da Fence em relação aos elementos da figura seguinte, compare o resultado com as demais figuras, se a operação MOVE fosse realizada. Cada figura aponta um modo diferente.

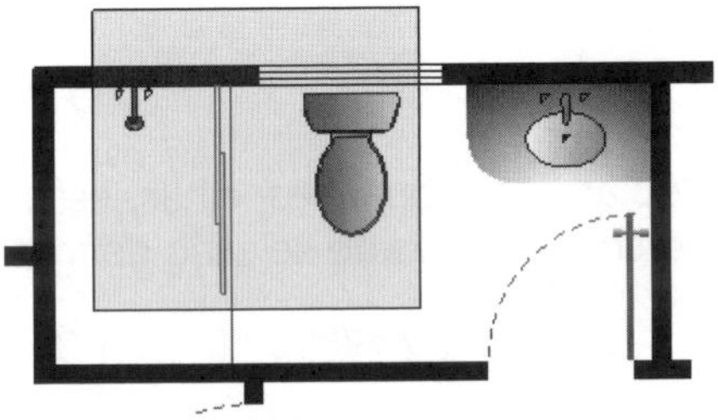

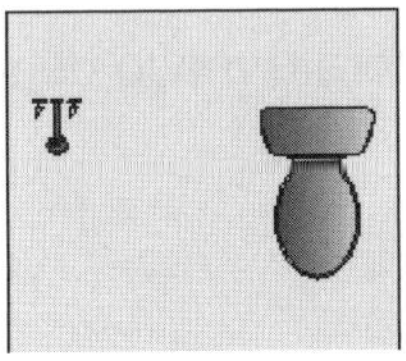

Inside.

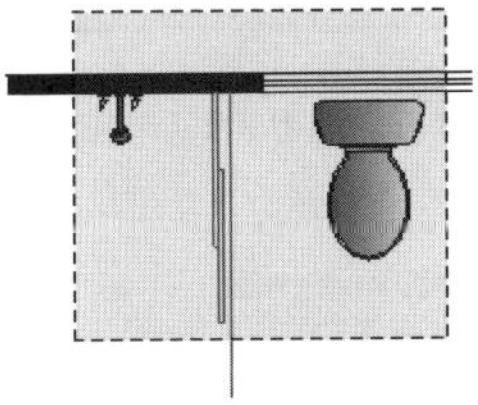

Overlap.

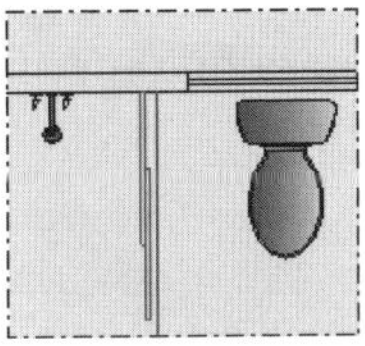

Clip.

Modify Fence

Usada para mover uma Fence ou mudar seus vértices.

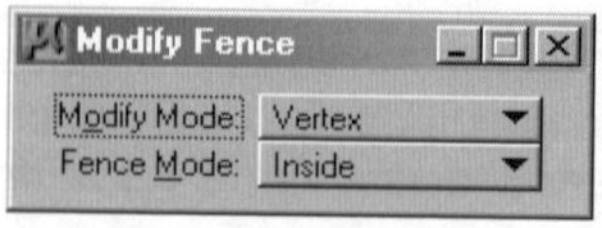

Para mover uma Fence sem precisar recolocá-la

1. Desde que uma Fence esteja presente no modelo, selecione a ferramenta Modify Fence.
2. Na janela Tool Settings, defina a opção MODIFY MODE para **Position**.
3. Entre com um ponto para definir a origem do movimento.
4. Entre com outro ponto para definir a nova posição da Fence. Pressione RESET para aceitar.

Para modificar os vértices de uma Fence

1. Desde que uma Fence esteja presente no modelo, selecione a ferramenta Modify Fence.
2. Na janela Tool Setting, defina a opção MODIFY MODE para **Vertex**.
3. Identifique o vértice para mover.
4. Entre com um ponto para definir a nova posição. Pressione RESET para aceitar a modificação.

Manipulate Fence Contents

Usada para mover, copiar, rotacionar, espelhar, escalar ou esticar o conteúdo de uma Fence, de acordo com o modo de seleção definido.

Com a operação definida para STRETCH, a ferramenta ignora o modo de seleção e opera da seguinte forma:

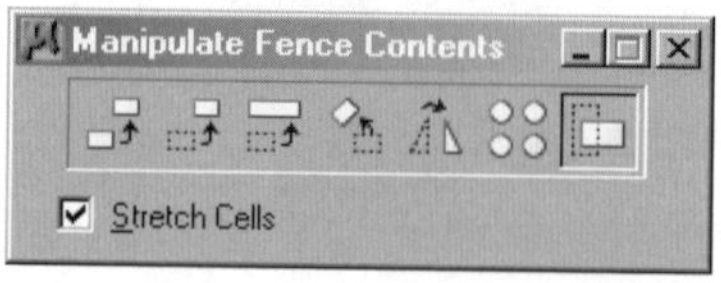

Você pode usar FENCE STRETCH para manipular aberturas (aberturas em multilinhas são usadas para representar portas e janelas em paredes). Por exemplo, é possível colocar uma Fence envolvendo uma janela, e movê-la ao longo da parede. Você também pode mudar o tamanho da janela, incluindo apenas o início ou o final da abertura da multilinha.

EXERCÍCIO: Usando a operação Stretch com multilinhas

1. Na caixa de ferramentas MAIN, selecione a ferramenta **Place Fence**. Alternativamente você pode simplesmente pressionar **<2><1>**, desde que o foco esteja em Home.
2. Na opção Fence Type da janela do Tool Settings, defina o tipo da Fence para **Shape**. Alternativamente você pode pressionar **<Y>** até encontrar o modo desejado.

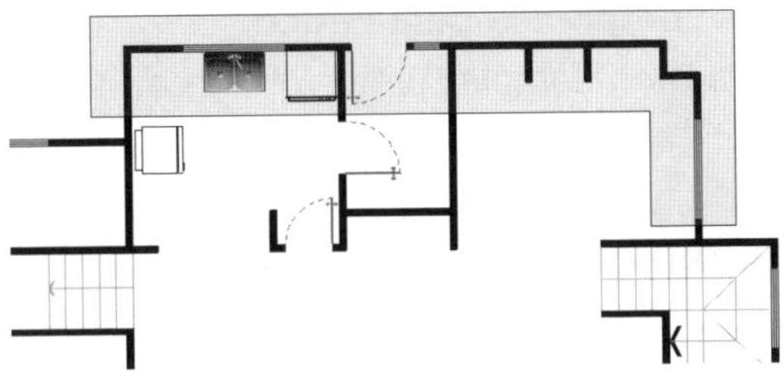

3. Com o foco definido para Home, pressione **<2><3>** para ativar a ferramenta **Manipulate Fence Contents**.

4. Pressione **<J>** para acionar o comando **Stretch**. Se a opção Stretch Cells for ativada, permite que uma célula seja esticada se a Fence, de alguma forma, cortar seus componentes.
5. Entre com um ponto para definir a origem do movimento.
6. Indique a direção para cima e digite 150 <ENTER>. Aceite o ponto.

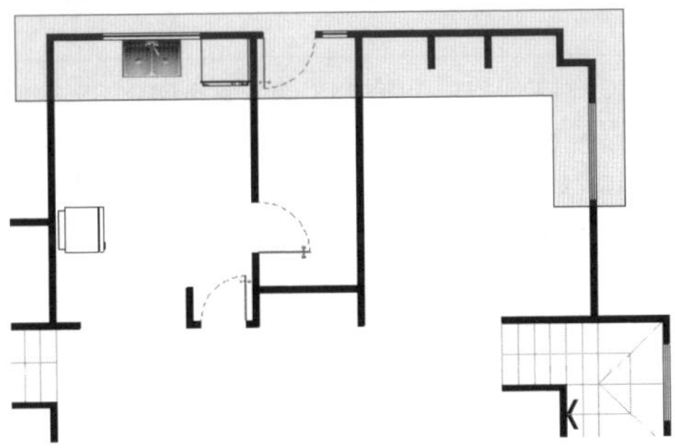

7. Com o foco definido para Home, pressione **<2><1>** para ativar a ferramenta **Place Fence** e assim remover a Fence do modelo.

Delete Fence Contents

Usada para excluir o conteúdo da Fence, o qual é definido pelo modo de seleção.

Drop Complex Status of Fence Contents

Usada para "quebrar" elementos complexos (células, complex chains, complex shapes, text nodes, superfícies e sólidos) contidos na Fence.

Para quebrar elementos complexos pela Fence

1. Selecione a ferramenta Drop Complex Status of Fence.
2. Aceite a operação.

Copy/Move Fence Contents to New File

Para copiar/mover o conteúdo de uma Fence para um novo arquivo DGN ou DWG.

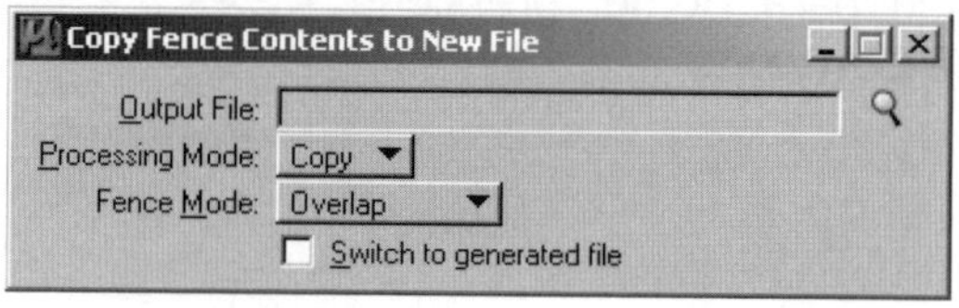

Tool Settings	Efeito
Output File	Exibe o nome do arquivo para o qual o conteúdo da Fence será copiado/movido. Por default, o arquivo recebe o nome no formato Arquivo+Modelo. Você pode selecionar um nome diferente ao clicar no ícone Define Output File (lupa). Então, a caixa de diálogo Save Fence Contents As se abre.
Processing Mode	Define como o conteúdo da Fence será processado. • **Copy** - o conteúdo da Fence será copiado para o novo arquivo. Os elementos de origem permanecem no modelo ativo. • **Move** - o conteúdo da Fence será excluído do modelo ativo e movido para o novo arquivo.
Fence Mode	Determina os elementos incluídos como conteúdo da Fence.
Switch to generated file	Se essa opção for ativada, depois de processar a Fence, o arquivo atual é fechado e o novo arquivo aberto.

Você ainda pode usar o antigo comando — FENCE FILE (FF=) para copiar ou FENCE SEPARATE (SF=) para mover — para realizar essa operação. Da mesma forma, você ainda pode continuar a usar o menu File > Save As.

EXERCÍCIO: Para copiar o conteúdo da Fence para um novo arquivo

1. Na caixa de ferramentas MAIN, selecione a ferramenta **Place Fence**. Alternativamente você pode simplesmente pressionar **<2><1>**, desde que o foco esteja em Home.
2. Na opção Fence Type da janela do Tool Settings, defina o tipo da Fence para **Block**.

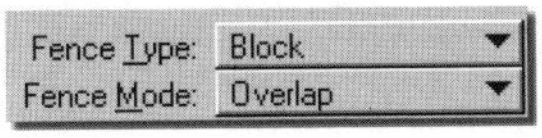

3. Entre com o primeiro ponto (1), conforme indicado na figura seguinte.
4. Entre com um segundo ponto (2), como na figura.

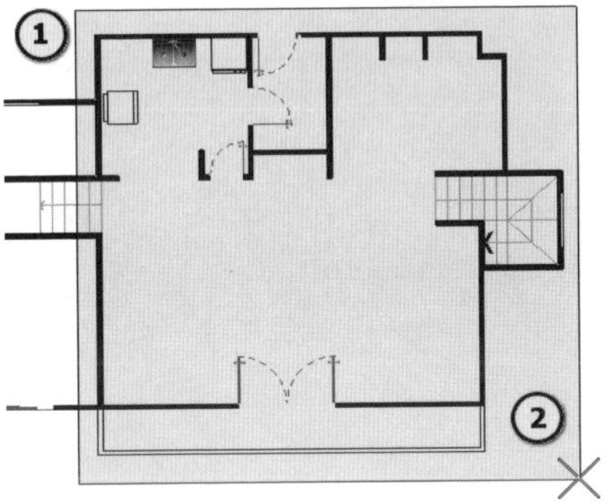

5. Selecione a ferramenta **Copy Fence Contents to New File**. Alternativamente você pode simplesmente pressionar **<2><6>**, desde que o foco esteja em Home.
6. Clique no ícone Define Output File (lupa) para abrir a caixa **Save Fence Content As**.
7. No campo Nome do Arquivo digite **Aula05.dgn** e clique em **Salvar**.
8. Na janela Tool Settings, defina a opção Processing Mode para **Copy**.
9. Defina a opção Fence Mode para **Overlap**.
10. Ative a opção **Switch to generated file** para abrir o novo arquivo depois do processamento.

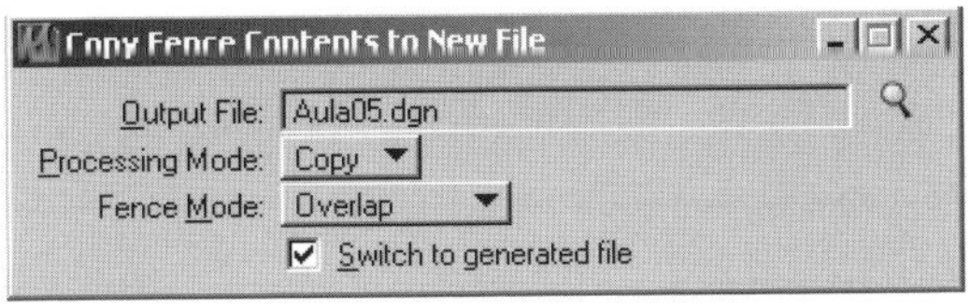

11. Entre com um ponto na vista para **aceitar** a operação.

A Caixa de Ferramentas Manipulate

As ferramentas da caixa Manipulate são usadas para copiar, mover, redimensionar, rotacionar, espelhar, alinhar e criar matrizes dos elementos.

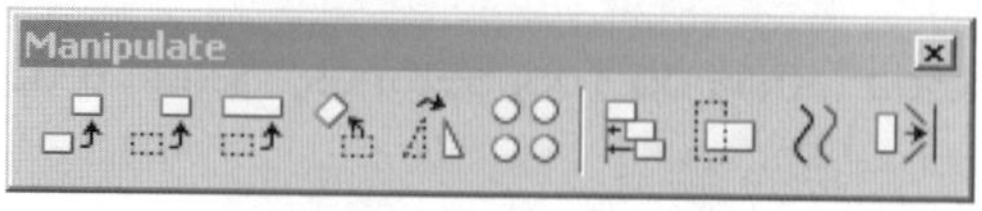

◉ **Abra o arquivo 13 - Manipulate A.dgn.**

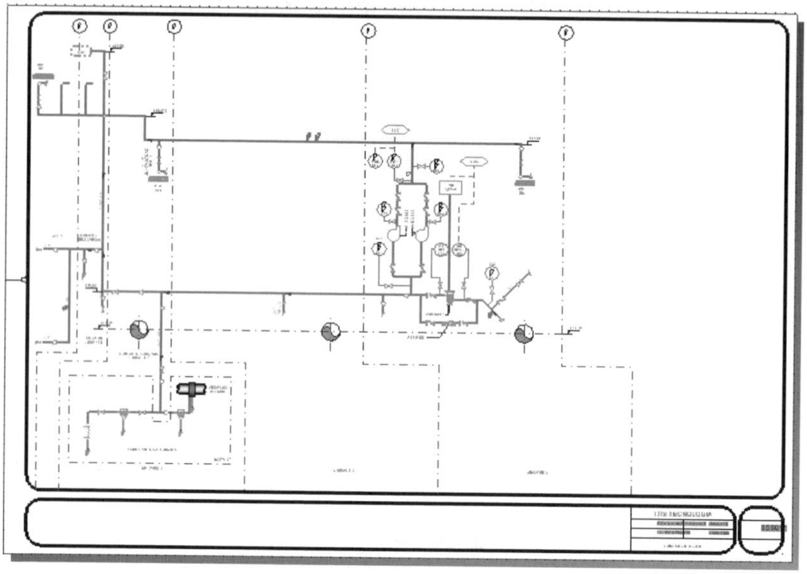

Copy Element

Usada para copiar ou esticar elementos. Quando você seleciona a ferramenta Copy Element, a janela do Tool Settings exibe as seguintes opções de manipulação:

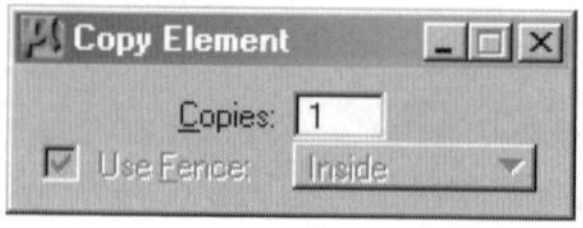

Tool Settings	Efeito
Copies	Define o número de instâncias a serem copiadas proporcionalmente na distância da primeira.
Use Fence	Se ativada, os elementos contidos em uma Fence são copiados de acordo com o modo definido no menu de opções.

	EXERCÍCIO: Copiar vários elementos a partir de um ponto de referência

1. À janela de vista 1 aplique a vista salva chamada "**Hidrantes**".
2. Na caixa de ferramentas MAIN, selecione a ferramenta **Element Selection**. Alternativamente você pode simplesmente pressionar **<1>**, desde que o foco esteja em Home.
3. Selecione toda a simbologia que representa a instalação, incluindo o texto, exceto a tubulação. A Status Bar deve exibir **seis elementos** selecionados.

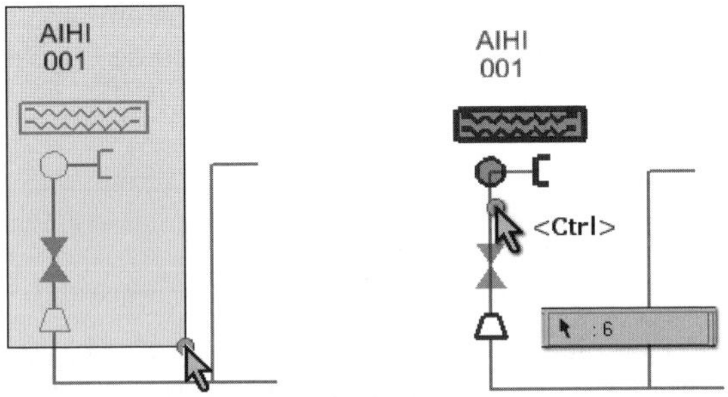

4. Na caixa de ferramentas MAIN, selecione a ferramenta **Copy Element**. Alternativamente você pode simplesmente pressionar **<3><1>**, desde que o foco esteja em Home.
5. Entre com um ponto de origem no vértice inferior esquerdo da tubulação.
6. Na janela Tool Settings, defina o valor do campo **Copies** para **2**. Alternativamente você pode pressionar **<ESC><Y>** para forçar o foco em Home e habilitar o campo Copies. Em seguida digite 2 <ENTER>.

7. Leve o conjunto até o vértice da tubulação ao lado direito e **aceite o ponto**.

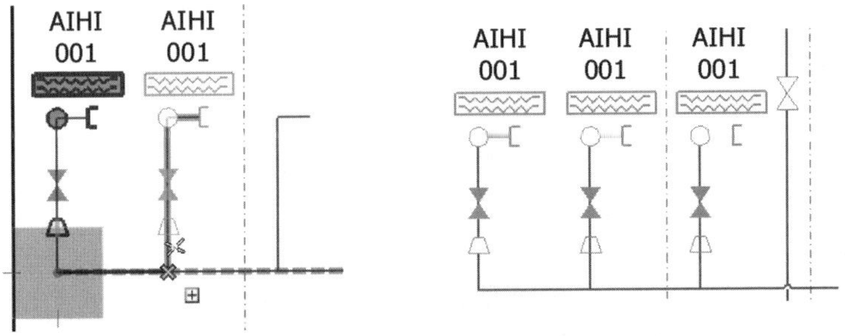

8. Clique no vazio para desfazer a seleção. Esse procedimento faz com que o conjunto seja copiado na mesma posição relativa à tubulação anterior. As edições de acabamento serão realizadas nos próximos exercícios.

Move Element

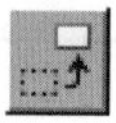

Usada para mover elementos. Quando você seleciona a ferramenta Move Element, a janela do Tool Settings exibe a seguinte opção:

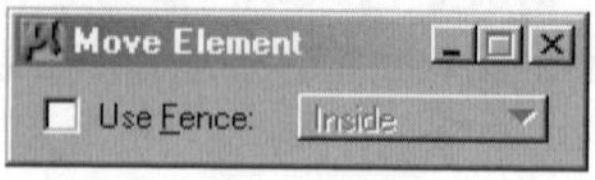

Tool Settings	Efeito
Use Fence	Se estiver ativada, os elementos contidos em uma Fence são movidos de acordo com o modo definido no menu de opções.

EXERCÍCIO: Movendo um elemento

1. Na caixa de ferramentas MAIN, selecione a ferramenta **Move Element**. Alternativamente você pode pressionar **<3><2>**, desde que o foco esteja em Home.
2. Identifique a válvula ao lado do terceiro hidrante.

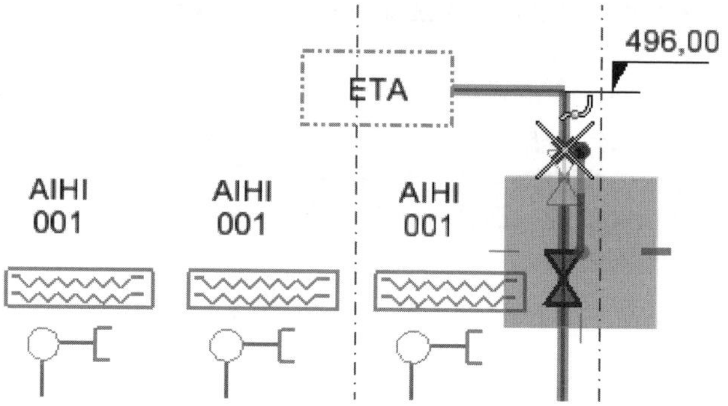

3. Aponte para cima em direção à Estação de Tratamento de Água (ETA), em seguida digite **15 <ENTER>**.
4. **Aceite** o ponto.

> Uma boa dica é criar suas células de equipamentos ou simbologia para desenhos esquemáticos com Fill Color = 255 ("B" na tabela de cores - canto inferior direito). Isso faz com que os elementos colocados abaixo, ou com prioridade inferior, sejam ocultados com a mesma cor do fundo da tela (independente da cor do fundo). No desenho impresso a linha aparenta estar cortada, mas não está!
>
> Selecionando a opção Move do menu RESET POP-UP, a operação afeta todos os elementos selecionados.

Scale

Para redimensionar e esticar elementos. Os elementos podem ser escalonados individualmente, em grupos, ou através de uma Fence. Quando a opção About Element Center está ativada, os elementos selecionados são escalonados pelo seu próprio centro.

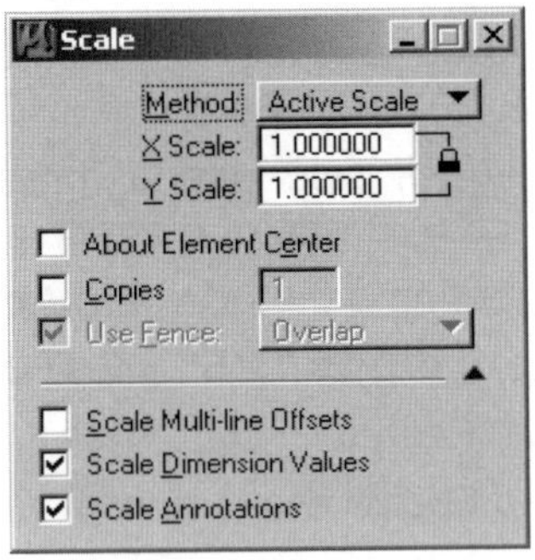

Tool Settings	**Efeito**
Method	**Active Scale** - a partir dos fatores da escala ativa (X, Y e Z). **3 points** - escala graficamente pela entrada de três pontos. Os fatores são computados, dividindo a distância entre o primeiro e o terceiro pontos, pela distância entre o primeiro e o segundo pontos.
X, Y e Z Scale	Fator pelo eixo da vista, quando o método for Active Scale.
About Element Center	O elemento é escalonado sobre o seu centro. Quando múltiplos elementos estão selecionados, são escalonados sobre seus próprios centros.
Copies	Se estiver ativada, os elementos são copiados e as cópias são escalonadas, enquanto o elemento original não é manipulado. Quando você estiver copiando e escalonando elementos com Tags, somente o elemento sofre escala. Se desejar que as Tags também sofram escala, selecione primeiro as Tags com o seu elemento base e depois a ferramenta Scale.
Proportional	Se estiver ativada, a proporção do elemento é mantida, quando o método escolhido para operação for 3 Points.
Use Fence	Se ativada, o conteúdo da Fence é escalonado conforme o modo escolhido.
Scale Multi-line Offsets	Se estiver ativada, as distâncias relativas entre as linhas de uma multilinha são escalonadas. Por exemplo, a largura de uma parede sofre escala tal qual o comprimento.
Scale Dimension Values	Se ativada, os valores das cotas são modificados para refletir a escala dada.
Scale Annotations	Se for ativada, aplica a escala ativa aos elementos que são afetados pelo parâmetro Annotation Scale.

EXERCÍCIO: Para escalonar os elementos de acordo com um fator

1. À janela de vista 1 aplique a vista salva chamada "**Condutos forçados**".
2. Na caixa de ferramentas MAIN, selecione a ferramenta **Element Selection**. Alternativamente você pode pressionar **<1>**, desde que o foco esteja em Home.
3. Selecione cada símbolo de cada unidade. A Status Bar deve exibir **três elementos** selecionados.
4. Na caixa de ferramentas MAIN, selecione a ferramenta **Scale**. Alternativamente você pode pressionar **<3><3>**, desde que o foco esteja em Home.
5. Na janela do Tool Settings, defina o método para **Active Scale**.
6. Nos campos X Scale e Y Scale, **digite "1.5" <ENTER>**.
7. Ative a opção About Element Center.
8. Certifique-se de que a opção Copies esteja desativada.
9. **Aceite a operação** em um ponto vazio da janela.

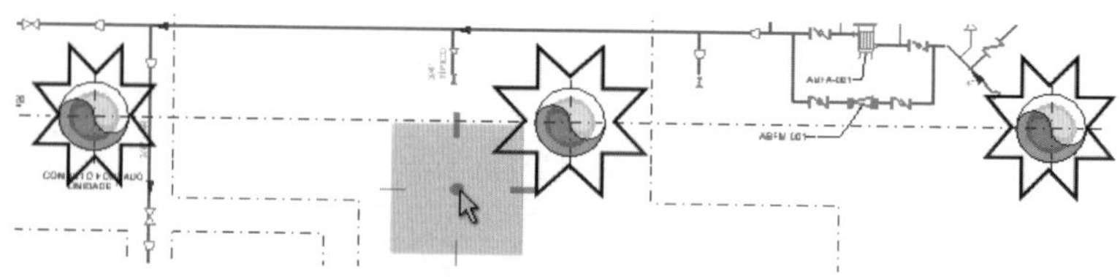

10. Pressione RESET para concluir a operação, em seguida clique no vazio para desfazer a seleção.

EXERCÍCIO: Para escalonar múltiplos elementos graficamente

1. Na caixa de ferramentas MAIN, selecione a ferramenta **Element Selection**. Alternativamente você pode pressionar **<1>**, desde que o foco esteja em Home.
2. Selecione cada símbolo de cada unidade. A Status Bar deve exibir **três elementos** selecionados.
3. **Abra a janela de vista 8** e aproxime-se de um dos símbolos.
4. Na caixa MAIN, selecione a ferramenta **Scale**. Alternativamente você pode pressionar **<3><3>**, desde que o foco esteja em Home.
5. Na janela do Tool Settings, defina o método para **3 Points**.
6. Ative a opção **Proportional**.
7. Ative a opção **About Element Center**. Certifique-se de que a opção Copies esteja desativada.
8. Na janela de vista 8 identifique o centro do símbolo como o ponto de origem.
9. Entre com um ponto do lado direito da circunferência para definir o ponto de referência.

10. Mantenha a direção para o lado direito e digite **17 <ENTER>**.
11. Pressione RESET para concluir a operação, em seguida clique no vazio para desfazer a seleção.

Rotate

Usada para rotacionar e esticar elementos. Os elementos podem ser rotacionados individualmente, em grupos ou definidos por uma Fence. Quando a opção About Element Center estiver ativada, os elementos selecionados rotacionam pelos seus próprios centros.

◉ **Abra o arquivo 14 - Manipulate B.dgn.**

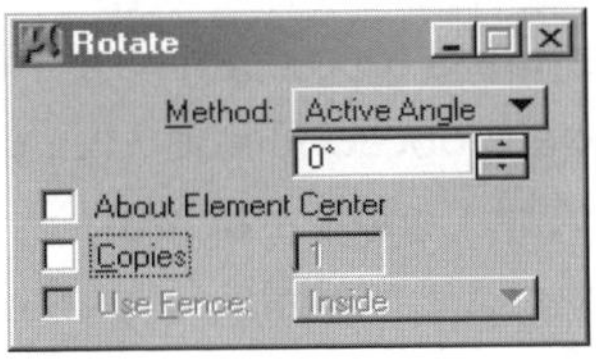

Tool Settings	Efeito
Method	**Active Angle** - o ângulo pelo qual o elemento é rotacionado. **2 points** - o ângulo por 2 pontos, iniciado a partir do eixo X da vista. **3 points** - o ângulo por 3 pontos, com eixo inicial indicado pelo usuário.
About Element Center	Se estiver ativada, o elemento é rotacionado sobre o seu centro em vez do ponto selecionado. Eles podem ser selecionados individualmente ou de forma múltipla. Neste caso, são rotacionados sobre seus próprios centros.
Copies	Se estiver ativada, o elemento é copiado e sua cópia também será rotacionada. O campo ao lado desta opção define o número de instâncias.
Use Fence	Se ativada, o conteúdo da Fence é rotacionado.

EXERCÍCIO: Para rotacionar um elemento(s)

1. Na caixa de ferramentas MAIN, selecione a ferramenta **Element Selection**. Alternativamente você pode pressionar **<1>**, desde que o foco esteja em Home.
2. Selecione os automóveis mostrados na figura abaixo. A Status Bar deve exibir **dois elementos** selecionados.

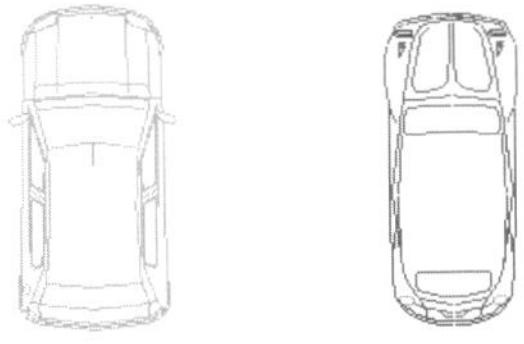

3. Na caixa de ferramentas MAIN, selecione a ferramenta **Rotate**. Alternativamente você pode pressionar **<3><4>**, desde que o foco esteja em Home.
4. Na janela Tool Settings, defina a opção Method para **Active Angle**.
5. Defina o valor do ângulo ativo para **30°**, e desligue a opção Copies.
6. Ative a opção **About Element Center**. Entre com um ponto na vista para definir a rotação.
7. Clique em RESET para concluir, em seguida clique no vazio para desfazer a seleção.

EXERCÍCIO: Para rotacionar um elemento por 3 pontos

1. Na caixa MAIN, selecione a ferramenta **Rotate**. Alternativamente você pode pressionar **<3><4>**, desde que o foco esteja em Home.
2. Na janela Tool Settings, defina a opção Method para **3 Points**.
3. Desative a opção About Element Center e **ative** a opção **Copies**.
4. Identifique o poste de iluminação em qualquer ponto (1).
5. Defina o ponto pivô no centro do arco esquerdo (2), conforme indica a figura, e **aceite o ponto**.
6. Defina o início da rotação no ponto médio do arco direito da calçada (3) e **aceite o ponto**.
7. Leve o ponteiro até o ponto médio do arco superior da calçada (4) e **aceite o ponto**.

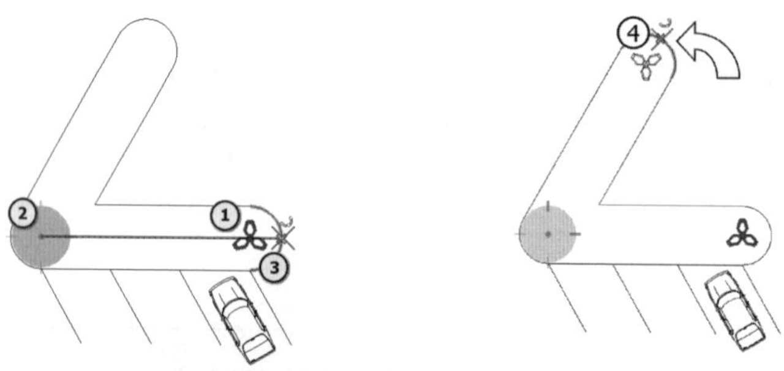

Para rotacionar um elemento por 2 pontos

1. Na janela Tool Settings, defina a opção Method para **2 Points**.
2. Identifique o elemento, defina o ponto pivô e **aceite o ponto**.
3. Leve o ponteiro até o destino e **aceite o ponto**.

> O método por 2 pontos inicia a rotação a partir do eixo X, preservando o ângulo existente em relação ao seu destino.

Mirror

Usada para espelhar elementos.

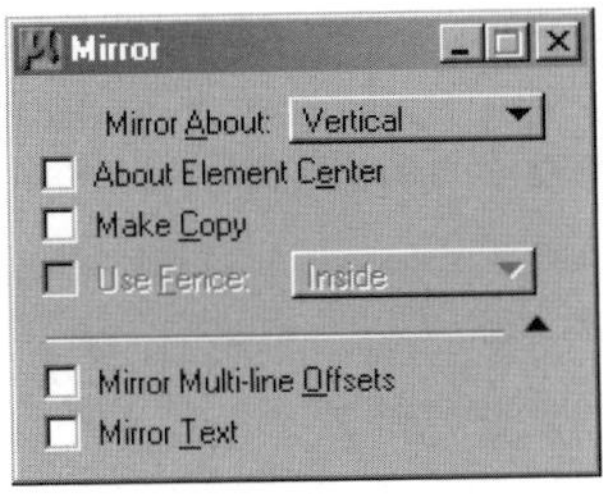

Tool Settings	Efeito
Mirror About	Define o eixo sobre o qual será feita a operação; é o eixo de simetria.
About Element Center	Se ativada, o elemento é espelhado sobre o seu eixo em vez do ponto dado. Eles podem ser selecionados individualmente ou de forma múltipla. Neste caso, são espelhados sobre seus próprios eixos.
Make Copy	Se ativada, o elemento é espelhado e copiado.
Use Fence	Se ativada, o conteúdo da Fence é espelhado. O menu de opções oferece o modo de seleção da Fence.
Mirror Multi-line Offsets	Se ativada, as distâncias relativas da multilinha são espelhadas.
Mirror Text	Se ativada, textos são espelhados (invertidos).

EXERCÍCIO: Para espelhar um elemento sobre o eixo vertical

1. Na caixa de ferramentas MAIN, selecione a ferramenta **Mirror**. Alternativamente você pode pressionar **<3><5>**, desde que o foco esteja em Home.
2. Na janela Tool Settings, defina a opção Mirror About para **Vertical**.
3. Desative a opção About Element Center e as demais opções.

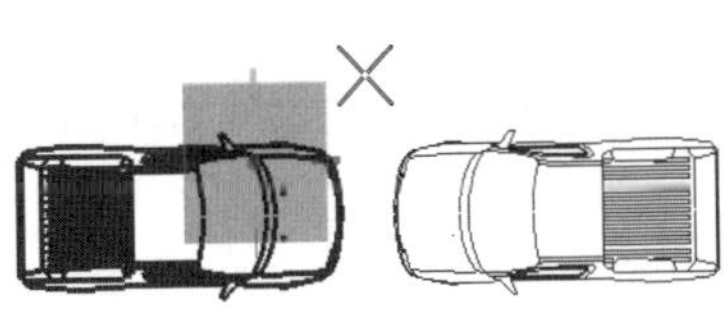

4. Identifique o automóvel Pick-up Corsa Chevrolet em qualquer lugar.
5. Leve o ponteiro para o lado direito e aceite onde desejar. Se for o caso, uma origem do plano de desenho do AccuDraw pode ser definida para que uma distância seja fornecida. Neste caso, o valor da distância entre os elementos será o dobro da distância digitada.

EXERCÍCIO: Para espelhar dois ou mais elementos sobre o eixo horizontal

1. Na caixa de ferramentas MAIN, selecione a ferramenta **Element Selection**. Alternativamente você pode pressionar **<1>**, desde que o foco esteja em Home.
2. Selecione as quatro linhas que definem a segunda faixa de estacionamentos. A Status Bar deve exibir **quatro elementos** selecionados.

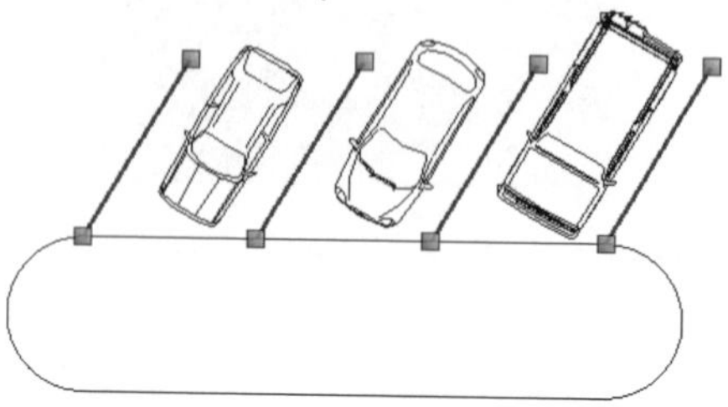

3. Na caixa de ferramentas MAIN, selecione a ferramenta **Mirror**. Alternativamente você pode pressionar **<3><5>**, desde que o foco esteja em Home.
4. Na janela Tool Settings, defina a opção **Mirror About** para Horizontal.
5. Ative a opção **Make Copy**.
6. Capture o centro do arco esquerdo da calçada e aceite o ponto.

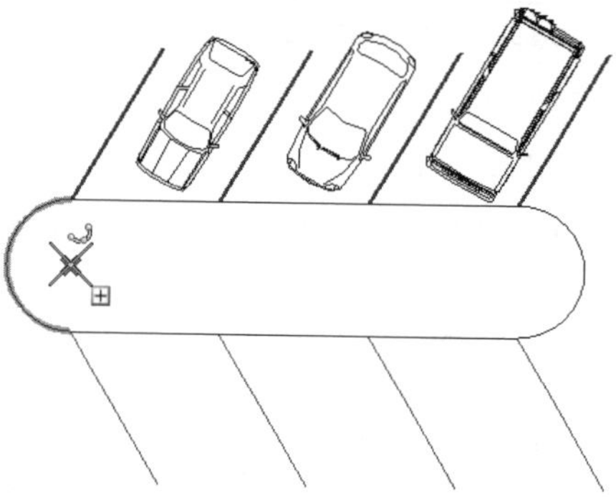

7. Clique em RESET para concluir.
8. Entre com um ponto no vazio para desfazer a seleção dos elementos.

EXERCÍCIO: Para espelhar os elementos sobre um eixo qualquer

1. Na caixa de ferramentas MAIN, selecione a ferramenta **Element Selection**. Alternativamente você pode pressionar **<1>**, desde que o foco esteja em Home.
2. Selecione as quatro linhas que definem a primeira faixa de estacionamentos. A Status Bar deve exibir **quatro elementos** selecionados.

3. Na caixa de ferramentas MAIN, selecione a ferramenta **Mirror**. Alternativamente você pode pressionar **<3><5>**, desde que o foco esteja em Home.
4. Na janela Tool Settings, defina a opção Mirror About para **Line**.
5. Ative a opção **Make Copy**.
6. Capture o ponto médio do arco esquerdo da calçada (1) e **aceite esse ponto**.

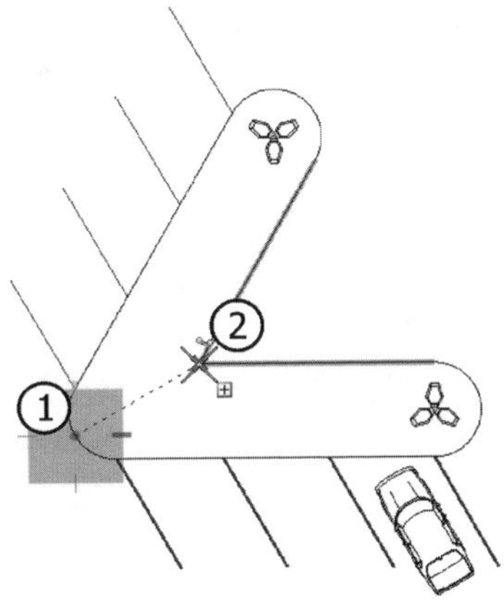

7. Capture o vértice do ângulo formado entre as calçadas (2) e **aceite esse ponto**.

EXERCÍCIO: Mude a orientação do estacionamento

Como um desafio, mude a orientação do estacionamento conforme mostram as figuras seguintes:

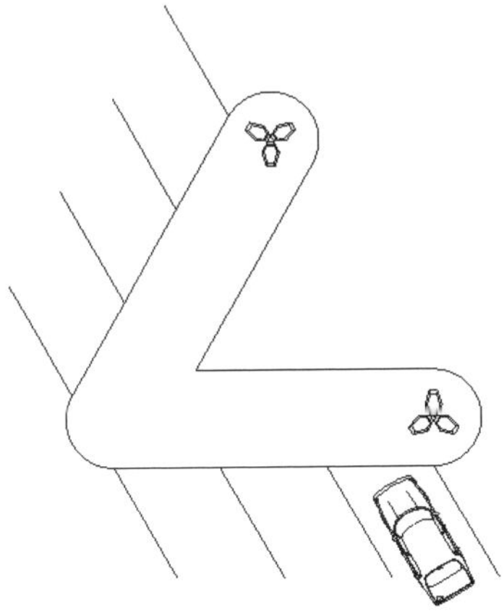

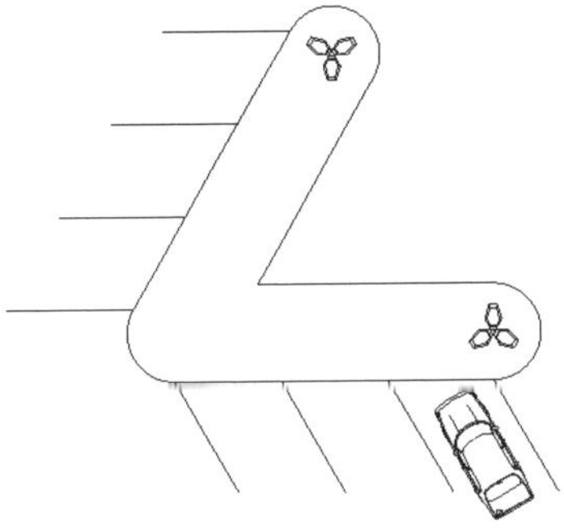

Construct Array

Usada para fazer múltiplas cópias de um elemento, formando uma matriz ou arranjo, nos métodos retangular e polar.

Tool Settings	Efeito
Array Type	Define o tipo de arranjo construído. Diferentes interfaces da Tool Settings são apresentadas, dependendo do tipo escolhido: Retangular ou Polar.
Active Angle	(Method Retangular) Rotaciona todo o conjunto copiado.
Rows	(Method Retangular) Define o número de linhas da matriz.
Columns	(Method Retangular) Define o número de colunas da matriz.
Rows Spacing	(Method Retangular) Espaço entre linhas (centro a centro).
Columns Spacing	(Method Retangular) Espaço entre colunas (centro a centro).
Use Fence	Se essa opção estiver ativada, o conteúdo da Fence é copiado, formando uma matriz.

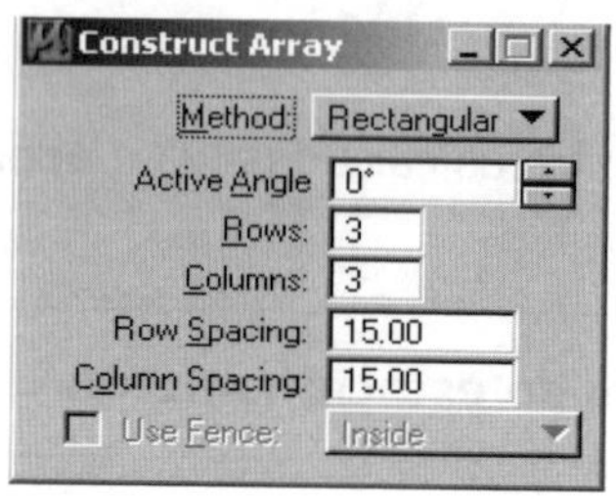

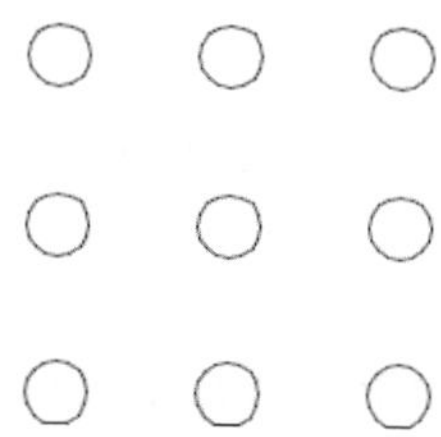

Tool Settings	Efeito
Items	(Method Polar) Define o número de itens copiados, incluindo o original.
Delta Angle	(Method Polar) Indica o ângulo relativo entre os itens. Se for positivo, os elementos são rotacionados no sentido anti-horário. Se o valor for negativo, a rotação acontece no sentido horário.
Rotate Items	Se essa opção estiver ativada, os elementos são rotacionados sobre o centro da matriz.

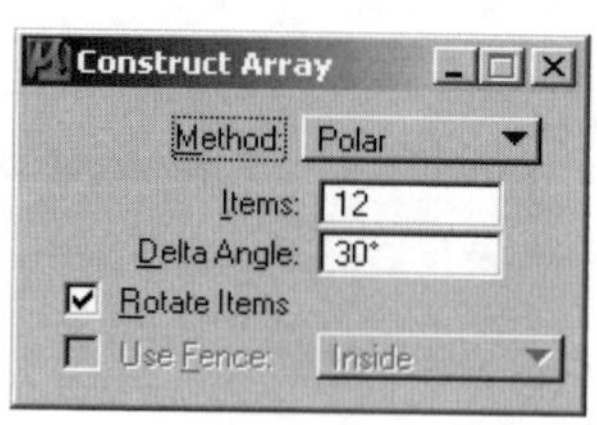

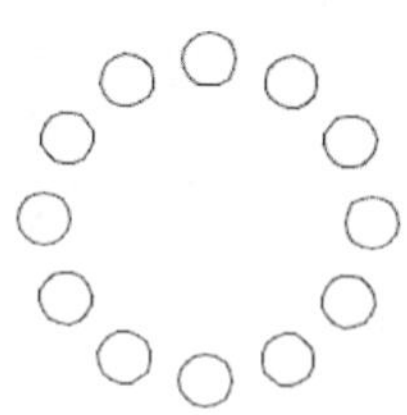

Tool Settings	Efeito
Mode	(Method Along Path) Define o modo como o arranjo é feito. • **Number** - arranjo baseado no número de itens. • **Distance** - arranjo baseado na distância entre os itens. • **Both** - arranjo baseado na quantidade e distância entre os itens.
Copies	Número de itens.
Distance	Distância entre os itens.
Rotate Items	Se for ativada, os elementos são rotacionados sobre o centro da matriz.

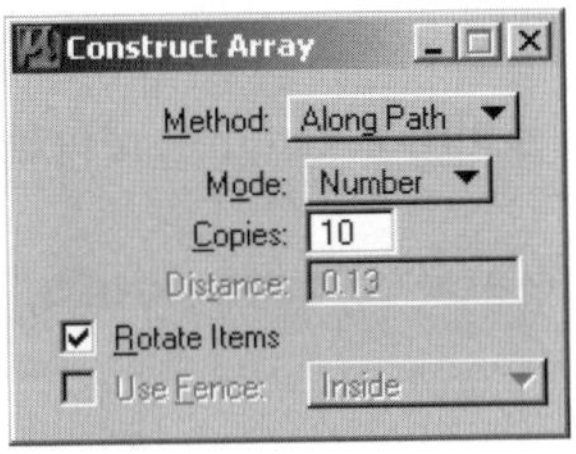

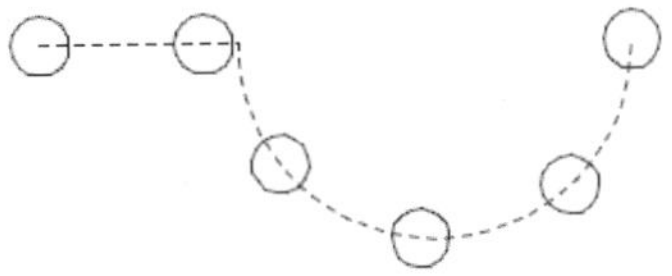

EXERCÍCIO: Criando um arranjo retangular

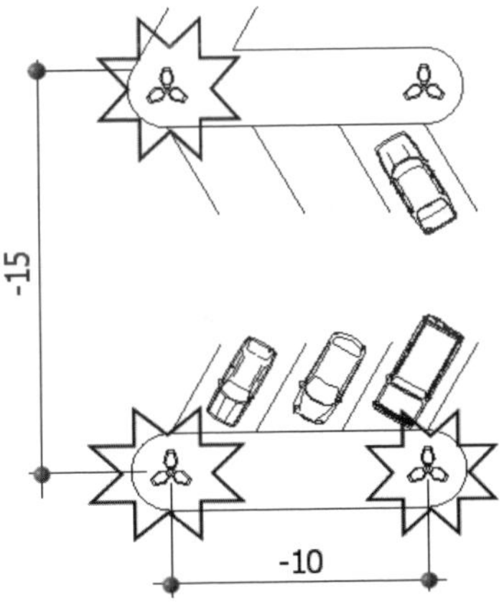

1. Na caixa MAIN, selecione a ferramenta **Construct Array**. Alternativamente você pode pressionar **<3><6>**, desde que o foco esteja em Home.
2. Na janela Tool Settings, defina a opção Array Type para **Rectangular**.
3. Defina Active Angle para 0.
4. Na opção Rows, digite **2**.
5. Na opção Columns, digite **2**.
6. Na opção **Row Spacing**, defina o espaço entre linhas para –**15**. A LINHA é equivalente ao eixo X da janela de vista. Como a posição da linha na qual desejamos projetar os postes está abaixo do elemento de origem, o valor é negativo.
7. Na opção **Column Spacing**, defina o espaço entre colunas para –**10**. A COLUNA é equivalente ao eixo Y da janela de vista. Como a posição na qual desejamos projetar está à esquerda do elemento de origem, o valor do campo deve ser negativo.
8. **Identifique a célula** do poste de iluminação (canto superior direito). Pontos serão projetados para indicar as posições das novas instâncias.
9. **Aceite** o arranjo.

EXERCÍCIO: Para criar um arranjo polar

1. Na caixa MAIN, selecione a ferramenta **Construct Array**. Alternativamente você pode pressionar **<3><6>**, desde que o foco esteja em Home.
2. Na janela Tool Settings, defina a opção Array Type para **Polar**.
3. No campo Items, defina o número de itens para **6**.
4. No campo Delta Angle, defina o ângulo relativo entre os itens para **60**. Esse campo funciona como uma calculadora. Por exemplo, se você deseja distribuir cinco itens em 270 graus, bastaria digitar 270/5 e pressionar <ENTER>.
5. Ative a opção **Rotate Items**.
6. Identifique o poste de iluminação localizado sobre a circunferência do lado direito, Figura A.
7. Leve o cursor ao centro dessa circunferência e **aceite esse ponto**, Figura B.

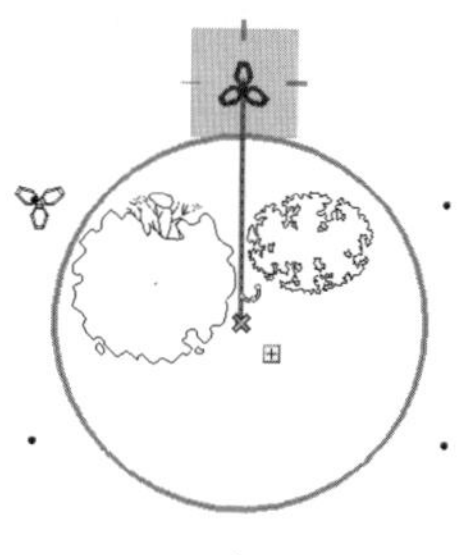

Figura A

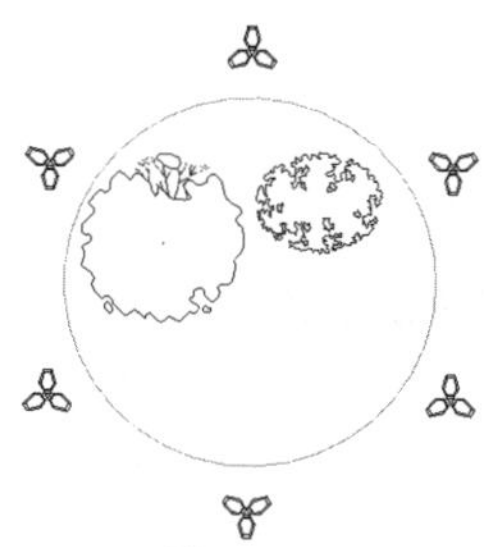

Figura B

Align Edges

Proporciona um método de alinhamento de dois ou mais elementos por um lado comum. O lado é definido por um eixo normal X, Y ou Z da vista.

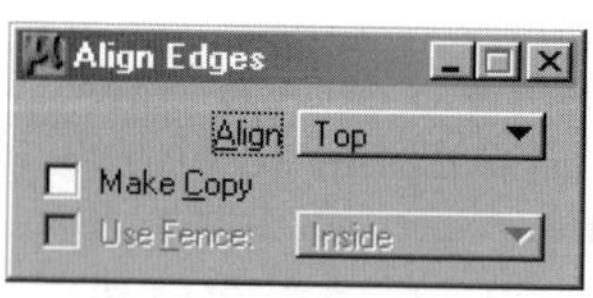

Tool Settings	Efeito
Align	A maneira pela qual será feito o alinhamento. Em cima, embaixo, lado esquerdo, direito, centro vertical, centro horizontal ou ambos os centros.
Make Copy	Se essa opção estiver ativada, o elemento é espelhado e copiado.
Use Fence	Se estiver ativada, o conteúdo da Fence é alinhado. O menu de opções oferece o modo de seleção da Fence.

EXERCÍCIO: Para alinhar um elemento a outro

1. Na caixa de ferramentas MAIN, selecione a ferramenta **Align**. Alternativamente você pode pressionar **<3><7>**, desde que o foco esteja em Home.
2. Na janela Tool Settings, escolha o modo **Top**.
3. Identifique o elemento que servirá como BASE para o alinhamento dos outros elementos.
4. Identifique o elemento que deve ser alinhado. Por exemplo, o automóvel de cor amarela.
5. **Aceite** o alinhamento.
6. Identifique o elemento que deve ser alinhado. Por exemplo, o automóvel de cor verde.
7. **Aceite** o alinhamento, Figura C.
8. Clique em RESET para reiniciar o uso da ferramenta. Em conseqüência, a mensagem na Status Bar deve solicitar que o elemento BASE seja novamente identificado.
9. Mude a opção Align de Top para **Right**.
10. Identifique o elemento que servirá como BASE para o alinhamento dos outros elementos. Identifique agora o automóvel Ford Fiesta localizado no meio da terceira linha de estacionamento.
11. Identifique o elemento que deve ser alinhado. Por exemplo, o automóvel de cor amarela.
12. **Aceite** o alinhamento, Figura D.

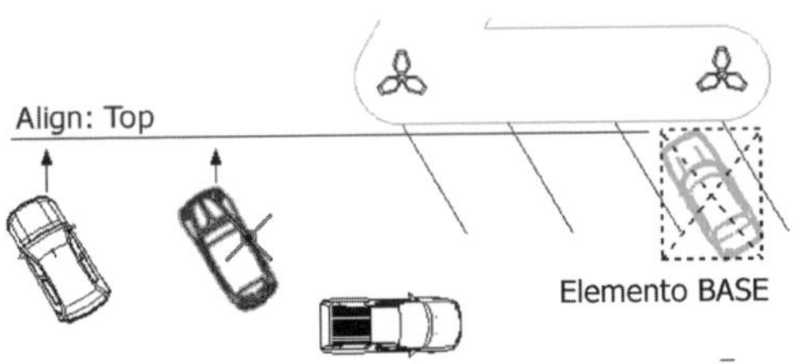

Figura C

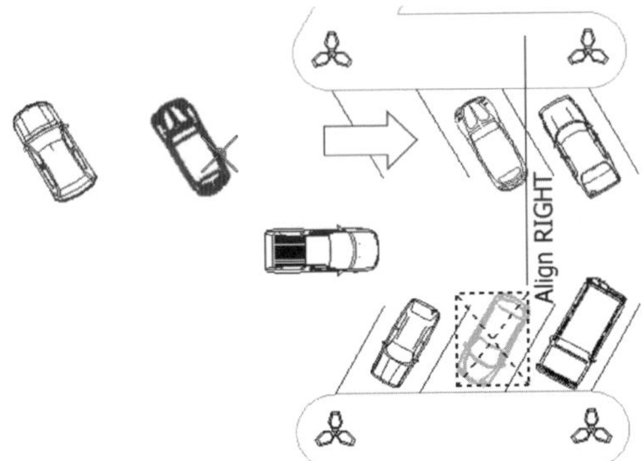

Figura D

13. Clique em RESET para reiniciar o uso da ferramenta. Em conseqüência, a mensagem na Status Bar deve solicitar que o elemento BASE seja novamente identificado.
14. Mude a opção Align de Top para **Left**.

> A definição de cores somente é verificada na tela do usuário.

15. Identifique o elemento que servirá como BASE para o alinhamento dos outros elementos. Identifique agora o automóvel localizado do lado esquerdo da terceira linha de estacionamento.
16. Identifique o elemento que deve ser alinhado. Por exemplo, o automóvel de cor verde.
17. **Aceite** o alinhamento.

Você pode usar as ferramentas de seleção antes de definir o elemento "base" para alinhar múltiplos elementos em uma única operação.

Stretch Element

Usada para esticar o conteúdo de uma Fence. A Fence utilizada pode ser previamente colocada, ou então redefinida no modo retangular (Block somente) com essa mesma ferramenta.

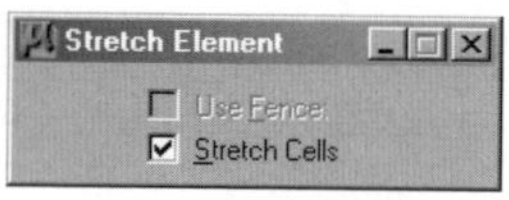

Você pode usar a ferramenta Stretch Element para manipular cortes (como a interrupção em uma multilinha, freqüentemente usada para representar aberturas para portas e janelas em projetos arquitetônicos 2D). Isso significa que você não precisa "explodir" uma multilinha para realizar certas manipulações.

Tool Settings	Efeito
Use Fence	Se estiver ativada, o conteúdo da Fence é alinhado. O menu de opções oferece o modo de seleção da Fence.
Stretch Cells	Se estiver ativada, os elementos de uma célula também serão esticados.

EXERCÍCIO: Para alinhar um elemento a outro

1. Na caixa de ferramentas MAIN, selecione a ferramenta **Stretch Element**. Alternativamente você pode simplesmente pressionar **<3><8>**, desde que o foco esteja em Home.
2. Defina a Fence, como mostra a figura abaixo.

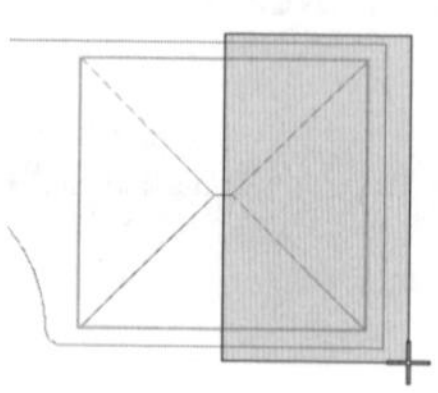

3. Entre com o ponto de origem em qualquer lugar (1).
4. Indique a DIREÇÃO para o lado direito e digite **8 <ENTER>**.
5. **Aceite** o ponto (2).

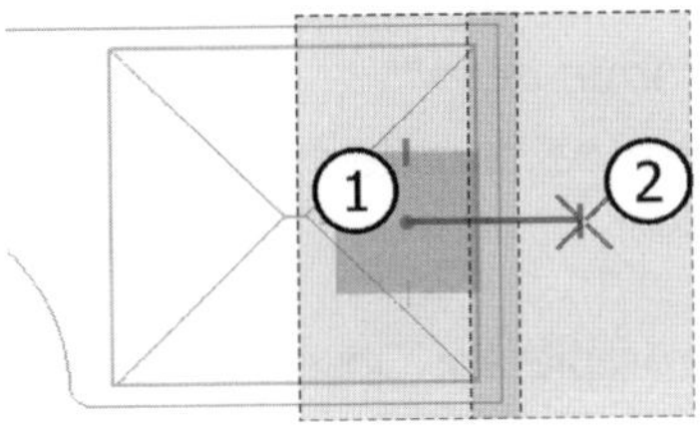

Move/Copy Parallel

Usada para mover ou copiar um elemento (line, line string, multi-line, curve, arc, ellipse, shape, complex chain, ou complex shape) paralelamente ao original.

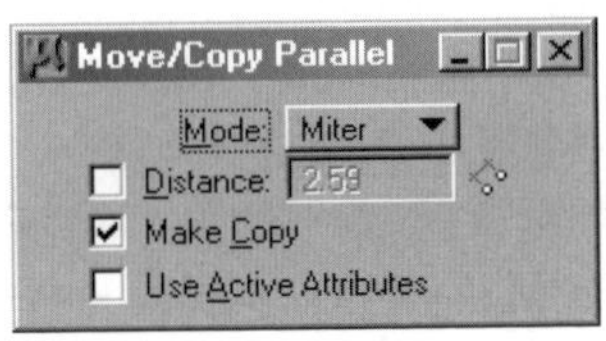

Tool Settings	Efeito
Mode	Determina o método pelo qual o espaço é criado: • **Miter** - calcula a nova interseção colocando um ângulo reto. • **Round** - calcula a nova interseção colocando um arco em concordância. • **Original** - calcula a nova interseção mantendo o mesmo ângulo original.
Distance	Se estiver ativada, define a distância a ser movida. Clicando no ícone ao lado desse campo, você pode definir graficamente o valor da distância, entrando com dois pontos na tela.
Make Copy	Se essa opção estiver ativada, copia o elemento.
Use Active Attributes	Se estiver ativada, o elemento copiado/movido terá os atributos que estiverem ativos no momento.

EXERCÍCIO: Para copiar um elemento paralelamente ao original

1. Na caixa MAIN, selecione a ferramenta **Move Parallel**. Alternativamente você pode pressionar **<3><9>**, desde que o foco esteja em Home.
2. Na janela Tool Settings, defina a opção Mode para **Round**.

3. Ative a opção Distance e em seguida digite **0.3 <ENTER>**.
4. Ative a opção **Make Copy**.
5. Desative a opção Use Active Attributes.
6. Identifique a calçada em forma de "V".
7. Leve o ponteiro para dentro da calçada e **aceite a posição** do novo elemento.

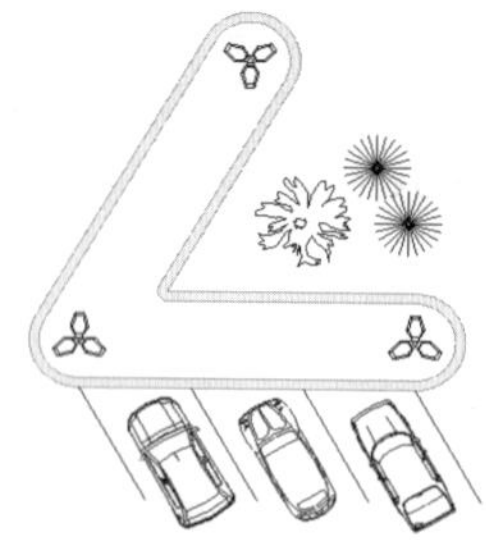

8. Clique em RESET para completar. Observe que o vértice interno do ângulo foi arredondado. O valor do raio é igual ao valor da distância dada.
9. REPITA a operação para a calçada de baixo.

EXERCÍCIO: Para copiar paralelamente baseado em uma distância existente

1. Na caixa MAIN, selecione a ferramenta **Move/Copy Parallel**. Alternativamente você pode pressionar **<3><9>**, desde que o foco esteja em Home.
2. Na janela Tool Settings, defina a opção Mode para **Original**.
3. Certifique-se de que a opção Make Copy esteja ativada.
4. Desative a opção Distance e clique sobre o ícone **Define Dist**.

5. Identifique o primeiro ponto da distância a ser capturada (número 1 na figura).
6. Identifique o segundo ponto da distância a ser capturada (número 2 na figura). A distância é capturada e exibida automaticamente na janela do Tool Settings.
7. Identifique a circunferência em qualquer lugar (número 3 na figura).
8. Aceite a posição do novo elemento do lado de fora (número 4 na figura).
9. Faça a cópia paralela interna de 0.3m, representando o meio-fio para cada borda da calçada circular e para a calçada que abriga a edificação principal (externa).

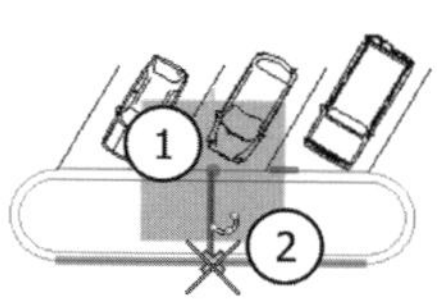

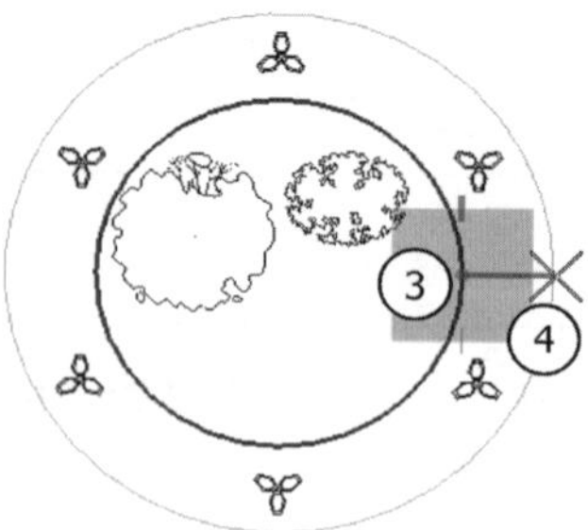

Move to Contact

Usada em modelos 2D e 3D para mover um ou mais elementos em uma determinada direção até encontrar outro elemento. Se nada estiver no caminho, nada acontece.

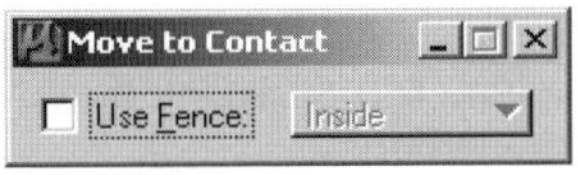

Para mover um elemento ao contato de outro

1. Selecione a ferramenta Move To Contact.
2. Identifique o elemento que você deseja mover.
3. Entre com um ponto para definir a direção do movimento.

A Caixa de Ferramentas Change Attributes

As ferramentas da caixa Change Attributes são usadas para alterar as definições dos atributos ativos de um elemento.

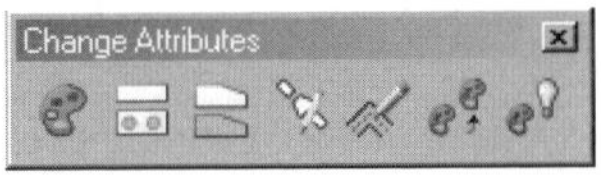

Change Element Attributes

Usada para mudar os atributos do elemento. A janela do Tool Settings é usada para especificar os novos atributos. A ferramenta Change Element Attributes é capaz de mudar o nível de um elemento para um que esteja desativado sem mudar os atributos ativos. Além disso, permite combinar e alterar os atributos com a mesma ferramenta.

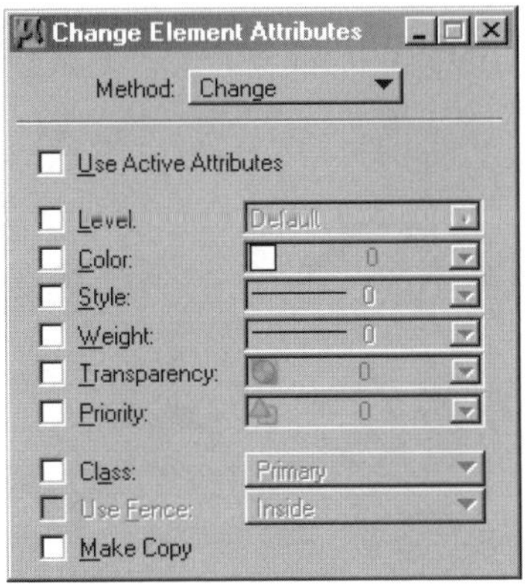

Tool Settings	Efeito
Method	**Change** - muda os atributos selecionados de um elemento. **Match/Change** - se a opção Use Active Attributes estiver ativada, primeiramente combina os atributos ativos com os do elemento selecionado, depois altera os atributos do próximo elemento que você identificar. Se Use Active Attributes estiver desativada, combina os atributos do elemento selecionado sem torná-los ativos e depois altera os do próximo elemento.
Use Active Attributes	Usa os valores dos atributos ativos nos campos da janela Tool Settings. Se os valores forem alterados enquanto essa opção estiver ativada, os atributos ativos são afetados.
Make Copy	O elemento de origem é preservado, criando-se um elemento com os atributos especificados sobre esse elemento.

EXERCÍCIO: Alterando os atributos de um elemento

1. Selecione a ferramenta **Change Element Attributes**. Alternativamente você pode pressionar **<5><1>**, desde que o foco esteja em Home.
2. Na janela Tool Settings, defina a opção Method para **Change**.
3. Desative a opção Use Active Attibutes para não usar/alterar os atributos ativos.
4. Ative a opção **Color**, e defina o valor para "0".
5. Desative as demais opções.
6. Identifique a borda externa de cada calçada, incluindo a da edificação principal.

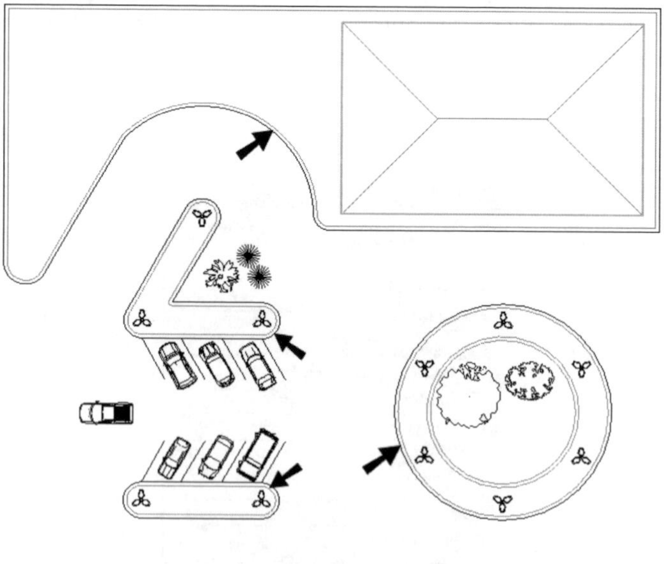

EXERCÍCIO: Combinando os atributos de um elemento existente com outro

1. Selecione a ferramenta **Change Element Attributes**. Alternativamente você pode pressionar **<5><1>**, desde que o foco esteja em Home.
2. Na janela Tool Settings, defina a opção Method para **Match/Change**.
3. Desative a opção Use Active Attibutes para não usar/alterar os atributos ativos.
4. Ative somente as opções **Level**, **Color**, **Style** e **Class**.
5. Identifique o contorno da edificação principal; o elemento do qual serão capturados os atributos.
6. Identifique cada linha que demarca as "águas" do telhado. Seus atributos serão alterados para combinar com os valores do contorno da edificação.

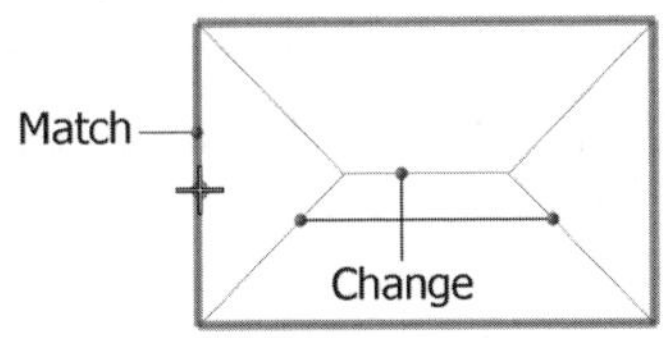

Change Element to Active Area

Usada para mudar os atributos de elementos fechados (shapes, ellipses, complex shapes, ou B-spline curves) de acordo com o tipo de área ativo.

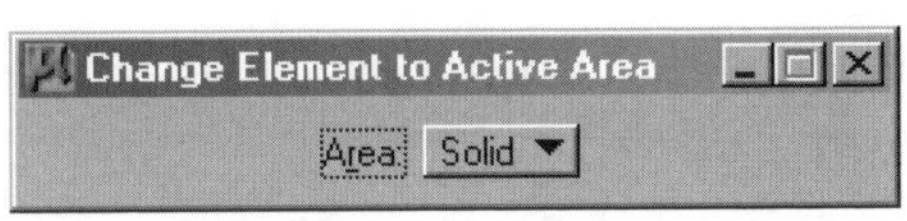

Tool Settings	Efeito
Area	Define a área ativa. Se Solid, o atributo da área do elemento passa para furo (ou ausência do sólido). Se Hole, muda para sólido.

Change Element to Active Fill Type

Usada para mudar os atributos de preenchimento de elementos fechados (shapes, ellipses, complex shapes, ou B-spline curves) de acordo com o tipo de preenchimento ativo.

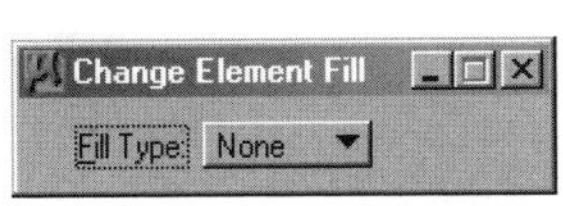

Tool Settings	Efeito
Fill Type	Define o tipo de preenchimento do elemento entre: • **None** - nenhum preenchimento. • **Opaque** - preenchimento de acordo com a cor ativa. • **Outlined** - a cor do preenchimento é definida pela opção Fill Color.
Fill Color	Define a cor com a qual o elemento será preenchido. • Se Fill Type estiver Opaque, a cor do elemento pode ser alterada. • Se Fill Type estiver Outlined, a cor do preenchimento do elemento pode ser diferente da cor do elemento.

EXERCÍCIO: Colocando enchimento em um elemento existente

1. Na caixa de ferramentas MAIN, selecione **Change Element Attributes**. Você pode simplesmente pressionar **<5><3>**, desde que o foco esteja em Home.
2. Na janela Tool Settings, defina a opção Fill Type para **Outlined**.
3. Na opção **Fill Color**, escolha na tabela Pantone a cor BURLYWOOD e clique em **OK**, Figura E.
4. Identifique o elemento que define a calçada da edificação principal. O interior do elemento é preenchido com a cor definida na opção Fill Color.
5. Na opção **Fill Color**, selecione a tabela Gradiente e defina a opção Type para HEMISPHERICAL.
6. Defina a opção Color Mode para **2 Colors** e o campo Angle para 0.
7. Desative as opções Invert e Center.
8. Clique sobre o pequeno botão localizado no canto inferior direito da barra de amostra da cor, em seguida na tabela Pantone selecione a cor STEELBLUE. Clique em **OK**, Figura F.
9. Identifique o elemento que define a edificação principal. O interior do elemento é preenchido com a cor escolhida na opção Fill Color.

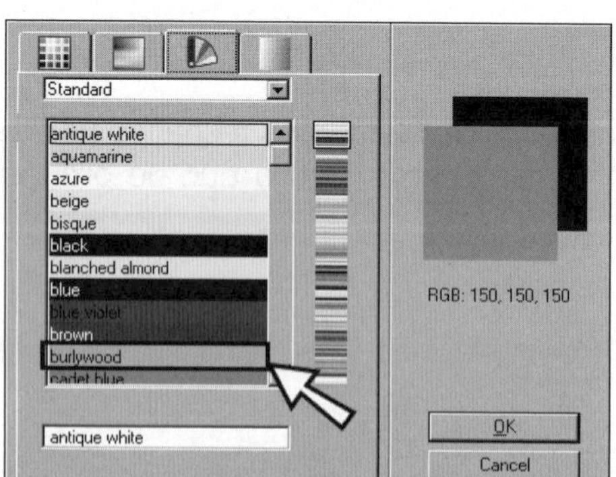

Figura E

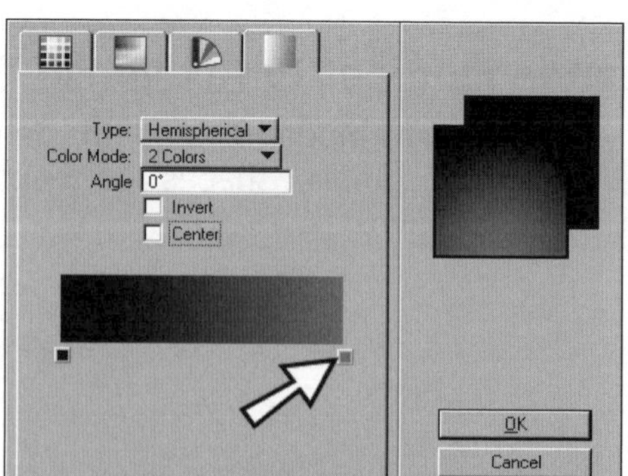

Figura F

Modify Line Style Attributes

Usada para mudar interativamente os atributos de estilo de linha de uma linha customizada existente. As opções da Tool Setting determinam o tipo da modificação, porém o sucesso da operação depende de como foi construída a linha.

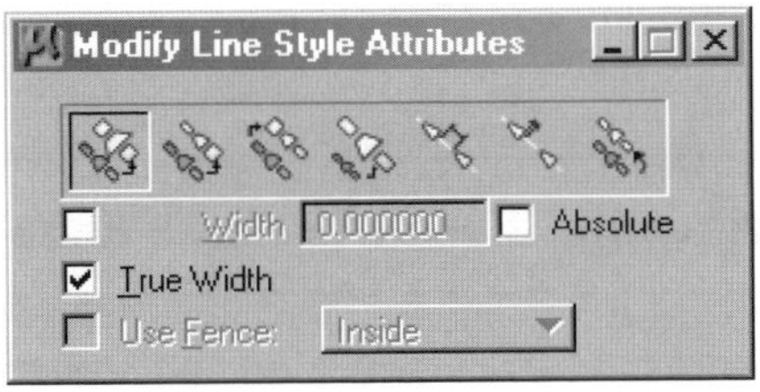

Tool Settings	Efeito
Width	Modifica interativamente a largura de uma linha customizada.
Start Width	Modifica interativamente a largura do início da linha customizada.
End Width	Modifica interativamente a largura do final da linha customizada.
Scale	Modifica interativamente a escala da linha customizada.
Dash Scale	Modifica interativamente a escala do componente sólido da linha.
Gap Scale	Modifica interativamente a escala do espaço de uma linha customizada.
Shift	Modifica interativamente o ponto inicial de uma linha customizada.
Absolute	Se estiver ativada, o valor dado no campo adjacente representa o valor absoluto da largura, escala ou shift. Se estiver desativada, o valor do campo representa a quantidade para modificar o valor atual. Por exemplo, considere que tenha uma linha customizada com uma escala de 2.0, e no campo Scale você digita 3. Se a opção Absolute estiver ativada, a escala da linha será de 3.0. Se estiver desativada, a escala será 6.0.
True Width	(Somente se o ícone Width, Start Width ou End Width estiver selecionado) Se essa opção estiver ativada, a largura de um estilo de linha não é afetada ao mudar a escala da linha. Por exemplo, se você definir a largura de uma linha para 2.0 e em seguida mudar a escala para 3.0, com a opção True Width ativada, a largura continuará com 2.0, enquanto com essa opção desativada, a largura muda para 6.

Essa ferramenta no modo Scale é muito utilizada quando se trabalha com o modo de restrição DWG, uma vez que os estilos de linha do AutoCAD são definidos pelo próprio elemento e não pelo zoom, como no MicroStation.

Modificando a largura de uma linha customizada

1. Na caixa Change Attributes, selecione Modify Line Style Attributes.
2. Na janela Tool Settings, defina a opção Modify para **Width**.
3. Identifique a linha.
4. Movimente o ponteiro para cima ou para baixo e aceite a modificação.

Modificando a largura do início de uma linha customizada

1. Pressione **<CTRL+Z>** para desfazer a operação do exercício anterior.
2. Na caixa Change Attributes, selecione Modify Line Style Attributes.
3. Na janela Tool Settings, defina a opção Modify para **Start Width**.
4. Identifique a linha, movimente o ponteiro para cima ou para baixo e aceite a modificação.

EXERCÍCIO: Modificando a escala de uma linha customizada

1. Na caixa de ferramentas MAIN, selecione a ferramenta **Modify Line Style Attributes**. Alternativamente você pode pressionar **<5><4>**, desde que o foco esteja em Home.
2. Na janela Tool Settings, clique no ícone **Scale**.

3. Na janela Tool Settings, ative a opção Scale e no campo ao lado digite **2 <ENTER>**.
4. Ative a opção **Absolute**.

5. Identifique o POLÍGONO que define os limites do projeto e **aceite no vazio**.

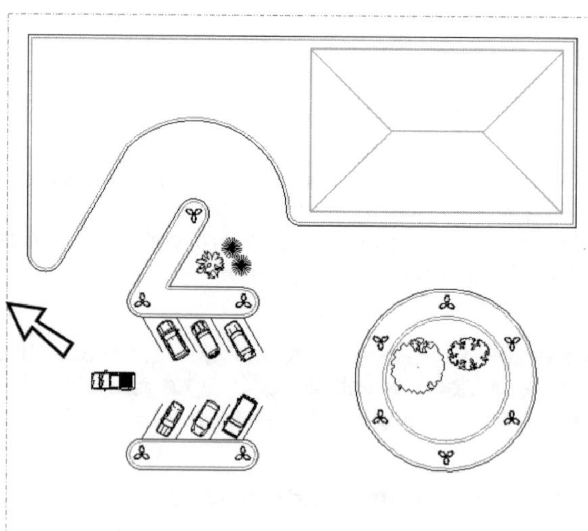

Change Multi-Line to Active Definition

Altera os atributos de uma multilinha existente de acordo com os atributos do estilo ativo.

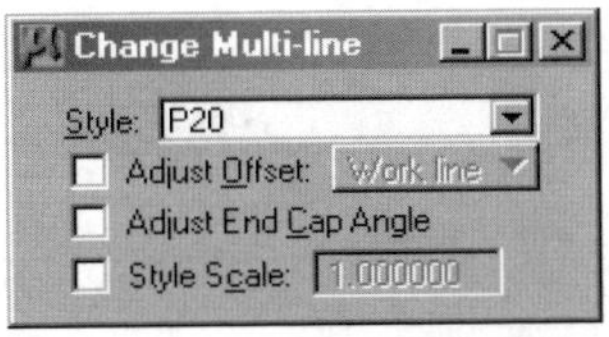

Tool Settings	Efeito
Style	Ativa um estilo de multilinha.
Adjust Offset	Modifica a posição do ponto de colocação da multilinha.
Adjust End Cap Angle	Modifica o ângulo do fechamento de acordo com o estilo ativo.
Style Scale	Define a escala do estilo das linhas customizadas.

⊙ **No mesmo arquivo abra o modelo Planta Baixa.**

EXERCÍCIO: Trocando um estilo de multilinha por outro

1. Na caixa de ferramentas MAIN, selecione a ferramenta **Change Multi-line**. Você pode simplesmente pressionar **<5><5>**, desde que o foco esteja em Home.
2. Na janela Tool Settings, defina a opção Style para **P20**.
3. Defina a opção Adjust Offset para **Center**. A multilinha existente foi colocada na ferramenta Place Multi-line, com a opção Place By definida para Center. Isso significa que, se a ferramenta Modify Element (abordada mais adiante) for usada, o ponteiro será posicionado automaticamente no centro da multilinha.
4. Desative Adjust End Cap Angle e identifique as paredes do lado esquerdo.
5. Na janela Tool Settings, defina a opção Style para **J20**.
6. Agora identifique a janela do lado esquerdo da edificação.

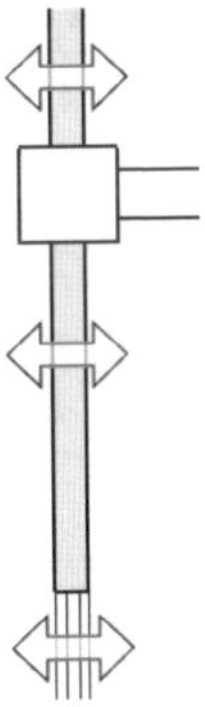

A função **Remap Elements** permite mudar um ou mais estilos de multilinha existentes no modelo por outro específico. Essa função é acessada pelo menu pop-up na lista de estilos da caixa de diálogo Multi-line Styles (Element > Multi-line Styles). Se a multilinha existente possuir aberturas provocadas por junções com outras multilinhas, pode ser que essas junções precisem ser refeitas com as ferramentas da caixa Multi-line Joints.

Match Element Attributes

Para mudar os atributos ativos do arquivo de desenho de acordo com o elemento identificado (desde que a opção desejada esteja ativada).

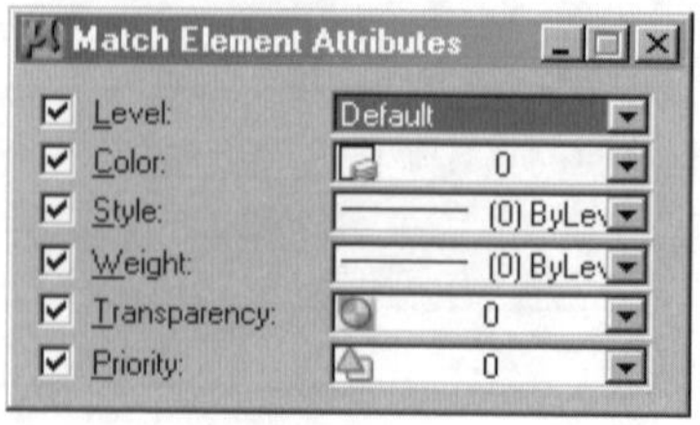

Para combinar os atributos do elemento

1. Selecione a ferramenta Match Element Attributes.
2. Identifique o elemento. Os atributos capturados tornam-se os ativos.

Smart Match

Usada para ativar todos os atributos de um elemento identificado, incluindo o fator de escala de uma célula. Basta identificar o elemento.

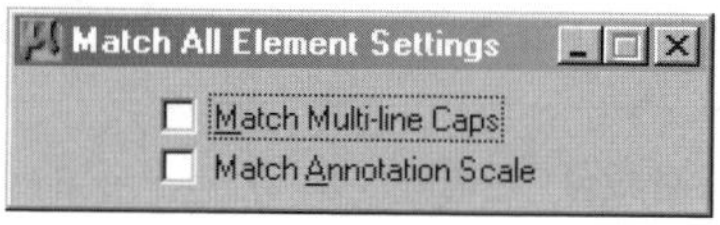

Tool Settings	Efeito
Match Multi-line Caps	Se essa opção estiver ativada, os parâmetros dos fechamentos da multilinha identificada também são capturados.
Match Annotation Scale	Se ativada, o valor da Annotation Scale também é capturado.

Alternativamente você pode, por meio de qualquer ferramenta, manter pressionada a tecla **<ALT>** e clicar com o botão esquerdo do mouse no elemento do qual você deseja capturar os atributos.

A Caixa de Ferramentas Match

As ferramentas da caixa Match são usadas para definir atributos a partir de elementos existentes do modelo ativo ou de referência, facilitando a tarefa de colocar novos elementos com os mesmos atributos. Para abrir a caixa de ferramentas Match, a partir do menu Tools escolha Match.

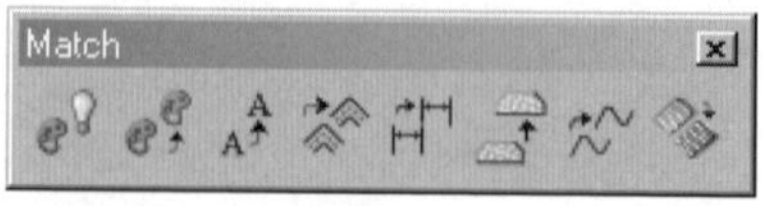

A Caixa de Ferramentas Modify

As ferramentas da caixa Modify são usadas para alterar a forma geométrica dos elementos.

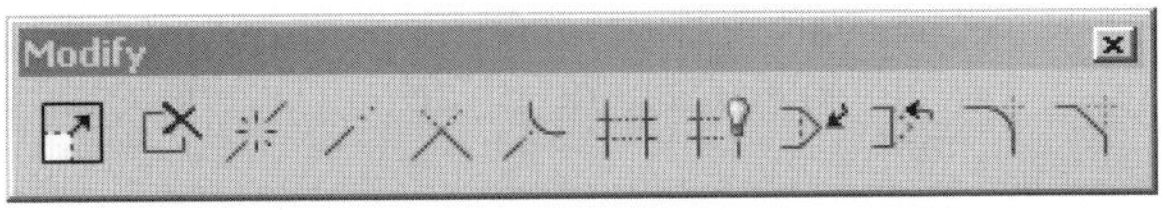

◉ **Abra o arquivo 15 - Modify.dgn.**

Modify Element

São muitas as operações que a ferramenta Modify Element é capaz de realizar. Tudo depende do elemento identificado, ou seja, conforme o elemento e a posição do ponteiro sobre esse elemento as opções variam. A ferramenta faz as seguintes operações:

- Move o vértice ou segmento de uma line, line string, multi-line, curve, polígono de controle de uma B-spline, shape, complex chain ou complex shape.
- Escalona um quadrilátero pelo vértice oposto.
- Modifica o arredondamento de vértices de complex chains e complex shapes criados com a ferramenta Place SmartLine enquanto preserva a sua tangência.
- Troca o tipo de concordância dos vértices de complex chains e complex shapes.
- Escalona um arco circular enquanto mantém o seu ângulo de curvatura.
- Muda o raio de um círculo ou eixo de uma elipse.
- Move o texto de uma cota, ou modifica o comprimento da linha de extensão da cota, bem como a distância da linha de cota em relação ao elemento cotado.

Quando usada com o AccuDraw, a ferramenta Modify Element torna-se mais poderosa. Um exemplo é quando ela atua sobre elementos como line string, shapes, complex chain e complex shapes, não somente permitindo que você mude a posição dos vértices e segmentos, como também o tipo do vértice (Sharp, Rounded ou Chamfered).

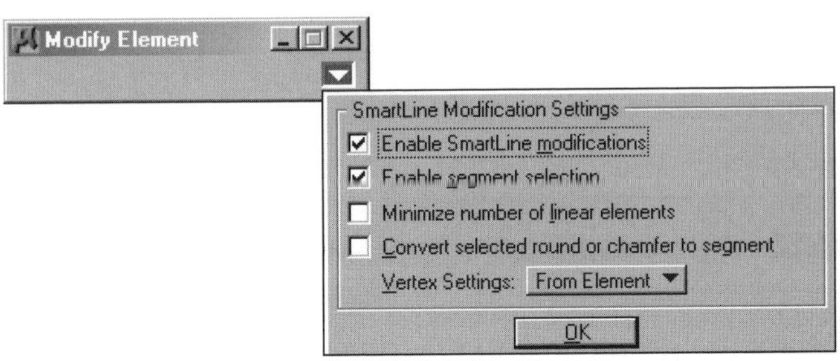

Tool Settings	Efeito
Vertex Type	Define o tipo de vértice: Sharp (reto), Rounded (arredondado) e Chamfered (chanfrado).
Round Radius	(Com Vertex Type definida para Rounded) Se essa opção estiver ativada, define o raio do arco de um vértice arredondado.
Chamfer Offset	(Com Vertex Type definida para Chamfered) A partir de um único valor, indica as duas distâncias necessárias para definir um chanfro.
Orthogonal	Se um vértice ortogonal é identificado, sua ortogonalidade é preservada.
Enable SmartLine modifications	Se estiver desativada, desabilita o comportamento "inteligente", especialmente quando o elemento possui um número muito elevado de vértices (milhares) que causa uma lentidão considerável (nota: desligando essa opção, as demais serão desativadas, uma vez que somente se aplicam a SmartLine).
Enable segment selection	Se estiver desativada, permite somente modificar os vértices.
Minimize number of linear elements	Se estiver desativada, não tenta reduzir o número de componentes em um complex chain ou shape (linhas que poderiam ser "compactadas" em uma line string etc.).
Convert selected round or chamfer to segment	Se essa opção estiver desativada, quando um vértice arredondado ou chanfrado é identificado, converte o componente em um segmento (arco ou linha respectivamente).
Vertex Settings: From Element/Last Used	Escolha: From Element — para usar as definições extraídas do próprio elemento identificado, ou Last Used — para ignorá-las e aplicar a última definição utilizada.

Procedimento geral - para modificar um elemento

1. Selecione a ferramenta **Modify Element**.
2. Identifique o elemento perto do vértice, segmento ou eixo a ser modificado.
3. Entre com um ponto para fazer a modificação.

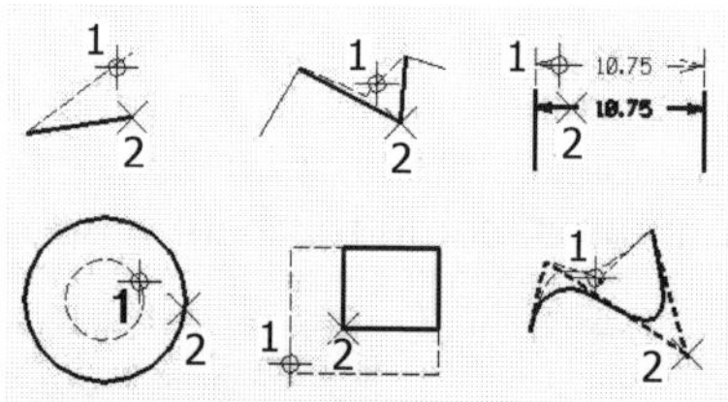

EXERCÍCIO: Para modificar o segmento de um polígono

Para modificar o segmento de um polígono, primeiramente é preciso certificar-se de que as opções Enable SmartLine modifications e Enable segment selection estejam ativadas na janela Tool Settings.

1. Na caixa MAIN, selecione a ferramenta **Modify Element**. Alternativamente você pode pressionar **<7><1>**, desde que o foco esteja em Home.

2. Identifique o segmento da dobra recortada do lado esquerdo (1), conforme a Figura G.
3. Direcione o ponteiro para cima e TRAVE O EIXO pressionando **<ENTER>**.
4. Leve o ponteiro para o outro lado para buscar o alinhamento requerido (2), Figura H.
5. Repita a operação para o recorte de baixo.

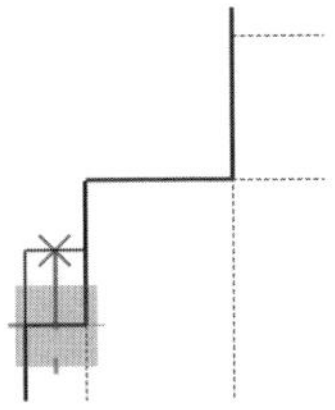

Figura G

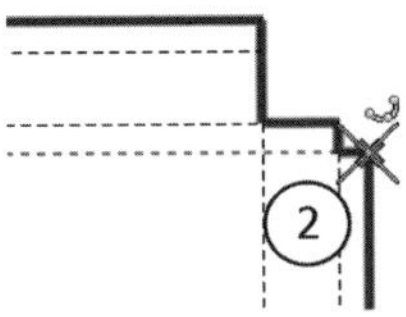

Figura H

EXERCÍCIO: Para modificar um círculo

1. Na caixa MAIN, selecione a ferramenta **Modify Element**. Você pode simplesmente pressionar **<7><1>**, desde que o foco esteja em Home.
2. Identifique o círculo. A origem do AccuDraw move-se para o centro do círculo, e o sistema de coordenadas alinha-se com o plano do eixo X da vista, além de mudar para o sistema polar.
3. Direcione o ponteiro para o eixo X positivo e digite **12.5 <ENTER>**.
4. Entre com um ponto para aceitar a mudança.

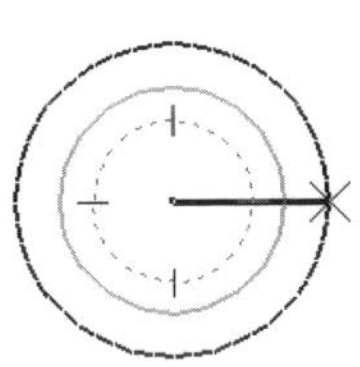

EXERCÍCIO: Para modificar o raio de um arco sem mudar o centro

1. (Opcional) Use a **vista salva** "RECORTE" para aproximar da área de trabalho.
2. Na caixa MAIN, selecione a ferramenta **Modify Element**. Alternativamente você pode pressionar **<7><1>**, desde que o foco esteja em Home.
3. Identifique o arco superior do recorte.
4. A partir da janela do Tool Settings, defina o método para **Radius About Center**. A origem do AccuDraw move-se para o centro, e o sistema de coordenadas alinha-se com o eixo X da vista.
5. Direcione o ponteiro para o eixo X positivo e digite **7 <ENTER>**.
6. Entre com um ponto para aceitar a mudança.
7. REPITA a operação para o arco inferior do recorte.

EXERCÍCIO: Para modificar a posição de um arco inserido em um elemento

1. Na caixa MAIN, selecione a ferramenta **Modify Element**. Alternativamente você pode pressionar **<7><1>**, desde que o foco esteja em Home.
2. Identifique o arco superior do recorte.
3. A partir da janela do Tool Settings escolha **Move Entire Arc**.
4. Direcione o ponteiro para o eixo X positivo (direita) e digite **25 <ENTER>**.

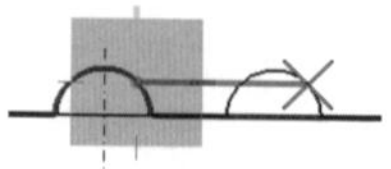

5. Entre com um ponto para completar as mudanças.
6. REPITA a operação para o arco inferior do recorte, porém mova o arco para o lado ESQUERDO.

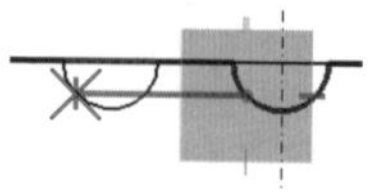

EXERCÍCIO: Para modificar o raio do arco sem mudar as extremidades

1. Na caixa MAIN, selecione a ferramenta **Modify Element**. Alternativamente você pode pressionar **<7><1>**, desde que o foco esteja em Home.
2. Identifique o arco superior do recorte.
3. A partir da janela do Tool Settings, defina o método para **Radius Preserve Ends**. A origem do AccuDraw move-se para o centro, e o sistema de coordenadas alinha-se com o eixo X da vista.
4. Direcione o ponteiro para baixo até que o sistema do AccuDraw avise (linha transversal) que o valor da distância atingida será igual ao raio identificado, ou seja, 7.

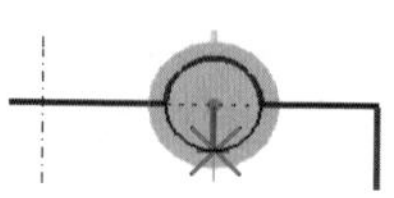

5. Entre com um ponto para completar as mudanças.
6. REPITA a operação para o arco inferior do recorte, porém mova o arco para CIMA.

EXERCÍCIO: Para arredondar o vértice de um polígono

1. (Opcional) Use a **vista salva** "DETALHE A" para aproximar da área de trabalho.
2. Na caixa MAIN, selecione a ferramenta **Modify Element**. Você pode simplesmente pressionar **<7><1>**, desde que o foco esteja em Home.
3. Identifique o vértice superior esquerdo do recorte.
4. A partir da janela do Tool Settings, defina a opção Vertex Type para **Rounded**.
5. No campo Rounding Radius, digite **3 <ENTER>**.
6. Certifique-se de que a opção **Orthogonal** esteja ativada.
7. Clique na seta no canto inferior direito para expandir a caixa. Na opção Vertex Settings, escolha **Last Used**. Sendo assim, quando você identificar outro vértice, o tipo de vértice será automaticamente definido para o último usado.

8. Entre com um ponto no centro da origem do AccuDraw para completar.

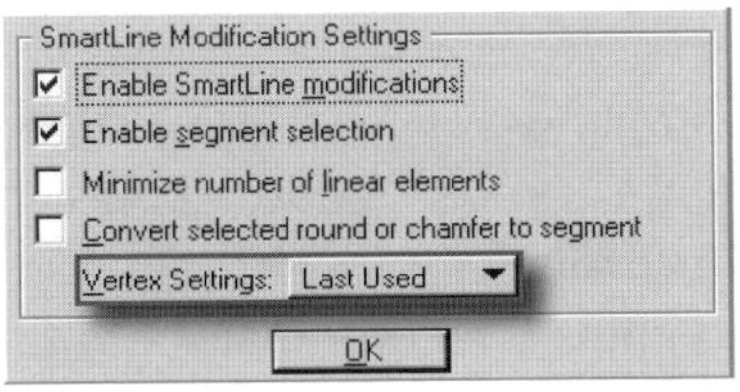

9. REPITA a operação para os demais vértices do polígono, porém não será necessário mudar a opção Vertex Type, pois a opção Last Used preserva o último tipo usado.

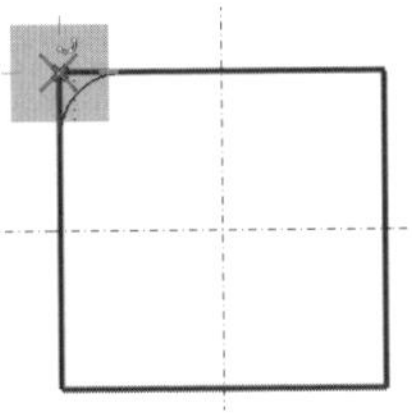

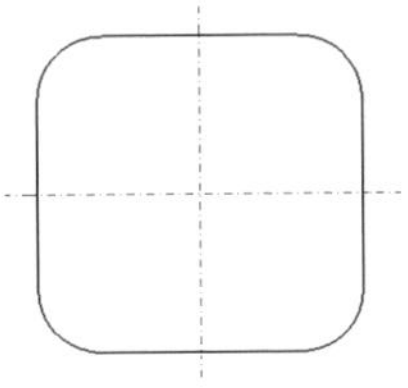

Para modificar o comprimento de uma cota

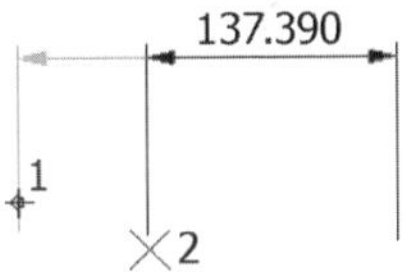

1. Selecione a ferramenta Modify Element.
2. Identifique uma das linhas de extensão da cota.
3. Posicione onde desejar.

Para modificar a posição do texto

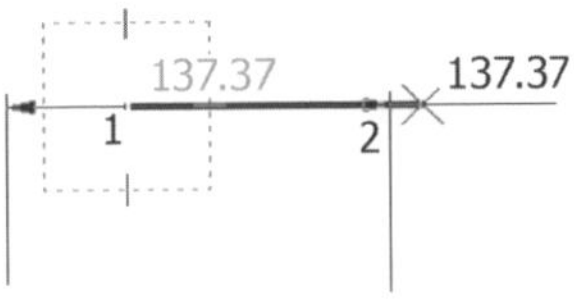

1. Selecione a ferramenta Modify Element.
2. Identifique o texto da cota.
3. Posicione onde desejar.

Para modificar a posição da linha de cota

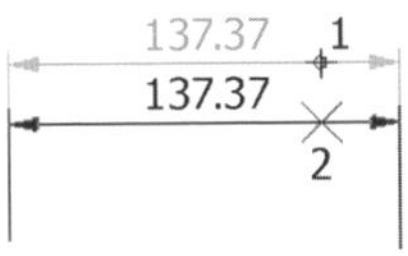

1. Selecione a ferramenta Modify Element.
2. Identifique a linha base da cota.
3. Posicione onde desejar.

Delete Part of Element

Usada para apagar parte de um elemento. Um elemento fechado torna-se aberto - uma elipse ou círculo em um arco, um shape em uma line string, uma curva B-spline fechada em uma curva B-spline aberta.

EXERCÍCIO: Para apagar parte de um elemento

1. Na caixa de ferramentas MAIN, selecione **Delete Part of Element**. Alternativamente você pode pressionar **<7><2>**, desde que o foco esteja em Home.
2. Identifique a linha do eixo entre o recorte maior e o furo, conforme a figura ao lado.
3. Em um elemento aberto, entre com um ponto para definir o comprimento da parte excluída.

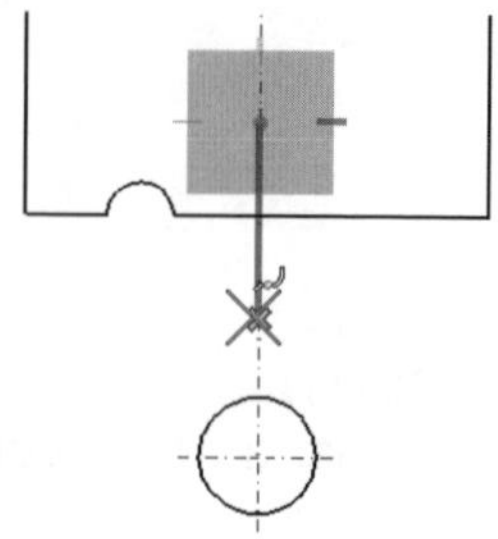

Neste exercício o desafio é fazer com que a linha ultrapasse a circunferência **4.5mm**.

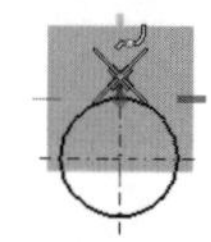

> Para um elemento aberto - line, line string, multi-line, curve ou arc - parcialmente apagado, o elemento divide-se em dois do mesmo tipo.

Break Element

Usada para quebrar um elemento linear em pontos específicos.

Para quebrar elementos em pontos específicos

1. Selecione a ferramenta Break Element.
2. Identifique o elemento no ponto em que você deseja iniciar o corte.
3. Aceite no ponto em que você concluir o corte.

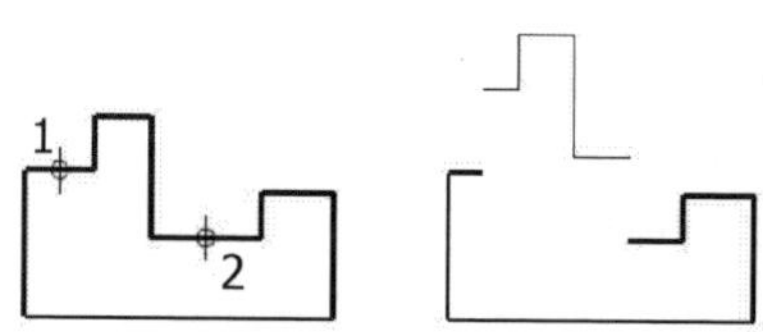

Esquerda: colocar os pontos em um Shape. Direita: depois de quebrado, dois elementos são criados.

Extend

Usada para aumentar ou diminuir o comprimento de uma linha, segmento de uma line string ou multilinha.

Tool Settings	Efeito
Distance	Define a distância. Se o valor for negativo, o comprimento é diminuído.
From End	(Aplicável somente se Distance estiver desativada) Se a opção From End estiver ativada, o aumento ou redução de uma linha é relativo ao vértice mais próximo do ponto de identificação. Se esta opção estiver desativada, o aumento ou redução de uma linha é relativo à origem da linha, sem importar onde ela tenha sido identificada.

EXERCÍCIO: Para diminuir e aumentar uma linha

1. Na caixa de ferramentas MAIN, selecione a ferramenta **Extended**. Alternativamente você pode pressionar **<7><3>**, desde que o foco esteja em Home.
2. Na janela Tool Settings, DESATIVE a opção Distance.
3. DESATIVE a opção From End.
4. Identifique a linha do eixo do recorte maior próxima do vértice superior.
5. Leve o ponteiro até o vértice superior esquerdo do recorte, como exibe a figura ao lado. Neste caso a linha terá o comprimento reduzido.

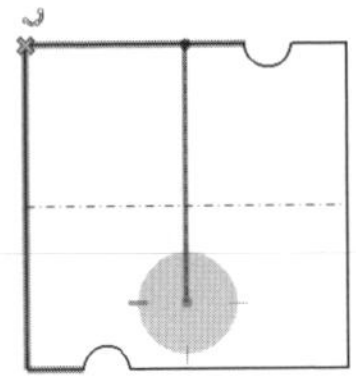

6. Aceite a mudança.
7. Identifique novamente a linha do eixo do recorte maior próxima do vértice inferior.
8. Leve o ponteiro até o segmento inferior do recorte, conforme a figura ao lado. Neste caso a linha terá o comprimento aumentado. ANTES de aceitar, observe a janela do AccuDraw para ver o novo comprimento total da linha.

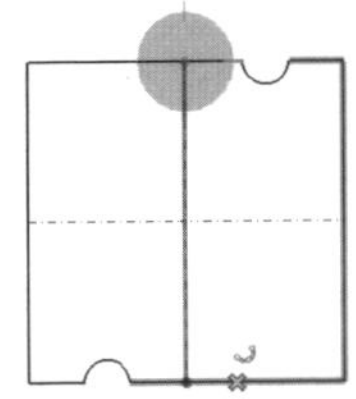

9. Na janela Tool Settings, ATIVE a opção **Distance** e no campo ao lado, digite **15 <ENTER>**.
10. Identifique os quatro vértices das duas linhas que marcam o eixo do recorte, aceitando a operação depois de cada identificação, expandindo as linhas para fora do recorte.

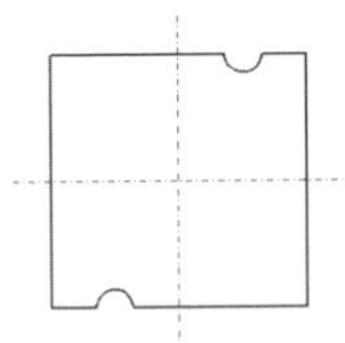

Extend 2 Elements to Intersection

Usada para aumentar ou diminuir duas linhas, line string ou arcos para sua interseção.

◉ **No arquivo atual abra o modelo 02 - EXTEND ELEMENTS TO INTERSECTION.**

EXERCÍCIO: Para criar a interseção de duas linhas

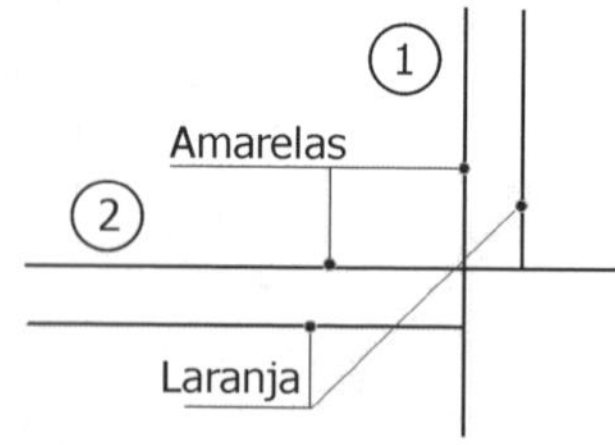

1. Na caixa MAIN, selecione a ferramenta **Extend 2 Elements to Intersection**. Alternativamente você pode pressionar **<7><4>**, desde que o foco esteja em Home.
2. Identifique a linha amarela vertical em um ponto próximo da indicação de número 1.
3. Identifique a linha amarela horizontal em um ponto próximo da indicação de número 2. As linhas serão reduzidas.
4. Identifique a linha laranja vertical.
5. Identifique a linha laranja horizontal. As linhas serão aumentadas.

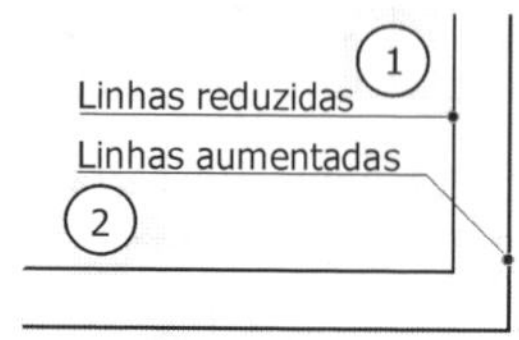

A definição de cores somente é verificada na tela do usuário.

Quando um elemento é reduzido, parte do elemento identificado é desprezada. Se nenhuma modificação for realizada, é porque o elemento não pode sofrer interseção.

Extend Element to Intersection

Usada para aumentar ou diminuir uma linha, line string ou arco para sua interseção baseada em outro elemento.

◉ **No arquivo atual abra o modelo 03 - EXTEND ELEMENT TO INTERSECTION.**

EXERCÍCIO: Para criar a interseção de uma linha baseada em outro elemento

1. Na caixa de ferramentas MAIN, selecione a ferramenta **Extend Element to Intersection**. Alternativamente você pode pressionar **<7><5>**, desde que o foco esteja em Home.
2. Identifique a linha branca colocada verticalmente (1).
3. Identifique o segmento inferior do elemento (2) localizado do lado direito da linha.
4. (Opcional) Aumente as outras linhas para criar a interseção com os elementos colocados em suas respectivas direções.

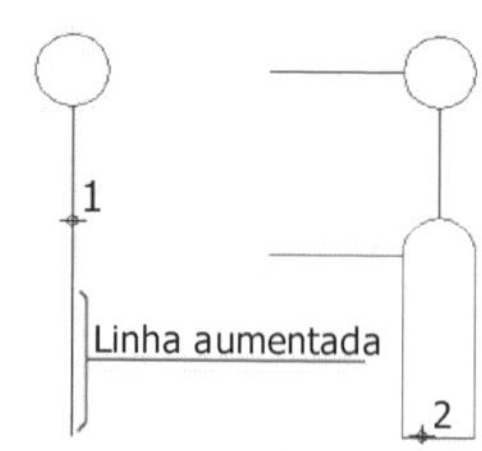

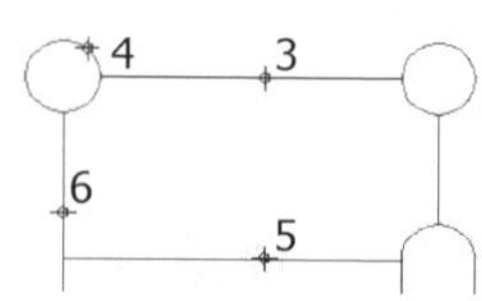

Trim Element

Usada para cortar um ou vários elementos no ponto de interseção com elementos definidos como base para o corte, ou ainda chamados de elementos cortantes.

◉ **No arquivo atual abra o modelo 04 - TRIM ELEMENTS.**

EXERCÍCIO: Para cortar um elemento

1. Na caixa MAIN, selecione a ferramenta **Trim Element**. Alternativamente você pode pressionar **<7><6>**, desde que o foco esteja em Home.
2. Identifique a linha horizontal (1), definindo o ELEMENTO CORTANTE da operação.
3. Identifique cada uma das linhas verticais na parte que você deseja excluir (2) (3).
4. Aceite com um ponto no vazio (4).

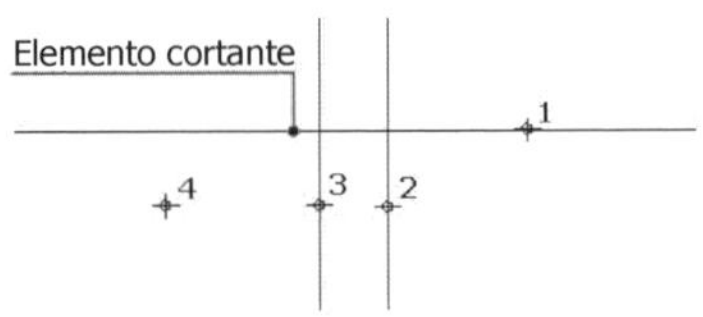

5. Pressione RESET para concluir esta operação.
6. Identifique o hexágono maior, definindo o ELEMENTO CORTANTE desta segunda operação.
7. Identifique cada uma das linhas verticais nas partes localizadas dentro do polígono.
8. Aceite com um ponto no vazio.

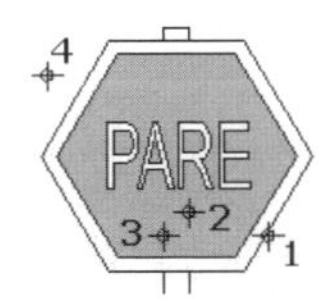

> Você pode usar a ferramenta Element Selection para selecionar mais de um elemento cortante.

IntelliTrim

Usada para cortar, estender ou segmentar múltiplos elementos simultaneamente.

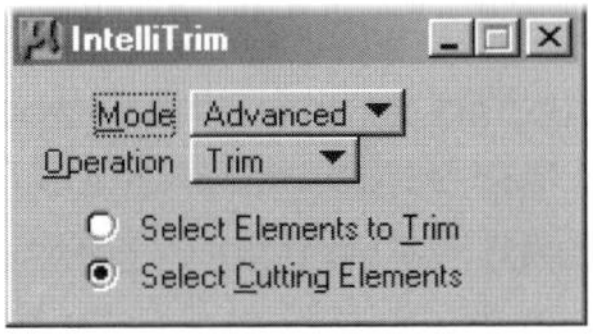

◉ **No arquivo atual abra o modelo 05 - INTELLI TRIM.**

Tool Settings	Efeito
Modo Quick	**Trim** - os elementos são cortados. **Extend** - os elementos são estendidos. **Cut** - os elementos são segmentados.
Modo Advance	**Trim** - os elementos são cortados. **Extend** - os elementos são estendidos. **Select Elements to Trim** - cada elemento identificado é designado para ser cortado. **Select Cutting Elements** - cada elemento identificado é designado como cortante. **Selection Set** - designa o elemento selecionado por default para Trim ou Cutting.

EXERCÍCIO: Usando o IntelliTrim

1. Na caixa de ferramentas MAIN, selecione a ferramenta **IntelliTrim**. Você pode simplesmente pressionar **<7><7>**, desde que o foco esteja em Home.
2. Na janela Tool Settings, defina a opção Mode para **Quick**.
3. Na opção Operation, selecione **Trim**.

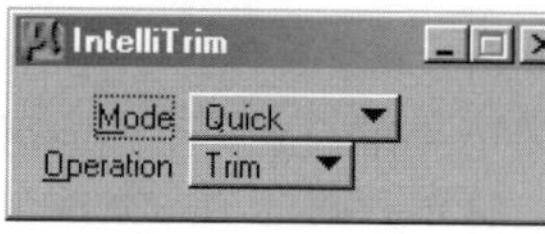

4. Identifique a linha que marca o primeiro degrau da escada (1), definindo o ELEMENTO CORTANTE. A linha fica tracejada.
5. **Entre com um ponto** para iniciar a linha que vai cruzar os elementos a serem cortados (2).
6. Entre com um **segundo ponto** para terminar a linha cortante (3).

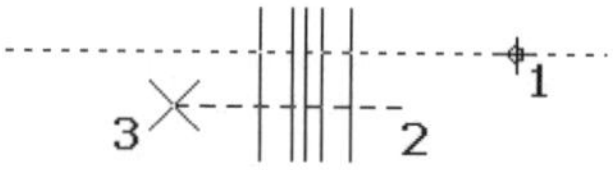

7. Pressione RESET para concluir a operação.
8. Na janela Tool Settings, defina a opção Operation para **Extend**.
9. Identifique o arco do lado esquerdo (1), definindo o ELEMENTO BASE para a extensão.
10. **Entre com um ponto** para iniciar uma linha auxiliar que vai cruzar os elementos que serão expandidos (2).
11. Entre com um **segundo ponto** da linha que seleciona os elementos (3).
12. Clique em RESET para concluir a operação.
    REPITA essa operação para o outro arco.

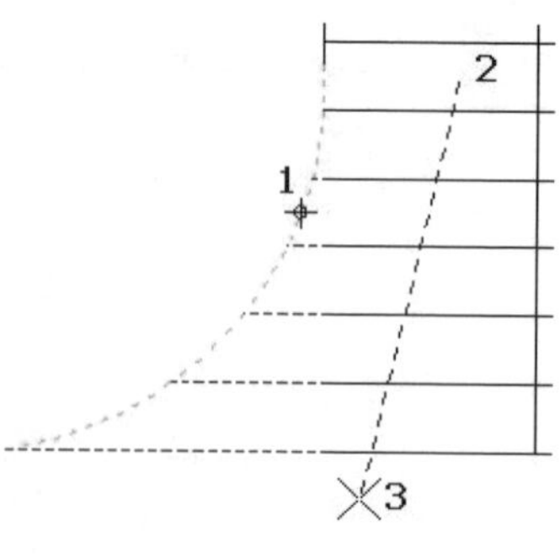

13. Na janela Tool Settings, defina a opção Mode para **Advanced**.

14. Na opção Operation, selecione **Trim**.
15. ASSEGURE-SE de que Select Cutting Elements esteja ativada.
16. Usando a janela de vista 2, identifique cada um dos segmentos verticais do corrimão (1 a 4).

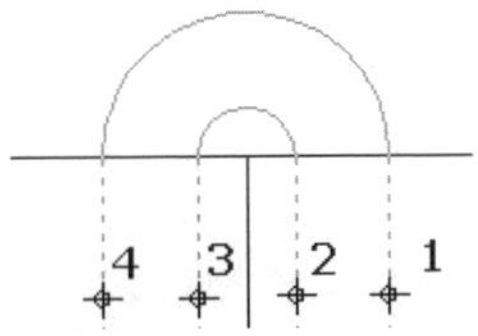

17. Pressione RESET para concluir este passo. A opção **Select Element to Trim** é selecionada automaticamente na janela Tool Settings.

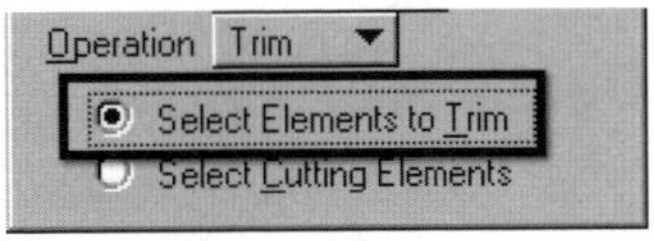

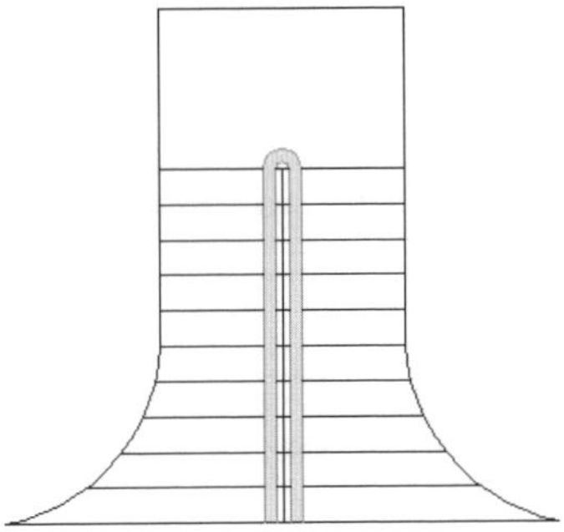

18. Identifique cada uma das linhas que definem os degraus, exceto a primeira (de baixo para cima).
19. Pressione RESET para concluir este passo. Se o resultado não for satisfatório, clique próximo do lado que você deseja que permaneça.
20. Pressione RESET para concluir o comando.

Insert Vertex

Para inserir um vértice no segmento de uma line, line string, multi-line, shape ou do polígono que controla uma curva B-spline. Em uma line ou line string, pode aumentar o número de segmentos quando uma extremidade é identificada. Em uma cota, é capaz de adicionar uma linha de extensão.

◉ **No arquivo atual abra o modelo 06 - INSERT E DELETE VERTEX.**

EXERCÍCIO: Para inserir um vértice em um segmento

1. Na caixa de ferramentas MAIN, selecione a ferramenta **Insert Vertex**. Alternativamente você pode pressionar **<7><8>**, desde que o foco esteja em Home.
2. Identifique o segmento ao qual você deseja adicionar o vértice.
3. Entre com um ponto para o novo vértice.

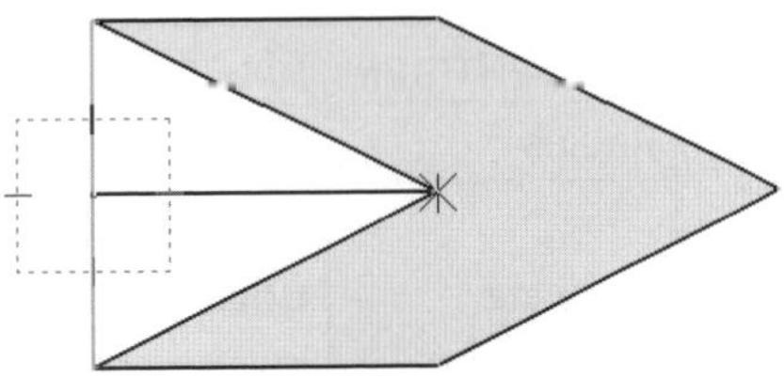

Para adicionar uma linha de extensão em uma cota

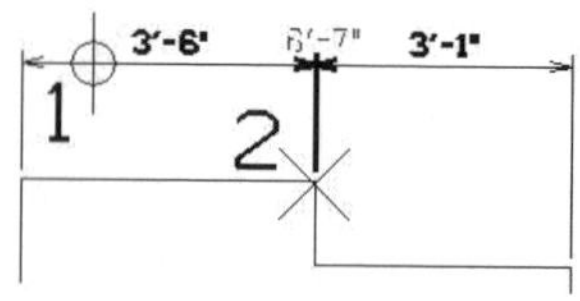

1. Identifique a linha de cota próximo do ponto no qual você deseja incluir a linha de extensão.
2. Entre com um ponto para definir o ponto final da linha de extensão da cota.

Delete Vertex

Usada para remover um vértice de uma line, line string, multi-line, shape ou do polígono que controla uma curva B-spline. Em uma cota, remove uma linha de extensão.

EXERCÍCIO: Para remover um vértice ou uma linha de extensão

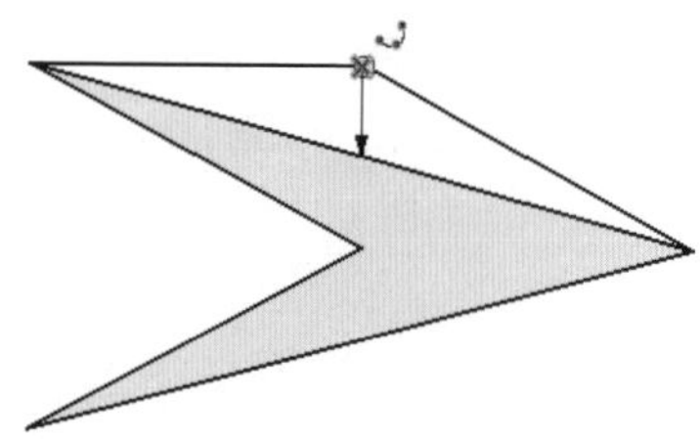

1. Na caixa MAIN, selecione a ferramenta **Delete Vertex**. Alternativamente você pode simplesmente pressionar **<7><9>**, desde que o foco esteja em Home.
2. Identifique o vértice ou a linha de extensão.
3. Aceite a remoção.

Construct Circular Fillet

Usada para construir concordâncias circulares (arcos) entre dois elementos do tipo line, line string, arcos circulares, círculos ou shapes.

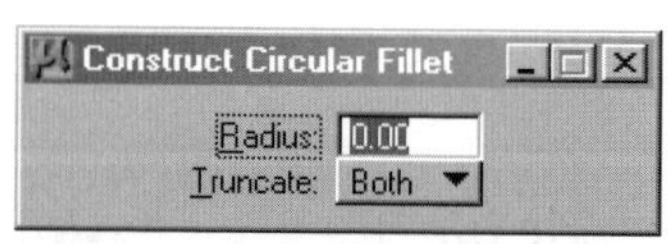

◉ **No arquivo atual abra o modelo 07 - CIRCULAR FILLET AND CHANFER.**

Tool Settings	Efeito
Radius	Define o raio da concordância.
Truncate	**None** - nenhum lado é truncado. **Both** - ambos os lados são truncados em seus pontos de tangência. **First** - o primeiro lado é truncado em seu ponto de tangência.

EXERCÍCIO: Construindo concordâncias circulares

1. Na caixa de ferramentas MAIN, selecione a ferramenta **Construct Circular Fillet**. Alternativamente você pode pressionar **<7><0>**, desde que o foco esteja em Home.
2. Pressione a tecla **<ALT>** e clique sobre o contorno da peça para capturar seus atributos.
3. Na janela Tool Settings, no campo Radius digite **5 <ENTER>**.
4. Defina a opção Truncate para **Both**.

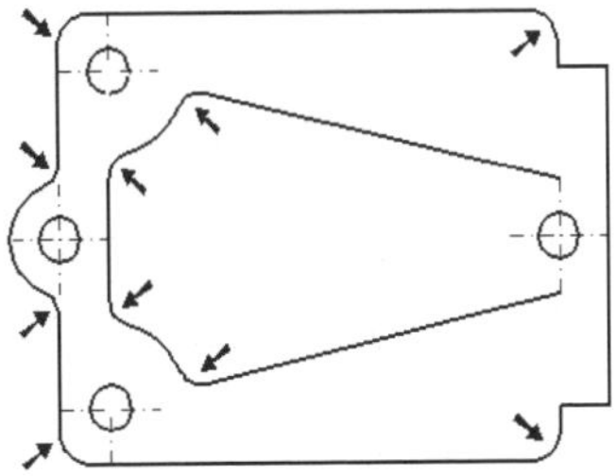

5. Identifique o primeiro elemento ou segmento.
6. Identifique o segundo elemento ou segmento.
7. Repita os passos 4 e 5 para os locais indicados na figura ao lado.

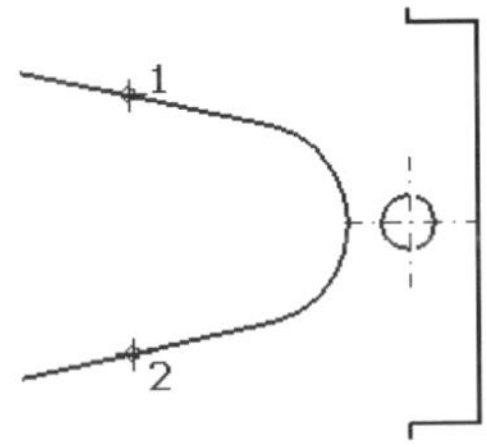

8. Na janela Tool Settings, no campo Radius digite **15 <ENTER>**.
9. Identifique a primeira linha (1). A linha é reduzida.
10. Identifique a segunda linha (2). A linha é reduzida.

11. Na janela Tool Settings, no campo Radius digite **7 <ENTER>**.
12. Defina a opção Truncate para **First**.

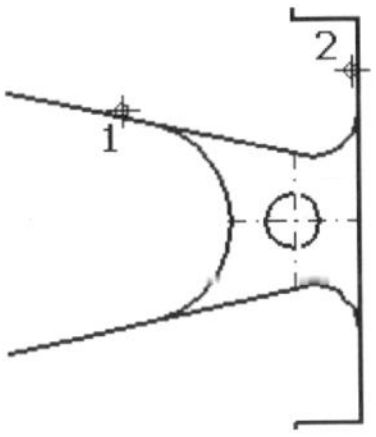

13. Identifique a primeira linha (1). A linha é expandida.
14. Identifique o segmento vertical direito do contorno da peça (2). Nesse método, o segundo elemento identificado não sofre nenhuma modificação.
15. Repita os passos 12 e 13 para a outra linha.

Essa ferramenta NÃO deve ser usada para arredondar um vértice de um polígono, ou seja, não deve ser usada em formas que sejam um único elemento, pois ele será "quebrado" (Drop).

Construct Chamfer

Usada para construir chanfros entre duas linhas que serão cortadas e uma terceira linha forma o chanfro; também em segmentos adjacentes de uma line string ou shape.

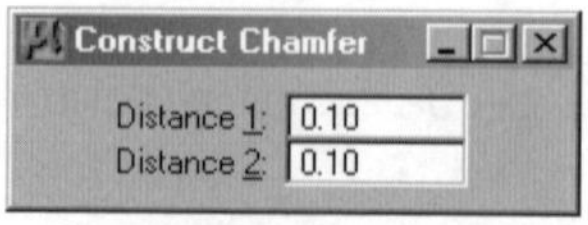

Tool Settings	Efeito
Distance 1	Distância do primeiro elemento ou segmento identificado.
Distance 2	Distância do segundo elemento ou segmento identificado.

EXERCÍCIO: Para construir um chanfro

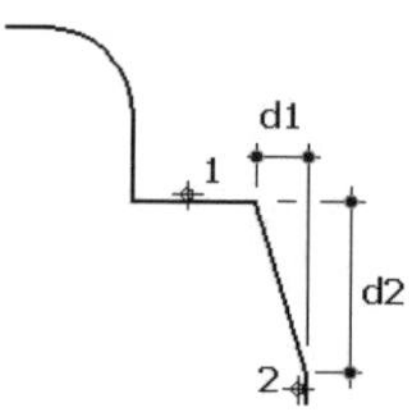

1. Na caixa de ferramentas MAIN, selecione a ferramenta **Construct Chamfer**.
2. No campo Distance 1, digite **3**.
3. No campo Distance 2, digite **10**.
4. Identifique a primeira linha ou segmento (1).
5. Identifique a segunda linha ou segmento (2).

⊙ **No arquivo atual abra o modelo 08 - EXERCÍCIO.**

O objetivo deste exercício é transformar os elementos já colocados no arquivo em um modelo igual ao exemplo dado. Os recursos utilizados foram tratados até o presente módulo.

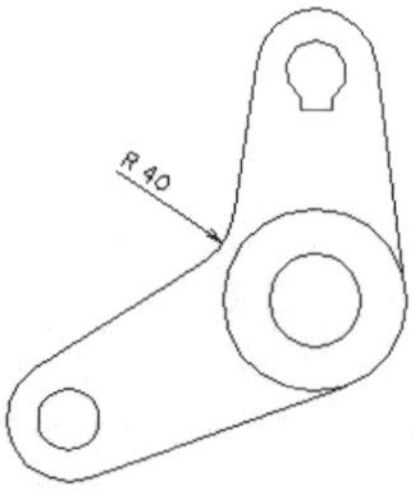

EXERCÍCIO: Finalizando o desenho do mancal

1. Na caixa MAIN, selecione a ferramenta **IntelliTrim**. Alternativamente você pode pressionar **<7><7>**, desde que o foco esteja em Home.

2. Na janela Tool Settings, defina a opção Mode para **Advanced**.
3. Defina a opção Operation para **Trim**.
4. Assegure-se de que a opção Select Cutting Elements esteja marcada.
5. Identifique o polígono e as quatro linhas tangentes aos círculos, definindo os ELEMENTOS CORTANTES da operação.

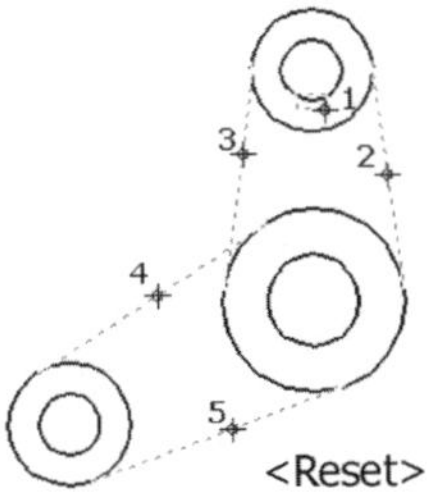

   Pressione **RESET** para concluir este passo. Automaticamente a opção Select Elements to Trim é marcada na janela Tool Settings.

6. Identifique os dois círculos superiores e o círculo externo do lado esquerdo, conforme a figura ao lado. Isso define os ELEMENTOS A SEREM CORTADOS.

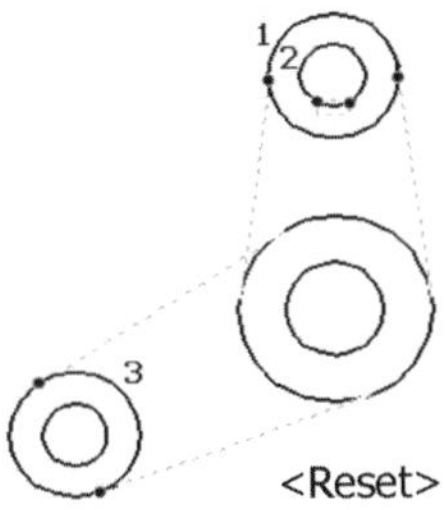

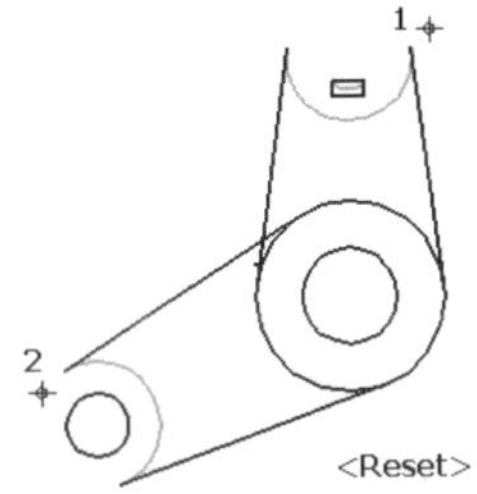

7. Clique em **Reset** para concluir este passo.
8. Entre com um ponto PRÓXIMO DAS PARTES que você deseja exibir (1) (2).
9. Aperte **Reset** para concluir o comando.

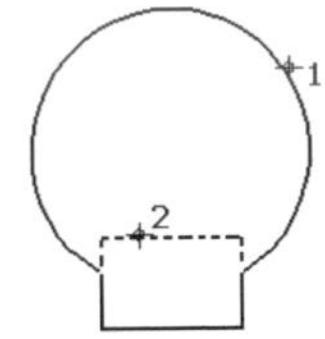

10. Na caixa MAIN, selecione a ferramenta **Trim Element**. Alternativamente você pode pressionar **<7><6>**, desde que o foco esteja em Home.
11. Identifique o arco interno como o ELEMENTO CORTANTE (1).
12. Identifique o segmento superior do polígono (2).

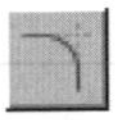

13. Na caixa MAIN, selecione a ferramenta **Construct Circular Fillet**. Alternativamente você pode pressionar **<7><0>**, desde que o foco esteja em Home.
14. Na janela Tool Settings, no campo Radius digite **40 <ENTER>**.

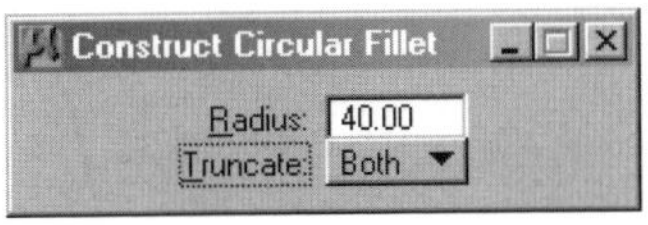

15. Defina a opção Truncate para **Both**.
16. Identifique o primeiro elemento ou segmento.
17. Identifique o segundo elemento ou segmento.

Antes de Continuar

1. Como saber exatamente quantos foram os elementos selecionados pela ferramenta Element Selection?
2. O que fazer para retirar uma Fence colocada no arquivo de desenho?
3. Qual ferramenta deve ser usada para mudar a escala de uma linha customizada, como uma linha criada pelo AutoCAD®, por exemplo?

Capítulo 7

Estrutura de Níveis

Desenhando com Múltiplos Níveis

Cada elemento de um modelo está em um nível de desenho. O conceito de níveis é semelhante ao de transparências sobrepostas em um projetor: em diferentes combinações facilita a visualização de um modelo. Pode-se criar virtualmente um número ilimitado de níveis (**4 bilhões**) em um arquivo DGN. Cada nível recebe um nome que é armazenado no próprio arquivo DGN.

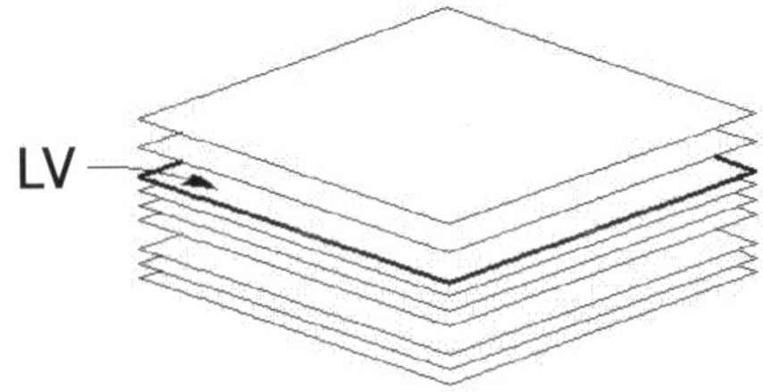

O Nível Ativo

Quando você seleciona um nível a partir da lista da caixa de ferramentas Attributes, ou dá um duplo-clique em um nível na caixa de diálogo Level Display, ele se torna o **nível ativo** (Active Level). Somente um nível por vez pode ser ativo.

◉ **Abra o arquivo 16 - Niveis.dgn.**

O nível ativo é aquele no qual os novos elementos são desenhados. Ele é o mesmo em todas as janelas de vistas, e o elemento, nesse instante, é também visível em todas elas. O nome do nível ativo é exibido na caixa de ferramentas Attributes e no lado direito da Status Bar.

O uso de vários níveis não acarreta aumento do tamanho do arquivo; deve-se usá-los por motivo organizacional.

	EXERCÍCIO: Para definir um nível ativo

1. Na caixa de ferramentas Attributes, clique na caixa de rolagem **Active Level**. A caixa se abre e os níveis disponíveis são exibidos.
2. Escolha o nível chamado **Contorno**.

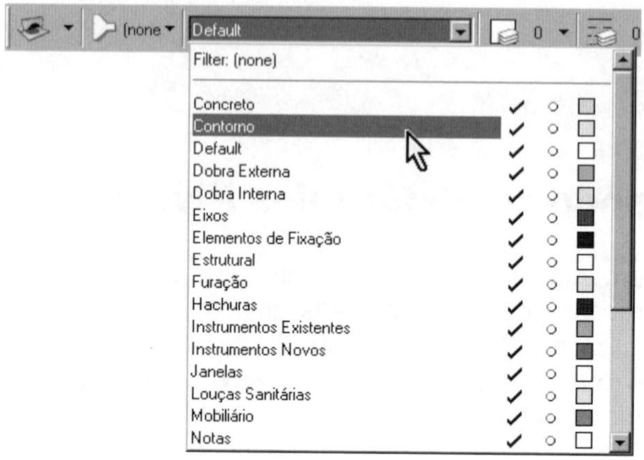

Controlando os Níveis Exibidos

A exibição de um elemento reside em um nível em particular que pode ser ativado e desligado, conforme a necessidade. Use a caixa de diálogo **Level Display** para ligar ou desligar os níveis de um modelo. A caixa Level Display pode ser aberta de diversas maneiras:

- A partir do menu Settings > Level > Display.
- A partir da caixa Primary Tools.
- **Pressionando <CTRL+E>.**
- A partir do menu de opções de cada janela, escolhendo a opção Level Display.

A caixa Level Display é dividida em duas partes: a LISTA DE ARQUIVOS anexados como referência e a LISTA DOS NÍVEIS do arquivo selecionado. A lista de arquivos pode ser ativada/desativada a partir do ícone **Show Target Tree**.

EXERCÍCIO: Compreendendo o significado das cores da caixa Level Display

1. A lista de níveis exibe os nomes dos níveis em linhas com diferentes cores.
   - **VERDE** - o nível ativo.
   - **AZUL (default Windows XP ou 2000)** - nível ativado.

     Essa cor é definida na tabela Aparência das propriedades de vídeo. Ao clicar sobre Avançada, escolha o item "Barra de título ativa" e no menu de opções cor 1, escolha a cor da sua preferência.
   - **BRANCA *** - nível desligado. (*) Baseado na aparência atual da Desktop.
   - **CINZA-ESCURO** - nível ativado em uma vista e desligado em outra.
2. Na caixa Level Display, **desligue** os índices das janelas de vistas de **2 a 8**. A vista exibe alguns níveis ligados (cor AZUL), outros desligados (cor BRANCA), além do nível ativo (cor VERDE).

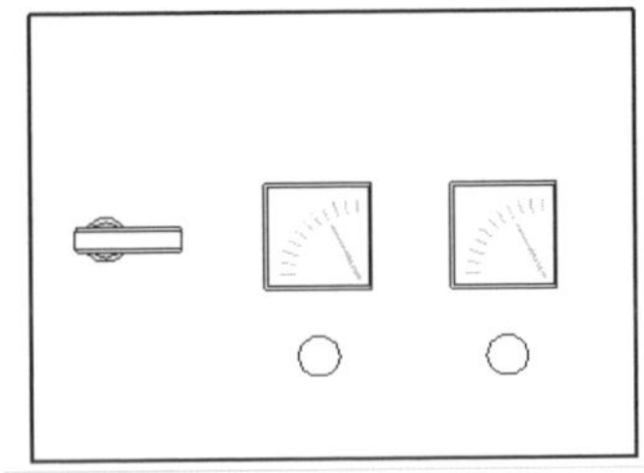

3. Na caixa Level Display, **desligue** o índice da janela de vista 1 e ligue o da janela de vista 2. Entre os **níveis usados** (coluna Used marcada e/ou nome do nível em negrito), a vista exibe somente o nível "Contorno".

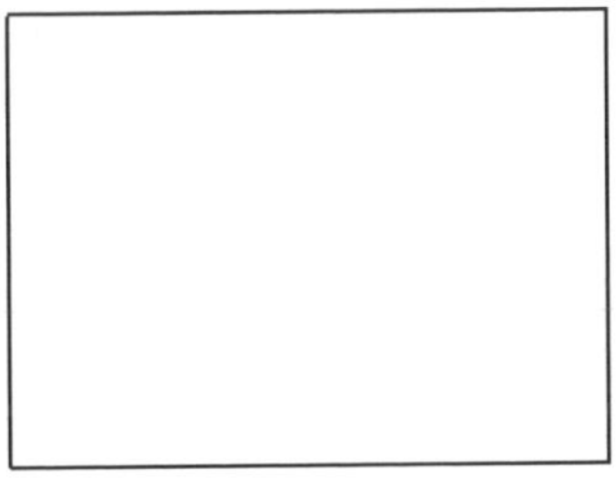

4. Na caixa Level Display, torne a ligar o índice da janela de vista 1. Agora os níveis EQUIPAMENTOS e SIMBOLOGIA aparecem na cor CINZA-ESCURO, pois eles estão ligados na janela de vista 1 e desligados na janela de vista 2.

> Para LIGAR/DESLIGAR os níveis por meio da caixa Level Display, basta clicar no nome do nível desejado. O nível é ligado/desligado nas vistas indicadas pela caixa.

Alternativamente você pode LIGAR/DESLIGAR um nível em todas as janelas de vistas sem precisar usar a caixa Level Display. Faça o exercício seguinte.

EXERCÍCIO: Para ligar/desligar níveis usando a caixa do Active Level

1. Clique em Active Level na caixa Attributes. Os níveis do arquivo DGN aberto são listados.
2. Clique na marca de "check" ou "quadriculada" do nível que você quer ligar/desligar. Neste exemplo clique em EQUIPAMENTOS.

A marca muda para um círculo branco indicando que o nível está desligado. Para ligar, basta clicar no círculo que a marca de "check" retorna.

> Você pode fazer com que o nível ativo não seja exibido em todas as janelas de vistas, desligando a opção **Display Active Level in All Views** na categoria Operation das Preferências (menu Workspace > Preferences).

EXERCÍCIO: Para alterar a exibição dos níveis graficamente

1. Na caixa de diálogo Level Display, selecione a ferramenta Change Level.

2. Na janela do Tool Settings, escolha **DISPLAY OFF**.

   Você ainda poderia escolher Display Only para exibir somente o nível do elemento identificado, ou Lock para bloquear o nível do elemento.

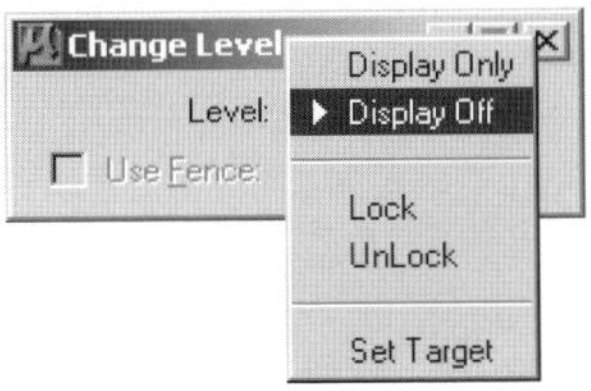

3. Na janela 3, identifique qualquer um dos equipamentos alocados na porta.

> Esta operação também pode ser realizada pelo conteúdo de uma Fence.

Para mudar os níveis exibidos de um arquivo de referência

1. Na caixa Level Display, a partir da opção Target, selecione a referência desejada. Os níveis dessa referência são listados. Se as colunas chamadas de File e Logical forem exibidas, elas listam o nome do arquivo e o nome lógico da referência respectivamente.

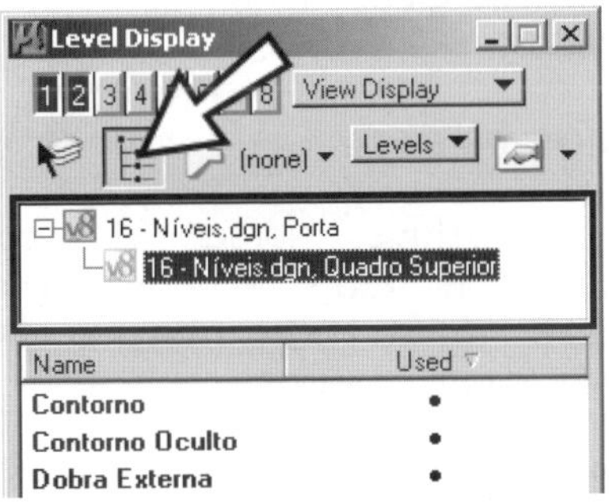

2. Clique em um nível que esteja sendo usado (destacado com um ponto sob a coluna Used) para ligá-lo ou desligá-lo.

Para ligar/desligar níveis em todos os modelos armazenados em um arquivo DGN

1. Na caixa de diálogo Level Display, ligue a opção Use Global. Os níveis são ligados/desligados nas janelas de vistas de todos os modelos.

> Toda janela de vista tem a mesma configuração de níveis enquanto Use Global estiver ativada.

A Caixa de Diálogo Level Display Properties

Aberta a partir da caixa Level Display, é usada para definir se os níveis serão exibidos por números ou nomes. Embora isso seja possível, NÃO É RECOMENDADO voltar a usar números!

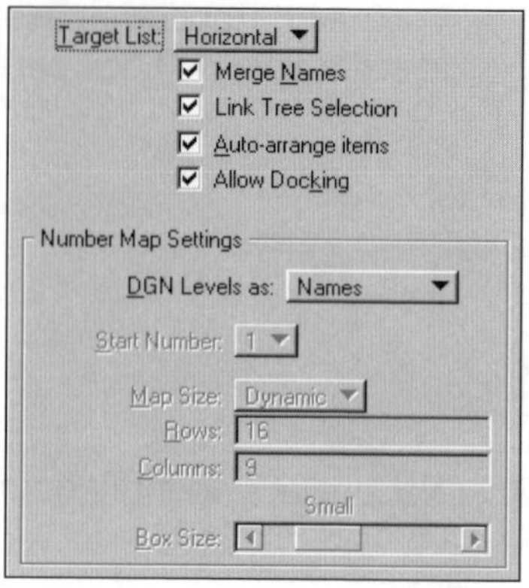

Level Library

Os níveis, alternativamente, podem ser armazenados em um arquivo DGN especial que exerce a função de **LEVEL LIBRARY** (uso recomendado). Este é o melhor método para controlar um padrão de níveis da sua empresa. Definido pela variável de configuração MS_DGNLIBLIST (arquivo com extensão *.dgnlib), esse arquivo comanda toda a estrutura dos níveis do workspace globalmente, ou seja, se alterar a LEVEL LIBRARY, todos os arquivos são atualizados.

◉ **Abra o Windows Explorer na pasta C:\ModuloXM\Dgnlib.**

A pasta DGNLIB (pode ser qualquer nome) tem por finalidade armazenar as BIBLIOTECAS DGN do workspace utilizado neste livro. Uma vez que esse endereço é definido no workspace, qualquer arquivo (DGN, DWG) aberto por esse workspace terá os níveis desses arquivos disponíveis para trabalhar.

Interoperabilidade de arquivos de diferentes disciplinas

Por residir no próprio arquivo gráfico (enviado pela LEVEL LIBRARY), permite que arquivos de diferentes disciplinas possam ser abertos por distintos workspaces, sem que os elementos percam os níveis que foram atribuídos.

Isso permite que CADA DISCIPLINA tenha o seu próprio workspace e a sua própria estrutura de níveis, sem se preocupar com os níveis de outra disciplina. Por exemplo, o workspace de arquitetura deve listar somente níveis relacionados à ARQUITETURA.

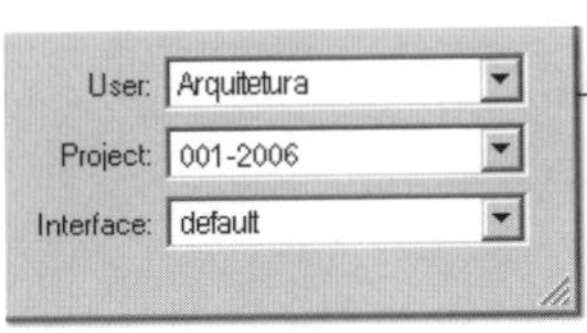

Arquitetura.dgnlib

Nome do Nível	Cor	Estilo	Espessura
Acessórios	5	0	0
Cobertura	0	0	0
Janelas	0	0	0
Mobiliário	6	0	0
Paredes	7	0	2
Portas	4	0	1
Projeção do Telhado	1	4	0
Vista Externas	1	0	0
Vista Internas	9	0	0

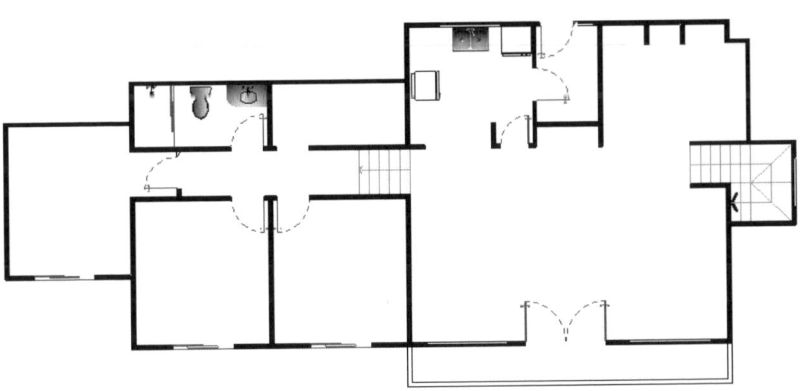

Enquanto isso, o workspace da disciplina ENGENHARIA ELÉTRICA deveria conter apenas os níveis relacionados a essa disciplina. Mas nesse caso, os dados de arquitetura precisam ser referenciados pelo projetista elétrico, porém com uma simbologia diferenciada. Então, alguns dos níveis de arquitetura devem ser estrategicamente criados com o mesmo nome na estrutura da Engenharia Elétrica com a simbologia desejada.

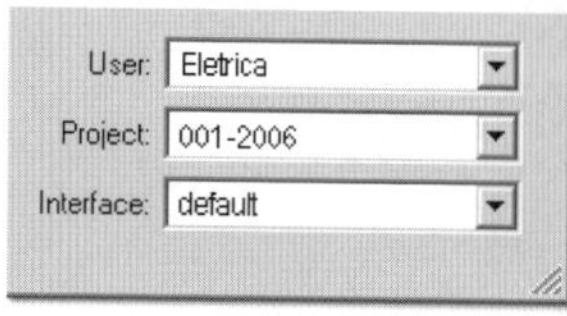

Eletrica.dgnlib

Nome do Nível	Cor	Estilo	Espessura
Bandejamento	0	0	0
Equip. Auxiliares	1	0	0
Equip. de Força	7	0	0
Interruptores	98	0	0
Janelas	9	0	0
Luminarias	6	0	0
Painéis	4	0	0
Paredes	9	0	0
Vista Internas	9	0	0

Se os dados de arquitetura forem referenciados, serão publicados conforme as definições da elétrica.

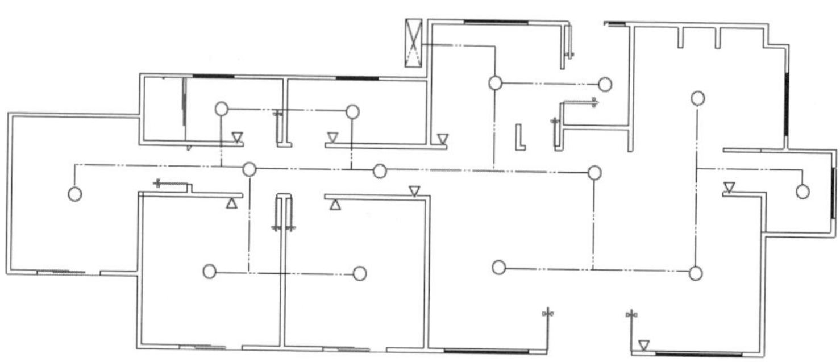

A estrutura dos níveis NÃO DEVE ser armazenada no ARQUIVO SEMENTE! Recomenda-se que o arquivo semente não possua nenhum nível definido (exceto o Default).

Gerenciando os Níveis

A caixa de diálogo Level Manager é usada para CRIAR e EXCLUIR níveis, MODIFICAR seus atributos e definir FILTROS para controlar a exibição de grupos de níveis baseados nesses atributos.

Para abrir a caixa Level Manager, clique no campo Active Level da Status Bar, ou a partir do menu Settings escolha Level > Manager, ou clique no ícone Level Manager da caixa Primary.

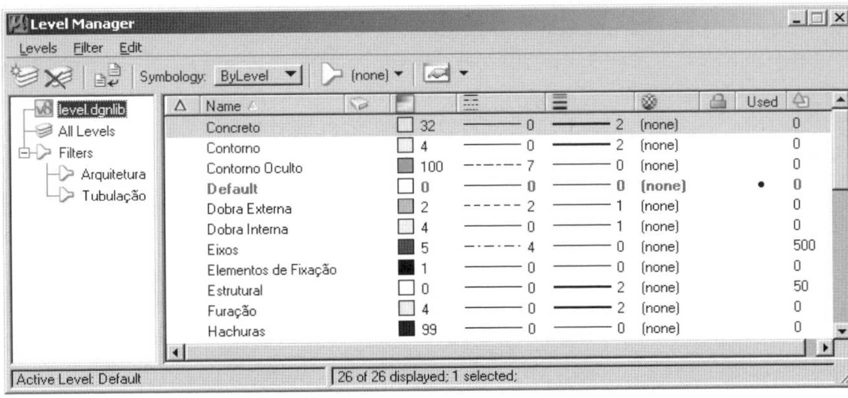

◉ **Abra o arquivo C:\ModuloXM\dgnlib\Level.dgnlib.**

EXERCÍCIO: Para criar outro nível

1. A partir do menu Levels da caixa Level Manager escolha New, ou clique no ícone **New Level**.

2. Outro nível é criado na lista de níveis. Defina o nome do novo nível como ACESSÓRIOS.
3. Pressione **<ENTER>** para aceitar as mudanças do novo nível.

EXERCÍCIO: Para ajustar as propriedades do nível

1. A partir da lista de níveis da caixa Level Manager, selecione o nível chamado **Acessórios**.
2. A partir do menu Edit, escolha Properties, ou clique com o botão direito sobre esse nível e escolha Properties. A caixa Level Properties se abre.
3. No campo Description, digite Tampo pia, tanque, corrimão e outros acessórios.
4. Defina o valor do campo **Priority** para **200**.
5. Defina o valor do campo **Transparency** para **0**.
6. Ative a opção **Display** para que o nível já venha ativado.
7. Desative a opção **Freeze**, o correspondente a Display para arquivos DWG.
8. Desative a opção **Lock** para que o nível venha desbloqueado.
9. Ative a opção **Plot** para que os elementos desse nível possam ser plotados.

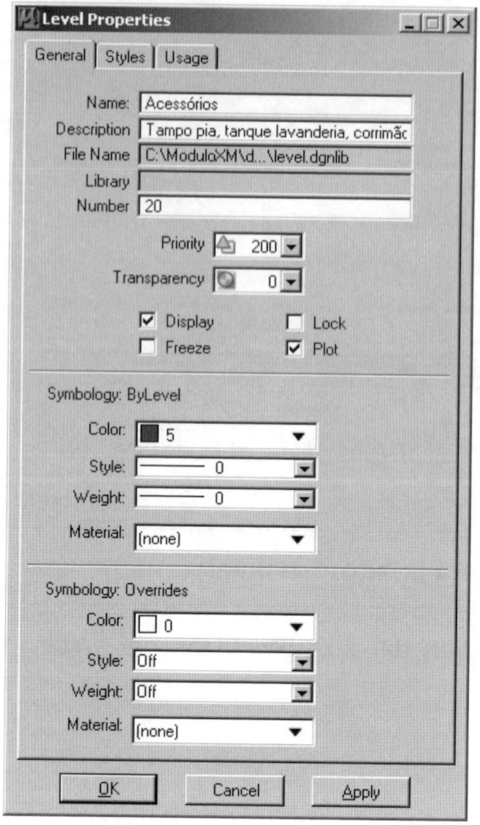

10. Na seção Symbology: ByLevel, defina:
    - Color: 5, Style: 0, Weight: 0, Material: (none)
11. Na seção Symbology: Overrides, defina:
    - Color: 0, Style: Off, Weight: Off, Material: (none)

OFF significa que esses atributos NÃO SERÃO SOBRESCRITOS caso a opção **Level Overrides** dos atributos de vista (View Attributes, <CTRL+B>) seja ativada.

12. A tabela **STYLES** exibe informações sobre como as linhas customizadas devem ser tratadas em relação aos parâmetros Origin, End e Scale Factor. Especificações diferenciadas entre os modos ByLevel e Overrides podem ser definidas.
13. A tabela **USAGE** exibe informações sobre a quantidade de elementos armazenados em um nível específico (quadro Used By) e sobre a quantidade de elementos de um determinado tipo (linhas, curvas, polígonos etc.).
14. Clique em **APPLY** e em **OK**.

O nível criado no arquivo aberto vai residir exclusivamente nesse arquivo, exceto se esse arquivo for a sua biblioteca DGN de níveis apontada pela variável MS_DGNLIBLIST.

Criando uma Biblioteca de Níveis

O uso de uma biblioteca de níveis (LEVEL LIBRARY) é de grande ajuda para um fluxo de trabalho eficiente. É necessário um bom planejamento antes de criar a biblioteca. Considere todo o ciclo de vida do projeto, como ele será manipulado, modificado e até mesmo publicado. Lembre-se de que essa biblioteca também permite definir a simbologia dos elementos.

Ao contrário do que muitos pensam, a simbologia escolhida aqui não significa necessariamente o resultado da impressão. Pense apenas na "comunicação visual". A criação dos níveis deve acontecer em um arquivo específico que pode ser DGN com qualquer extensão, apontado pela variável MS_DGNLIBLIST.

Para definir a variável de configuração MS_DGNLIBLIST

1. A partir do menu Workspace, escolha **Configuration**.

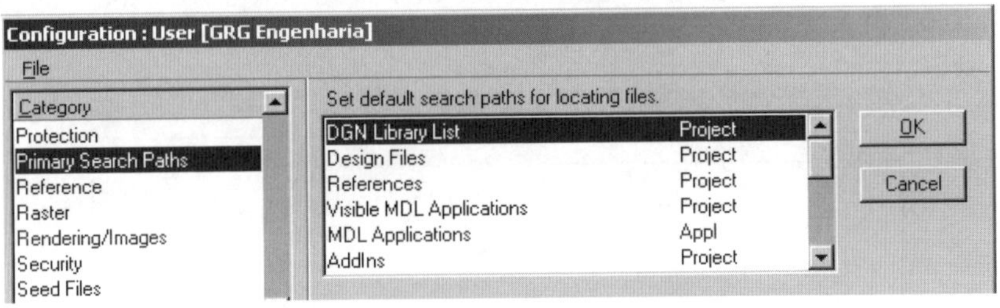

2. Na categoria **Primary Search Paths**, selecione DGN Library List.
3. Clique no botão **SELECT** e procure a pasta que contém suas bibliotecas DGN. Em seguida basta selecionar o arquivo (ou arquivos) desejado e clicar em **ADD** e **DONE**. Clique em **OK**.

> Os arquivos que armazenam os seus estilos de cotas, textos e multilinhas são indicados da mesma maneira.
> Você também pode anexar uma outra biblioteca ao arquivo. Isso pode ser interessante quando um arquivo específico exige um conjunto de níveis em particular.

◉ **Retorne para o arquivo 16 - Níveis.dgn.**

Para anexar uma Level Library

1. A partir do menu Levels da caixa Level Manager, escolha Library > Attach.
2. Selecione o arquivo que contém o conjunto de níveis desejados, que podem estar armazenados em arquivo nos formatos **DGN** (incluindo dgnlib), **DWG** e **CSV**.
3. Clique em OK. Somente os níveis que forem usados vão residir no arquivo.

Importando Níveis

A importação de níveis é um processo similar ao anterior (anexar uma biblioteca), porém os níveis são colocados fisicamente nesse arquivo.

1. A partir do menu Levels da caixa de diálogo Level Manager, escolha Import.
2. Selecione a Level Library para importar e clique em OK.

Excluindo Níveis

Pode ser que depois de usar os níveis importados, você queira se desfazer dos níveis não utilizados.

1. A partir do menu Edit da caixa de diálogo Level Manager, escolha Select All.
2. Pressione a tecla Delete, ou a partir do menu Edit, escolha Delete. Somente os níveis sem uso são excluídos do arquivo DGN aberto. Alternativamente você pode usar a caixa COMPRESS OPTIONS para realizar essa operação, ou definir que essa tarefa seja realizada sempre que você deixar o arquivo atual ou finalizar o MicroStation. Mas atenção, a operação não pode ser desfeita (undo)!

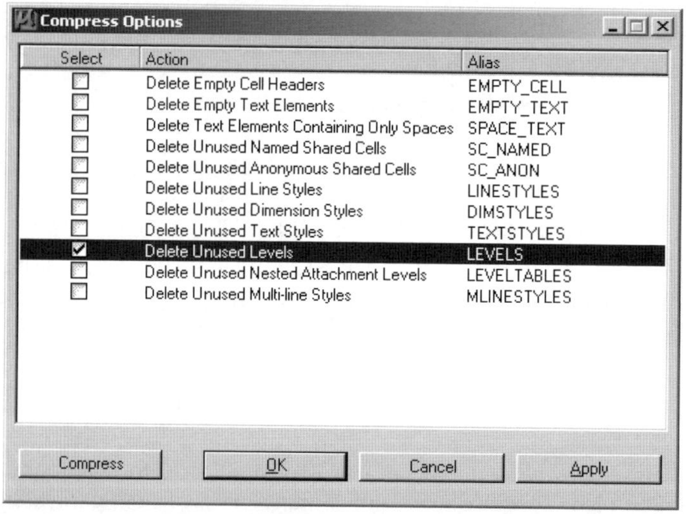

Para saber se você possui níveis de uma biblioteca anexados, basta conferir na janela do Level Manager se o nível possui o nome da biblioteca sob a COLUNA LIBRARY.

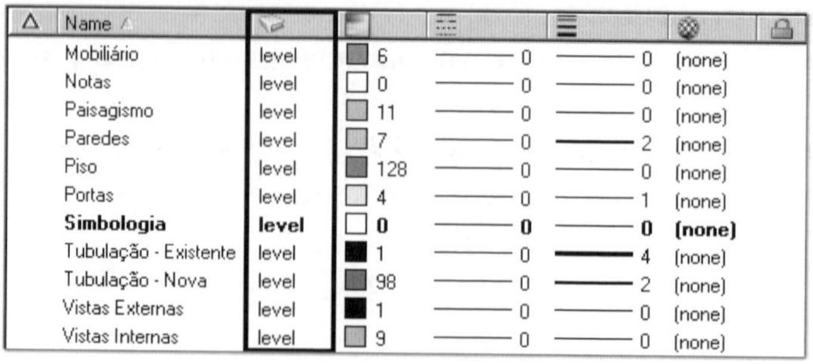

Para modificar uma Level Library você deve abrir o arquivo DGNLIB e realizar as modificações desejadas. Os arquivos conectados são atualizados automaticamente, e aqueles que estiverem abertos são atualizados com o Key-in: dgnlib update levels all.

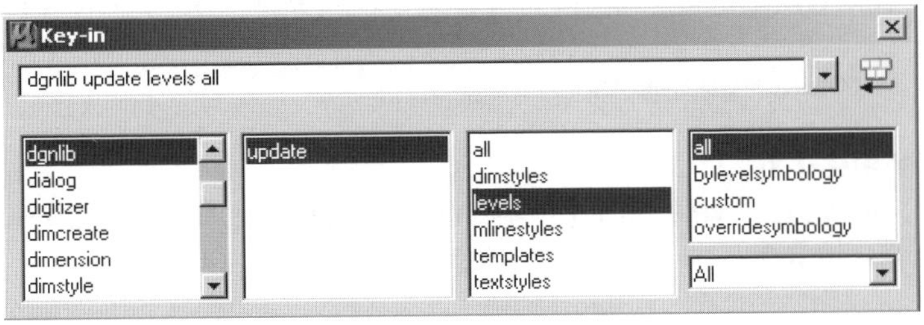

Para exportar níveis

1. A partir do menu Levels da caixa Level Manager, escolha **Export**.
2. Entre com o nome da biblioteca, ou selecione uma existente para sobrescrevê-la. Você pode exportar para os seguintes formatos: DGN, DGNLIB ou CSV.
3. Clique em **OK**. Os níveis do arquivo DGN aberto são exportados para a biblioteca em questão.

Modificando os Atributos dos Níveis

Você pode mudar as propriedades de um nível usando a caixa Level Manager. Isso inclui RENOMEAR, mudar a SIMBOLOGIA, classificar as informações nas colunas e ainda BLOQUEAR os níveis individualmente.

Mudando o nome de um nível

1. Na caixa de diálogo Level Manager, selecione o nível desejado.
2. A partir do menu Edit, clique em **Rename**.
3. Digite o novo nome e pressione **<ENTER>** para aceitar a mudança.

Mostrando/Escondendo as Colunas de Informações

Você pode controlar os tipos de informações exibidos pelas caixas **Level Manager** e **Level Display**. As colunas podem ser EXIBIDAS ou OCULTADAS a partir de seus cabeçalhos.

Para classificar/ordenar as colunas

1. Na caixa Level Manager, clique na coluna desejada para classificar em ordem ascendente.
2. Clique novamente no cabeçalho da coluna para classificar os dados em ordem descendente.

Para exibir/ocultar as colunas de informações

1. A partir da caixa de diálogo Level Manager, pressione o botão direito do mouse sobre a linha de cabeçalhos das colunas. Uma lista flutuante das colunas disponíveis aparece. Uma marca de "check" aparece próximo ao nome das colunas que estão sendo exibidas.
2. Selecione as colunas que desejar.

Para bloquear um nível

1. A partir da lista de níveis da caixa **Attributes**, clique na coluna Lock do nível que você deseja bloquear. Um cadeado preto aparece, mostrando que esse nível está bloqueado.

> Os níveis agora podem ser bloqueados individualmente. Anteriormente à versão V8, a trava Level Lock bloqueava todos os níveis, exceto o ativo. Nenhuma alteração poderia ser feita nos elementos, a não ser que eles residissem no nível ativo.
>
> Os elementos colocados em níveis bloqueados não podem ser modificados.

◉ **Crie um arquivo chamado EXERCÍCIO_03.DGN.**

EXERCÍCIO: Para usar a simbologia definida pelo nível (ByLevel)

1. A partir da caixa **Attributes**, defina a opção Active Level para o nível **Contorno**.
2. Nas opções Active Color, Active Line Style e Active Line Weight, escolha ByLevel.

   A simbologia (cor, estilo de linha e espessura) automaticamente assume os valores declarados na biblioteca de níveis (C:\ModuloXM\dgnlib\Level.DGNLIB).
3. Na caixa Attributes, ative outros níveis, observando a mudança da simbologia.
4. Faça o desenho da figura seguinte usando os níveis indicados. Comandos sugeridos (na ordem): Place Block, Place Circle, Place Line, Extend Line, Move Parallel e Mirror.

É importante notar que o atributo BYLEVEL não tem o mesmo valor que o literal do atributo selecionado manualmente no arquivo aberto. Por exemplo, na biblioteca DGN de níveis, o nível Contorno indica a cor 4. No arquivo aberto, ao ativar o nível Contorno, a cor ByLevel é ativada e não a cor 4. Portanto, se a cor do nível Contorno for alterada na biblioteca DGN, somente os elementos que possuem a cor ByLevel serão alterados automaticamente!

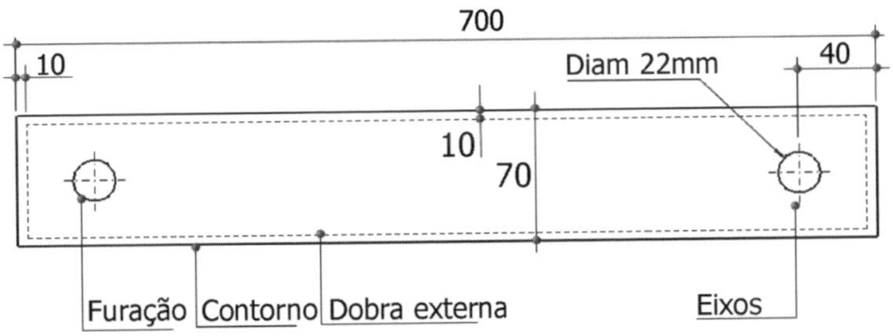

Usando Filtros para Níveis

Filtros são meios úteis de agrupar níveis com o propósito de visualização. Por exemplo: considere que você possua uma biblioteca com centenas de níveis. Dentro dessa grande estrutura devem ser filtradas diferentes disciplinas como ARQUITETURA, HIDRÁULICA e ELÉTRICA. Sob a disciplina de Arquitetura estão relacionados níveis como Alvenaria, Portas, Janelas, Cotas do Arquitetônico etc. Então você poderia facilmente definir um filtro para exibir somente os níveis relacionados a essa disciplina.

Filtros podem ser nomeados, salvos, copiados, excluídos e renomeados conforme suas necessidades. Eles podem ser ligados/desligados pela caixa de diálogo Level Display.

Os filtros usam diferentes tipos de expressões que dependem da coluna em que são colocados. Existem três formas básicas de expressão: STRING, INTEGER e BOOLEAN. Uma sintaxe é fornecida para filtrar atributos com "curingas" (ex: *. ?), similar aos critérios de pesquisa do Windows Explorer.

- Expressões STRING são similares aos critérios do MS-Windows Explorer. Além disso, definições baseadas em operações como | (ou), & (e), e – (menos) podem ser adicionadas. Essas expressões são válidas para as colunas Name, Description, File e Logical.
- Expressões INTEGER são aplicadas a números inteiros. Por exemplo, 1, 10, 15-20. Operadores de comparação como >, >=, <, <= e != são suportados. Válidas para as colunas Number, Color, Style, Weight e Elements.
- Expressões BOOLEAN são aplicadas a check boxes. Podem conter valores 0 ou 1. Válidas para as colunas Global, Lock, Used, e Library.

<table>
<tr><th>Expressões String</th><th>Nomes de níveis que atendem aos critérios</th></tr>
<tr><td>Par</td><td>Todos os níveis que tenham o trecho Par.</td></tr>
<tr><td>"Paredes"</td><td>O nível com o nome "Paredes".</td></tr>
<tr><td>*1</td><td>Todos os níveis que terminem em 1.</td></tr>
<tr><td>Par*</td><td>Todos os níveis que iniciem com Par.</td></tr>
<tr><td>1 | 2</td><td>Todos os níveis que tenham o caractere 1 ou 2.</td></tr>
<tr><td>1 & 2</td><td>Todos os níveis que tenham os caracteres 1 e 2.</td></tr>
<tr><td>1 - 2</td><td>Todos os níveis que tenham o caractere 1, mas não o 2.</td></tr>
</table>

<table>
<tr><th>Expressões String</th><th>Nomes de níveis que atendem aos critérios</th></tr>
<tr><td>*1 | *2 | *3</td><td>Todos os níveis que terminem em 1, 2 ou 3.</td></tr>
<tr><td>((1 | 2) - 3)</td><td>Todos os níveis que tenham o caractere 1 ou 2, mas não o caractere 3.</td></tr>
<tr><td>"Paredes" | "Janelas"</td><td>Todos que combinem exatamente os níveis "Paredes" e "Janelas".</td></tr>
</table>

Expressões Integer	Nomes de níveis que atendem aos critérios
1,10	Níveis com número 1 ou 10.
10, 15-20	Níveis com número 10, 15, 16, 17, 18, 19 e 20.
<20	Níveis com número menor que 20.
<=20	Níveis com número menor ou igual a 20.
>10, <20	Níveis com número maior que 10 ou menor que 20.
>10, <20, !=15	Níveis com número maior que 10 ou menor que 20 e diferente de 15.

Expressões Boolean	Nomes de níveis que atendem aos critérios
0	Se aplicado à coluna Used, combina todos os níveis SEM uso.
1	Se aplicado à coluna Used, combina todos os níveis em uso.

Para definir o nome de um filtro

1. No quadro ramificado da caixa Level Manager, selecione Filters. Os filtros são listados.
2. Clique no ícone Create Filter. Um novo filtro aparece na lista.
3. Entre com o nome do novo filtro no campo Filter Name. Pressione <ENTER>.
4. Clique em qualquer uma das categorias para definir os critérios. Isso define um Filtro.

Alterando os Níveis dos Elementos

Todos os elementos são colocados em um nível em particular. Às vezes você precisa mover um elemento de um nível para outro, ou copiar um elemento para outros níveis. Os seguintes procedimentos mostram como mover e copiar elementos entre diferentes níveis.

A Caixa de Diálogo Remap Elements to Level

Usada para mover elementos de um nível (ou níveis) para outro. A caixa é aberta quando você seleciona a opção **Remap Elements** ao clicar com o botão direito do mouse em um nível na lista da caixa Level Manager (Settings > Level > Manager).

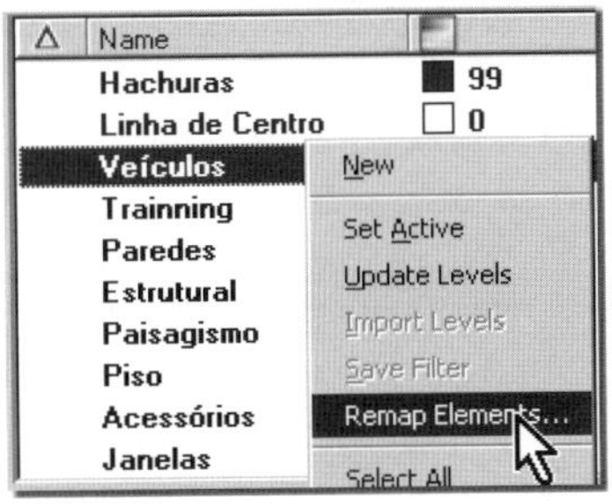

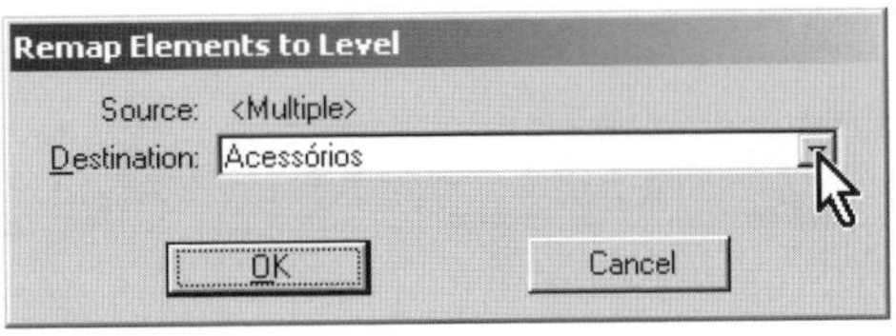

A Caixa Active Level

1. Selecione o elemento do qual você deseja mudar o nível.
2. Abra a lista de níveis da caixa Active Level e selecione o nível para o qual você deseja mover.

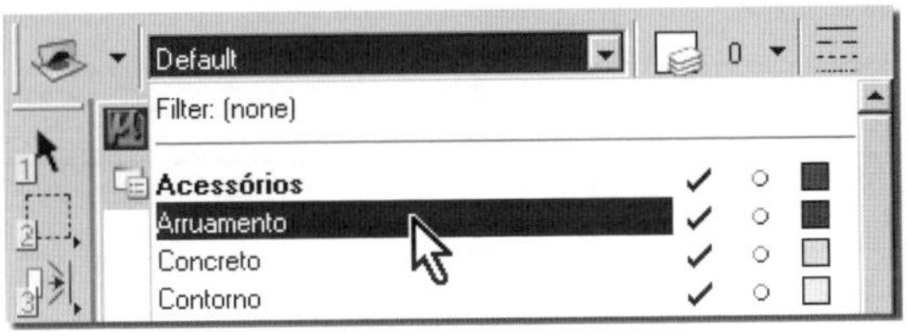

Para mudar o nível do elemento usando a ferramenta Change Element Attributes

1. A partir da caixa de ferramentas Change Attributes, selecione a ferramenta CHANGE ELEMENT ATTRIBUTES (ícone da Aquarela).

2. Na caixa Tool Settings, defina o método para "CHANGE".
3. Marque a opção Level e escolha o nível para o qual o elemento será movido.
4. Identifique o elemento.

> Você também pode mudar o nível de um elemento a partir da opção Level da seção General da caixa de diálogo Element Info.

Anotações

Capítulo 8

Agrupando Elementos

Alguns agrupamentos do MicroStation, como os definidos pelos conjuntos de seleção ou conteúdo de fences, são temporários, todavia outros são permanentes, o que inclui:

- Levels, Groups, Named Groups (incluindo Hierarchies of Named Group), Complex chains, Complex shapes e Graphic groups.

Usando Groups

Você pode selecionar vários elementos e agrupá-los. Assim é possível manipular como um único elemento. Grupo é um elemento complexo composto por diversos elementos, os quais não precisam estar necessariamente conectados.

◉ **Abra o arquivo 17 - Grupos.dgn.**

EXERCÍCIO: Criando grupos

1. Com a ferramenta **Element Selection** selecione os elementos que vão compor o grupo. Selecione os diversos círculos colocados sobre a mesa.

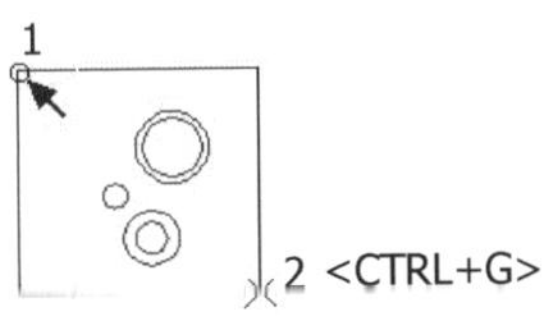

A Status Bar mostra cinco elementos selecionados.

2. A partir do menu Edit, escolha **Group** (ou pressione **<CTRL+G>**). Os elementos são agrupados e podem ser manipulados como um único elemento.

3. Crie um grupo do computador.
4. Crie um grupo de cada cadeira.

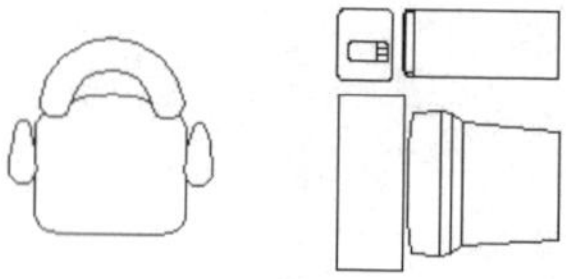

Para desfazer um grupo

1. Selecione um grupo existente.
2. A partir do menu Edit, escolha **Ungroup** (ou pressione **<CTRL+U>**). O grupo é desfeito.

Atualmente o grupo é considerado uma CÉLULA SEM NOME, pois não fica armazenado em bibliotecas. Por esta razão, o grupo é chamado de "célula-órfã".

Usando Named Groups

Named Groups são agrupamentos de elementos que recebem um nome lógico. Você pode remover elementos individualmente de cada Named Group e adicioná-los, bem como manipulá-los. Named Groups é o método mais flexível para agrupar elementos no MicroStation. Eles podem incluir elementos do arquivo ativo e TAMBÉM DOS ARQUIVOS DE REFERÊNCIA diretamente anexados. Esses grupos são criados por meio da caixa de diálogo Named Groups, a qual é acessada a partir do menu **Utilities > Named Groups**.

Alternativamente você pode criar Named Groups a partir da ferramenta **Add to Graphic Group**, incluída na caixa de ferramentas Groups.

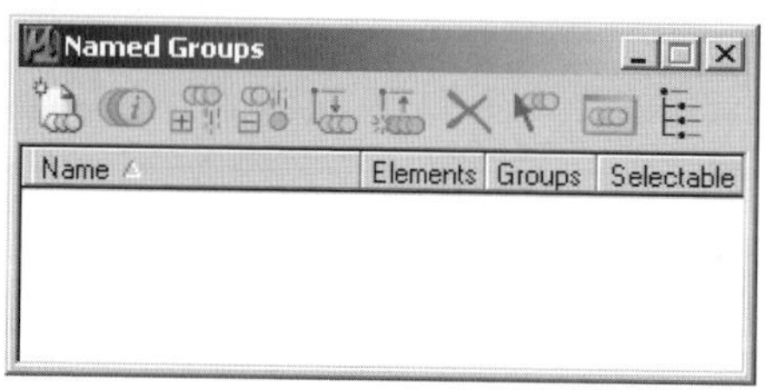

Considerações sobre referências

Quando você seleciona elementos que pertencem a um arquivo de referência para serem incluídos em um Named Group, eles NÃO SERÃO COPIADOS para o arquivo principal. Os elementos são apenas apontados pelo Named Group.

Quando você desanexa uma referência que contém os elementos de um Named Group, a quantidade de elementos desse Named Group não é alterada (coluna Elements) até que você feche e reabra a caixa de diálogo Named Groups. O mesmo acontece quando você remove elementos do arquivo ativo que fazem parte de um Named Group.

Se você, inadvertidamente, desanexar uma referência que contenha elementos pertencentes a Named Groups, somente "desfazendo" (Undo) a operação trará os membros de volta ao grupo. Todavia, eles somente vão aparecer na lista após fechar e reabrir a caixa Named Groups. Anexar novamente a referência não traz os membros de volta ao grupo, pois não há como o MicroStation saber que o arquivo já havia sido anexado.

EXERCÍCIO: Criando um Named Group

1. A partir do menu Utilities, escolha NAMED GROUPS.
2. Clique no ícone **New Named Group** (primeiro da esquerda para a direita).
3. No campo Name, digite "**CGB001-06**".
4. Com o botão direito do mouse clique nas colunas da lista. Escolha **Description**.

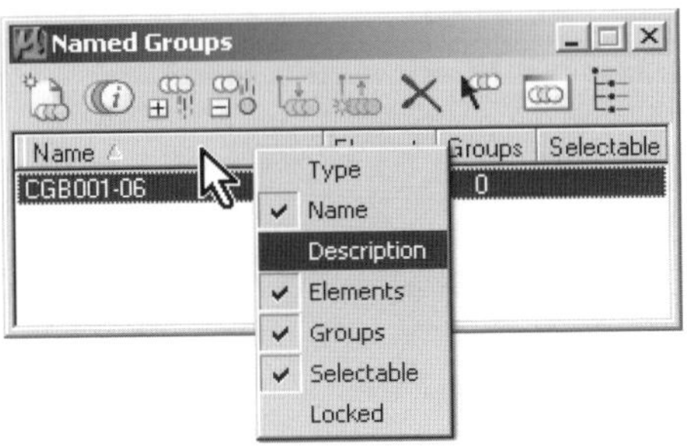

5. No campo Description, digite "**cadeira giratória com braços**".
6. Clique no ícone **Add Elements**.

A caixa Add to Graphic Group é ativada com a opção **Named Group** marcada, o novo nome do Named Group selecionado e a opção Member Type definida para **Active**.

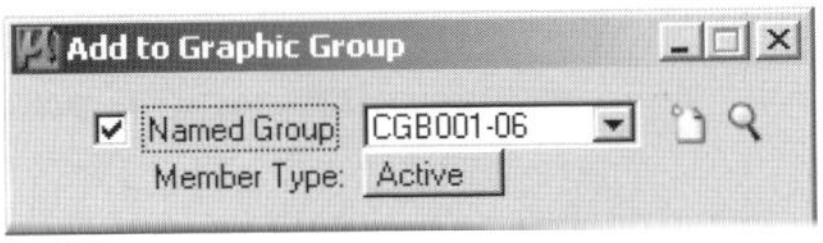

7. Identifique o grupo previamente criado da cadeira colocada atrás da mesa. A coluna **Elements** agora exibe a quantidade de elementos adicionados ao grupo.

 **EXERCÍCIO: Criando outros Named Groups**

1. Baseado nos procedimentos do exercício anterior crie os seguintes Named Groups:

Elementos	Nome do Named Group	Descrição
	CGB002-06	Cadeira giratória com braço
	CGB003-06	Cadeira giratória com braço
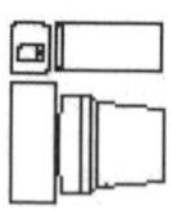	CAD001-06	Estação de trabalho CAD
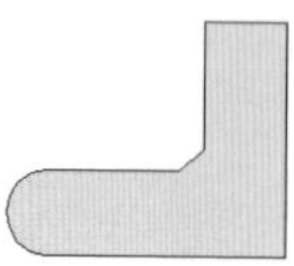	MLG001-06	Mesa em L com gaveteiro

2. Como resultado, a lista da caixa Named Groups deve se parecer com a figura seguinte:

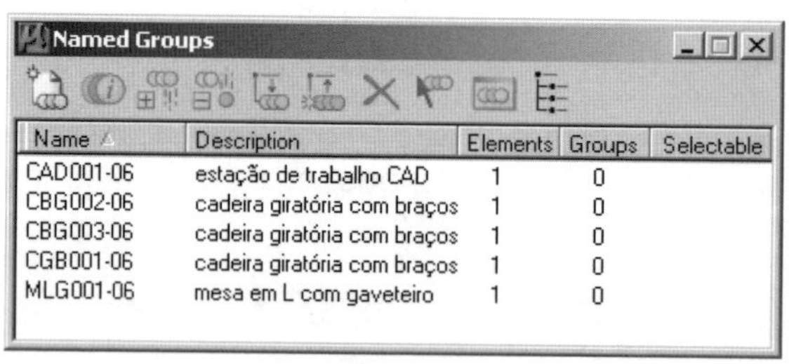

Hierarquia entre Named Groups

Além de criar Named Groups, você também pode gerar uma hierarquia entre eles pela definição de "pai & filho" (child & parent). Quando você possui uma hierarquia, a manipulação do Named Group "pai" inclui qualquer Named Group "filho" que esteja anexado.

A hierarquia entre os grupos é criada a partir da própria caixa Named Groups. Trata-se de uma ESTRUTURA MONTADA com os nomes dos grupos. Considere este pequeno exemplo de um layout de um escritório. Baseado nos diagramas descritos a seguir, você pode definir as seguintes hierarquias:

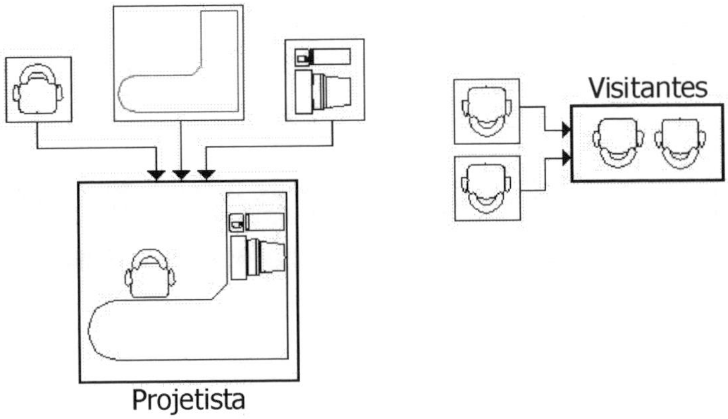

- **Projetista** (Pai) - a hieraquia é composta pela cadeira CGB001-06, a mesa MLG001-06 e pela estação de trabalho CAD001-06 (filhos).
- **Visitantes** (Pai) - a hierarquia é composta pelas cadeiras CGB002-06 e CGB003-06 (filhos).

Um grupo hierárquico também pode ser componente de outro grupo hierárquico. Por exemplo:

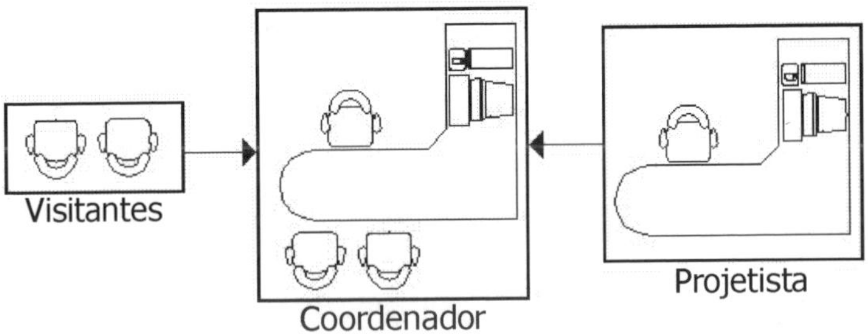

EXERCÍCIO: Criando hierarquia entre Named Groups

1. Clique no ícone **Add Elements** e crie três grupos com os seguintes nomes: Projetista, Visitantes e Coordenador.
2. Na caixa Named Groups (Utilities > Named Groups), clique no ícone **Show Hierarchy**.

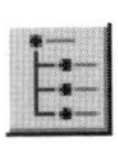

3. Selecione os nomes dos grupos que terão o status de "pai" e arraste para a lista Hierarchy.

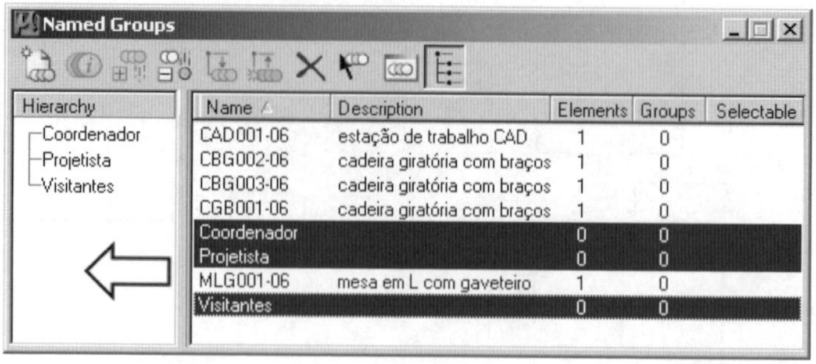

4. Na lista de grupos (painel da direita), selecione os grupos **CGB002-06** e **CGB003-06**.
5. Na lista Hierarchy (painel da esquerda), selecione o item "**Visitantes**".
6. Na caixa Named Groups, clique no ícone **Add Named Group to Parent**.

Alternativamente você pode arrastar os componentes sobre o nome na lista Hierarchy.

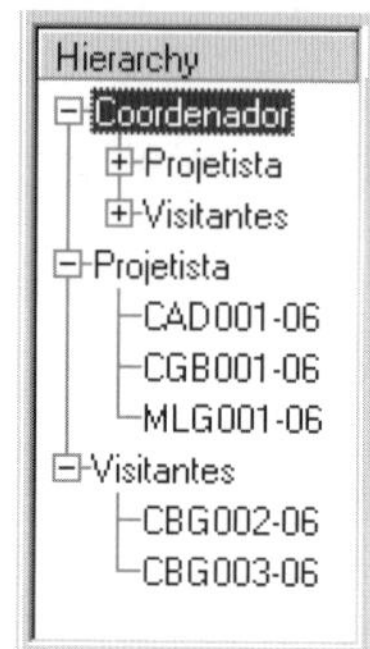

7. Na lista de grupos, selecione os grupos **CGB001-06**, **MLG001-06** e **CAD001-06**.
8. Na lista Hierarchy selecione o item "**Projetista**".
9. Clique em Add Named Group to Parent.
10. Na lista de grupos, selecione os grupos "**Projetista**" e "**Visitantes**".
11. Na lista Hierarchy selecione o item "**Coordenador**".
12. Clique em Add Named Group to Parent.

Quando você anexa membros a um Named Group, a opção **Member Type** permite definir o modo como os outros membros do Named Group serão afetados quando um membro for manipulado ou selecionado.

Isso é feito a partir dos parâmetros do quadro **Change Propagation** que são definidos automaticamente quando você configura a opção Member Type para ACTIVE ou PASSIVE. Alternativamente, você pode definir esses parâmetros manualmente ao selecionar a opção **Custom**.

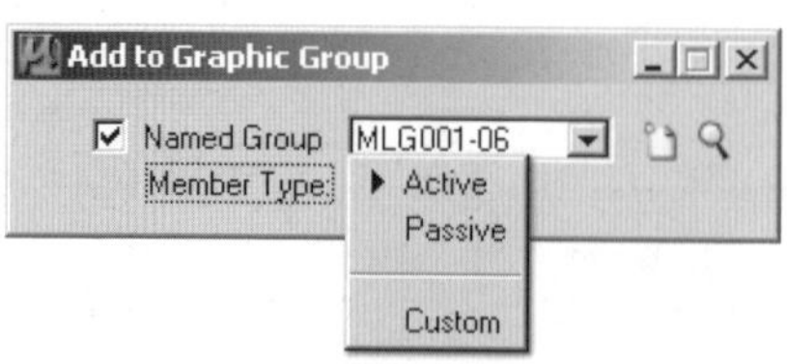

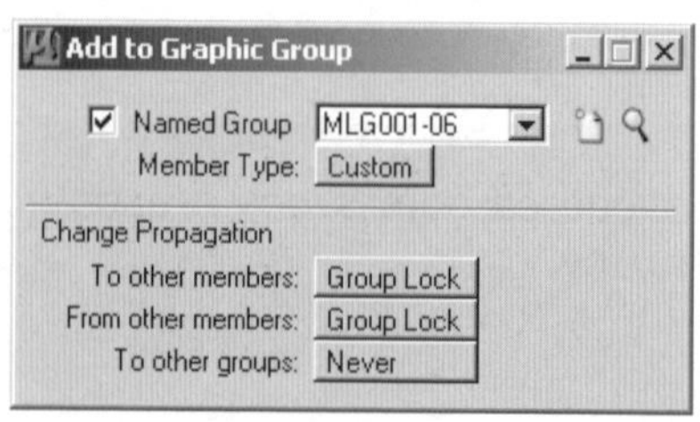

Cada membro tem três parâmetros de Change Propagation que determinam quando um membro pode propagar as mudanças:

- **To other members** - propaga as mudanças sofridas nos outros membros.
- **From other members** - sofre as mudanças feitas em outros membros.
- **To other groups** - propaga as mudanças sofridas por outros grupos.

Cada um dos parâmetros anteriores pode ser definido com uma das três opções:

- **Group Lock** - somente quando a trava Graphic Group estiver ativada.
- **Never** - a propagação nunca ocorre.
- **Always** - a propagação sempre ocorre.

Outro parâmetro chamado **SELECTABLE**, o qual pode ser ativado/desligado na caixa Named Groups, sobrescreve os parâmetros anteriores quando a trava Graphic Group estiver ativada, e os membros são selecionados com a ferramenta Element Selection.

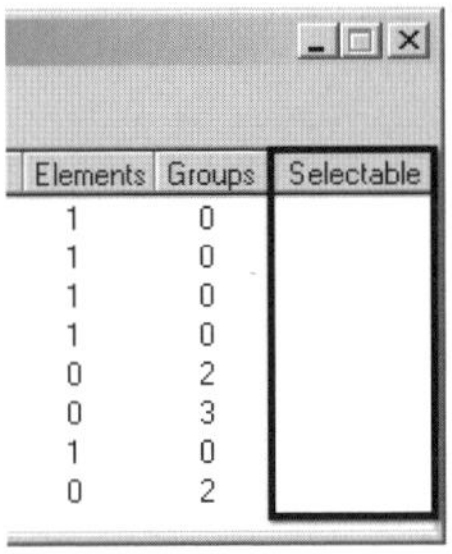

- Se estiver **marcado**, então todos os membros do grupo são selecionados.
- Se estiver **desmarcado**, os parâmetros da seção Change Propagation são aplicados.

A Barra de Ícones da Caixa Named Groups

Oferece ferramentas para criar e gerenciar Named Groups.

Ícone	Nome/descrição
	**NEW NAMED GROUP** - outra entrada é criada na lista com um nome genérico já destacado para edição.
	**SHOW NAMED GROUP** - (somente com um grupo selecionado) abre a caixa de diálogo Members of Named Group, a qual é similar à caixa Element Information.
	**ADD ELEMENTS** - (somente com um grupo selecionado) inicia o comando Add to Graphic Group que permite que você adicione elementos a um Named Group.
	**REMOVE ELEMENTS** - (somente com um grupo selecionado) inicia a ferramenta Drop from Graphic Group, a qual permite que você remova os elementos de um grupo.
	**ADD NAMED GROUP TO PARENT** - (somente exibindo a lista Hierarchy - com um grupo selecionado) permite adicionar um grupo a outro para formar uma hierarquia.
	**REMOVE GROUP FROM PARENT** - (somente exibindo a lista Hierarchy - com um grupo "filho" selecionado) permite remover um grupo de uma hierarquia.
	**DELETE NAMED GROUP** - (somente com um grupo selecionado) permite excluir um grupo.
	**SELECT ELEMENTS IN NAMED GROUP** - (somente com um grupo selecionado) quando um grupo é selecionado na lista, esses elementos são selecionados. Alternativamente, você pode dar um duplo-clique no nome do grupo. Quando um grupo é selecionado na lista de hierarquias, os elementos dos grupos que a formam são selecionados.

Ícone	Nome/descrição
	**PUT ELEMENTS INTO THE DISPLAYSET** - (somente com um grupo selecionado) coloca os elementos do grupo selecionado no Displayset (ver mais adiante).
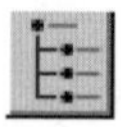	**SHOW HIERARCHY** - exibe ou oculta a lista de hierarquias.

Quickset

Trabalhando em conjunto com Named Groups, Quickset permite salvar os elementos selecionados como Named Groups para chamar mais tarde.

Grupos de elementos criados com Quickset têm a opção MEMBER TYPE definida para PASSIVE. Isso significa que eles não propagam suas mudanças em outros membros do quickset. Por exemplo, se você ligar a trava Group Lock e mover um membro de um quickset, ele não afeta outros membros desse grupo. Para trabalhar com todos os membros de um quickset, primeiramente deve chamar o quickset.

Você pode criar e chamar até dez Named Groups por meio dos menus **Quickset Save** e **Quickset Recall** do menu pop-up da vista, o qual é ativado pressionando **<SHIFT+RESET>** simultaneamente em uma vista qualquer.

> Alternativamente, você pode criar/chamar até dez quicksets usando os atalhos **<CTRL+SHIFT+N>** e **<CTRL+N>**, respectivamente, sendo "n" um valor entre 0 e 9.

Por default, quicksets atribuem nomes Quickset1 até Quickset0, aparecendo assim na lista de grupos da caixa Named Groups. Quando necessário, você pode usar a caixa Named Groups para mudar esses nomes.

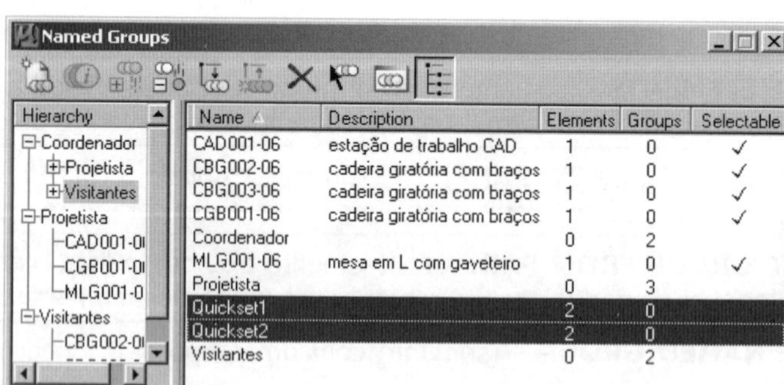

> Ao criar ou chamar um quickset com um comando digitado (key-ins), o número usado deve ser do teclado alfanumérico, não aqueles do teclado numérico (à direita no teclado).

EXERCÍCIO: Para criar e chamar um quickset por menu pop-up

1. Use a ferramenta **Element Selection** para selecionar o conjunto de estofados.
2. Com o ponteiro sobre a vista, pressione **<SHIFT+RESET>** para abrir o menu pop-up.
3. A partir do submenu **Quickset Save**, selecione **1**.
4. Clique no vazio para desfazer a seleção.
5. Com o ponteiro sobre a vista, pressione **<SHIFT+RESET>** para abrir o menu pop-up.
6. A partir do submenu **Quickset Recall**, selecione **1**. Os elementos serão selecionados.

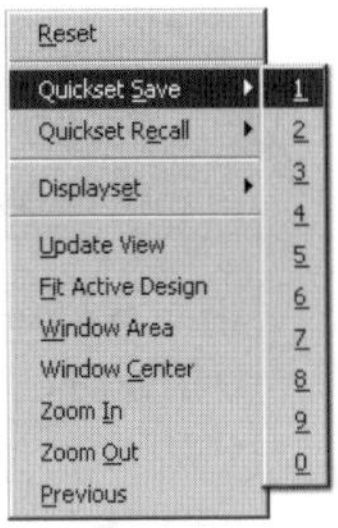

Usando Displayset

Displayset permite que você selecione um grupo de elementos para exibir em uma vista específica, ocultando os outros elementos. Você pode criar displaysets a partir de um conjunto selecionado ou de um Named Group.

A exibição do Displayset é controlada pela opção Displayset localizada na caixa **View Attributes** <CTRL+B>. Com a opção Displayset ativada você pode usar a caixa Named Groups para selecionar um grupo e então exibir somente esses elementos na vista. Isso é feito por meio do ícone **Put Elements Into The Displayset**.

Usando o menu pop-up da vista, você pode selecionar elementos para criar um displayset ou "limpar" esse conjunto para que todos os elementos sejam exibidos novamente.

Para ativar displaysets em uma vista

1. A partir do menu Settings, selecione VIEW ATTRIBUTES e ligue a opção **Displayset**.

EXERCÍCIO: Para colocar um Named Group em um displayset

1. Na caixa VIEW ATTRIBUTES, ative a opção **Displayset**.
2. A partir do menu Utilities, selecione Named Groups.
3. Na lista de HIERARQUIAS da caixa Named Groups, selecione "**Projetista**".

4. Clique no ícone **Put Elements Into The Displayset**. Somente os conjuntos dos elementos que formam essa hierarquia serão exibidos na vista.

EXERCÍCIO: Para adicionar um elemento à janela filtrada ou removê-lo

1. Abra a janela de vista 2 e com a ferramenta **Element Selection** selecione as duas poltronas.
2. Com o ponteiro sobre a janela de vista 1 pressione **<SHIFT+RESET>**.
3. No menu pop-up, selecione **Displayset > Add**.
4. Clique no vazio para desfazer a seleção. Agora as poltronas também são exibidas na janela filtrada.
5. Feche a janela de vista 2. Com a ferramenta **Element Selection** selecione a estação CAD colocada sobre a mesa.
6. Com o ponteiro sobre a vista, pressione **<SHIFT+RESET>**.
7. No menu pop-up, selecione **Displayset > Remove**.

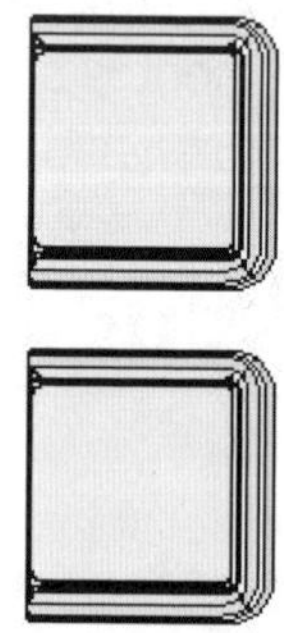

Para LIMPAR o displayset atual (desfazer a janela filtrada), a partir do menu pop-up, selecione **Displaysets > Clear**.

A Caixa de Ferramentas Groups

◉ **No mesmo arquivo abra o modelo DROP.**

As ferramentas da caixa Groups são usadas para criar e manipular COMPLEX CHAINS, COMPLEX SHAPES e GRAPHIC GROUPS. Contudo, uma ferramenta para desfazer esses agrupamentos é disponibilizada para maior conforto. Saber usar essas ferramentas e, principalmente, quando usá-las, é de grande ajuda no processo de desenhos de uma empresa.

Uma hierarquia deve ser observada entre os elementos criados para facilitar futuras manipulações e modificações dos elementos.

Drop Element

Usada para quebrar um elemento em simples componentes. A janela do Tool Settings é usada para especificar os tipos de elementos que a ferramenta vai operar.

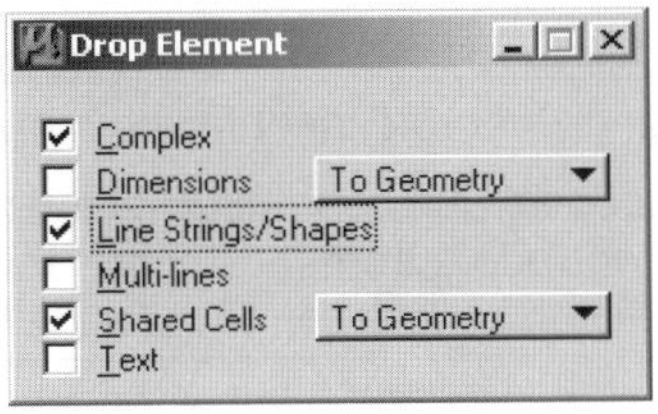

EXERCÍCIO: Para quebrar um elemento em simples componentes

1. Selecione a ferramenta **Drop Element**. Alternativamente **pressione <6><1>**, se o foco estiver definido para Home.
2. Na janela do Tool Settings, marque a opção **Line Strings/Shapes**. Alternativamente **pressione <O>**, se o foco estiver definido para Home. Identifique o polígono ao lado.

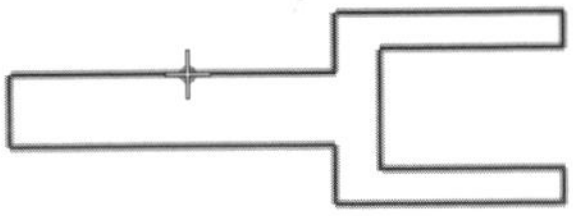

3. Com a ferramenta Delete Element exclua o segmento horizontal superior esquerdo do polígono, como mostra a figura ao lado.

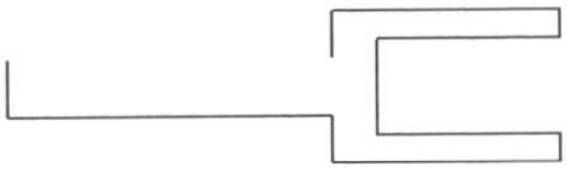

Somente os tipos especificados na janela Tool Settings são quebrados. A operação não afeta outros elementos identificados que não sejam dos tipos assinalados.

Se nenhum dos elementos selecionados for quebrado, a mensagem "Nothing to drop" (nada para quebrar) é exibida na Status Bar.

No exemplo anterior o elemento do tipo **SHAPE** foi quebrado, tornando os 12 segmentos elementos do tipo LINE, o que permitiu que apenas um deles fosse excluído.

Se você ativar Complex e Line Strings/Shapes e operar sobre um COMPLEX SHAPE que contenha duas LINE STRINGS, o Complex Shape é quebrado, mas as Line Strings não. Uma nova operação precisa ser feita com esses elementos.

Create Complex Chain

Usada para criar um elemento complexo aberto formado por uma série de elementos (lines, line strings, arcos, curvas e B-spline abertas) que podem ser manipulados como primitivos. O elemento é criado com os atributos ativos.

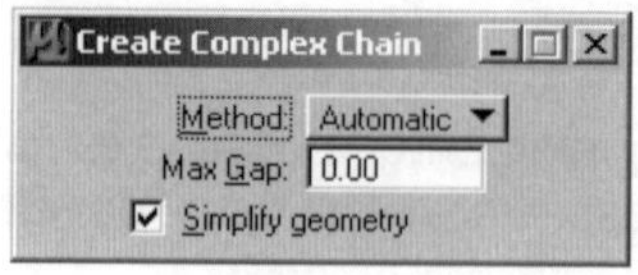

Tool Settings	Efeito
Method	**Manual** - cada elemento é identificado manualmente. **Automatic** - depois que o primeiro elemento for identificado, o elemento seguinte é encontrado automaticamente após clicar em um ponto no vazio, desde que esteja de acordo com o valor de Max. Gap especificado.
Max Gap	A maior distância permitida entre os elementos quando o método for Automatic.
Simplify geometry	Se ativada, linhas conectadas são adicionadas como Line Strings. Se você identificar somente linhas conectadas, a ferramenta produz uma Line String primária em vez de um Complex Chain.

EXERCÍCIO: Para criar um complex chain automaticamente

1. Selecione a ferramenta **Create Complex Chain**. Alternativamente **pressione <6><2>**, se o foco estiver definido para Home.
2. Na janela do Tool Settings, selecione o método **Automatic**. Alternativamente **pressione <Y>**, se o foco estiver definido para Home, para alternar entre as opções.

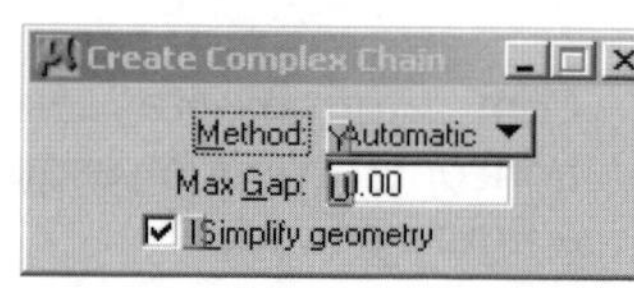

3. Ative a opção **Simplify geometry**. Alternativamente **pressione <I>**, se o foco estiver definido para Home, para ativar ou desativar a opção.
4. IDENTIFIQUE A LINHA do conjunto do lado esquerdo, conforme a figura ao lado.

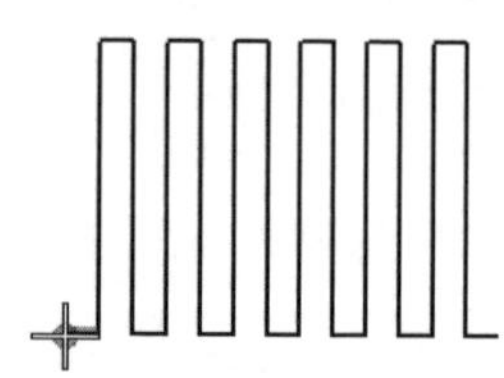

5. **Aceite** para incluir automaticamente todos os elementos que atendam à distância permitida. Se uma bifurcação for encontrada, com mais de um elemento dentro da distância permitida, a mensagem "FORK - Accept or reset to See Alternate" é exibida na Status Bar, perguntando se você deseja aceitar ou rejeitar a alternativa oferecida.

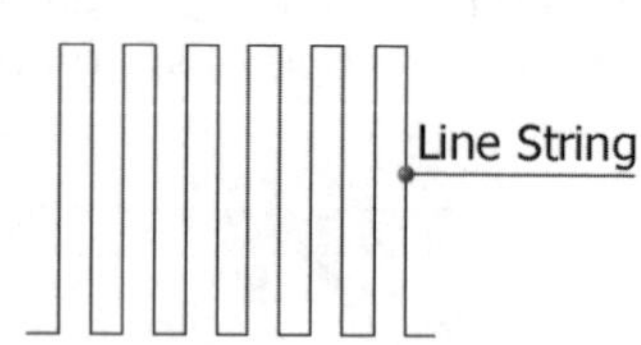

6. Entre com um ponto para **aceitar** os elementos destacados. O elemento criado assume todos os atributos ativos (nível, cor, estilo de linha etc.).

Create Complex Shape

Usada para criar um Complex Shape a partir de uma série de elementos planares abertos (lines, line strings, arcos, curvas e curvas B-spline abertas). O elemento resultante é criado de acordo com os atributos ativos.

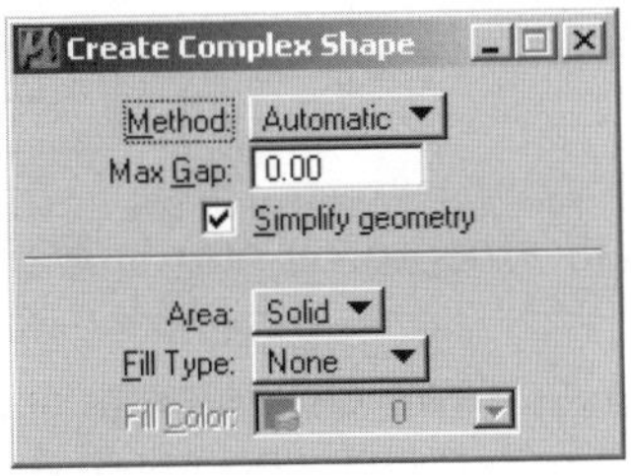

Tool Settings	Efeito
Method	**Manual** - cada elemento é identificado manualmente. **Automatic** - depois que o primeiro elemento for identificado, o elemento seguinte é encontrado automaticamente a partir de um ponto no vazio, desde que esteja de acordo com o valor de Max. Gap especificado.
Max Gap	A maior distância permitida entre os elementos quando o método for Automatic.
Simplify geometry	Se estiver ativada, linhas conectadas são adicionadas como line strings. Se você identificar somente linhas conectadas, a ferramenta produz um shape primário em vez de um Complex Shape.
Area	**Fill Type** - ativa o tipo de enchimento. • **None** - sem enchimento. • **Opaque** - preenchido com a cor ativa. • **Outlined** - preenchido com a cor de enchimento. **Fill Color** - define a cor do enchimento. Se Opaque, define a cor ativa. Se Outlined, indica uma cor diferente da cor ativa.

EXERCÍCIO: Para criar um Complex Shape automaticamente

1. Selecione a ferramenta **Create Complex Shape**. Alternativamente **pressione <6><3>**, se o foco estiver definido para Home.
2. Na janela do Tool Settings, selecione o método **Automatic**. Alternativamente **pressione <Y>**, se o foco estiver definido para Home, para alternar entre as opções.
3. Ative a opção **Simplify geometry**. Alternativamente **pressione <I>**, se o foco estiver definido para Home para ativar ou desativar a opção.

4. **Identifique** uma das linhas que marca uma das extremidades do polígono que teve o segmento excluído, conforme a figura seguinte.

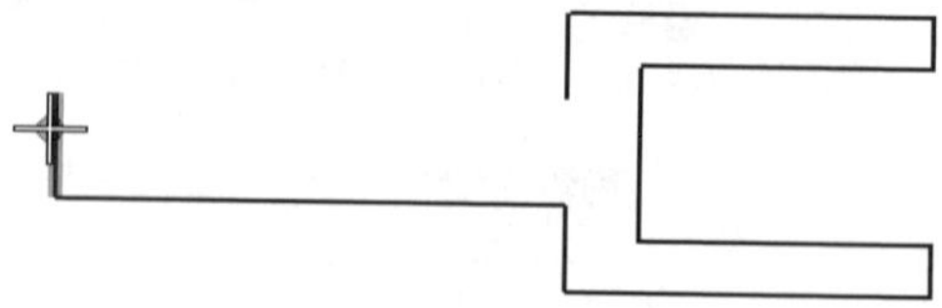

5. **Aceite** para incluir automaticamente os outros elementos que atendam à máxima distância permitida.
6. Entre com um ponto para **aceitar** os elementos destacados. O elemento criado assume todos os atributos ativos (nível, cor, estilo de linha etc.).

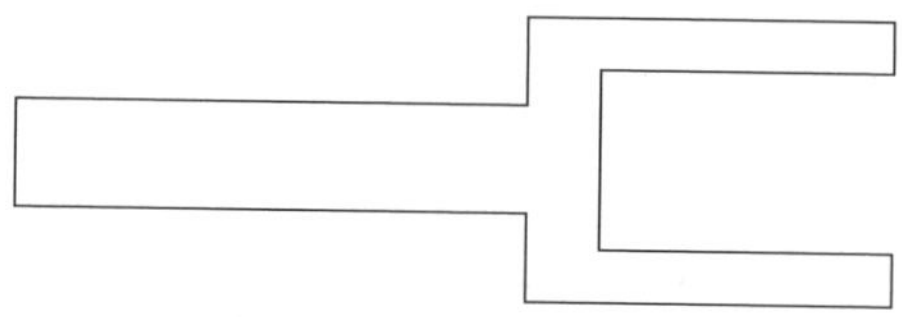

Se um elemento não estiver dentro da tolerância do Max. Gap, ou este for o último de uma forma não fechada graficamente, ele se conecta ao primeiro elemento, forçando o fechamento.

Create Region

Para criar um COMPLEX SHAPE através da união, interseção ou diferença entre dois ou mais elementos. Também cria uma região a partir de elementos que tenham suas extremidades conectadas ou possuam pontos em comum.

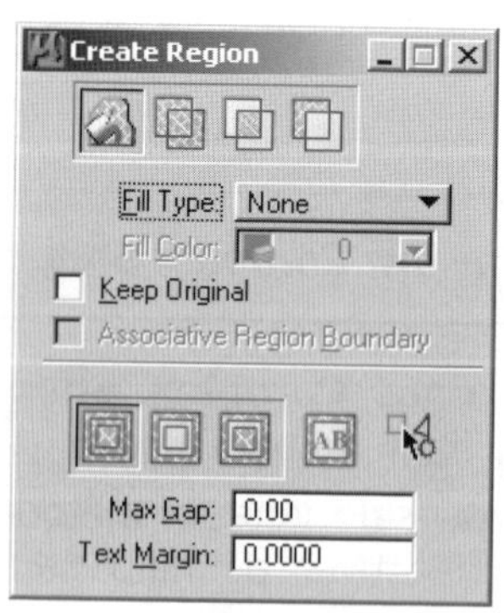

⊙ **No mesmo arquivo abra o modelo TAMPA DE PROTEÇÃO.**

Tool Settings	Efeito
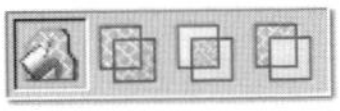	Cada ícone define como os elementos são adicionados ao Complex Shape. Da esquerda para direita: Flood, Union, Intersection e Difference.
Fill Type	Ativa o tipo de enchimento: • **None** - sem enchimento. • **Opaque** - preenchido com a cor ativa. • **Outlined** - preenchido com uma cor específica para o enchimento.
Fill Color	Indica uma cor específica para o enchimento. Se a opção Fill Type estiver definida para Opaque, essa opção define a cor ativa.
Keep Original	Se estiver ativada, os elementos de origem do novo elemento são preservados.
Associative Region Boundary	(Somente se a opção Keep Original estiver ativada) Associa as bordas do Complex Shape criado aos elementos de origem. Ou seja, se qualquer elemento que deu origem ao novo elemento for modificado, a forma do novo elemento também é modificada.
	**Ignore Interior Shapes** - (para o método FLOOD somente) ignora a presença de elementos fechados contidos na região selecionada.
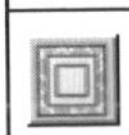	**Locate Interior Shapes** - (para o método FLOOD somente) considera a presença de elementos fechados contidos na região selecionada.
	**Identity Alternating Interior Shapes** - (para o método FLOOD somente) considera a presença de elementos fechados contidos na região selecionada e dentro dos elementos contidos, alternando as regiões processadas.
	**Locate Interior Text** - (para método FLOOD somente) considera a presença de elementos Text contidos na região selecionada.
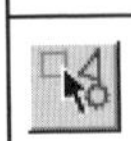	**Dynamic Area Locate** - (para método FLOOD somente) se estiver ativada, a região a ser criada é exibida dinamicamente à medida que você move o ponteiro sobre os elementos.
Max Gap	(Somente para o método FLOOD) Define a maior distância permitida entre elementos consecutivos. Se o valor for zero, somente elementos que estejam conectados são adicionados.
Text Margin	Define a distância que deve ser considerada como margem do texto.

EXERCÍCIO: Construir um Complex Shape a partir da UNIÃO de elementos

Na grande maioria das vezes é mais fácil e rápido transformar algumas formas primárias do que desenhar o projeto a partir da colocação e modificação de simples linhas.

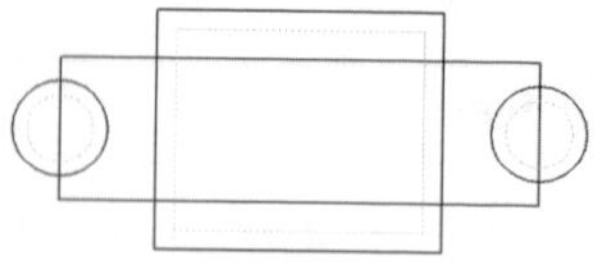

1. Na caixa de ferramentas Groups, selecione a ferramenta **Create Region**. Alternativamente pressione **<6><4>**, se o foco estiver definido para Home.
2. Na janela Tool Settings, clique no ícone **Union**.

3. Defina a opção Fill Type para **None**.
4. Desligue a opção Keep Original.
5. Como a ferramenta cria um elemento, pode ser que você deseje definir previamente seus atributos. Isto pode ser feito ao ativar o nível desejado, ou capturando os atributos de um elemento existente ao **clicar sobre** esse **elemento** enquanto mantém a **tecla <ALT> pressionada**. Capture os atributos de um elemento de cor amarela ou ative o nível "**Contorno**".
6. Identifique o círculo do lado esquerdo.
7. Identifique o quadrilátero que corta esse círculo.
8. **Pressione a tecla <CTRL>** e mantenha pressionada enquanto identifica o outro quadrilátero e depois o círculo do lado direito.
9. **Aceite** no vazio.

EXERCÍCIO: Construir um Complex Shape a partir da diferença de elementos

1. Na caixa de ferramentas Groups, selecione a ferramenta **Create Region**. Alternativamente pressione **<6><4>**, se o foco estiver definido para Home.
2. Na janela Tool Settings, clique no ícone **Difference**.

3. Defina a opção Fill Type para **Outline**.
4. Na opção **Fill Color**, escolha a cor de preenchimento desejada.
5. Assegure-se de que a opção Keep Original esteja desligada.
6. Identifique o elemento externo e um dos elementos internos.
7. Pressione **<CTRL>** e mantenha assim para identificar os demais elementos.
8. **Aceite**.

◉ **No mesmo arquivo abra o modelo SAPATA.**

EXERCÍCIO: Usando Create Region em conjunto com Insert Vertex

1. Na caixa Modify, selecione **Insert Vertex**. Alternativamente pressione **<7><8>**, se o foco estiver definido para Home.
2. Posicione o ponteiro no centro do segmento superior do quadrilátero menor e **aceite esse ponto**.
3. Direcione o ponteiro para cima e digite **175 <ENTER>**.
4. **Aceite** o ponto.
5. Selecione a ferramenta **Create Region** ou **<6><4>**.
6. Na janela Tool Settings, clique no ícone **Union**.
7. Defina a opção Fill Type para **None**.
8. Capture os atributos de um dos elementos ou ative o nível "**Concreto**".
9. **Identifique** cada um dos polígonos e **aceite** a operação.
10. (Opcional) Construa a hachura para representar graficamente o concreto da sapata.

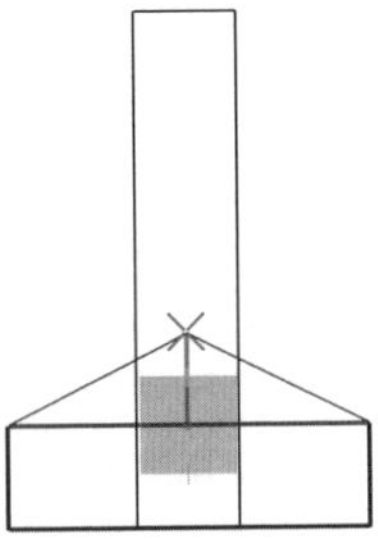

◉ **No mesmo arquivo abra o modelo BUCHA DE PORCELANA.**

EXERCÍCIO: Preparando o desenho para usar a ferramenta Create Region

1. Na caixa de ferramentas Modify, selecione a ferramenta **Insert Vertex**. Alternativamente pressione **<7><8>**, se o foco estiver definido para Home.
2. **Adicione** os vértices, conforme a Figura A.
3. Na caixa de ferramentas Modify, selecione a ferramenta **Delete Vertex**. Alternativamente pressione **<7><9>**, se o foco estiver definido para Home.
4. **Exclua** os vértices como mostra a Figura B.

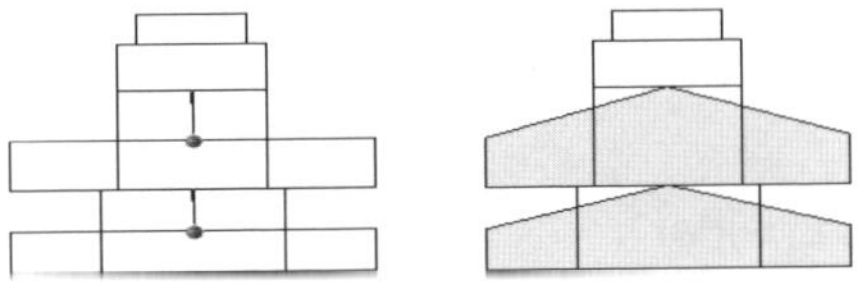

Figura A

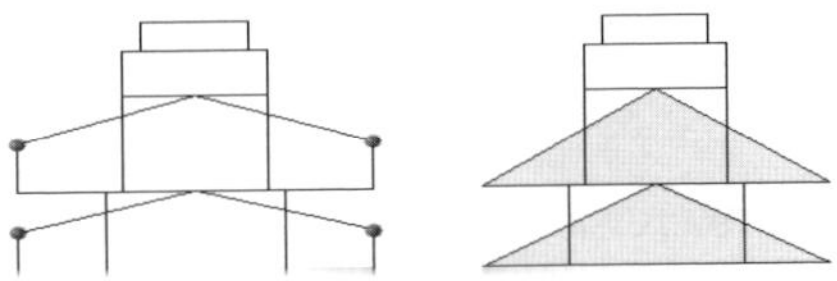

Figura B

5. Na caixa de ferramentas Groups, selecione a ferramenta **Create Region**. Alternativamente pressione **<6><4>**, se o foco estiver definido para Home.
6. Na janela Tool Settings, clique no ícone **Union**.
7. Defina a opção Fill Type para **None**. Em seguida desligue a opção Keep Original.

8. Capture os atributos de um elemento ou ative o nível "**Equipamentos**".

9. Construa a união de cada conjunto, conforme a figura ao lado.

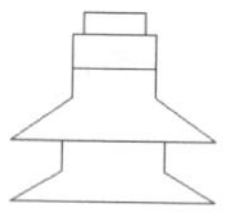

10. (Opcional) Com a ferramenta Delete Vertex ou <7><9>, exclua os vértices remanescentes da forma anterior, como ilustra a figura ao lado.

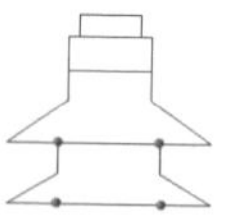

11. Na caixa de ferramentas Modify, selecione a ferramenta **Modify Element**. Alternativamente pressione **<7><1>**, se o foco estiver definido para Home.

12. Modifique os vértices indicados na figura ao lado para o tipo **Rounded** com o valor do raio de arredondamento definido para **3**.

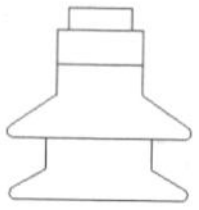

13. Na caixa de ferramentas Manipulate, selecione a ferramenta **Copy Element**. Alternativamente pressione **<3><1>**, se o foco estiver definido para Home.

14. Identifique o conjunto inferior no centro do segmento horizontal superior.

15. Copie cinco instâncias desse conjunto para baixo. Para fazer isso, pressione **<ESC>** para certificar-se de que o foco esteja definido para Home. Em seguida pressione **<Y>** para ativar o campo Copies e digite **5 <ENTER>**.

16. Aceite o conjunto no centro do seu próprio segmento horizontal inferior.

17. Pressione RESET para completar. Como resultado o desenho deve ficar igual ao da próxima figura.

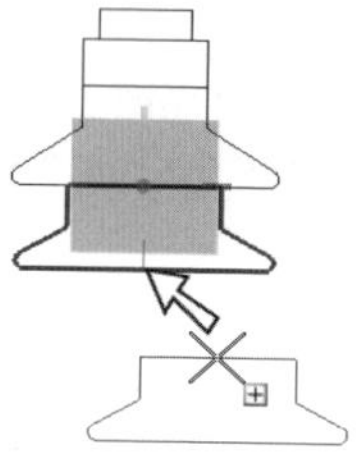

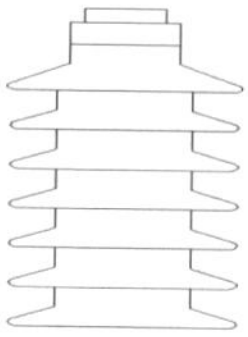

⊙ No mesmo arquivo abra o modelo CAIXA DE VISITA.

O próximo exercício mostra a vantagem de trabalhar com formas primárias que são colocadas rapidamente no modelo, e que depois de transformadas proporcionam como resultado um elemento mais inteligente e mais fácil de revisar. Sobre essas formas primárias são usadas ferramentas de manipulação e modificação para transformar o desenho, sendo Create Region o principal recurso.

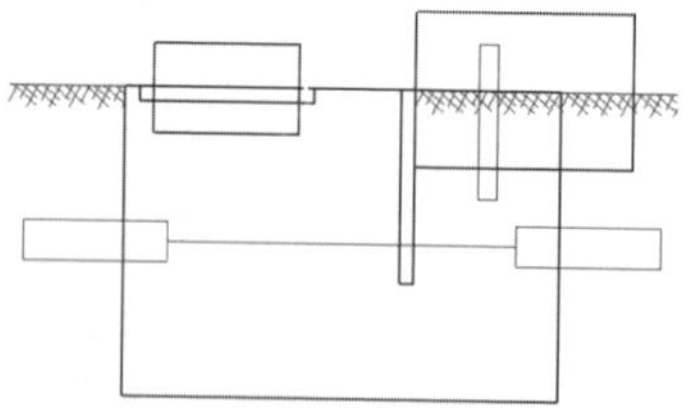

O desenho mostra a colocação de oito quadriláteros e três linhas, ou seja, apenas as ferramentas Place Block e Place Line foram utilizadas.

EXERCÍCIO: Fazendo várias operações com a ferramenta Create Region

1. Na caixa de ferramentas Groups, selecione a ferramenta **Create Region**. Alternativamente pressione **<6><4>**, se o foco estiver definido para Home.
2. Na janela Tool Settings, clique no ícone **Difference**.

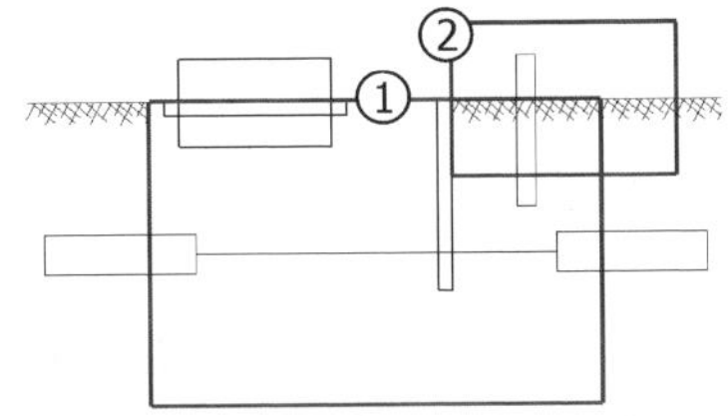

3. Primeiro identifique o quadrilátero maior (1); depois o quadrilátero posicionado no lado superior direito (2), o elemento que fará a subtração.
4. **Aceite** a operação.
5. Na caixa de ferramentas Manipulate, selecione a ferramenta **Move/Copy Parallel**. Alternativamente pressione **<3><9>**, se o foco estiver definido para Home.

6. Na janela Tool Settings, defina a opção Mode para **Miter**.
7. No campo Distance, digite **150<ENTER>**.
8. Ative a opção **Make Copy**.
9. Identifique o polígono maior e leve o ponteiro para dentro da sua geometria.
10. **Aceite** a operação e clique em RESET para completar.
11. Novamente selecione a ferramenta **Create Region**. Alternativamente pressione **<6><4>**, se o foco estiver definido para Home.
12. Na janela Tool Settings, clique no ícone **Difference**.

13. Identifique o polígono maior (1) e em seguida cada um dos polígonos indicados na Figura C como 2, 3 e 4.
14. Na janela Tool Settings, ative a opção **Keep Original**.
15. Identifique o polígono maior (1) e cada um dos polígonos indicados na Figura D como 2, 3 e 4.

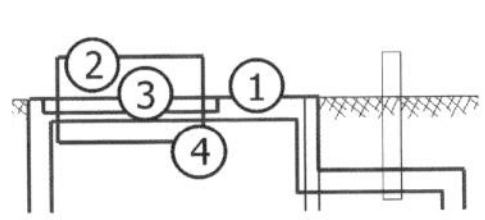

Figura C

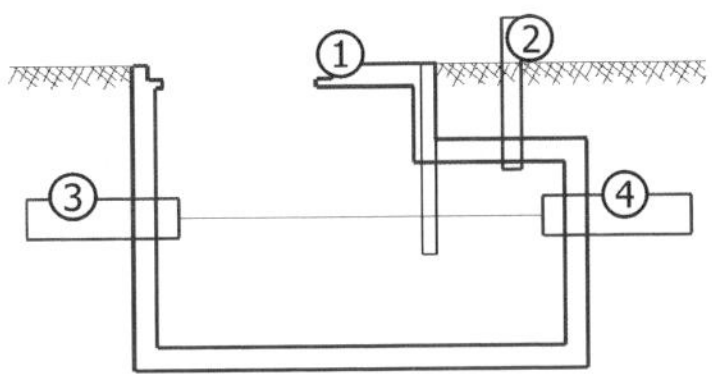

Figura D

16. Selecione a ferramenta **Delete Element**. Alternativamente pressione **<8>**, se o foco estiver definido para Home.

17. **Exclua** o polígono maior. Como resultado deve permanecer uma cópia do polígono maior com as regiões de interseção dos polígonos menores subtraídas.
18. Novamente selecione a ferramenta **Create Region**. Alternativamente pressione **<6><4>**, se o foco estiver definido para Home.
19. Na janela Tool Settings, clique no ícone **Union**.

20. Na janela Tool Settings, DESATIVE a opção **Keep Original**.
21. Identifique os polígonos indicados na Figura E.
22. Na janela Tool Settings, clique no ícone **Flood**.

23. Na janela Tool Settings, ative a opção **Keep Original**.
24. Entre com um ponto na área indicada na Figura F.

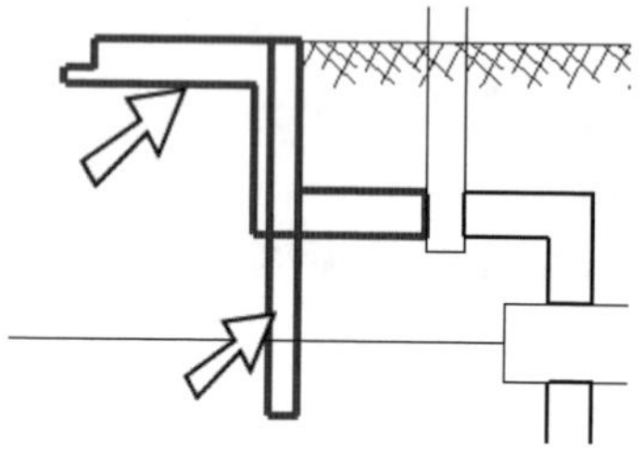

Figura E

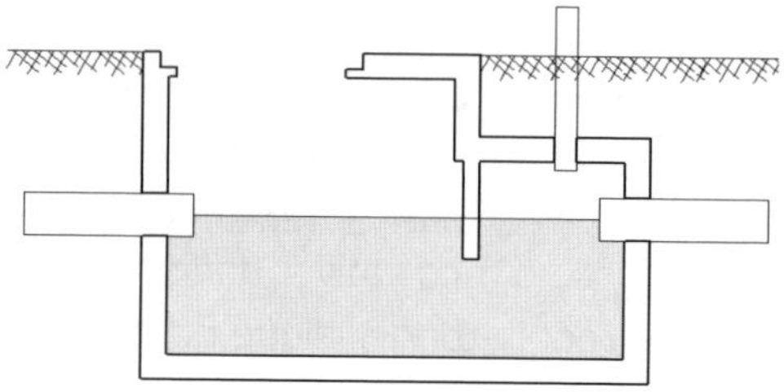

Figura F

25. Selecione a ferramenta **Delete Element**. Alternativamente pressione **<8>**, se o foco estiver definido para Home.

26. **Exclua** a linha horizontal que marca o nível da água. Como resultado deve ser criado um polígono que representa o volume da água.
27. Na caixa de ferramentas Modify, selecione a ferramenta **Trim Element**. Alternativamente pressione **<7><6>**, se o foco estiver definido para Home.
28. Identifique o polígono (1) que faz interseção com a linha do terreno, em seguida a linha do terreno com o ponteiro localizado dentro (2) desse mesmo polígono, Figura G.

29. (Opcional) Para dar melhor acabamento ao desenho, você pode usar as ferramentas **Change Element Fill Type** e **Pattern Area**, as quais são abordadas mais adiante, Figura H.

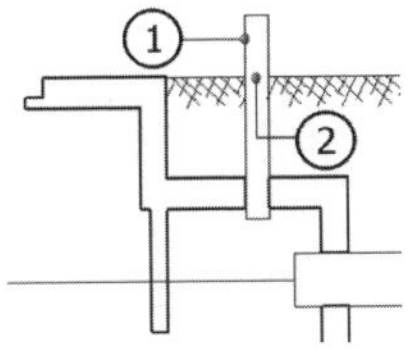

Figura G

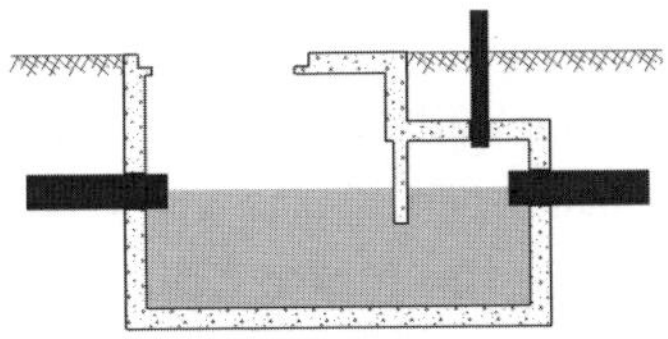
Figura H

◉ **No mesmo arquivo abra o modelo ARRANJO GERAL.**

Com o propósito de mostrar a aplicação da ferramenta Create Region das mais diversas maneiras, o próximo exercício mostra o uso da ferramenta antes das ferramentas de manipulação e modificação.

EXERCÍCIO: Criando polígonos e preservando os elementos de origem

1. Ative o nível chamado "**Quadras**".
2. Na caixa de ferramentas Groups, selecione a ferramenta **Create Region**. Alternativamente pressione **<6><4>**, se o foco estiver definido para Home.
3. Na janela Tool Settings, clique no ícone **Flood**.

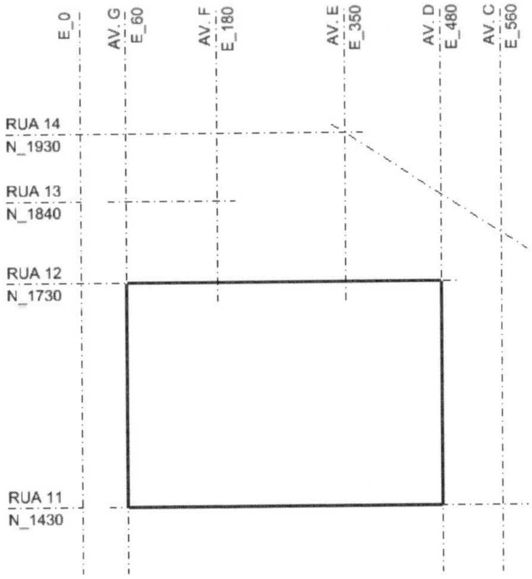

4. Na janela Tool Settings, ative a opção **Keep Original**.
5. **Entre com um ponto** em um espaço definido pelas linhas dos eixos que delimitam as quadras dessa instalação industrial e **aceite** a operação, como mostra a figura ao lado.

6. Na caixa Manipulate, selecione a ferramenta **Move/Copy Parallel**. Alternativamente pressione **<3><9>**, se o foco estiver definido para Home.

7. Na janela Tool Settings, defina a opção Mode para **Miter**.
8. No campo Distance, digite **15 <ENTER>**.
9. DESATIVE a opção **Make Copy**.
10. Identifique o polígono criado anteriormente e leve o ponteiro para dentro da sua geometria.
11. **Aceite** a operação e depois pressione RESET para completar.

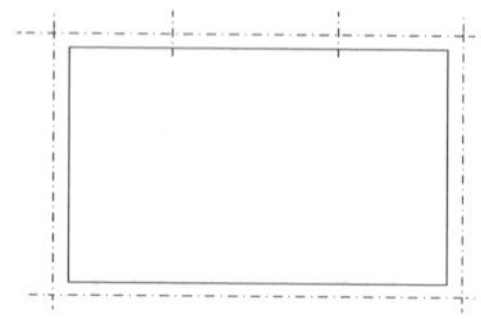

12. Na caixa de ferramentas Modify, selecione a ferramenta **Modify Element**. Alternativamente pressione **<7><1>**, se o foco estiver definido para Home.
13. Modifique os quatro vértices do polígono para o tipo **Rounded** com o valor do raio de arredondamento definido para **15**.

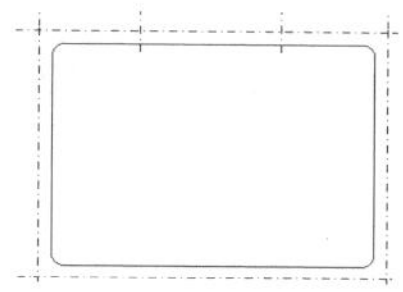

14. Repita os passos de 2 a 15 para os demais espaços. Como resultado o desenho deve ficar igual ao da figura ao lado.

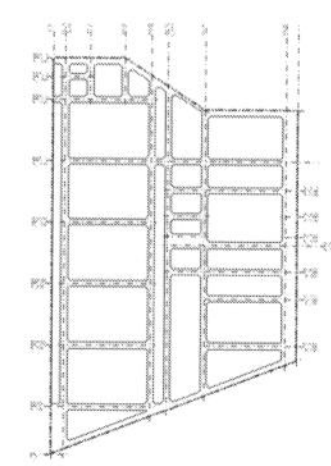

◉ **No mesmo arquivo abra o modelo ARRUAMENTO.**

EXERCÍCIO: Criando polígonos a partir dos espaços livres

1. Ative o nível chamado "**Arruamento**".
2. Na caixa **Level Display**, DESLIGUE o nível chamado "**Eixos**".
3. Na caixa de ferramentas Groups, selecione a ferramenta **Create Region**. Alternativamente pressione **<6><4>**, se o foco estiver definido para Home.
4. Na janela Tool Settings, clique sobre o ícone **Flood**.

5. Na janela Tool Settings, defina a opção Fill Type para **Opaque**.
6. Na janela Tool Settings, ative a opção **Keep Original**.
7. Na janela Tool Settings, ative a opção **Locate Interior Shapes**.

8. **Entre com um ponto** no espaço destinado ao arruamento dessa instalação industrial e **aceite** a operação. Como resultado o desenho deve ficar igual ao mostrado na figura ao lado.

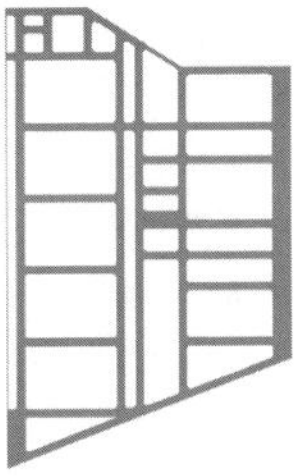

Add to Graphic Group

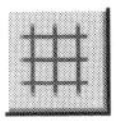

Usada para criar Graphic Groups ou Named Groups, de dois ou mais elementos, ou grupos (menu Edit > Group). Permite também adicionar elementos a Named Groups ou Graphics Groups já existentes. Graphic Group possui maior flexibilidade de operação, pois oferece um Lock (trava) que pode ativar ou desativar o grupo criado.

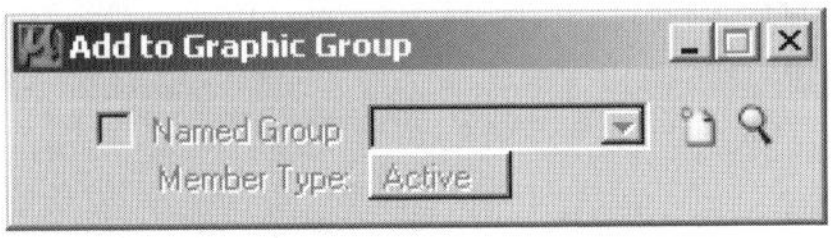

Tool Settings	Descrição
Named Group	Fica disponível somente se houver um Named Group presente no modelo. Se ativada, permite que você selecione na lista um Named Group existente.
Create New Named Group	Abre a caixa Create Named Group que permite criar um Named Group.
Open Named Group Dialog	Abre a caixa Named Groups, a qual permite criar e modificar Named Groups e suas hierarquias.
Member Type	Permite definir o modo como os outros membros do Named Group serão afetados quando um membro for manipulado ou selecionado. • **ACTIVE** - Change Propagation define Group Lock para as opções To other members e From other members, e o valor Never para a opção To other groups. • **PASSIVE** - Change Propagation define Never para To other members, Group Lock para From other members e Never para To other groups. • **CUSTOM** - quando selecionada, a caixa expande para oferecer as opções que permitem mudar as definições de Change Propagation. São elas: To other members, From other members e To other groups. Para cada opção de Member Type, três parâmetros de Change Propagation controlam o comportamento dos membros de um Named Group. • **To other members** - propaga as mudanças em outros membros. • **From other members** - sofre as mudanças dos outros membros. • **To other groups** - propaga as mudanças nos outros grupos. Outro parâmetro chamado SELECTABLE, o qual pode ser ativado/desativado na caixa Named Groups, sobrescreve os parâmetros anteriores quando a trava Graphic Group estiver ativada, e os membros são selecionados com a ferramenta Element Selection. ATIVADO, todos os membros do grupo são selecionados. DESATIVADO, os parâmetros definidos no quadro Change Propagation são aplicados.

⊙ **No mesmo arquivo abra o modelo GRAPHIC GROUP.**

EXERCÍCIO: Criando Named Group com a ferramenta Add to Graphic Group

1. Com a ferramenta **Element Selection** selecione os objetos, como indica a Figura I. Como resultado a Status Bar deve exibir 18 elementos selecionados.
2. Na caixa Groups, selecione a ferramenta **Add to Graphic Group**. Alternativamente pressione **<6><5>**, se o foco estiver definido para Home.
3. Na janela Tool Settings, clique no ícone **Create New Named Group**. Alternativamente pressione **<I>**, se o foco estiver definido para Home.

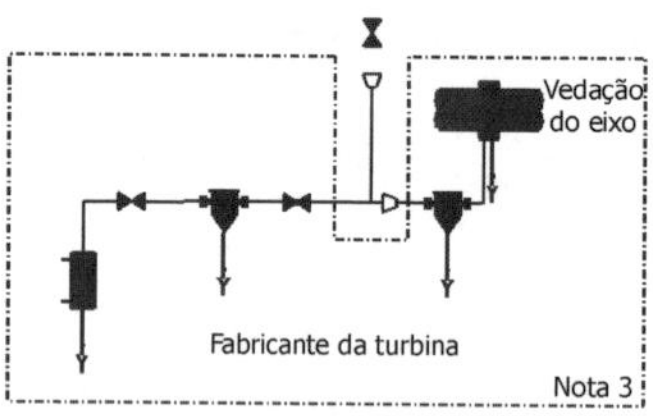

Figura I

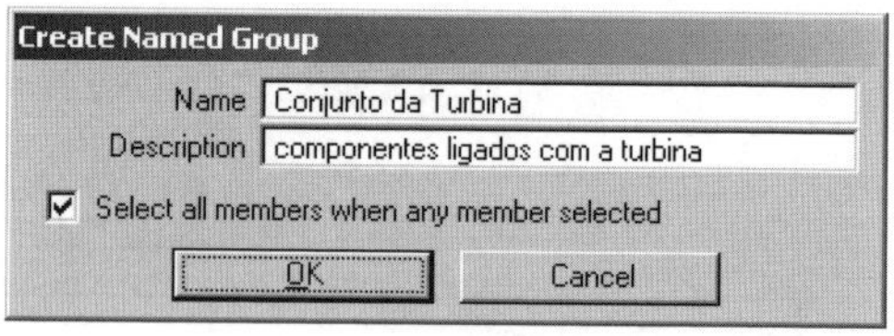

Figura J

4. No campo Name da caixa Create Named Group, digite "**Conjunto da Turbina**".
5. No campo Description, digite "componentes ligados com a turbina".
6. Marque a opção **Select all members when any member selected**. Quando a trava Graphic Group estiver ativada, essa opção faz com que todos os seus membros sejam selecionados, se um deles for selecionado com a ferramenta ELEMENT SELECTION.
7. Clique em **OK**.
8. Entre com um ponto na janela de vista para **aceitar** a criação do conjunto.
9. Com a ferramenta **Element Selection** clique no vazio para remover a seleção.

EXERCÍCIO: Usando a trava Graphic Group

1. Na caixa Manipulate, selecione a ferramenta **Move Element**. Alternativamente você pode pressionar **<3><2>**, se o foco estiver definido para Home.
2. Identifique o polígono que contorna o conjunto da turbina agrupado no exercício anterior. Observe que apenas esse elemento é selecionado para a operação.
3. Pressione RESET para cancelar.
4. Na Status Bar, selecione **Active Locks** (o menu das travas).
5. No menu das travas, selecione **Graphic Group**. A Status Bar exibe a sigla GG, indicando que essa trava foi ativada, enquanto o menu de travas passa a exibir a opção Graphic Group com uma marca de "check".

6. Na caixa Manipulate, selecione a ferramenta **Copy Element**. Alternativamente você pode pressionar **<3><1>**, se o foco estiver definido para Home.
7. Na janela Tool Settings, defina o valor do campo **Copies** para **2**.

8. Identifique outra vez o polígono. Todos os elementos que formam o conjunto foram selecionados. Copie as duas estâncias do conjunto **205mm** para o lado direito.

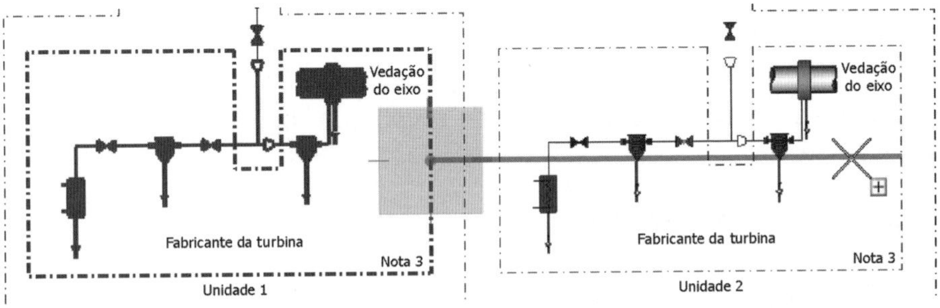

DESAFIO: Completando a tubulação do diagrama

Como um desafio, use as ferramentas apropriadas para completar a tubulação que liga os novos conjuntos copiados no exercício anterior. Como resultado, os conjuntos das unidades 2 e 3 devem ficar parecidos com as figuras seguintes.

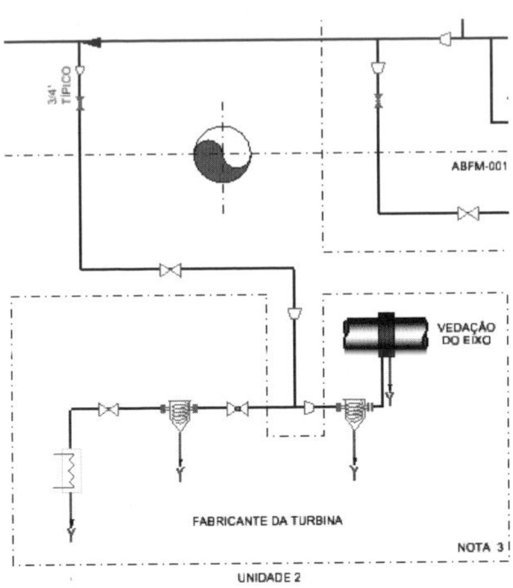

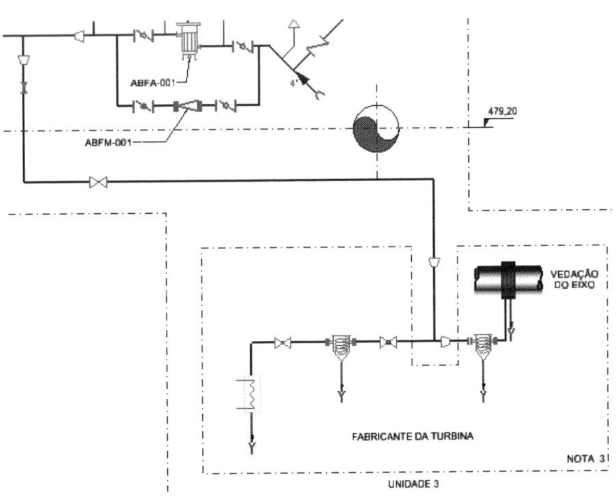

Drop from Graphic Group

Usada para remover (drop) um elemento de um grupo gráfico ou ainda desfazer todo o grupo. A opção depende do status atual do Lock Graphic Group. Se a opção Drop From Named Group estiver ativada, o elemento também é removido do seu Named Group.

Para remover um elemento de um grupo gráfico

1. DESATIVE a trava Graphic Group.
2. Selecione a ferramenta Drop from Graphic Group.
3. Identifique o elemento a ser removido de grupo gráfico.
4. Aceite a operação.

Para desfazer um grupo gráfico

1. ATIVE a trava Graphic Group.
2. Selecione a ferramenta Drop from Graphic Group.
3. Identifique um membro qualquer do grupo gráfico.
4. Aceite a operação.

Group Holes

Usada para identificar um elemento sólido e associar a ele elementos de área "Hole", criando um outro tipo de agrupamento. O sólido e seus "buracos" associados podem ser shapes, ellipses e/ou Complex Shapes que estejam no mesmo plano. Holes não podem receber hachuras e se apresentam transparentes em vistas renderizadas.

Para criar um group holes

1. Identifique o elemento sólido.
2. Identifique o elemento hole para associar ao sólido.
3. Aceite o último elemento e em seguida dê um RESET.

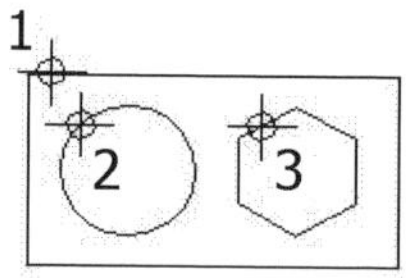

Usando Células

Uma célula normalmente é um pequeno desenho de uso freqüente - usada para economizar tempo no desenho de HACHURAS, SIMBOLOGIAS, EQUIPAMENTOS e DETALHES REPETITIVOS, além de promover a uniformidade do desenho.

◉ **Abra o arquivo 18 - USANDO CÉLULAS.DGN.**

As células são armazenadas em arquivos gráficos chamados **CELL LIBRARIES** (bibliotecas de células) que podem conter várias células. Bibliotecas são como arquivos DGN. Qualquer arquivo DGN pode ser anexado como uma biblioteca de células, a qual pode ser aberta como um arquivo DGN.

> Cada modelo contido em um **arquivo DWG** apresenta-se como uma célula separada sem uma biblioteca, referido comumente como BLOCK.

Trabalhando com Bibliotecas de Células

A seguir descrevem-se os procedimentos para anexar e criar bibliotecas de células.

EXERCÍCIO: Para criar e anexar uma biblioteca de células

1. A partir do menu Element, selecione Cells. A caixa CELL LIBRARY se abre. Alternativamente você pode usar o ícone Cells da caixa Primary Tools.

2. A partir do menu File da caixa Cell Library, selecione **New**.
3. No campo Files, digite o nome da nova biblioteca - "**Treinamento**". Por convenção, os arquivos de bibliotecas de células terminam com a extensão CEL. A extensão é colocada automaticamente. Em seguida clique em **OK**.

Para anexar uma biblioteca existente

1. A partir do menu File da caixa de diálogo Cell Library, escolha **Attach**.
2. Escolha a biblioteca a partir da lista de arquivos e clique em **OK**.

> Quando você cria uma biblioteca, um modelo chamado "Default" vazio é criado, o qual é mostrado quando **você abre a biblioteca como arquivo DGN pela primeira vez**. Para acessar os demais modelos (células da biblioteca), escolha menu File > Models. Já os arquivos DWG podem ser colocados como células, porém somente a geometria do modelo default pode ser usada.

Criando e Editando Células

Antes de criar células, considere a possibilidade de transformar ou usar as muitas bibliotecas fornecidas com os workspaces de exemplos do MicroStation. Isso pode economizar algum tempo e esforço.

Tipos de células

Quando você cria uma célula, é preciso definir uma origem, o ponto pelo qual a célula é inserida no desenho, e também escolher um tipo de célula. Existem atualmente três tipos de célula: GRAPHIC, POINT e MENU.

A simbologia (cor, estilo de linha e espessura das linhas) de uma **graphic cell** é determinada no momento da criação, enquanto a **point cell** assume a simbologia ativa do momento em que ela é colocada no arquivo de desenho.

Uma graphic cell rotaciona quando a vista é rotacionada, enquanto a point cell não. Uma point cell possui apenas um ponto de snap - sua origem. Além disso, ela sempre é colocada no arquivo de desenho com o nível ativo em vez do nível em que seus componentes foram criados.

Uma graphic cell possui os níveis independentes, que também podem ser colocados em níveis relativos ao ativo, se a opção Relative estiver ativada. As diferenças entre uma célula graphic e point estão resumidas a seguir:

	Graphic Cell	**Point Cell**
Nível	Seus próprios níveis	De acordo com o nível ativo
Rotação	Com a vista	Independente da vista
Snaps	Nos keypoints	Somente na origem
Simbologia	Da criação	Da colocação

Células 2D e 3D podem ser gravadas na mesma biblioteca de células.

EXERCÍCIO: Para criar uma célula

1. Anexe a biblioteca **TREINAMENTO.CEL** (criada no exercício anterior).
2. Com a ferramenta Element Selection selecione os elementos que formam a pia.

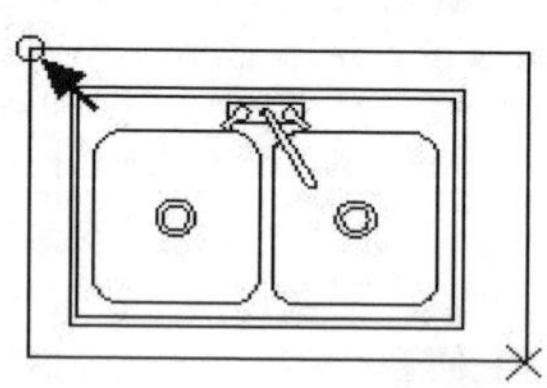

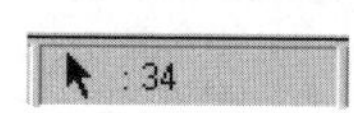

A Status Bar informa a quantidade de elementos selecionados.

3. Na caixa de ferramenta Cells da tarefa Drawing, escolha o ícone **Define Cell Origin**. Alternativamente você pode pressionar **<S><4>**, desde que o foco esteja definido para Home.

4. Entre com um ponto para definir a origem (ponto pelo qual a célula é colocada no desenho). Use o ponto médio do segmento horizontal superior da pia. Pressione RESET para completar.

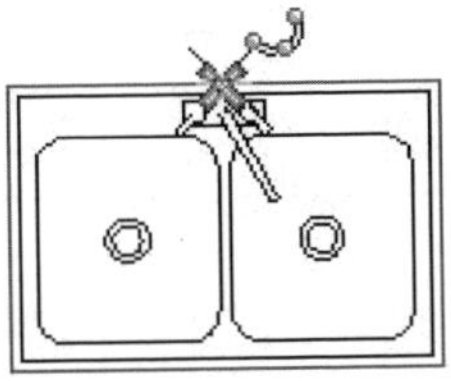

5. A partir do menu Element, escolha Cells.
6. No canto inferior direito da caixa, clique no botão Create.
7. No campo Name, digite "**Pia Standard**".
8. No campo Description, digite "**com duas cubas de aço inox**".
9. A partir do menu de opções, defina o tipo da célula para **Graphic**.
10. Clique **Create**. Ao selecionar o nome na lista de células, ela será exibida na caixa Preview.

> Uma ou mais células podem fazer parte de outra célula, a qual é chamada de "nested" (aninhada). Isso significa que as células contidas são referenciadas pela célula nested, podendo ser atualizadas a qualquer momento sem precisar refazer a célula aninhada.

Para editar o nome e a descrição de uma célula

1. Na lista de células da caixa Cell Library, selecione a célula que deseja editar.
2. No canto inferior direito, clique em **Edit** e edite o nome e a descrição.
3. Clique em Modify.

Para excluir uma célula de uma biblioteca anexada

1. Na lista de células da caixa Cell Library, selecione a célula que deseja excluir.
2. No canto inferior direito, clique em **Delete**. Uma vez que essa operação não pode ser desfeita, uma mensagem de alerta será exibida para que você confirme.
3. Clique em OK.

EXERCÍCIO: Criando células

1. Com a ferramenta **Delete Element**, apague os elementos de origem da célula Pia Standard.
2. Como um desafio, crie células dos desenhos existentes, obedecendo aos seguintes nomes, descrição e ponto de origem:

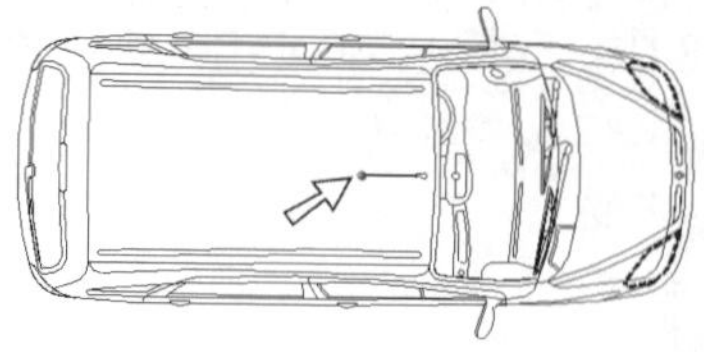	Nome: RSCN 2006 Descrição: Modelo Sportway
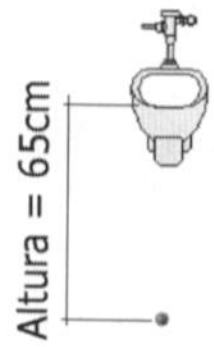	Nome: Mic 01 Descrição: Mictório standard adulto h=65cm
	Nome: Porta G1 Descrição: Porta armário largura = 33.6cm

Editando Células Existentes

A arquitetura do arquivo DGN é aproveitada pelas bibliotecas de células, o que permite que um arquivo DGN possa ser aberto como uma biblioteca (por Element > Cells), em que cada modelo é uma célula em potencial; da mesma forma que uma biblioteca de células pode ser aberta como se fosse um arquivo DGN (por File > Open), onde cada célula será um modelo de desenho. Sendo assim, as células podem ser editadas como qualquer outro desenho, sem precisar recriá-las.

EXERCÍCIO: Editando uma célula diretamente na biblioteca

1. A partir do menu Element, selecione **Cells**.
2. Assegure-se de que a biblioteca **Treinamento.cel** esteja anexada.
3. Na lista de células, clique com o botão direito do mouse sobre a célula **Pia Standard**.
4. No menu pop-up, escolha **Open for Editing**. O arquivo se abre com o modelo Pia Standard ativo.

5. Com a ferramenta **Element Selection** selecione todos os elementos da Pia.

6. Na caixa de ferramentas MAIN, selecione a ferramenta **Change Element Attributes**. Alternativamente você pode pressionar **<5><1>**, desde que o foco esteja em Home.

7. Na janela Tool Settings, defina a opção Method para **Change**.
8. Desative a opção Use Active Attibutes para não usar/alterar os atributos ativos.
9. Ative as opções **Color**, **Style** e **Weight** e defina o valor para "**ByLevel**".
10. Desative as demais opções.
11. Clique no vazio para **aceitar** as alterações.
12. Clique no vazio para retirar a seleção.
13. Para retornar ao arquivo anterior, no menu File escolha o arquivo **18 - Usando Células.dgn**.

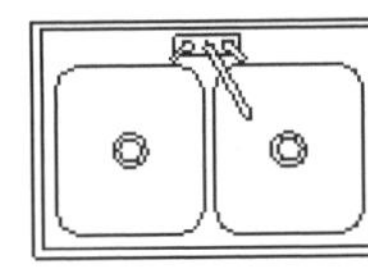

Cells Task

As ferramentas da caixa Cells são usadas para manipular e colocar células no arquivo de desenho.

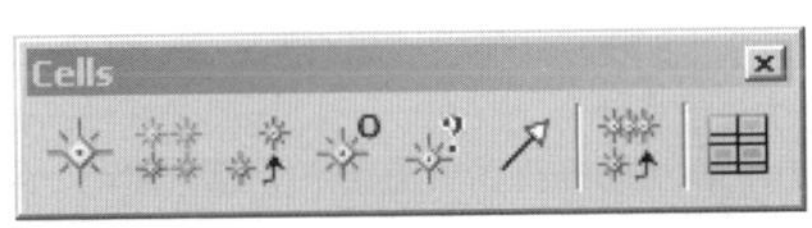

Place Active Cell

Usada para posicionar uma célula a partir dos parâmetros definidos na janela do Tool Settings:

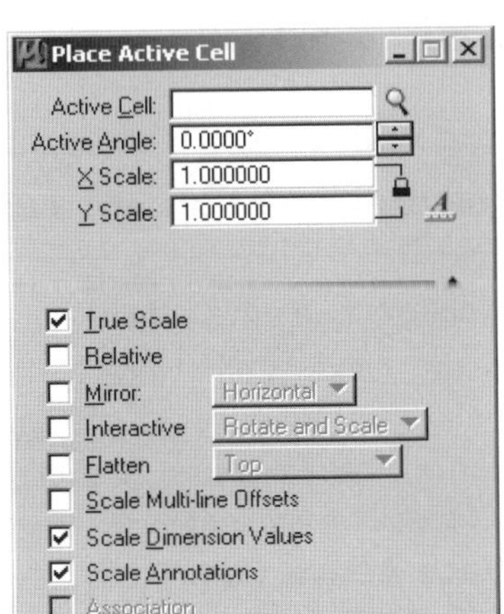

Tool Settings	Efeito
Active Cell	Nome da célula. Se necessário, clique na lupa para abrir a caixa Cell Libraries.
Active Angle	Define o ângulo no qual a célula será colocada. Se Interactive estiver desligada.
X, Y e Z Scale	Fator de escala nos eixos X (horizontal), Y (vertical) e Z (profundidade).
True Scale	Escala a célula quando o arquivo possuir uma working units diferente.
Relative	Se ativada e a célula for do tipo graphic, o nível de valor mais baixo da célula é colocado no nível ativo e os demais são colocados em níveis referentes ao ativo.
Mirror	Se for ativada, ao colocar uma célula, você pode espelhar o desenho sobre os eixos horizontal, vertical ou ambos, selecionando uma dessas opções.
Interactive	Se ativada, a escala e o ângulo da célula são definidos graficamente. • **Rotate and Scale** - rotação e escala são definidas graficamente. • **Rotate Only** - rotação definida graficamente e a escala em X, Y e Z Scale. • **Scale Only** - escala definida graficamente e a rotação em Active Angle.
Flatten	Em um arquivo 2D uma célula 3D é colocada em um determinado plano.
Scale Multi-line Offsets	Se for ativada, aplica a escala ativa na distância entre as linhas de uma multilinha. Esse parâmetro não afeta as multilinhas de uma Shared Cell.
Scale Dimension Values	Se for ativada, aplica a escala ativa aos valores das cotas para refletir o novo tamanho. Esse parâmetro não afeta os valores das cotas em uma Shared Cell.
Scale Annotations	Se for ativada, aplica a escala ativa aos elementos que são escalonados pelo parâmetro Annotation Scale. Esse parâmetro não afeta annotations em uma Shared Cell.
Association	Se ativada, faz com que a célula possa ser associada a outro elemento. Isso significa que, quando o elemento for movido, a célula vai acompanhar seu movimento.

◉ **No mesmo arquivo abra o modelo MOBILIÁRIO.**

EXERCÍCIO: Para colocar uma célula ativa usando o AccuDraw

1. A partir da caixa Primary Tools, clique em **Cells**.
2. A partir do menu File da caixa Cell Library, anexe a biblioteca chamada **SANITÁRIOS.CEL**.
3. Na lista de células, selecione a célula **Chuv_3** e clique em **Placement**. FECHE a caixa Cell Library.
4. Selecione a ferramenta **Place Active Cell**. Alternativamente você pode pressionar **<S><1>**, desde que o foco esteja definido para Home.
5. Na janela Tool Settings, defina o valor da opção **Active Angle** para **180**.

6. Ative a opção TRUE SCALE e desative as demais.
7. Capture um vértice no canto inferior direito do BWC. Em seguida, pressione <O> para posicionar a origem do AccuDraw, desde que o foco esteja definido para Home.
8. Aponte a orientação da colocação da célula para cima e digite **45 <ENTER>**.
9. **Aceite** a posição da célula.
10. Pressione **RESET** para completar a operação.
11. Como um "desafio", posicione as células **BAC_03**, **CUB_03** e **TOA_03**, conforme as medidas indicadas ao lado. As unidades estão expressas em CM.

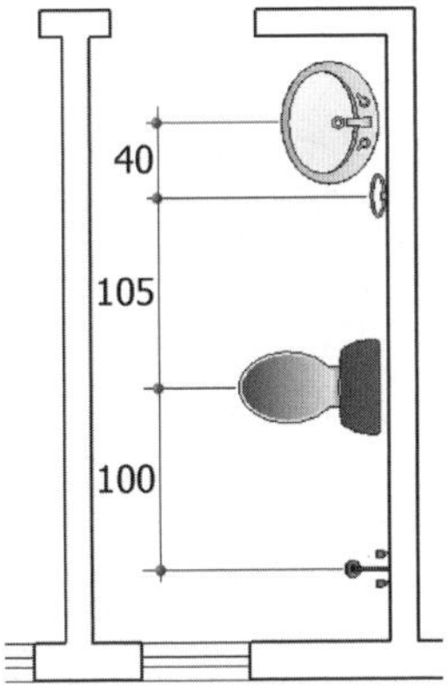

◉ **No mesmo arquivo abra o modelo ARQUITETÔNICO.**

EXERCÍCIO: Para colocar a célula da soleira de modo interativo

1. Selecione a ferramenta **Place Active Cell**. Alternativamente você pode pressionar **<S><1>**, desde que o foco esteja definido para Home.
2. No campo **Active Cell** da janela Tool Settings, digite **portal**.
3. Ative o parâmetro **True Scale**.
4. Ative o parâmetro **Interactive** e escolha a opção **Rotate and Scale**.
5. Capture o canto inferior da PAREDE ESQUERDA da abertura de porta (1) e **aceite esse ponto** que define a origem da célula interativa.
6. Capture o canto superior da PAREDE DIREITA da abertura de porta (2).
7. Leve o ponteiro para o lado direito, alinhando com o eixo X, e **aceite** esse ponto (3).

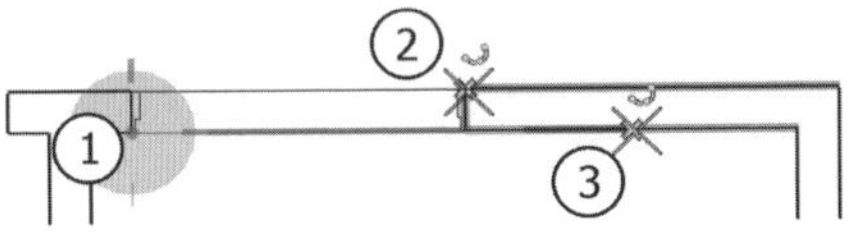

8. Para definir a ROTAÇÃO da célula interativa, indique a direção sobre o EIXO X do AccuDraw (indicador vermelho) e **aceite**.
9. Como um desafio, coloque a célula porta nas demais aberturas, exceto nas aberturas maiores de saída localizadas na Área de Serviço e no Living. Leia as dicas a seguir.

DICA 1: O primeiro ponto corresponde ao lado da dobradiça e abertura da porta, enquanto o segundo ponto é o vértice oposto ao primeiro vértice.

DICA 2: Nas aberturas verticais, após dar o primeiro ponto, pressione **<R><Q>** para girar o plano do AccuDraw de acordo com o alinhamento da porta.

EXERCÍCIO: Para colocar a célula da porta de modo interativo

1. Dê um zoom sobre a abertura da porta do banheiro.
2. Selecione a ferramenta **Place Active Cell**. Alternativamente você pode pressionar **<S><1>**, desde que o foco esteja definido para Home.
3. No campo **Active Cell** da janela Tool Settings, digite **P02**.
4. Ative as opções True Scale e Interactive (Rotate and Scale).
5. Capture o vértice do caixilho no qual serão posicionadas as dobradiças (1) e **aceite esse ponto**.
6. Capture o vértice do caixilho do outro lado (2) e LEIA na Status Bar o valor da distância. Em seguida pressione **<O>** para posicionar a origem do AccuDraw, desde que o foco esteja definido para Home.

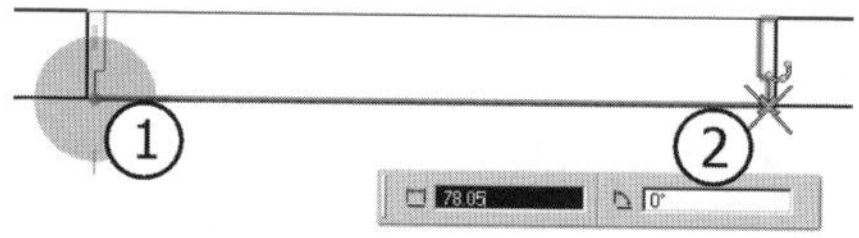

7. Direcione o ponteiro para baixo, entre com o valor lido anteriormente e **aceite o ponto** (3).
8. Leve o ponteiro para buscar o alinhamento com o eixo X (4) e **aceite** a rotação da porta.
9. Como um desafio coloque as demais portas, exceto na abertura entre a Cozinha e o Living. Para as aberturas maiores, use a célula **P05** para a Área de Serviço e **P06** para o Living.

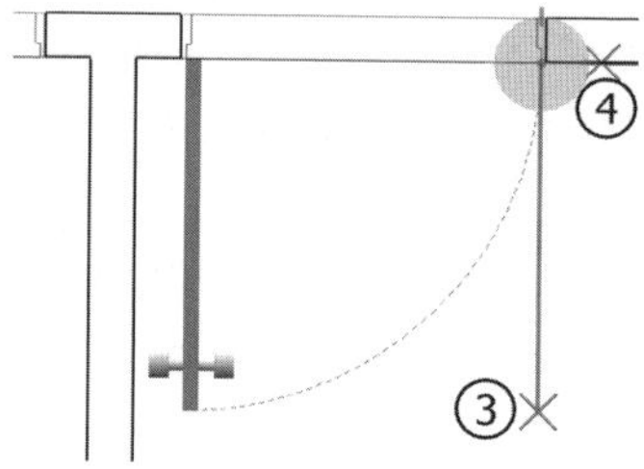

Nas aberturas verticais em que o segundo ponto é dado para o lado esquerdo, após dar o primeiro ponto pressione **<R><Q>** para girar o plano do AccuDraw de acordo com o alinhamento da porta.

◉ **No mesmo arquivo abra o modelo TUBULAÇÃO.**

EXERCÍCIO: Para colocar uma célula 3D em um modelo 2D

1. Selecione a ferramenta **Place Active Cell**. Alternativamente você pode pressionar **<S><1>**, desde que o foco esteja definido para Home.
2. No campo **Active Cell** da janela Tool Settings, digite **Plataforma**.
3. Ative as opções True Scale e Flatten (Front).

4. Capture o vértice inferior direito da primeira sapata (1) do desenho localizado à esquerda na janela de vista. Em seguida pressione **<O>** para localizar a origem do AccuDraw, desde que o foco esteja definido para Home.
5. Leve o ponteiro para o lado direito e digite **3500 <ENTER>**. **Aceite** esse ponto (2).
6. Na janela Tool Settings, mude a opção **Flatten** de Front para **Left**.
7. Capture o vértice inferior direito da segunda sapata (3) do desenho localizado à direita na janela de vista. Em seguida pressione **<O>** para localizar a origem do AccuDraw, desde que o foco esteja definido para Home.
8. Leve o ponteiro para o lado direito e digite **750 <ENTER>**. **Aceite** esse ponto (4).

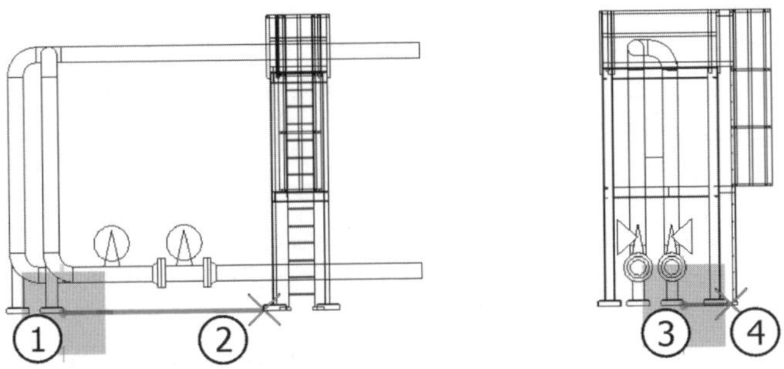

9. Pressione RESET para completar.

Place Active Cell Matrix

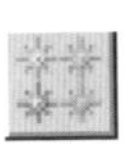

Usada para colocar uma matriz da célula ativa. As células são colocadas pelos valores de ângulo e escala ativos.

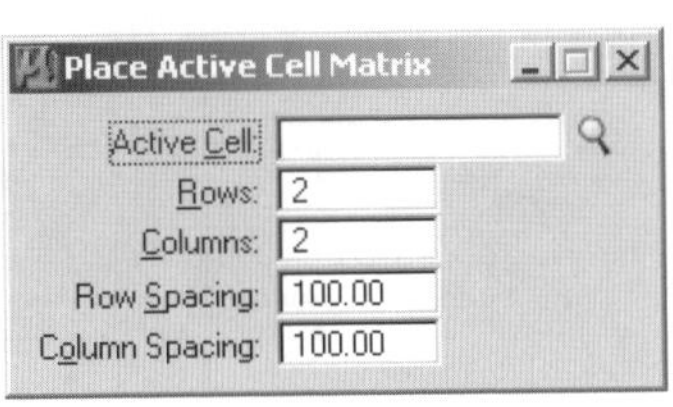

Tool Settings	Efeito
Active Cell	Nome da célula que pode ser digitado ou definido a partir da caixa de diálogo da biblioteca. Clique na lupa ao lado para acessar a caixa de diálogo Cell Libraries.
Rows	Define o número de linhas.
Columns	Define o número de colunas.
Row Spacing	O espaço em working units entre as linhas.
Column Spacing	O espaço em working units entre as colunas.

- **No mesmo arquivo abra o modelo ARRANJO GERAL.**

EXERCÍCIO: Para colocar uma matriz da célula ativa

> Devido à ferramenta Place Active Cell Matrix não apresentar os controles para definir ângulo e escala, primeiramente você precisa acessar a ferramenta Place Active Cell se desejar mudar esses valores.

1. A partir do menu Utilities, selecione **Saved Views**.
2. Na caixa Saved Views, certifique-se de que a opção View esteja definida para 1. Na lista de vistas salvas selecione **Óleo Cru** e clique em **Apply**.
3. Selecione a ferramenta **Place Active Cell**. Alternativamente você pode pressionar **<S><1>**, desde que o foco esteja definido para Home.
4. No campo **Active Cell** da janela Tool Settings, digite **ATQ01**.
5. Ative a opção **True Scale**.
6. Certifique-se de que o valor do ângulo no campo Active Angle seja "0".
7. Certifique-se de que o valor nos campos X Scale e Y Scale seja "0". Se o ícone do "cadeado" ao lado estiver fechado, o valor de Y Scale é combinado automaticamente com o valor dado a X.
8. Selecione a ferramenta **Place Active Cell Matrix**. Alternativamente você pode pressionar **<S><2>**, desde que o foco esteja definido para Home.
9. Especifique os parâmetros descritos na Figura K.
10. Entre com um ponto afastado **45m** da lateral esquerda da quadra localizada **entre as ruas 04** e **02**. A origem da célula é posicionada nesse ponto, Figura L.

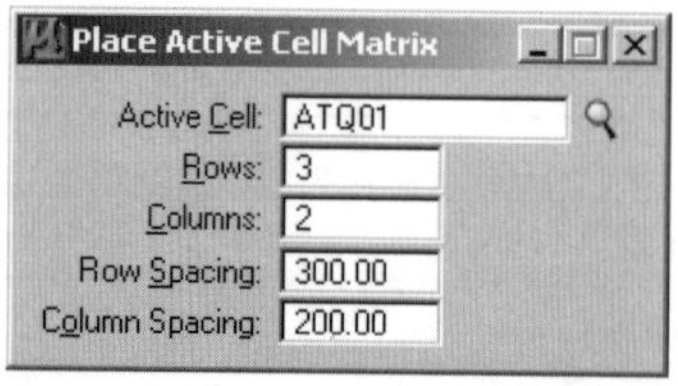

Figura K

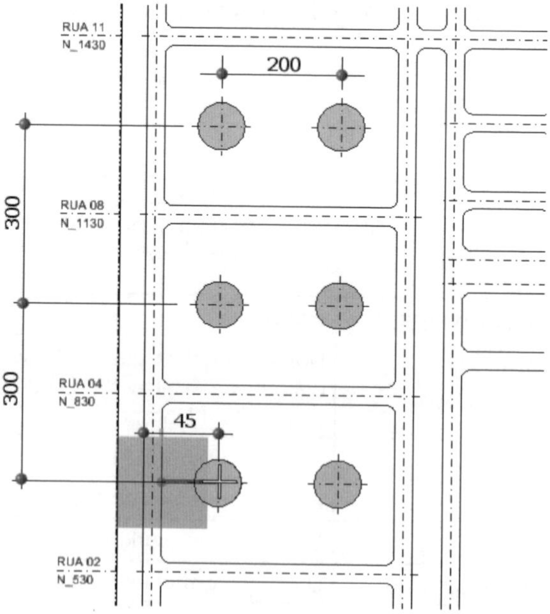

Figura L

11. Baseado no procedimento dos passos anteriores, construa os arranjos nas quadras seguintes:

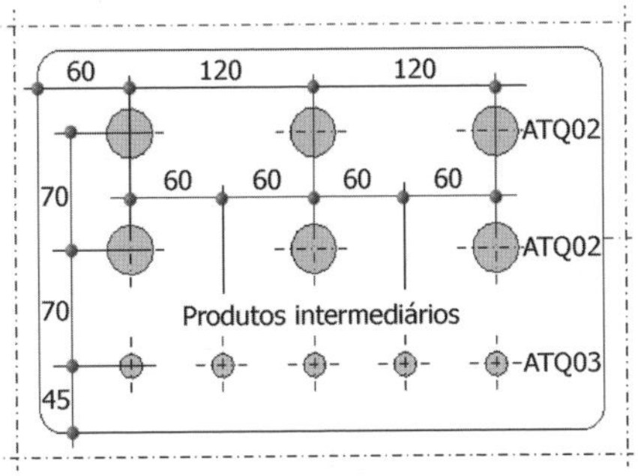

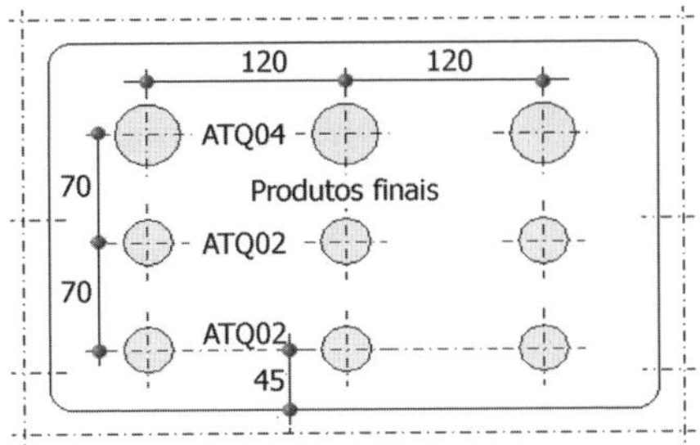

Select and Place Cell

Usada para identificar uma célula, e num segundo momento posicionar mais uma instância.

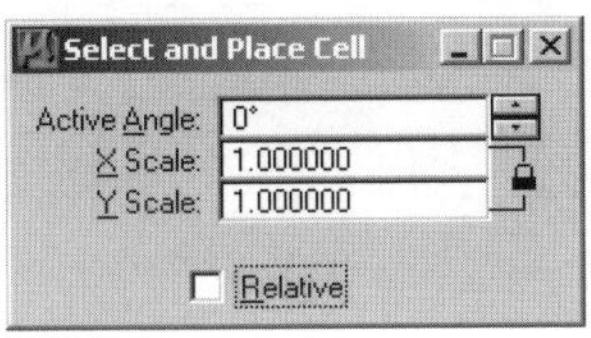

Define Cell Origin

Usada para definir a origem da célula (o ponto no qual a célula é inserida).

Para definir a origem de uma célula

1. Entre com um ponto para definir a posição da origem da célula.
2. O símbolo "+" é exibido nesse ponto até que a ferramenta seja selecionada novamente.

Identify Cell

Para exibir o nome da célula.

Place Active Line Terminator

Usada para colocar a célula ativa na extremidade de uma line, line string ou arc.

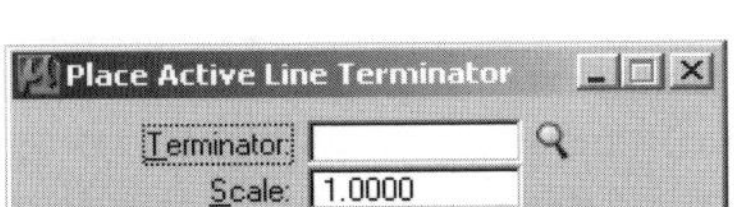

Para colocar um active line terminator

1. Identifique o elemento próximo da extremidade em que você deseja colocar a célula (1).
2. Aceite a operação (2).

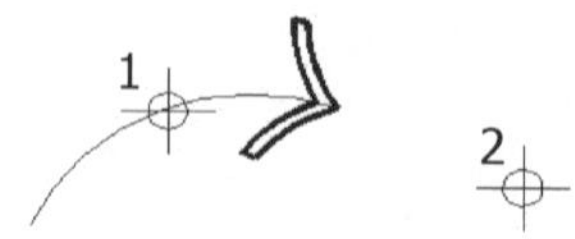

Replace Cells

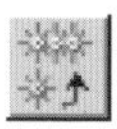

Usada para substituir uma ou todas as células do arquivo DGN. Atualiza uma ou mais células com um determinado nome pela mesma célula modificada, ou por outra com o mesmo nome de outra biblioteca anexada.

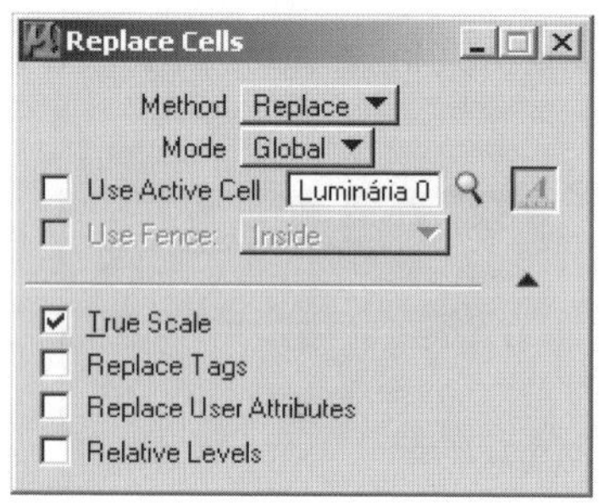

Tool Settings	Efeito
Method	**Update** - ATUALIZA a célula identificada se tiver sido modificada, ou substitui por outra com o mesmo nome da biblioteca ativa. **Replace** - SUBSTITUI uma ou múltiplas células a partir do nome da célula a ser substituída e da substituta.
Mode	**Single** - (Replace) substituição de cada célula. **Global** - (Replace) substituição de múltiplas células.
Use Active Cell	(Replace) Se ativada, as células são substituídas pela célula digitada no campo.
Use Fence	Define o método pelo qual o conteúdo da Fence é manipulado.
True Scale	Se estiver ativada, as células que foram criadas em um modelo com uma unidade diferente da unidade do modelo ativo são escalonadas para se ajustarem às unidades do modelo ativo.
Replace Tags	Se ativada, as tags da célula atual são substituídas pelas tags da nova célula.
Replace User Attributes	(Replace) Se essa opção estiver ativada, todos os atributos de usuário associados à célula (como tags e atributos de banco de dados) são substituídos pelos dados da nova célula.
Relative Levels	Se estiver ativada, os níveis de valor (numérico) mais baixos de ambas as células serão combinados, enquanto todos os outros níveis serão relativos a esse nível de valor mais baixo.

Para atualizar células a partir da biblioteca ativa

1. Defina o método para Update.
2. Identifique a célula a ser substituída e aceite-a. Se for tipo (shared), todas as células iguais presentes no arquivo são substituídas pela de mesmo nome na biblioteca ativa.

EXERCÍCIO: Para substituir células

1. Selecione a ferramenta **Replace Cells**. Alternativamente você pode pressionar **<S><7>**, desde que o foco esteja definido para Home.
2. Na janela Tool Settings, defina o método para **Replace**.
3. Defina a opção Mode para **Global**.
4. Ative a opção Use Active Cell e digite "**ATQ04**".
5. Ative a opção **True Scale** e desative todas as outras opções.
6. **Identifique** um dos tanques ATQ02 e **aceite** no vazio.
7. Clique em **Yes**. Todas as células presentes no arquivo com o mesmo nome são substituídas.

Place Cell Index

Usada para criar e colocar um índice de células. Um índice de células contém todos os modelos do arquivo DGN ativo que possui o parâmetro "**Can be placed as cell**" ativado. O índice é armazenado no modelo ativo e cada célula anexada como referência.

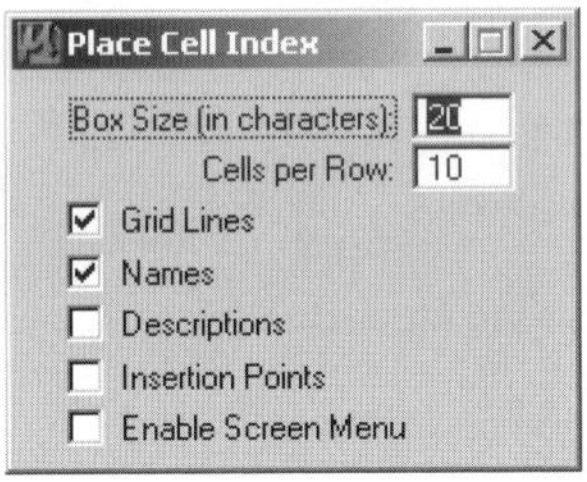

Tool Settings	Efeito
Box Size (in characters)	O tamanho da caixa baseado no tamanho do texto ativo no qual a célula será exibida.
Cells per Row	Quantidade de células por linha. Default é 10.
Grid Lines	Se for ativada, linhas de grade aparecem em volta da célula.
Names	Se for ativada, o nome da célula aparece embaixo da caixa.
Description	Se for ativada, a descrição da célula aparece embaixo da caixa.
Insertion Points	Se for ativado, exibe o ponto de origem de cada célula.
Enable Screen Menu	(Somente se Grid Lines for ativado) Cria o índice como um menu de tela.

Se modelos forem excluídos do arquivo DGN ou adicionados depois que um índice foi criado, ele NÃO é atualizado. Você precisa recriá-lo para incluir as mudanças. Isso também se aplica a uma mudança de escala significativa. Os índices são colocados em modelos 2D. Se usar um modelo 3D, ele é alinhado com a vista Top; 3D são exibidos em Isometric.

Capítulo

9

Criando e Editando Hachuras

Hachuras

Hachuras são colocações repetidas de linhas (**hatchs**) ou células (**patterns**) em uma área fechada com um intervalo específico (spacing), escala e ângulo. Você pode colocar uma hachura em qualquer nível que desejar. Elementos como linhas ou células em uma hachura são designados como PATTERN ELEMENTS.

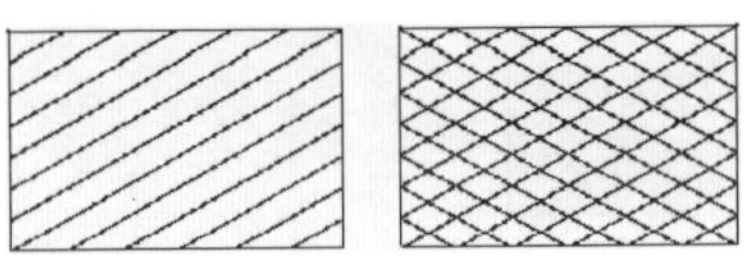

Hatchs são hachuras construídas com linhas repetidas paralelas simples ou cruzadas e agrupadas.

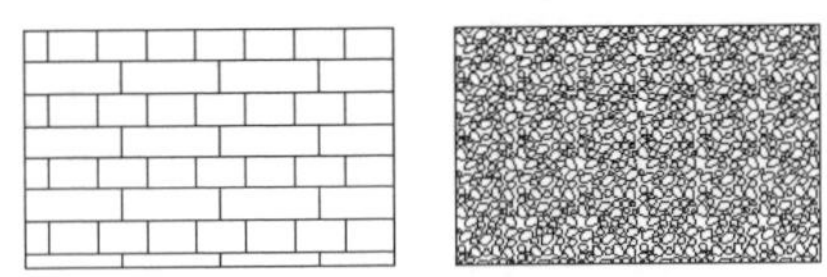

Patterns são hachuras construídas com células repetidas e agrupadas.

Interoperabilidade DWG

No modo de trabalho DWG, por default, áreas hachuradas são recolocadas pelas hachuras predefinidas do AutoCAD. O campo Pattern da janela de definições Pattern Area é uma lista de opções na qual, por default, listam-se as hachuras do arquivo DWG "areapat.pat". Esse arquivo contém definições de hachuras DWG para cada célula de hachura da biblioteca de células "areapat.cel".

Para selecionar um arquivo de hachuras DWG, digite o endereço completo do arquivo ou clique na lupa ao lado para procurar no sistema. Para cada importante biblioteca de células de hachuras fornecida com o MicroStation - "archpat.cel", "areapat.cel", "geompa.cel", "igespats.cel", "linepa.cell" e "utilpat.cel" - um arquivo correspondente de hachuras DWG é fornecido. Esses arquivos de hachuras DWG possuem o mesmo nome das bibliotecas, exceto pela extensão que é (*.pat).

◉ **Abra o arquivo 19 - Hachuras.dgn.**

Controlando a Exibição das Hachuras

Independentemente do nível em que se encontrem os elementos da hachura, sua visualização pode ser desligada a partir da caixa de diálogo **View Attributes**.

Para ligar/desligar a exibição de hachuras em uma ou mais vistas

1. A partir do menu Settings, escolha View Attributes.
2. A partir do menu View Number, escolha o número da vista desejada.
3. Ative ou desative a opção Patterns. Se a opção **Apply To All** estiver ativada, as hachuras são exibidas/ocultadas em todas as janelas de vistas.

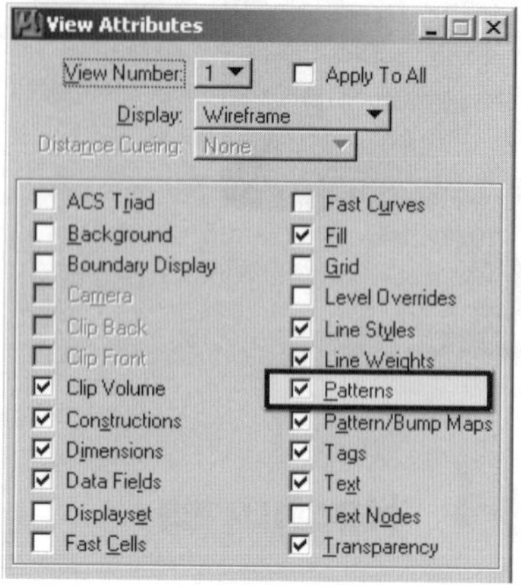

Patterns Task

As ferramentas da tarefa Patterns são usadas para hachurar o interior de uma área fechada. Além disso, pode operar com Fences, na interseção, união ou diferença de múltiplos elementos, ou de uma área fechada por uma seleção de elementos. Os elementos usados para criar uma área de hachura podem estar localizados tanto no arquivo ativo, como em uma ou mais referências, ou ainda em uma combinação de ambos.

Hachuras Associadas

A opção Associative Pattern, que aparece na janela Tool Settings em cada ferramenta de hachura (exceto Linear Pattern), faz com que a hachura fique associada ao elemento.

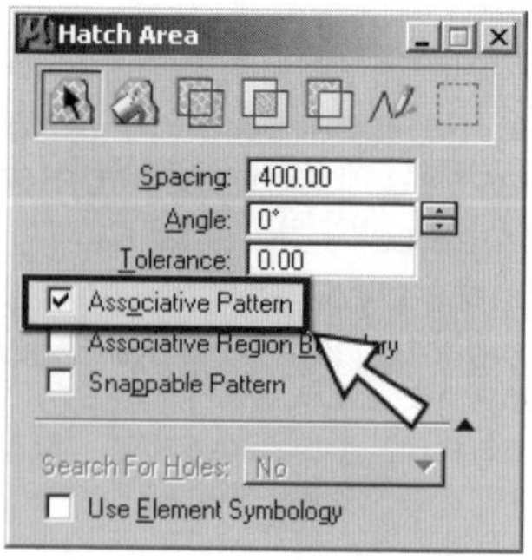

Isso significa que, sempre que um elemento for modificado ou manipulado, a hachura é AUTOMATICAMENTE ATUALIZADA. Por exemplo, se um elemento hachurado é rotacionado e escalonado, a hachura associada também é rotacionada e escalonada.

As hachuras associadas podem ser criadas a partir de:

- Elementos do arquivo ativo DGN;
- Elementos em arquivos referenciados, incluindo "nested" e auto-referência;
- Combinação de elementos do arquivo ativo e das referências.

Quando qualquer um desses elementos for modificado, independente de pertencer ao arquivo ativo ou ao arquivo de referência, a hachura é atualizada.

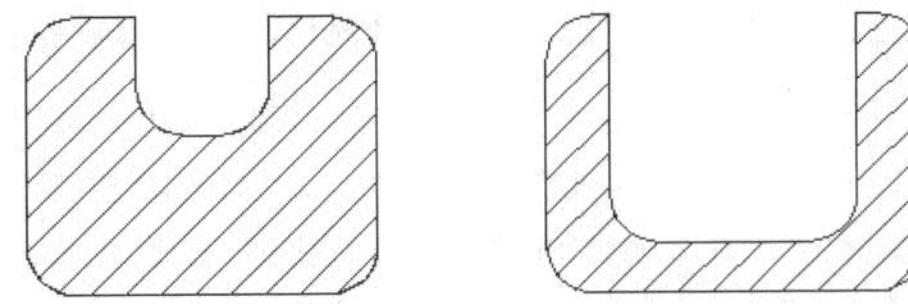

O Snap nas Hachuras

Se essa opção estiver ativada na janela Tool Settings, permite que os elementos da hachura sofram snap (tenham seus pontos notáveis e vértices capturados pelo ponteiro).

Enquanto em alguns casos dar a "tentativa" em hachuras é desejável (escadas em plantas, por exemplo), em outros não (desenhos mecânicos em geral), uma vez que a hachura possui muitos elementos, e isso pode dificultar selecionar ou identificar um componente em particular.

Excluindo Áreas Internas de uma Área de Hachura

Quando você cria um shape, circle ou ellipse, definindo uma área de hachura, pode excluir regiões internas dessas áreas da hachura do elemento, colocando outros elementos como shapes, circles ou ellipses dentro do elemento a ser hachurado. Além disso, você pode excluir áreas que envolvem textos.

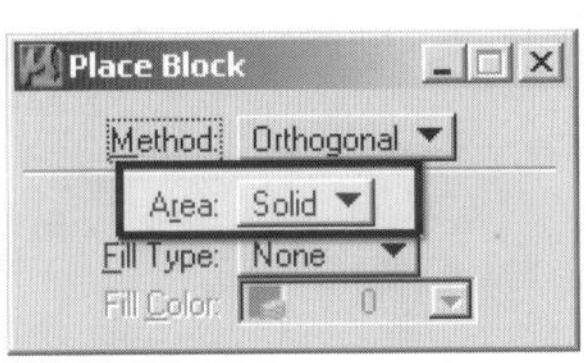

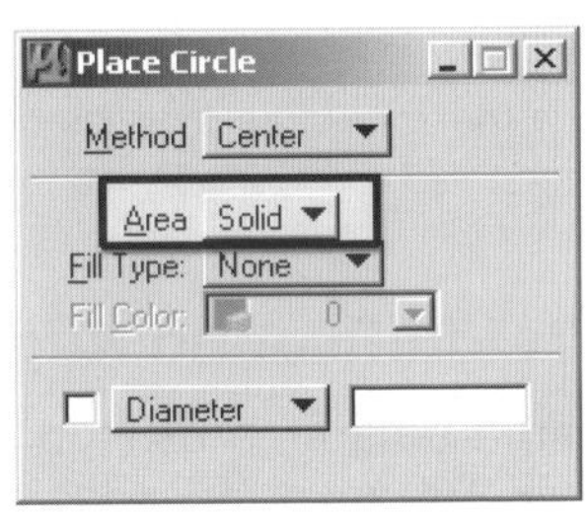

Quando você cria shapes, circles ou ellipses, pode escolher se a área desse elemento terá o atributo AREA definido para **Hole** ou **Solid**. Isso pode afetar a maneira como os elementos são hachurados. Normalmente a área fechada por elementos HOLE, localizada dentro e no mesmo nível do elemento Solid, não é hachurada! Isso se aplica da seguinte forma.

Associative Pattern	Elementos "Hole" dentro de "Solid"
Desativada	Não são hachurados.
Ativada	Se estiverem agrupados pela ferramenta Group Holes - eles não serão hachurados. Se não estiverem agrupados com o elemento sólido - eles serão ignorados e o elemento sólido é hachurado sem "furos".

Usando a Janela Tool Settings

As opções oferecidas pela janela Tool Settings para as ferramentas **Hatch Area**, **Crosshatch Area** e **Pattern Area** permitem excluir áreas de elementos fechados a serem hachurados. Com cada uma dessas ferramentas o método pode ser definido para:

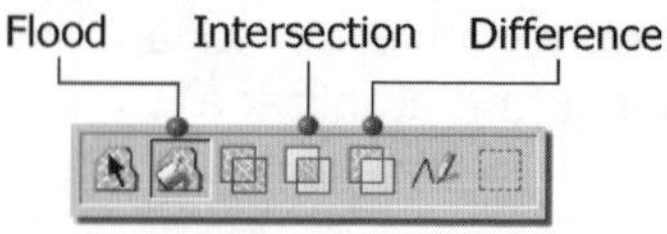

- **INTERSECTION** - hachurada regiões onde dois ou mais elementos selecionados se interceptam.
- **DIFFERENCE** - permite selecionar um elemento principal para hachurar, a partir do qual outros elementos identificados serão subtraídos.
- **FLOOD** - permite que você hachure o interior das regiões entre os elementos. Além disso, você pode especificar que formas ou textos localizados dentro dessas regiões sejam evitados (não hachurados). Isso é controlado pelos parâmetros localizados na parte expandida da janela Tool Settings.

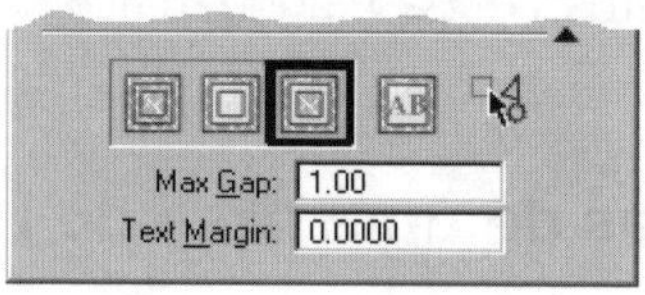

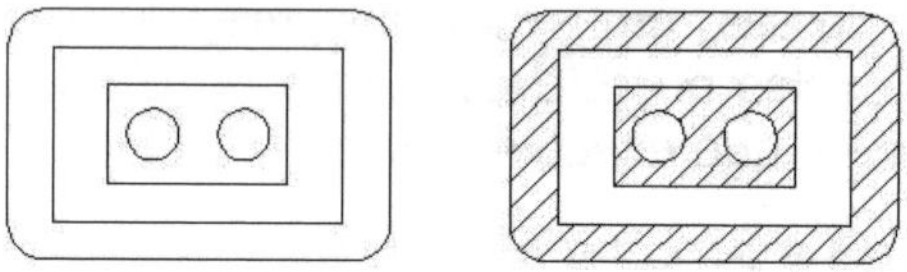

Hachura criada com o método Flood, usando o parâmetro Identify Alternating Interior Shape.

Manipulando/Modificando Regiões Excluídas

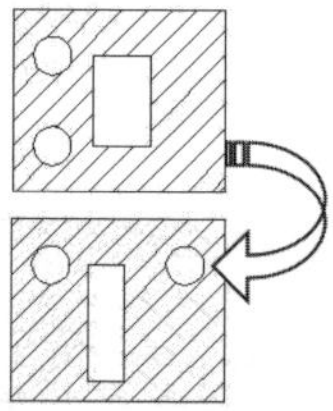

Quando você hachura uma área usando os métodos alternativos com a opção **Associative Pattern** ativada, pode manipular ou modificar elementos internos que a hachura será atualizada.

Hachurando Regiões Descontinuadas

Com o método definido para Flood, e a opção Dynamic Area ativada, você pode hachurar elementos descontinuados. Mantendo a tecla **<CTRL>** pressionada, pode selecionar várias regiões fechadas para hachurar de uma única vez.

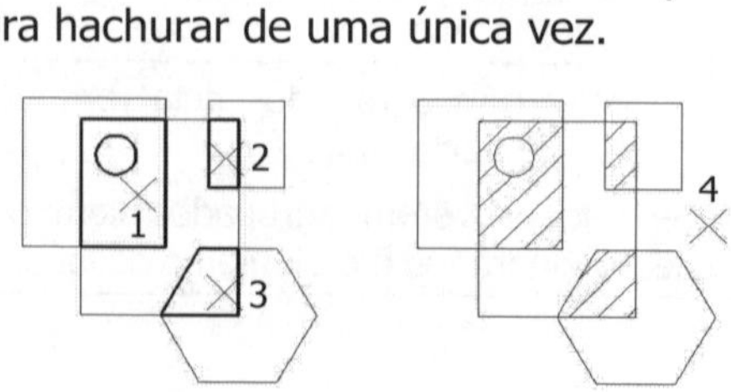

Essas regiões destacam-se dinamicamente à medida que você move o ponteiro sobre elas. Com esse método você ainda pode usar as opções **Locate Interior Shapes** e **Locate Text** para excluir áreas dessas regiões.

Tolerância

Quando uma hachura é distribuída ao longo de uma curvatura ou dentro de um elemento curvo, a curva é aproximada com uma série de segmentos de linha usados com "guia". A definição Tolerance é a máxima distância em working units entre uma curva e os segmentos de aproximação usados na hachura. Se a tolerância for pequena, os segmentos aproximam-se mais da curva, tornando a hachura mais precisa, porém aumentando o tempo de processamento.

Hatch Area

Usada para hachurar uma área com linhas paralelas eqüidistantes. Elementos usados para definir a área podem pertencer tanto ao arquivo ativo como aos arquivos de referência.

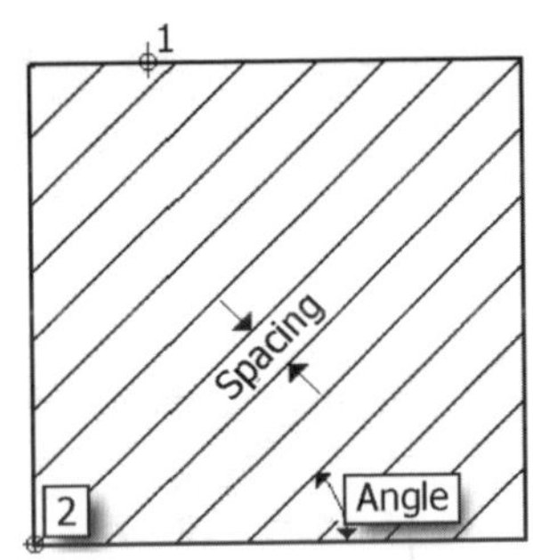

Tool Settings	Efeito
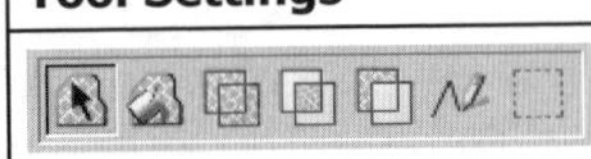	Determina como a região selecionada será hachurada.
Spacing	Define o espaço entre as linhas de hachura.
Angle	Define o ângulo relativo à vista com o qual as linhas de hachura são desenhadas.
Tolerance	Máxima distância entre a curvatura do elemento e as linhas de hachuras.
Associative Pattern	Se estiver ativada, a hachura é associada ao elemento.
Associative Region Boundary	Associa as bordas do complex shape criado aos elementos de origem. Normalmente essa opção é usada com o método Flood, a fim de facilitar as futuras manipulações e modificações.
Snappable Pattern	Se estiver ativada, as linhas podem sofrer snaps.

Tool Settings	Efeito
Use Element Symbology	(Somente método Element) Se essa opção estiver ativada, a hachura terá seus atributos combinados com os atributos do elemento identificado. Se estiver desativada, depende dos atributos ativos.
Search For Holes	(Somente para os métodos Element e Fence. Além disso, a opção Associative Pattern deve estar desativada) Busca elementos de Area do tipo HOLE localizados no interior do elemento identificado, ou da região coberta pela Fence. Esses elementos não serão hachurados: 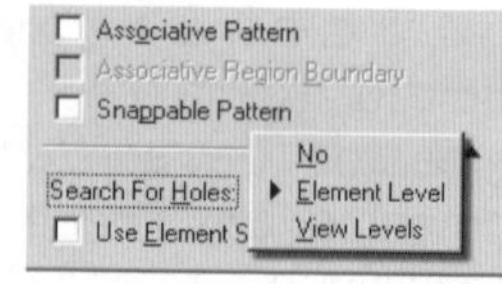 • **No** - ignora qualquer elemento da região. • **Element Level** - considera somente os elementos do tipo Hole que estiverem no mesmo nível do elemento identificado. No caso do método Fence, o efeito é o mesmo que "No". • **View Levels** - considera qualquer elemento do tipo Hole que esteja na região, independente do nível.

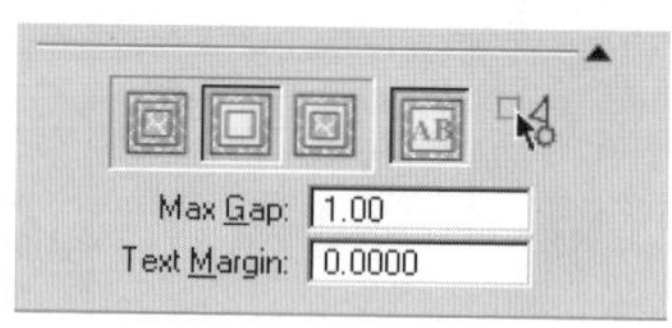

	**Ignore Interior Shapes** - (Flood) ignora a presença de elementos fechados da região.
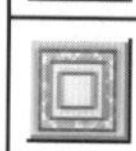	**Locate Interior Shapes** - (Flood) considera a presença de elementos fechados da região.
	**Identity Alternating Interior Shapes** - (Flood) considera a presença de elementos fechados da região, e também dentro dos elementos, alternando entre as regiões que serão processadas.
	**Locate Interior Text** - (Flood) considera a presença de elementos do tipo Text, ou Dimension Text, da região afetada pela operação.
	**Dynamic Area Locate** - (Flood) a região a ser hachurada é exibida dinamicamente à medida que você move o ponteiro sobre os elementos.
Max(imum) Gap	(Flood) Define a maior distância permitida entre elementos consecutivos. Se o valor for zero, somente elementos que estejam conectados são adicionados.
Text Margin	Define a distância considerada como margem do texto.

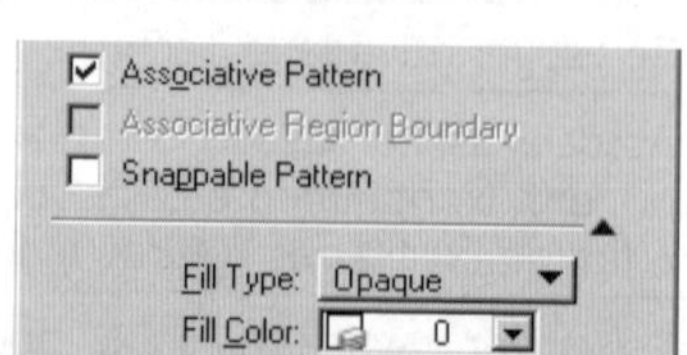

Fill Type	(Somente para **Points**. Além disso, a opção Associative Pattern deve estar ativada) Define o tipo de preenchimento da região hachurada entre as opções None, Opaque e Outlined.
Fill Color	Define a cor do preenchimento.

EXERCÍCIO: Para hachurar a área de um elemento fechado

1. Na caixa ATTIBUTES, ative o nível **Hachuras**.
2. Na Task Patterns, selecione **Hatch Area**. Alternativamente você pode pressionar **<R><1>**, desde que o foco esteja definido para Home.

3. Na janela Tool Settings, selecione o método **Element**.

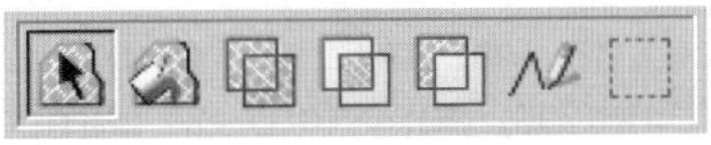

4. No campo Spacing, digite "**30**".
5. No campo Angle, digite "**45**".
6. Assegure-se de que o valor do campo Tolerance seja 0.00.
7. Ative a opção Associative Pattern.
8. Ative a opção Associative Region Boundary.
9. Desative as outras opções.
10. Identifique a TAMPA DE CONCRETO da caixa.

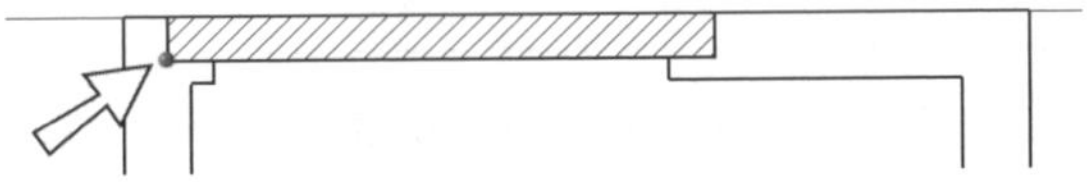

11. **Aceite** no ponto de interseção da hachura onde você deseja que a hachura comece. Sugerimos o canto inferior esquerdo.

Crosshatch Area

Usada para fazer uma hachura cruzada. As opções oferecidas pela janela do Tool Settings são as mesmas da ferramenta Hatch Area, exceto pelos campos adicionais para especificar o ângulo e a distância da segunda linha. Elementos usados para definir a área podem pertencer tanto ao arquivo ativo como aos arquivos colocados como referência.

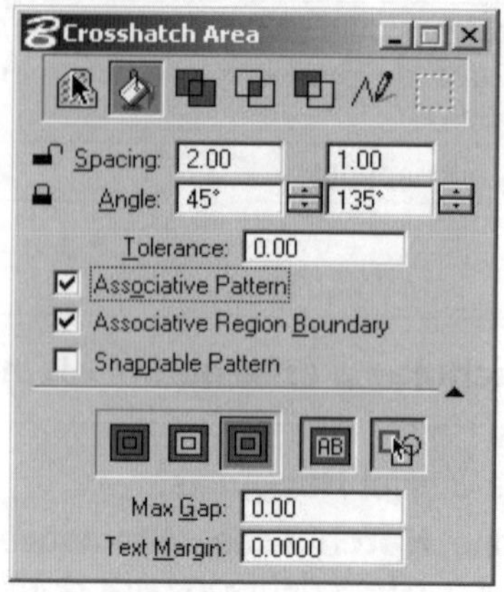

Os parâmetros oferecidos pela janela Tool Settings são os mesmos oferecidos pela ferramenta Hatch Area, exceto que os campos Spacing e Angle foram duplicados para definição de uma segunda linha de hachura. Esses campos exibem um "cadeado", o qual pode ser aberto/fechado ao receber um clique. Estando aberto, você pode definir valores diferentes para cada campo. Uma vez que o "cadeado" esteja fechado no campo Spacing, os valores serão combinados, enquanto no campo Angle, a diferença entre os ângulos será mantida ao mudar o valor de um dos campos.

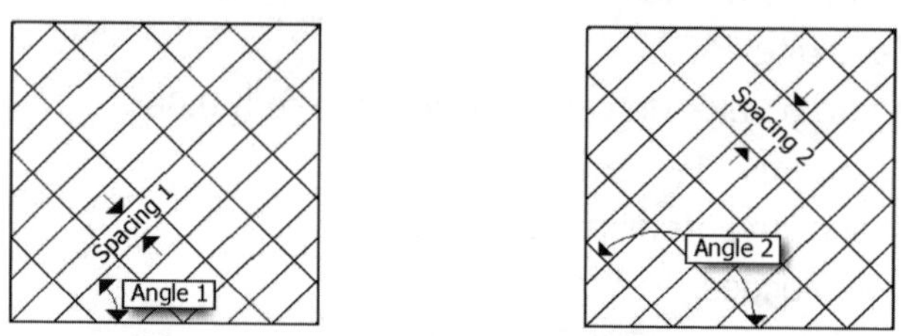

EXERCÍCIO: Hachurando áreas descontinuadas

1. Na caixa ATTIBUTES, ative o nível chamado de **Vistas Internas**.
2. Na Task Patterns, selecione **Crosshatch Area**. Alternativamente você pode pressionar **<R><2>**, desde que o foco esteja definido para Home.

3. Na janela Tool Settings, defina o método para **Flood** (ou Intersection).
4. Clique no cadeado localizado ao lado da opção **Spacing**. Certifique-se de que ele fique FECHADO. Em seguida, no campo ao lado, digite **200<ENTER>**. Como o cadeado está fechado, o valor do segundo campo é preenchido automaticamente com o mesmo valor do primeiro.

5. Clique no cadeado localizado ao lado da opção Angle. Certifique-se de que ele fique FECHADO. Em seguida, no campo ao lado, digite 0<ENTER>. Como o cadeado está fechado, o valor do segundo campo é preenchido automaticamente, somando 90° em relação ao primeiro.
6. Ative a opção **Associative Pattern**.
7. Ative a opção **Associative Region Boundary**.
8. Desative as outras opções.
9. Com a janela Tool Settings estendida ative a opção **Dynamic Area Locate**.

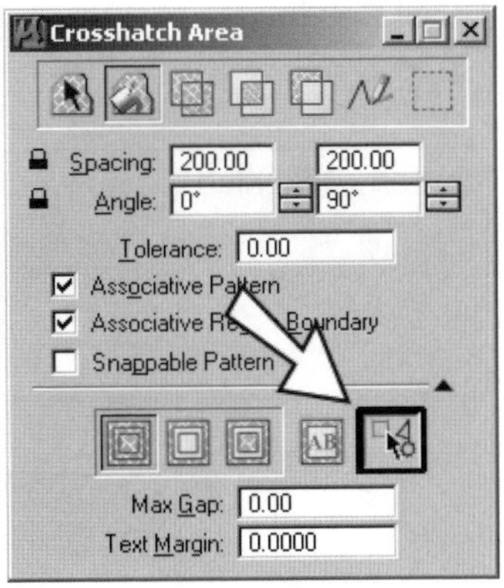

10. Entre com um ponto dentro da área (1) e pressione a tecla **<CTRL>**.
11. Entre com um ponto dentro da área (2).
12. Aceite no ponto de interseção da hachura (onde você deseja que a hachura comece).

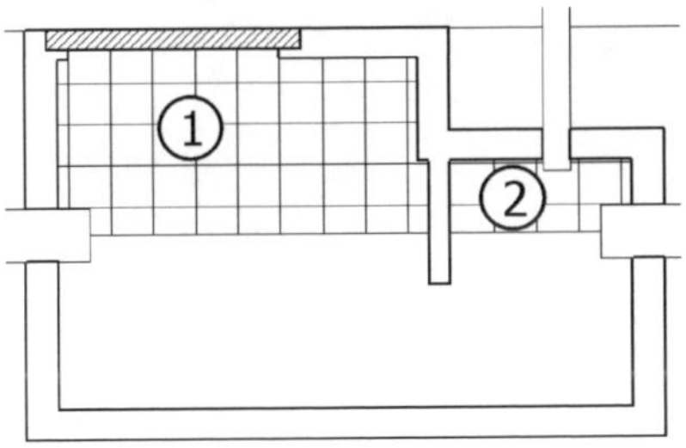

Pattern Area

Usada para hachurar uma área por meio de uma composição formada por uma célula. Elementos usados para definir a área podem pertencer tanto ao arquivo ativo como aos arquivos colocados como referência.

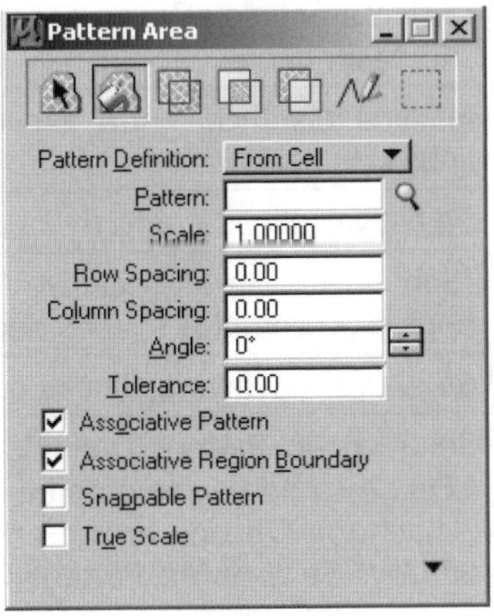

Tool Settings	Efeito
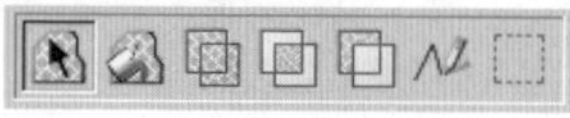	Determina como a região selecionada será hachurada.
Pattern Definition	**FROM CELL** - a hachura utilizada é definida por uma célula da biblioteca anexada. **FROM FILE** - a hachura utilizada é definida a partir dos parâmetros existentes em arquivos do tipo "AutoCAD Hatch Pattern", como "acad.pat" e "acadiso.pat".

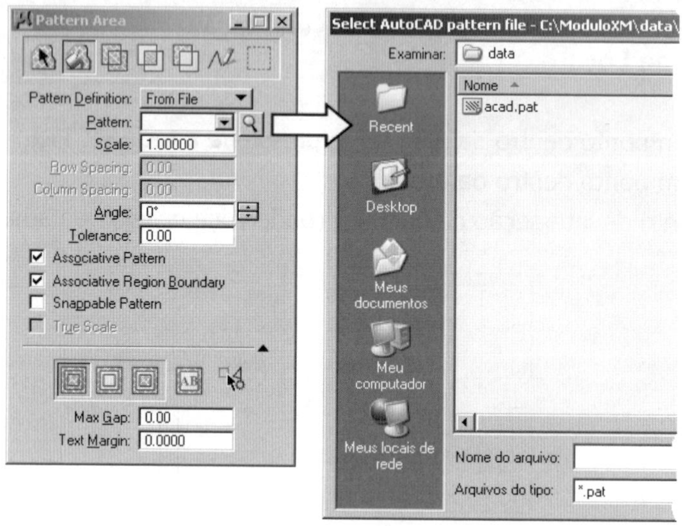

Tool Settings	Efeito
Scale	Define o fator de escala da célula.
Row Spacing	Define a distância entre as linhas.
Column Spacing	Define a distância entre as colunas.
Angle	Define o ângulo relativo à vista em que as linhas de hachura são desenhadas.
Tolerance	Máxima distância entre a curvatura de um elemento e as linhas de hachuras em sua aproximação.
Associative Pattern	Se estiver ativada, a hachura é associada ao elemento.
Associative Region Boundary	(Somente com Associative Pattern ativada) Associa as bordas do complex shape criado aos elementos de origem.
Snappable Pattern	Se estiver ativada, as linhas podem sofrer snaps.
Pattern	Se a opção Pattern Definition estiver definida para FROM CELL, o campo exibe o nome da célula utilizada para compor a hachura. O ícone da lupa (Browse Cells) abre a caixa Cell Library. Se a opção Pattern Definition estiver definida para FROM FILE, o campo exibe a lista de hachuras parametrizadas dos arquivos "PAT" (hachuras AutoCAD).

Tool Settings	Efeito
True Scale	(Somente se Pattern Definition for From Cell) A célula sofre escala quando o arquivo possui uma WU diferente.
Search For Holes	(Somente para os métodos ELEMENT e FENCE. Além disso, a opção Associative Pattern deve estar desativada) Busca elementos de Area do tipo **HOLE** localizados no interior do elemento identificado, ou da região coberta pela Fence. Esses elementos não serão hachurados: • **No** - ignora qualquer elemento da região. • **Element Level** - considera somente elementos do tipo Hole do mesmo nível do elemento identificado. Se o método for Fence, o efeito é igual a "No". • **View Levels** - considera qualquer elemento do tipo Hole que esteja na região, independente do nível desse elemento.
Use Element Symbology	(Somente se o método for ELEMENT) Se essa opção estiver ativada, a hachura terá seus atributos combinados com os atributos do elemento identificado. Se estiver desligada, os atributos da hachura dependem dos atributos ativos na caixa de ferramentas Attributes.
Ignore Interior Shapes	(Somente para Flood) Ignora a presença de elementos fechados da região.
Locate Interior Shapes	(Somente para Flood) Considera a presença de elementos fechados da região.
Identity Alternating Interior Shapes	(Somente para Flood) Considera a presença de elementos fechados da região, e também dentro dos elementos, alternando entre as regiões que serão processadas.
Locate Interior Text	(Somente para Flood) Considera a presença de elementos do tipo Text, ou Dimension Text, da região afetada pela operação.
Dynamic Area Locate	(Somente para Flood) A região a ser hachurada é exibida dinamicamente à medida que você move o ponteiro sobre os elementos.
Max(imum) Gap	(Somente para FLOOD) Define a maior distância permitida entre elementos consecutivos. Se o valor for zero, somente elementos que estejam conectados são adicionados.
Text Margin	Define a distância considerada como margem do texto.

EXERCÍCIO: Para hachurar uma área com células

1. Na Task Patterns selecione **Pattern Area**. Alternativamente você pode pressionar **<R><3>**, desde que o foco esteja definido para Home.
2. Na janela Tool Settings, selecione o método **Flood**.

3. Na opção Pattern Definition escolha **From Cell**.
4. No campo Pattern, digite **Dash <ENTER>**. Caso a célula não seja encontrada, anexe a biblioteca **areapat.cel**.
5. No campo Scale, digite **100 <ENTER>**.
6. Certifique-se de que os demais campos estejam definidos para o valor "0".
7. DESATIVE a opção **True Scale**.
8. Ative a opção Associative Pattern.
9. Ative a opção Associative Region Boundary.
10. Entre com um ponto na área que é destinada à água na caixa de visita. **Aceite** no vazio.

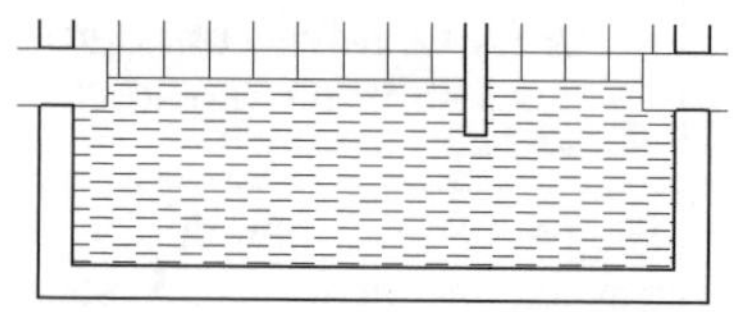

11. Usando a célula **Concrt** com escala definida para **100**, preencha as paredes exibidas em corte.

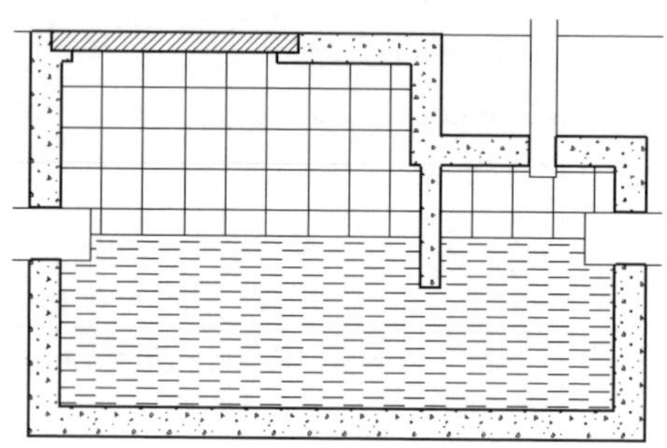

Linear Pattern

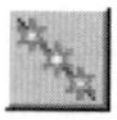

Ferramenta usada para hachurar um elemento linear com uma composição formada por uma célula.

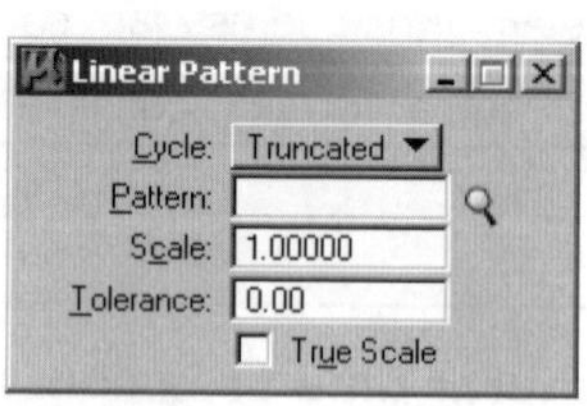

Tool Settings	Efeito
Cycle	• **SINGLE** - coloca uma instância para cada segmento. Se o comprimento de um segmento for menor que 80% do comprimento do ciclo, esse segmento é hachurado com a primeira linha horizontal da célula de hachura. • **MULTIPLE** - coloca ao longo do elemento com uma escala ajustada, se necessário, a partir da escala ativa definida para as hachuras. Se o comprimento de um segmento for menor que 80% do comprimento do ciclo, esse segmento é hachurado com a primeira linha horizontal da célula de hachura. • **TRUNCATED** - coloca ao longo do elemento na escala ativa da hachura. Se necessário, a última instância é truncada. • **COMPLETE** - coloca ao longo do elemento com uma escala ajustada, se necessário, a partir da escala ativa, em que somente instâncias completas são colocadas.
Pattern Cell	A célula utilizada para compor a hachura.
Scale	O fator de escala da célula.
Tolerance	Máxima distância entre a curvatura de um elemento e as linhas de hachuras.
True Scale	Escala a célula quando o arquivo possuir uma working units diferente.

EXERCÍCIO: Para criar uma hachura linear

1. Na Task Patterns selecione **Linear Pattern**. Alternativamente você simplesmente pode pressionar **<R><4>**, desde que o foco esteja definido para Home.
2. Na janela Tool Settings, defina a opção Cycle para **Truncated**.
3. No campo Pattern, digite **Grade1 <ENTER>**.
4. No campo Scale, defina o valor para **100**.
5. Certifique-se de que o valor do campo Tolerance seja "0".
6. DESATIVE a opção True Scale.
7. Identifique a linha (1) que demarca o perfil do terreno e aceite, colocando o ponteiro na parte de baixo da linha (2) ligeiramente à direita do ponto dado.
8. Repita a operação para as outras linhas.

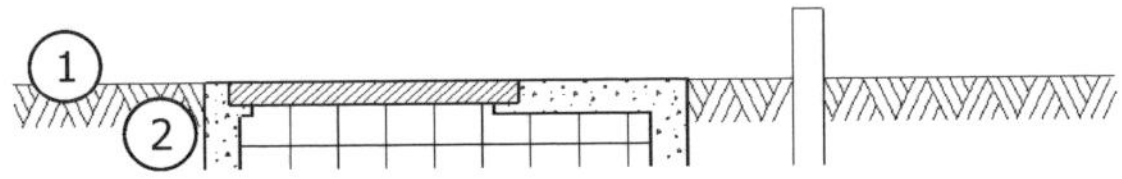

◉ **Abra o modelo FOLHA DE DESENHO.**

	EXERCÍCIO: Para hachurar uma área definida pelas bordas dos elementos

1. Na caixa ATTIBUTES, ative o nível **Hachuras**.
2. Na Task Patterns, selecione **Hatch Area**. Alternativamente você pode pressionar **<R><1>**, desde que o foco esteja definido para Home.

3. Na janela do Tool Settings, defina o método para **Flood**.
4. No campo Spacing, digite "**2**", em seguida no campo Angle, digite "**45**".
5. Ative a opção **Associative Pattern**.
6. Ative a opção **Associative Region Boundary**.
7. Ative a opção **Locate Interior Shapes**.

8. Ative a opção **Locate Interior Text**.

9. Ative a opção **Dynamic Area Locate**.
10. No campo **Max. Gap**, digite **0 <ENTER>**.
11. No campo **Text Margin**, digite **0.7 <ENTER>**.
12. Entre com um ponto em uma das áreas definidas para "ÓLEO CRU" (1). A área a ser hachurada é dinamicamente exibida. Se existirem elementos selecionados, somente estes são considerados como possíveis bordas. Se nenhum elemento estiver selecionado, todos da janela de vista na qual o ponto é dado serão considerados.
13. **Pressione a tecla <CTRL>**, mantenha pressionada e entre com um ponto em cada uma das áreas (2) (3) destinadas ao armazenamento de "ÓLEO CRU".
14. **Aceite** a hachura.
15. Hachure as áreas "**Produtos Finais**" e "**Intermediários**" em <u>duas operações distintas</u>.

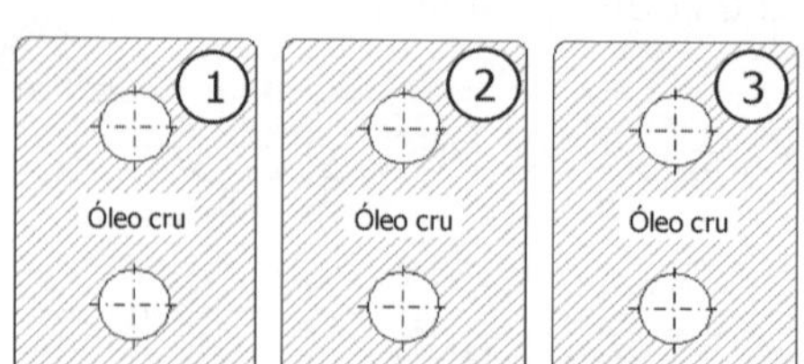

Show Pattern Attributes

Usada para exibir a escala e o ângulo dos atributos de hachura de um elemento.

Para exibir a escala e o ângulo de uma hachura

1. Na Task Patterns, selecione **Show Pattern Attributes**. Alternativamente você pode pressionar **<R><5>**, desde que o foco esteja definido para Home.
2. Identifique a hachura.
3. O elemento é destacado e o seu tipo e nível são exibidos na Status Bar.
4. Aceite a operação. A escala e o ângulo da hachura são mostrados na Status Bar.

Se a hachura identificada foi construída com a ferramenta Pattern Area, o nome da célula também é exibido na Status Bar.

Match Pattern Attributes

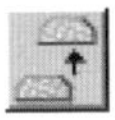

Usada para ativar as definições de uma hachura (ângulo, escala e espaçamento), combinando com as definições de um elemento hachurado existente.

Tool Settings	Efeito
Match Symbology	Se estiver ativada, combina também os atributos (nível, cor, estilo de linha e espessura) da hachura identificada. Do contrário, a hachura é feita de acordo com os atributos ativos.

Para ativar atributos de hachura baseados em um elemento hachurado existente

1. Na Task Patterns, selecione **Match Pattern Attributes**. Alternativamente você pode pressionar **<R><6>**, desde que o foco esteja definido para Home.

2. Identifique a hachura. Os novos atributos ativos de hachura são exibidos na Status Bar.

Change Pattern

Essa ferramenta é usada para alterar atributos, parâmetros, pontos de interseção e recriar uma hachura.

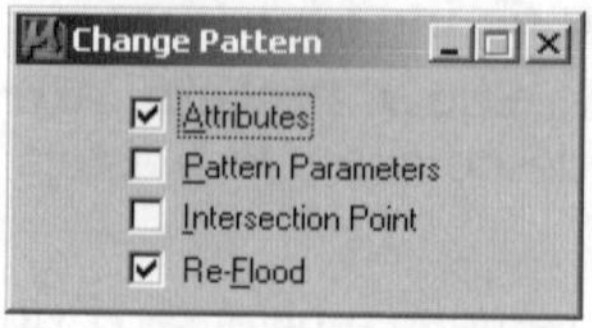

Tool Settings	Efeito
Attributes	Se estiver ativada, altera os atributos (nível, cor, estilo de linha e espessura) de uma hachura de acordo com os atributos ativos. **Se a hachura for associada, o nível não pode ser alterado.**
Pattern Parameters	Se estiver ativada, altera os parâmetros (ângulo, escala e espaçamento) de uma hachura existente, de acordo com os parâmetros ativos da ferramenta correspondente ao padrão utilizado.
Intersection Point	Se estiver ativada, altera o ponto de interseção da hachura (onde a hachura inicia) para um ponto indicado pelo usuário.
Re-Flood	Se estiver ativada, altera a região selecionada pelo método Flood em relação aos elementos de origem da hachura.

Para alterar uma hachura existente

1. Na Task Patterns, selecione **Change Pattern**. Alternativamente você pode pressionar **<R><7>**, desde que o foco esteja definido para Home.
2. Na janela Tool Settings, ative as opções desejadas.
3. Identifique a hachura existente.

Delete Pattern

Usada para apagar uma hachura.

Para apagar uma hachura

1. Na Task Patterns, selecione **Delete Pattern**. Alternativamente você pode pressionar **<R><8>**, desde que o foco esteja definido para Home.
2. Identifique a hachura a ser apagada ou, no caso de ser associada, identifique o elemento hachurado (o elemento não será apagado, somente a hachura).

⊙ **Abra o modelo ARRANJO GERAL.**

	EXERCÍCIO: A inteligência de uma hachura associada

1. Com a ferramenta **Delete Element** exclua os tanques.

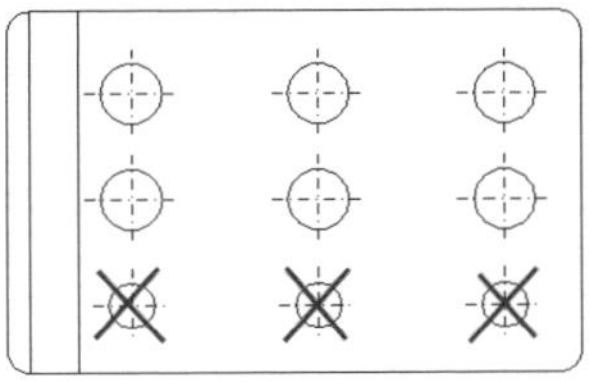

2. Com a ferramenta **Move Element** mova as três instâncias.

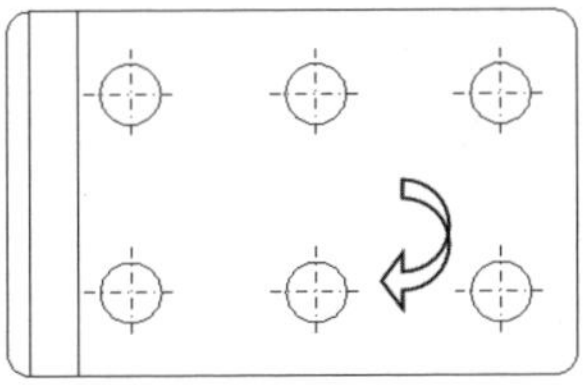

3. Com a ferramenta **Copy Element**, copie mais duas instâncias.

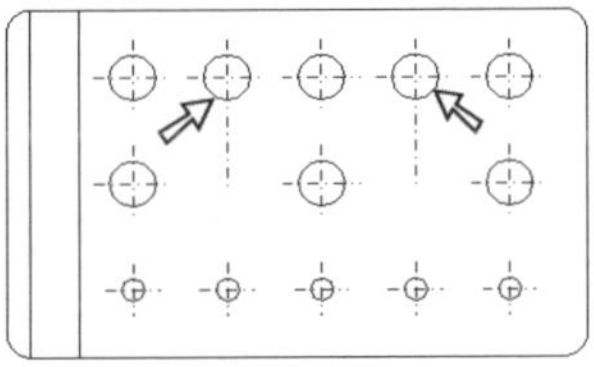

◉ **Abra o modelo FOLHA DE DESENHO.**

4. Observe que a área de "Produtos Finais" foi atualizada automaticamente, apesar dos elementos excluídos e dos elementos movidos na área. Todavia, os elementos criados sobre a área de "Produtos Intermediários" não foram considerados pela hachura, pois não existiam quando da criação.

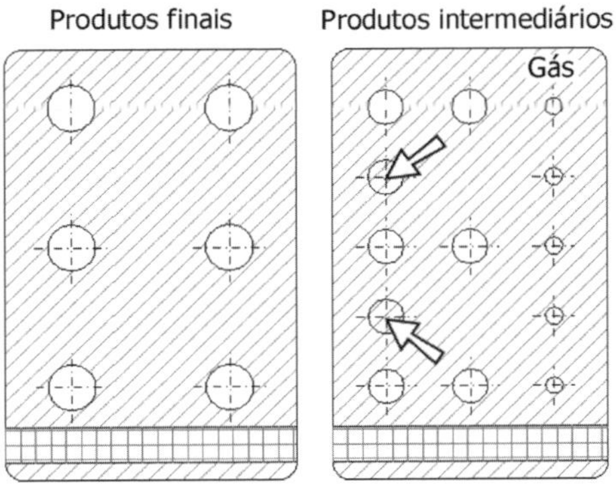

5. Na Task Patterns, selecione **Change Pattern**. Alternativamente você pode pressionar **<R><7>**, desde que o foco esteja definido para Home.
6. Na janela Tool Settings, ative a opção **Re-Flood**.
7. Identifique a hachura. Os novos tanques agora são considerados pela hachura.

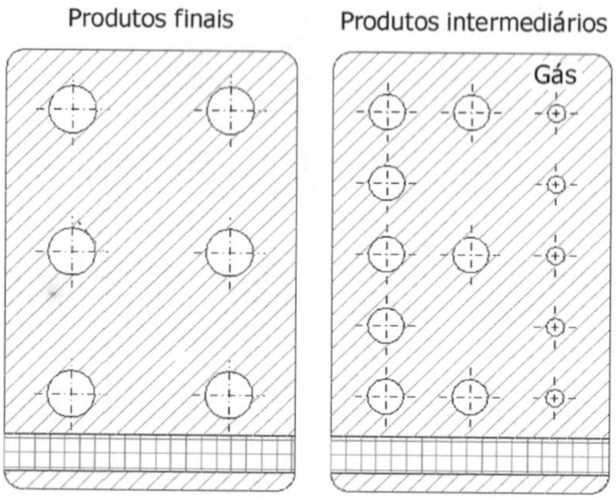

> Uma boa sugestão é usar as capacidades de Prioridades dos elementos, e também Fill Outlined com cor de enchimento definida para 255, e assim facilitar a colocação de elementos sobre áreas previamente hachuradas.

Capítulo 10

Trabalhando com Textos

Colocando Textos

Os elementos do tipo TEXT são de grande ajuda para incluir quaisquer notas, especificações, tabelas e legendas no arquivo de desenho. Sendo um tipo de elemento, os textos diferem em muitos pontos óbvios dos demais elementos. Seus atributos aplicam-se exclusivamente a ele próprio e aos elementos chamados TEXT NODE. Exemplo:

Font

Tipo gráfico no qual o texto é colocado (Active Font). O MicroStation oferece fontes próprias, além de permitir trabalhar com as fontes True Type (TTF) do seu sistema operacional, ou de outros sistemas CAD, como AutoCAD Shape Fonts (.SHX).

Justification

Maneira pela qual o texto é alinhado em relação ao "ponto" da inserção, Figura A.

Entretanto, o ponto de inserção pode estar localizado "fora" do texto, criando um espaço entre um elemento existente e o texto, Figura B.

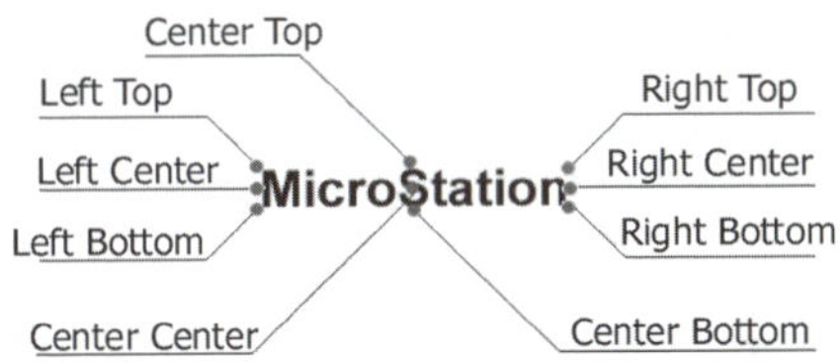

Figura A

Figura B

Text Size (altura e largura)

A altura e a largura dos caracteres de texto. Contudo, quando uma folha de desenho (Sheet Model) é criada, se a opção Annotation Scale Lock estiver ativada (menu Settings > Locks > Annotation Scale), o texto é automaticamente ajustado de acordo com o fator do campo Use Annotation Scale, o qual é definido na caixa de diálogo Model Properties.

Você pode definir esse limite, se desejar. O texto que exceder o comprimento da linha (**Active Line Length**) é automaticamente convertido em um texto de múltiplas linhas. Textos com múltiplas linhas possuem o atributo **Line Spacing** que determina o espaço entre cada linha de texto.

Existem muitas formas de colocar **anotações** nos desenhos do MicroStation. As anotações são normalmente inseridas em modelos do tipo SHEET, depois que o layout da sua folha de desenho já estiver definido. Além das ferramentas da tarefa Text, outros recursos como **Fields**, **Annotate**, **Detailing Symbols**, **Clouds** e **XYZ Text** são oferecidos.

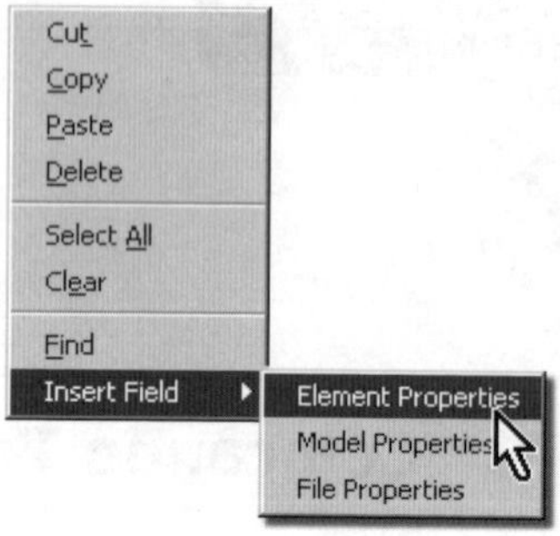

O recurso Insert Field (figura ao lado) pode ser acessado diretamente da caixa de edição de texto aberta pela ferramenta Place Text da tarefa Text. Enquanto isso, os demais recursos estão reunidos no quadro de ferramentas Annotation, acessado a partir do menu Tools > Annotation > Annotation.

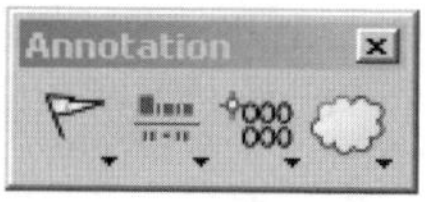

Controlando a Exibição dos Textos

Usando a caixa View Attributes (Settings > View Attributes), você pode ligar/desligar a exibição de textos ou dos números e simbologia de um text node.

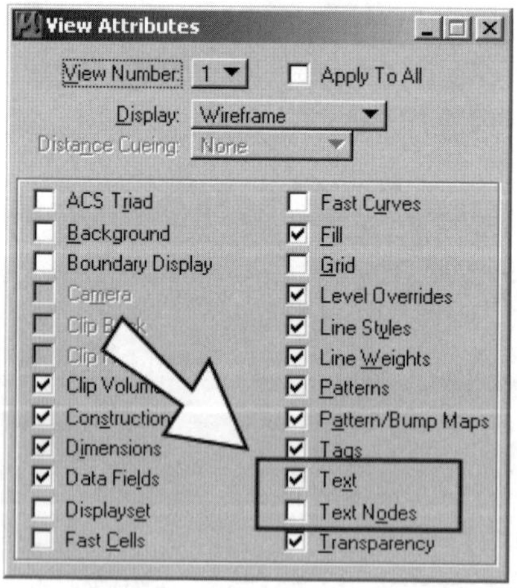

Estilos de Texto

O MicroStation suporta estilos de texto (**Text Style**) e proporciona uma interface para sua construção, usando as fontes disponíveis pelo sistema, além de uma variedade de atributos de texto. Um estilo de texto compreende um grupo de atributos, como tipo de fonte, largura, altura e cor.

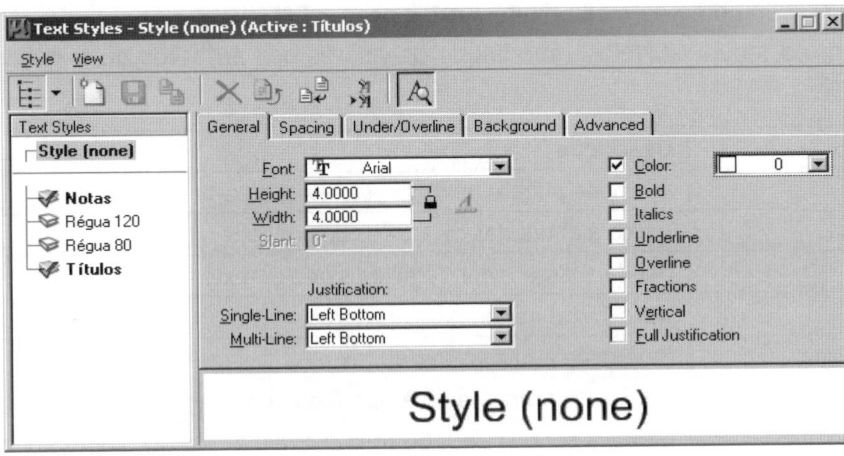

◉ **Abra o arquivo 20 - TEXTOS.DGN.**

Um arquivo gráfico pode servir como biblioteca para salvar todos os estilos padronizados de texto, exatamente como os nomes dos níveis, tratados no capítulo 7. Para relembrar, isso é feito pela variável de configuração do MicroStation MS_DGNLIBLIST, a qual aponta para um endereço específico onde tal arquivo fica armazenado.

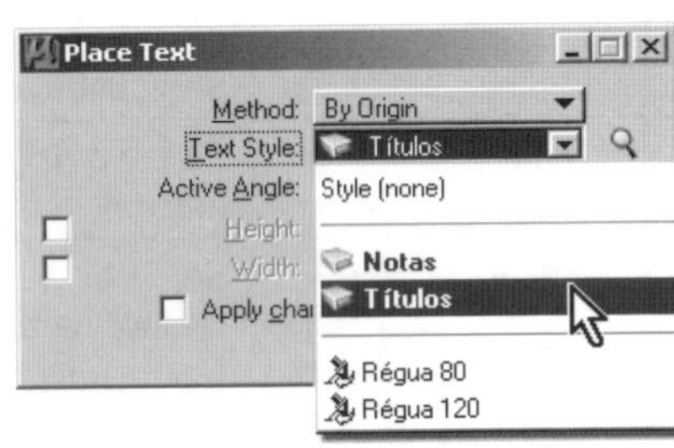

Se um estilo de texto é alterado na biblioteca de estilos padronizados, o estilo colocado anteriormente em um arquivo DGN <u>não é atualizado automaticamente</u>. Para atualizar os estilos de texto de um arquivo DGN, a fim de refletir as mudanças feitas na biblioteca, use o comando **dgnlib update textstyles**.

As fontes não ficam armazenadas no arquivo DGN.

Se uma fonte não for encontrada no sistema, o MicroStation substitui pela fonte #127. As seguintes fontes são suportadas nativamente pelo MicroStation: fontes tradicionais do MicroStation, TrueType e AutoCAD Shape (.shx).

Para REMOVER estilos de texto não usados de um arquivo DGN que ficam bloqueados por terem sido uma vez referenciados por uma biblioteca V8 DGN, use o comando TEXTSTYLE UNLOCK <NomeDoTextStyle>.

EXERCÍCIO: Criando um estilo de texto

1. A partir do menu Element, escolha **Text Styles**. A caixa de diálogo Text Styles se abre.
2. A partir do menu Style da caixa Text Styles, escolha **New**. Um novo estilo chamado "**Untitled - 1**" aparece na lista Text Styles, pronto para ser editado.
3. No campo do nome do estilo digite **Ambientes <ENTER>**.
4. A partir da tabela GENERAL, modifique os valores dos atributos de texto desejados. São eles:

Opção	**Descrição**
Font	Seleciona a fonte utilizada pelo estilo a partir de uma lista.
Height	Indica a altura dos caracteres de um texto.
Width	Define a largura dos caracteres de um texto.
Slant	Define a inclinação dos caracteres.
Single-line	Determina a justificativa do texto.
Multi-line	Define a justificativa para textos que possuem múltiplas linhas.
Color	Define a cor do texto. Do contrário, ele é colocado com a cor ativa.
Bold	(Somente para fontes True Type) O texto é colocado em negrito.
Italics	Se essa opção estiver ativa, o texto é colocado em modo itálico.
Underline	Se estiver ativa, o texto é sublinhado.
Overline	Se estiver ativa, uma linha é colocada sobre o texto.
Fractions	Se essa opção estiver ativa, numéricos com o caractere "/" podem assumir a forma fracionária. Isso depende da fonte utilizada.
Vertical	Se estiver ativa, o texto é escrito verticalmente. Para alinhar melhor este tipo de texto, defina a Active Font para uma fonte Monospaced. As fontes Bentley 3, 41, 50 e 127 são Monospaced.
Full Justification	Ajusta o espaço entre as palavras para completar a linha do texto.

5. A partir da tabela SPACING, modifique os valores dos atributos de texto desejados.

Opção	**Descrição**
Line Lenght	Estabelece a quantidade máxima de caracteres em uma única linha. O número máximo de caracteres em uma única linha é de 65.535.
Line Spacing	Define o espaço entre as linhas de texto. Também define o espaço entre o texto e um segmento. Isso acontece quando a ferramenta Place Text é usada com qualquer um dos seguintes métodos: Above Element, Below Element ou Along Element.

Opção	Descrição
Line Spacing Type	Define como o espaço especificado deve ser tratado: • **Exact** - obedece rigorosamente ao valor da distância digitada no campo Line Spacing. A distância é medida entre as linhas.  • **Automatic** - estabelece um espaço compatível com o tamanho do texto, automaticamente. • **From Line Top** - obedece ao valor da distância digitada no campo Line Spacing, e é medida entre centros.  • **At Least** - o valor da distância digitado é considerado um valor mínimo tolerável.
Intercharacter	Define o espaço entre caracteres.
Line Offset X	Controla o espaço, em unidades de trabalho, entre o texto colocado e a posição a partir da qual o texto é colocado em X.
Line Offset Y	Controla o espaço, em unidades de trabalho, entre o texto colocado e a posição a partir da qual o texto é colocado em Y.
Fixed Spacing	Usa o valor do campo Inter Character Spacing para definir a distância do início de um caractere ao início do próximo, em vez de considerar entre seus centros.
Backwards	O texto aparece invertido (espelhado).
Upside Down	O texto aparece de cabeça para baixo.
Super Script	Modo sobrescrito.
Sub Script	Modo subscrito.

6. A partir da tabela UNDER/OVERLINE, são modificados os valores dos atributos referentes à linha que define um texto sublinhado.

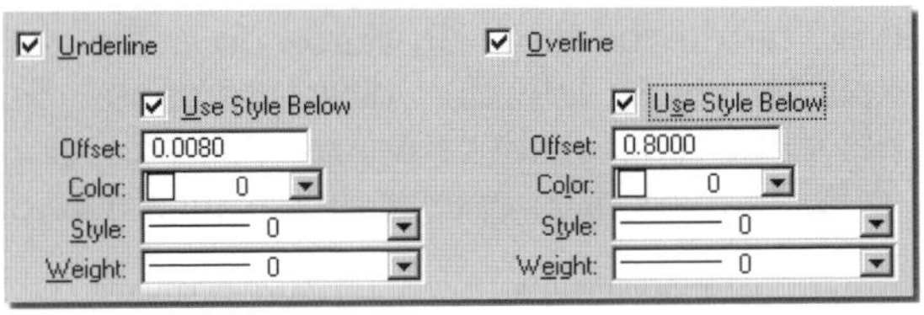

Opção	Descrição
Underline	Ativa o estilo sublinhado.
Overline	Ativa o estilo com uma linha sobre o texto.
Use Style Below	(Somente se Underline ou Overline estiverem ativas) Permite especificar os atributos da linha do estilo ativado.
Offset	(Somente se a opção Use Style Below estiver ativa) Define o espaço entre a linha e o texto.

Opção	Descrição
Color	(Somente se Use Style Below estiver ativa) Define a cor da linha.
Style	(Somente se Use Style Below estiver ativa) Define o estilo da linha.
Weight	(Somente se Use Style Below estiver ativa) Define a espessura da linha.

7. A partir da tabela BACKGROUND, ative a opção Background para colocar um fundo por trás do texto. Isto é de grande ajuda para ocultar linhas em desenhos muito complexos.

Opção	Descrição
Fill Color	Define a cor do fundo do texto, normalmente determinada como a cor corrente da vista (cor 255).
Offset X	O tamanho da margem no eixo X.
Offset Y	O tamanho da margem no eixo Y.
Color	Define a cor da borda que delimita a margem.
Style	Especifica o estilo da linha que define a margem.
Weight	Indica a espessura da linha que define a margem.

8. (Opcional) A tabela ADVANCED reúne todas as opções das tabelas anteriores. Você pode usá-la para ativar ou desativar rapidamente qualquer opção previamente definida.
9. A partir do menu **Style** da caixa Text Style, escolha **Save**. Alternativamente pressione o ícone do disquete presente na barra de ferramentas da caixa Text Style.

Estilos de Texto "Child"

Um estilo de texto "Child" herda todos os atributos do estilo de texto "Parent", exceto aqueles que sejam explicitamente definidos diferentemente. Por exemplo, um estilo "Parent" usa a fonte "Helvética" com justificativa centralizada, porém o estilo "Child" usa a justificativa esquerda. Isso indica que, apesar de justificativas diferentes, ambos usam a mesma fonte.

Para criar um estilo de texto Child

1. A partir do menu Element, escolha **Text Styles**.
2. A partir do menu Style da caixa Text Styles, escolha **New**. Entre com o nome desejado.
3. Coloque o ponteiro sobre o nome do estilo e arraste-o sobre um estilo existente. Alternativamente, você pode clicar na tabela Advanced, e na coluna Value da linha Parent Style Name selecionar o estilo "Parent" desejado.
4. Clique na tabela **Advanced** e faça as alterações dos parâmetros desejados.

5. A partir do menu Style da caixa Text Style, escolha **Save**. O novo estilo está salvo e possui seus parâmetros "atados" ao estilo "Parent", exceto pelos parâmetros não alterados.

> Você pode definir o campo Active Text Size com um fator de escala, editando a coluna Value das linhas Height ou Width da tabela Advanced. Digite *<fator> ou /<fator>. Exemplo: *2.

A Caixa de Edição

No MicroStation é possível definir como a caixa de edição de texto deve se apresentar para a ferramenta **Place Text**. Dependendo da escolha, o texto pode ser colocado usando os estilos predefinidos ou então como simples elemento do tipo Text ou Text Node.

Para confirmar o tipo selecionado da caixa do Text Editor

1. A partir do menu Workspace, escolha Preferences e selecione a categoria TEXT.

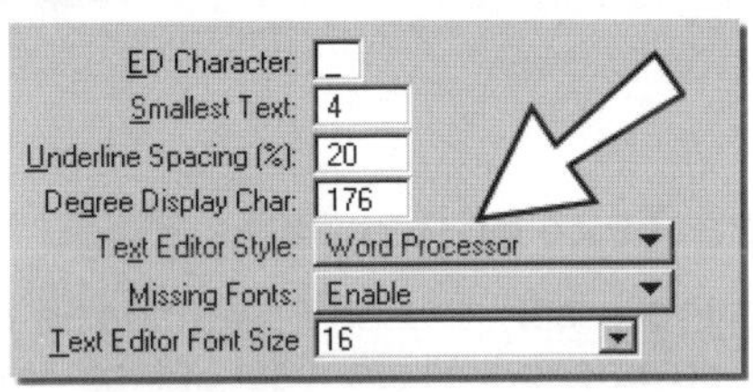

2. Clique na opção **Text Editor Style**. Você pode escolher entre:
   - **Word Processor** - abre a caixa de diálogo "Text Editor - Word Processor" com possibilidades de criar estilos, além de usar os estilos predefinidos. **É a melhor escolha!**

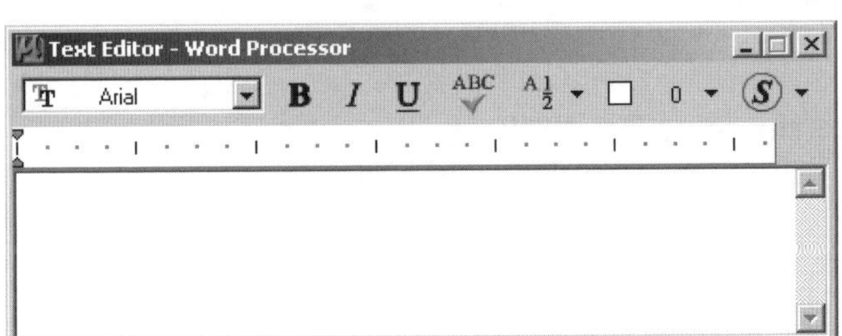

   - **Dialog Box** - abre a tradicional caixa Text Editor sem opções de edição dos estilos de textos, todavia permite selecionar estilos predefinidos por meio da janela Tool Settings.

- **Key-In** - abre a janela Key-in para edição de textos simples. Não cria Text Nodes e não oferece edição dos estilos, porém permite selecionar estilos predefinidos.

- **Wysiwyg** - abre a caixa Text Editor com um botão para cada caractere cadastrado pela fonte. Permite customizar o tamanho e a distribuição dos botões a partir do botão Settings. Não cria Text Nodes e não oferece edição dos estilos, todavia permite selecionar estilos predefinidos.

3. Clique em **OK**.

Os Controles da Caixa Text Editor

A caixa "Text Editor - Word Processor" é usada para criar e modificar textos. Ela se abre quando você seleciona as ferramentas Place Text, Place Note ou Edit text, a partir da caixa de ferramentas Text.

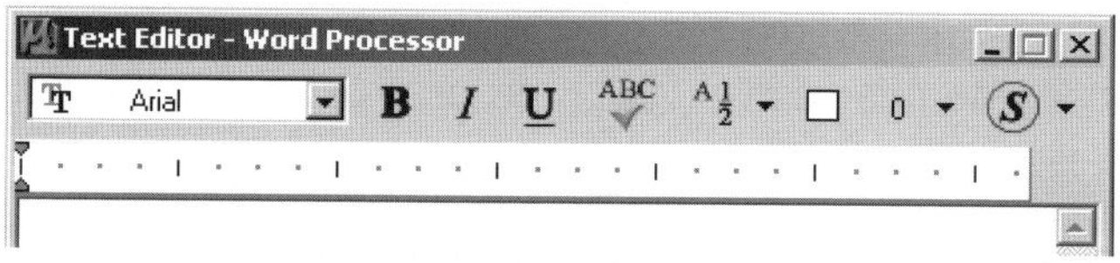

A barra de ícones da caixa Text Editor

Contém os controles que criam e modificam estilos de texto.

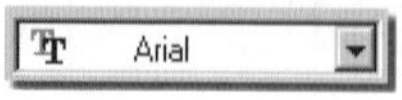	Define a fonte para o texto selecionado na caixa.
	Se for usado, deixa em negrito o texto selecionado na caixa.
	Se for usado, deixa em itálico o texto selecionado na caixa.
	Se for usado, deixa sublinhado o texto selecionado na caixa.

	Abre a janela de definições Spell Checker, a qual é usada para verificar a ortografia do texto selecionado na caixa.
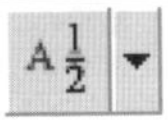	Afeta a apresentação dos caracteres numéricos que são separados por uma barra (/), colocando-os como um único caractere numerador/denominador: • Alinhamento superior (com o numerador) • Alinhamento central (com a barra) • Alinhamento inferior (com o denominador) • Um duplo-clique na fração no editor abre a caixa Edit Stack Fraction. 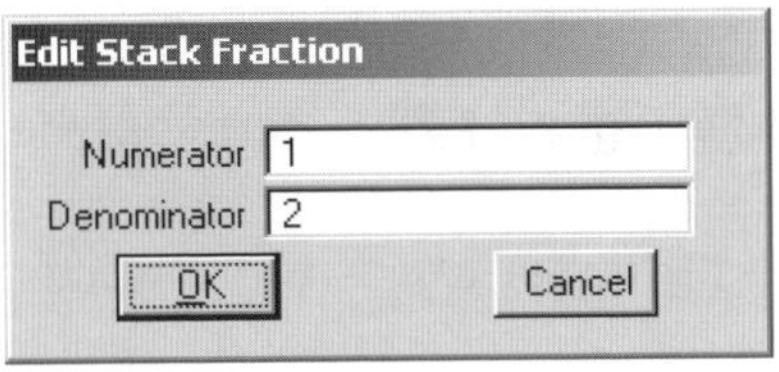
	Abre uma tabela de cores, a qual é usada para selecionar a cor do texto selecionado. Por default, é a mesma da cor ativa do arquivo DGN aberto.
	Usado para inserir símbolos e caracteres pouco comuns. Ao clicar nesse ícone, abre-se um quadro com os caracteres especiais baseados na fonte ativa.

Ao usar a caixa Word Processor, você pode utilizar alguns ATALHOS para comandos específicos:

- **<CTRL+A>** - seleciona tudo.
- **<CTRL+B>** - negrito.
- **<CTRL+I>** - itálico.
- **<CTRL+U>** - sublinhado.
- **<CTRL+F>** - abre a caixa Localizar, usada para localizar palavras ou frases no corpo do texto presente na caixa Text Editor - Word Processor somente.

Pesquisando e Substituindo Textos

Você pode pesquisar em todo o modelo uma seqüência de letras ou números e especificar uma pesquisa de um texto que apresente frações.

Você também pode substituir todas as palavras ou parte delas de um texto por outro texto. Além disso, pode inserir palavras preservando o texto original. As operações podem ser realizadas com uma Fence, para que apenas parte do desenho seja pesquisada.

EXERCÍCIO: Para pesquisar em um texto no modelo

1. A partir do menu Edit, escolha **Find/Replace Text.**

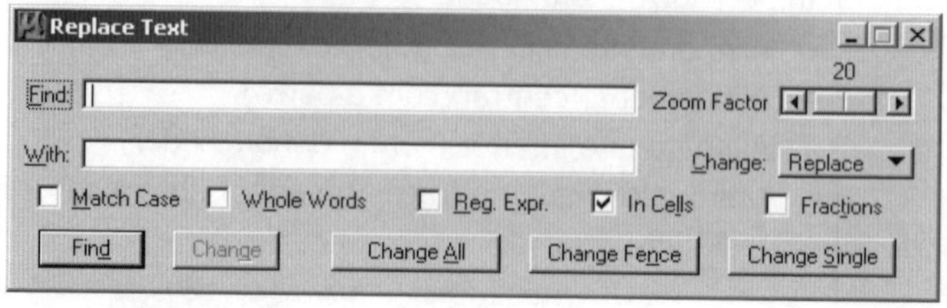

2. No campo FIND, digite "**P7**" e certifique-se de que o controle de **ZOOM** esteja definido para **20**.
3. (Opcional) Para pesquisar textos com características especiais, use:

Match Case	Pesquisar palavras que tenham a mesma definição de maiúscula/ minúscula da palavra do campo Find.
Whole Words	Pesquisar palavras inteiras que combinem com a palavra do campo Find.
Reg. Expr.	Para usar caracteres especiais no campo Find.
In Cells	Pesquisar palavras contidas em células.
Fractions	Pesquisar expressões fracionárias.

4. Clique em **Find**. O resultado da pesquisa é mostrado na vista em que você inseriu o último ponto, exibindo os textos na ordem de colocação no arquivo.
5. Para encontrar mais instâncias do texto desejado, continue clicando no botão **Find**. Uma caixa informativa avisa quando todos os textos do modelo já foram pesquisados.

EXERCÍCIO: Para encontrar uma palavra no modelo e substituí-la

1. A partir do menu Edit, escolha **Find/Replace Text.**
2. No campo FIND, digite "**P1**".
3. No campo WITH, digite "**P4**".
4. Defina a opção CHANGE para **Replace**.

> Para apagar textos que combinem com o texto digitado no campo Find, você pode deixar o campo WITH vazio.

5. Para concluir a operação, clique em **Change All**, a qual substitui as instâncias encontradas no modelo de uma única vez. Você ainda pode escolher:

- **Find** - para examinar a primeira instância de texto que combine com o texto especificado. Caso deseje continuar apenas inspecionando, continue clicando em Find.
- **Change** - substitui o texto encontrado por Find.
- **Change Fence** - para substituir os textos que combinem com o texto especificado, conforme os critérios de uma Fence colocada.

6. Feche a caixa Replace Text.

Find/Replace Text suporta: dimensions, tags, text, text nodes, notes e symbols.

Task Text

As ferramentas da tarefa Text são usadas para posicionar e modificar textos existentes, além de inserir textos com conteúdo derivado (Fields) e preencher campos predefinidos (Data Fields).

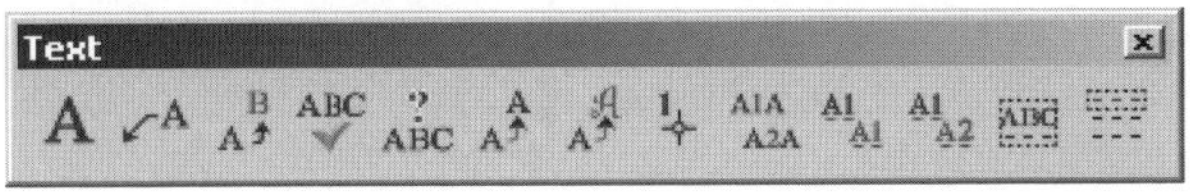

Place Text

Usada para posicionar textos no arquivo, preencher Text Nodes vazios, selecionar e modificar estilos de texto.

Tool Settings	Efeito
Method	Define em qual posição, escala e rotação o texto é colocado.
Text Style	Define o estilo de texto ativo a partir de uma lista de estilos disponíveis. Para criar um estilo de texto, clique no ícone da lupa ao lado.

EXERCÍCIO: Usando o método Origin

Tool Settings	Efeito
Method	**By Origin** - colocado de acordo com o ângulo ativo a partir do parâmetro Justification.

1. Usando a ferramenta **Place Text** com o método definido para Origin, coloque os nomes dos ambientes usando o estilo de texto "**Ambientes**", recentemente criado. Os nomes dos ambientes são (da esquerda para direita):

- Dormitório 1, Dormitório 2, Dormitório 3, Circulação, BWC 1, BWC 2, Living, Cozinha, Lavanderia e Estar Íntimo.

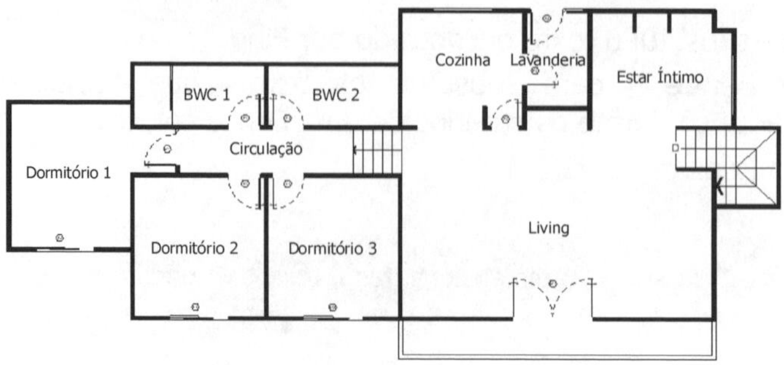

2. Em seguida, usando o estilo "**Títulos**", coloque os nomes das representações "PAVTO SUPERIOR" e "PAVTO INFERIOR".
3. Com o estilo "**Areas**" digite a escala para cada nome da representação. Por exemplo, "ESCALA 1:50".

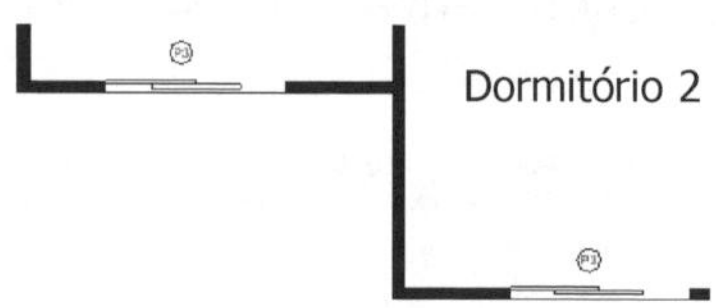

Pavimento superior
Escala 1:50

EXERCÍCIO: Usando o método Fitted

Tool Settings	Efeito
Method	**Fitted** - o texto é esticado para enquadrar-se entre dois pontos. A escala vertical pode ser travada a partir da opção FIT TEXT BY INSERTING SPACE da categoria Text, nas preferências do usuário (menu Workspace > Preferences).

1. Usando a ferramenta Place Text com o método AINDA definido para Origin, selecione o estilo "**Style (none)**" e defina o tamanho do texto para 20.
2. Na opção Method, escolha **Fitted**.
3. Na caixa de edição de texto, digite "CHALÉ DE PRAIA - ILHABELA, SP".
4. Entre com o primeiro ponto no canto superior esquerdo da folha de desenho. Usando o alinhamento horizontal do AccuDraw, entre com o segundo ponto, conforme a imagem seguinte.

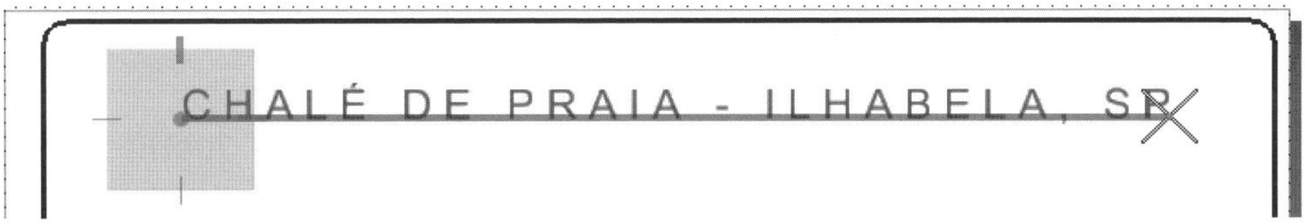

Tool Settings	Efeito
Method	**View Independent** - como By Origin, de acordo com o ângulo ativo a partir da origem definida pela opção Justification. Uma vez colocado, o texto permanece na mesma orientação em relação à vista, independente de ela ser rotacionada. Esse recurso é muito utilizado para mapas, pois você pode querer que alguns textos não rotacionem com a vista em uma visualização, ou impressão, diferenciada.

◉ **No mesmo arquivo abra o modelo GRG - 002.**

Tool Settings	Efeito
Method	**Fitted V(iew) I(ndependent)** - é a combinação dos métodos Fitted e View Independent, ou seja, o texto é colocado conforme o método Fitted e não rotaciona com a vista. **Above Element** - coloca o texto sobre um segmento de um elemento identificado, baseado no ângulo e na distância definida por Line Spacing. **Below Element** - coloca o texto sob um segmento de um elemento identificado, baseado no ângulo e na distância definida por Line Spacing.

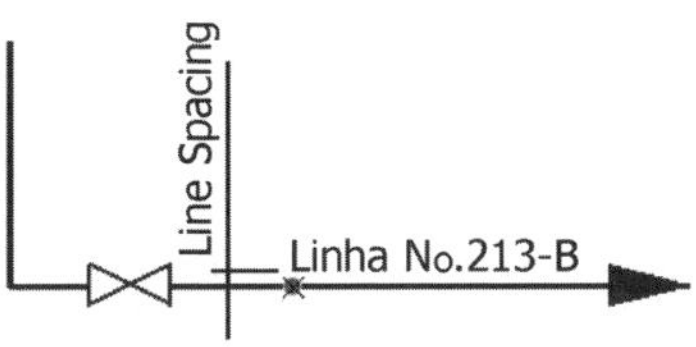

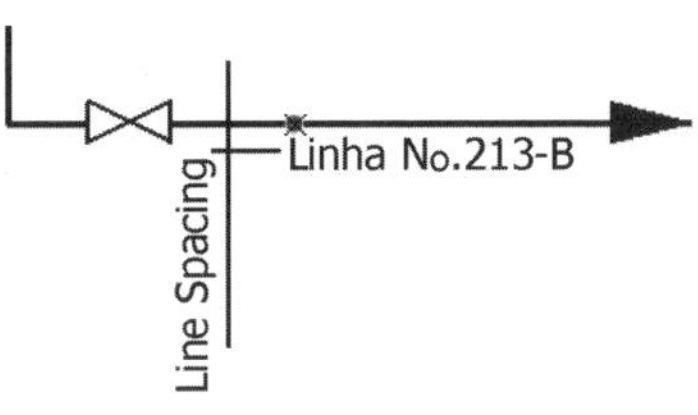

EXERCÍCIO: Usando os métodos Above e Below Element

1. Usando a ferramenta Place Text e o estilo "**Notas**", defina **Justification** para RIGHT BOTTON.
2. Alterne entre os métodos Above Element e Below Element para colocar as seguintes especificações (da esquerda para a direita):

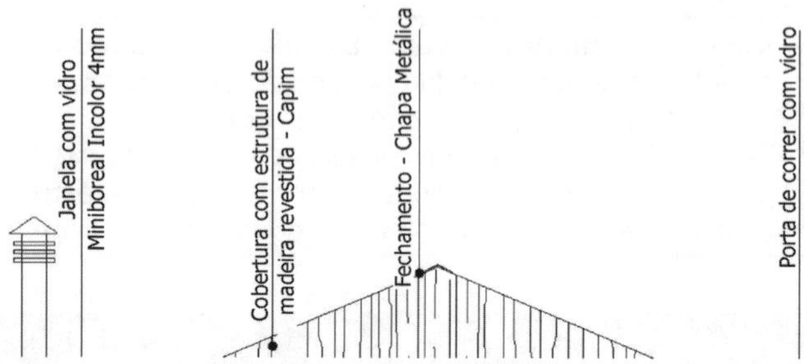

> Use o snap Keypoint no vértice superior da linha.

Tool Settings	Efeito
Method	**On Element** - coloca o texto inserido em uma linha ou segmento de uma line string, shape, curva B-spline ou multi-line. 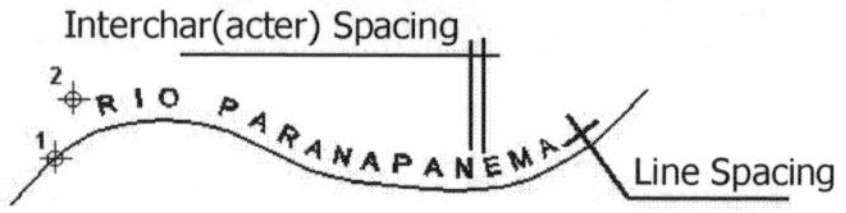 **Along Element** - coloca o texto abaixo ou acima ao longo do contorno de um elemento (curva, curva B-spline, arco, elipse, linha, line string ou shape). Após identificar o elemento, você pode escolher entre as alternativas de baixo ou de cima. A distância em relação ao elemento é indicada pelo atributo Line Spacing. Dependendo da curvatura do elemento identificado, pode ser necessário atribuir um valor ao parâmetro Interchar(acter) Spacing.

> O método **On Element** corta o elemento identificado. Se você não deseja que isso aconteça, ative o parâmetro Background no estilo de texto.

EXERCÍCIO: Usando o método Word Warp

Tool Settings	Efeito
Method	**Word Wrap** - delimita uma área na qual um texto pode ser colocado. Ao atingir o limite máximo do comprimento da linha, a última palavra é automaticamente transferida para a próxima linha.

A ferramenta Element Selection é usada para alterar a área de abrangência do texto.

1. Com a ferramenta Place Text e o estilo "**Notas**" defina **Justification** para LEFT TOP.
2. Entre com um ponto (1) para iniciar a construção da área de abrangência do texto. Esse ponto deve estar localizado no canto superior esquerdo da área.
3. Entre com um segundo ponto (2) para definir a LARGURA da área.

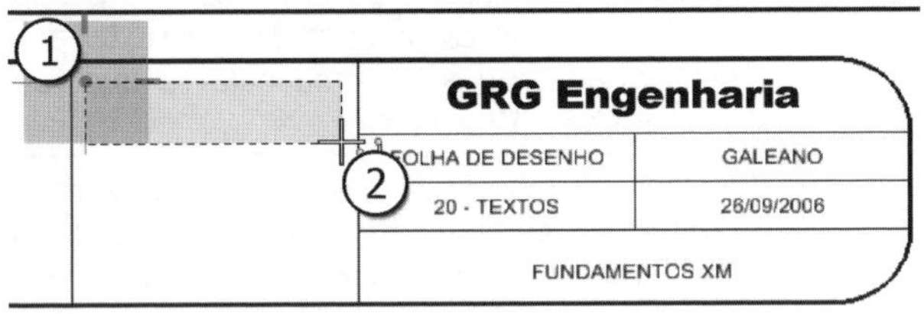

4. Na caixa Text Editor - Word Processor, digite o seguinte texto:

   "DELIMITA UMA ÁREA ONDE UM TEXTO PODE SER COLOCADO. AO ATINGIR O LIMITE MÁXIMO DO COMPRIMENTO DA LINHA, A ÚLTIMA PALAVRA É AUTOMATICAMENTE TRANSFERIDA INTEIRA PARA A PRÓXIMA LINHA."

5. Com a ferramenta **Move Element**, mova o texto para uma área maior do formato, conforme a figura seguinte.
6. Com a ferramenta **Element Selection** selecione o texto e ajuste a largura do conteúdo, usando os manipuladores da seleção.

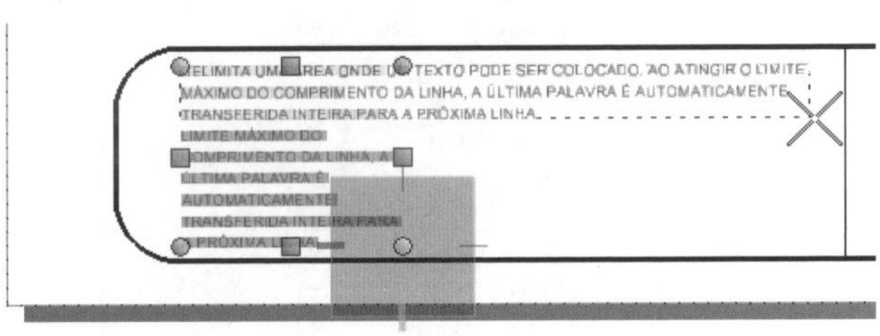

Tool Settings	**Efeito**
Active Angle	Define o ângulo ativo no qual o texto será colocado.
Height	Especifica a altura do texto de acordo com a unidade de trabalho ativa.
Width	Define a largura do texto de acordo com a unidade de trabalho ativa.
Annotation Scale	Se for ativada, a trava Annotation Scale é acionada. Quando essa trava está ativa, a escala para anotações é aplicada a qualquer texto que seja colocado no modelo.
Font	Define a fonte ativa.
Justification	Controla o alinhamento do texto.

Tool Settings	Efeito
Line Spacing	Define o espaço entre as linhas de texto.
Interchar(acter) Spacing	Indica o espaço entre os caracteres.
Apply changes to all text	Se for ativada, aplica qualquer mudança nas características de texto a todo o conteúdo da caixa Text Editor - Word Processor. Por exemplo, se estiver digitando na caixa Text Editor Word Processor e clicar no ícone Bold, o texto fica em negrito. Se essa opção estiver desativada, aplica as mudanças nas características de texto ao texto que estiver selecionado, ou à próxima palavra que for digitada na caixa Text Editor - Word Processor.
Text Node Lock	Se for ativada, força o texto que será subseqüentemente digitado a ser anexado a um Text Nodes vazio. Se nenhum Text Node estiver disponível, nenhum texto é colocado.

Place Note

Usada para colocar uma linha indicativa com texto. A opção Location da categoria Placement da caixa Dimension Settings (Element > Dimensions) determina se a linha pode ser colocada com múltiplos segmentos ou não.

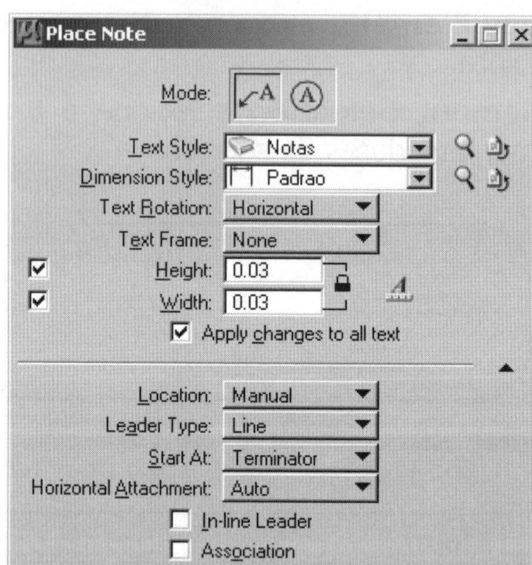

Tool Settings	Efeito
Mode	 Usado para colocar cotas indicativas com linha e seta.
	 Usado para colocar identificadores como um elemento do tipo dimension.
Text Style	Define o estilo de texto a ser empregado a partir da lista de estilos disponível.
	Abre a caixa Text Style para criação ou modificação de um estilo de texto.

Tool Settings	Efeito
	Restaura os parâmetros relacionados ao estilo de texto (Height e Width) que tenham sido modificados na presente janela Tool Settings.
Dimension Style	Define o estilo de cota a ser empregado a partir da lista de estilos disponível.
	Análogos aos ícones do parâmetro Text Style.
Text Rotation	Determina a rotação do texto em relação à linha "leader":  Horizontal 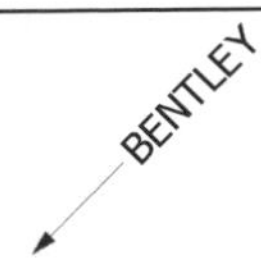 In Line  Vertical O valor default é definido na categoria Place Note da caixa Dimension Styles.
Text Frame	Define o tipo de quadro que envolve o texto - None (nenhum), Line (linha de margem) ou Box (caixa). 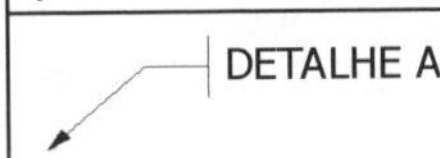 None 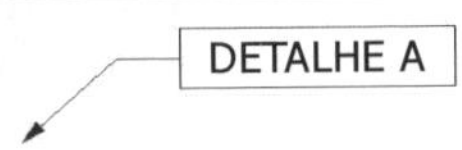 Line 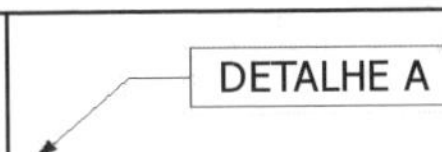 Box
Height	Especifica a altura do texto de acordo com a unidade de trabalho ativa.
Width	Define a largura do texto de acordo com a unidade de trabalho ativa.
 Annotation Scale	Ativa a trava Annotation Scale. Quando ativada, o fator de escala para as anotações é aplicado a qualquer texto que seja colocado no modelo.
Location	Determina se a linha "leader" pode ser colocada com múltiplos segmentos. Se for definida para Manual, você pode colocar múltiplos segmentos. 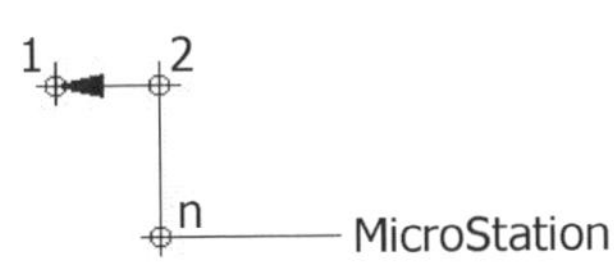 Se for definida para Automatic, você somente pode colocar um segmento da linha "leader". O valor do comprimento é especificado na categoria Placement da caixa Dimension Styles. 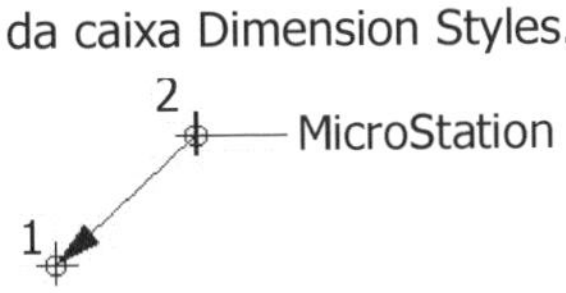

Tool Settings	Efeito
Leader Type	Permite escolher o tipo da linha "leader", entre linha ou curva. 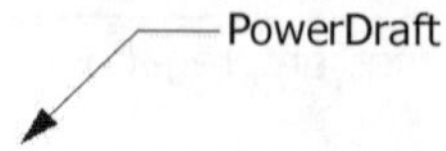 Line  Curve
Start At	Permite escolher onde iniciar a colocação da nota, se pelo texto ou pela linha indicativa (terminator). 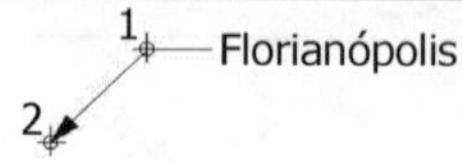 Text 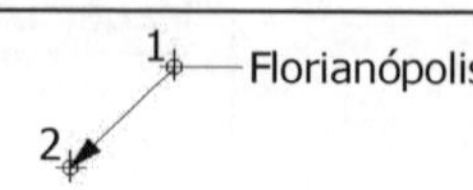 Terminator
In-line Leader	Cria um segmento extra na linha indicativa, alinhado com o texto, gerando assim um espaço entre o texto e a linha indicativa. 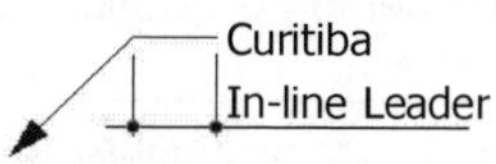
Apply changes to all text	Se estiver ativada, aplica qualquer mudança nas características de texto a todo o conteúdo da caixa Text Editor - Word Processor. Por exemplo, se você estiver digitando na caixa Text Editor e clicar no ícone Bold, todo o texto fica em negrito. **Bentley PlantSpace Design Series** Se essa opção estiver desativada, aplica as mudanças nas características de texto ao texto que estiver selecionado, ou à próxima palavra que for digitada na caixa Text Editor - Word Processor. Bentley **PlantSpace** Design Series
Association	Se estiver ativada, aplicando um snap ao elemento, a nota fica "presa" por esse ponto com o elemento. S o elemento sofrer alguma manipulação, a linha indicativa acompanha o elemento. 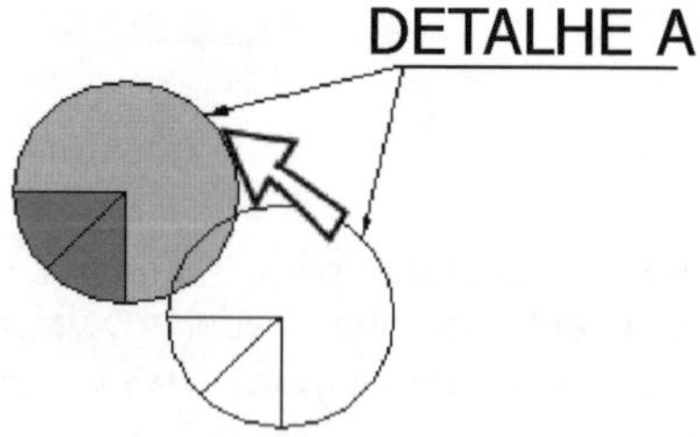

Procedimento geral - para colocar uma nota indicativa

1. Selecione a ferramenta **Place Note**. Alternativamente você pode pressionar as teclas **<A><2>**, desde que o foco esteja definido para Home. A janela Text Editor se abre, se já não estiver aberta.

2. Na janela Text Editor digite o texto desejado. Se nenhum texto for digitado, somente a seta indicativa é colocada.
3. Entre com um ponto para posicionar a seta indicativa.
4. Entre com um ponto.

> Se a opção LOCATION (caixa Dimension Styles) estiver definida para **Automatic** ou **Semi-Automatic**, esse ponto indica o final da linha e a posição do texto, concluindo a nota. Se a opção LOCATION estiver definida para **Manual**, você pode entrar com mais pontos para adicionar outros vértices à linha. Pressione RESET para concluir a nota.

Edit Text

Usada para editar textos, text nodes ou cotas. A justificativa é preservada se o texto for aumentado ou diminuído.

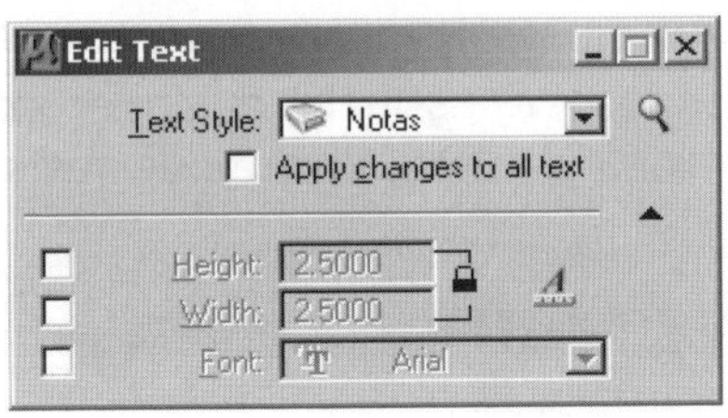

EXERCÍCIO: Para editar um texto existente

1. Na tarefa Text, selecione a ferramenta **Edit Text**. Alternativamente você pode pressionar as teclas **<A><3>**, desde que o foco esteja definido para Home.

2. Identifique o texto "**ELEVAÇÃO**", que é exibido na janela do editor de texto.
3. Na caixa Text Editor - Word Processor, digite "**CHURRASQUEIRA - ELEVAÇÃO SUL**".
4. Entre com um ponto na vista para aceitar a mudança.

> Se desejar iniciar uma nova linha enquanto digita o conteúdo, pressione <ENTER>.
> A função **Remap Elements** permite mudar o estilo de todos os textos por outro. Essa função é acessada pelo menu pop-up da caixa Text Styles.

EXERCÍCIO: Para editar o texto de uma cota

1. Na tarefa Text, selecione a ferramenta **Edit Text**. Alternativamente você pode pressionar as teclas **<A><3>**, desde que o foco esteja definido para Home.
2. Identifique o texto da cota. O valor original da cota é representado pelo caractere (*). Todo texto editado é exibido literalmente.
3. Digite o valor desejado ou acrescente um texto. Por exemplo, **h=***.
4. Entre com um ponto na vista para **aceitar**.

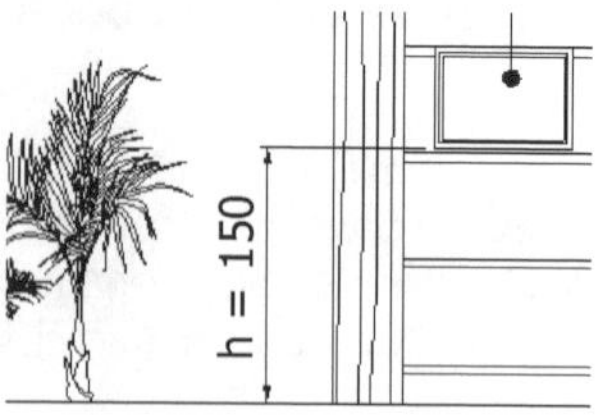

Spell Checker

Usado para revisar e corrigir erros de ortografia em textos. Spell Checker pesquisa os elementos selecionados e assinala qualquer palavra que não tenha uma correspondente no dicionário ativo. Você pode revisar cada palavra, por seleção ou Fence.

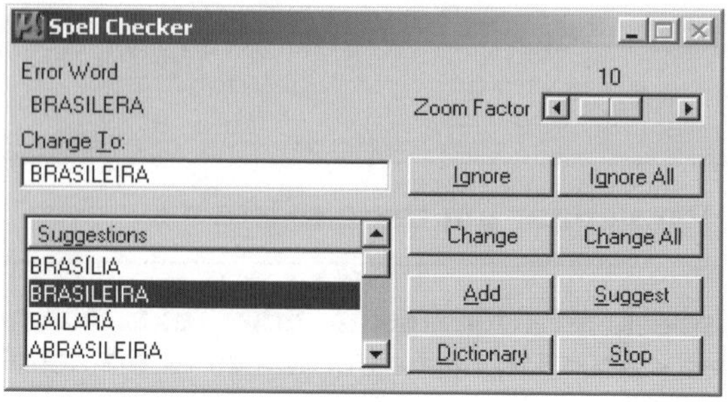

Para cada palavra não reconhecida, Spell Checker oferece uma lista de sugestões. Você pode escolher qualquer uma, ou ignorar clicando no botão IGNORE. Se quiser ignorar automaticamente certas palavras que normalmente ele aponta, como, por exemplo, nomes de produtos ou abreviações, pode adicioná-las a um dicionário especial do usuário.

Spell Checker também verifica textos em tags, dimensions, notes e symbols em elementos dos tipos text e text node.

Zoom Factor	Fator de afastamento usado pela vista em relação à palavra encontrada.
IGNORE	Ignora a palavra destacada não contida no dicionário e avança para a próxima não reconhecida do texto ou seleção.
IGNORE ALL	Ignora todas as palavras no documento que combinem com a palavra destacada no campo "Not in dictionary", e então avança para a próxima palavra não reconhecida.

CHANGE	Altera a palavra destacada não contida no dicionário pela opção colocada no campo Change e avança para a próxima não reconhecida do texto ou seleção.
CHANGE ALL	Altera todas as palavras no documento que combinem com a palavra destacada no campo "Not in dictionary" pela opção exibida no campo "Change", e então avança para a próxima não reconhecida do texto ou seleção.
ADD	Adiciona a palavra destacada não contida no dicionário ao dicionário do usuário e avança para a próxima não reconhecida do texto ou seleção.
SUGGEST	Pesquisa os dicionários do idioma e do usuário, capturando uma lista de palavras que mais se aproximam da ortografia da palavra analisada do campo Change.
DICTIONARY	Abre a caixa Edit User Dictionary, a qual é usada para adicionar palavras ao dicionário do usuário ou apagá-las (diferente do dicionário relacionado ao idioma, o qual não pode ser editado). 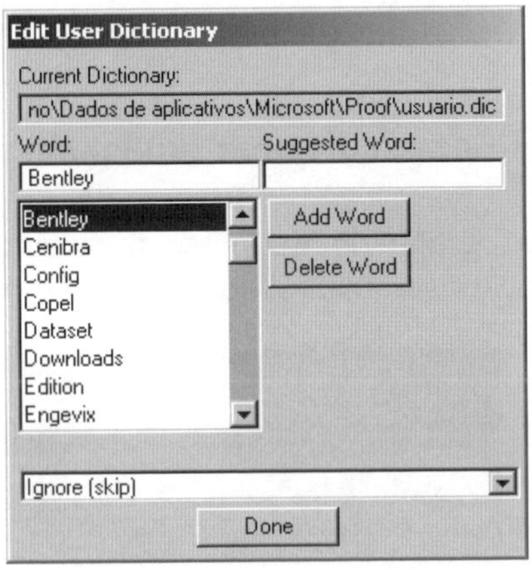

Se você é usuário do **Microsoft Word**, uma sugestão é usar o mesmo dicionário oferecido pelo aplicativo. A partir do menu Workspace > Configuration, escolha a categoria Spelling: Spelling User Dictionary (MS_SPELLINGUSERDICTIONARY) e aponte o local do seu arquivo. Por default:
C:\Documents and Settings\Nome do Usuário\Dados de aplicativos\ Microsoft\Proof\usuario.dic

Procedimento geral - para verificar e revisar um texto

1. Na tarefa Text, selecione a ferramenta **Spell Checker**. Alternativamente você pode simplesmente pressionar as teclas **<A><4>**, desde que o foco esteja definido para Home.
2. Identifique um elemento Text ou Text Node.
   - Se a palavra for reconhecida, a Status Bar exibe a mensagem "**Spelling Check Completo - Nenhum Erro Encontrado**".

- Se a palavra não for reconhecida, a caixa de diálogo Spell Checker abre-se com a palavra já destacada e a primeira palavra da lista de sugestões editada no campo CHANGE. Se a palavra sugerida for satisfatória, clique em Change; caso contrário, faça outra seleção a partir da caixa de sugestões e clique em Change. Além disso, você pode digitar uma nova palavra no campo Change e em seguida clicar no botão **Change**.

Procedimento geral - procurar a ortografia correta antes de colocar o texto

1. Selecione a ferramenta **Place Text**. Alternativamente você pode simplesmente pressionar as teclas **<A><1>**, desde que o foco esteja definido para Home. A janela Text Editor se abre.

2. Digite o texto que deseja colocar no desenho e clique em **Spelling**.

Procedimento geral - para adicionar uma palavra ao dicionário e determinar uma ação

1. Ao verificar a ortografia do texto, se a palavra não for reconhecida, a caixa de diálogo Spell Checker se abre. Clique em **Dictionary**.

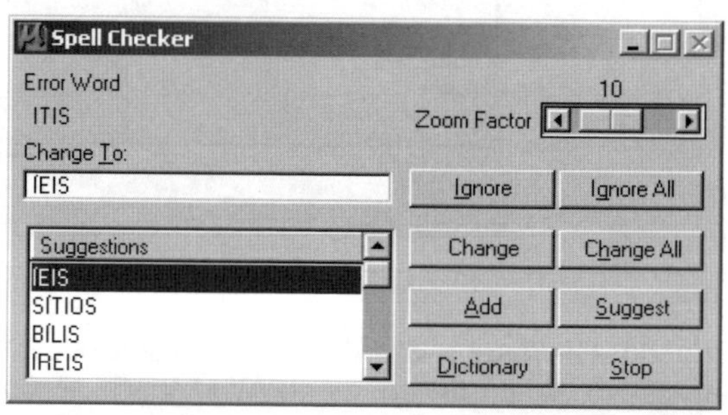

2. No campo Word, digite a palavra que quer inserir no dicionário.
3. (Opcional) No campo da palavra sugerida (Suggested), digite a palavra que você quer que apareça como primeira sugestão na caixa de diálogo do Spell Checker.
4. Para fazer com que o Spell Checker ignore a palavra adicionada (considere-a CORRETA), a partir do menu Action, escolha **IGNORE (skip)**.
5. Para fazer com que o Spell Checker capture a palavra adicionada, mas mostre a sugestão especificada com a mesma formatação da palavra capturada, a partir do menu Action, escolha "**Conditionally change, using case of checked Word**".
6. Para fazer com que o Spell Checker capture a palavra adicionada, mas mostre a sugestão especificada com a mesma formatação da palavra sugerida, a partir do menu Action, escolha "**Conditionally change, using case of suggested Word**".
7. Para que o Spell Checker capture a palavra adicionada e proporcione uma lista de sugestões, a partir do menu Action, escolha: **Exclude (treat as misspelled)**.

8. Clique em **Add Word**.
9. Clique em **Done**.

Display Text Attributes

Usado para exibir os atributos de um texto: TH (altura), TW (largura), LV (nível) e FT (fonte). Basta identificar o texto existente.

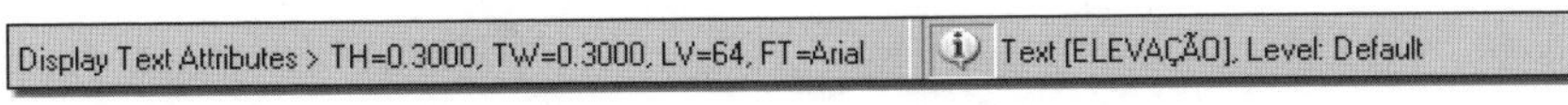

Match Text Attributes

Usada para ativar as definições de texto (Size, Justification, Font, Line Spacing, Line Length, Underline, Vertical Text, Slant, e Intercharacter Spacing) conforme o texto identificado. A janela Tool Settings permite que o fator de escala Annotation Scale do texto identificado também seja ativado.

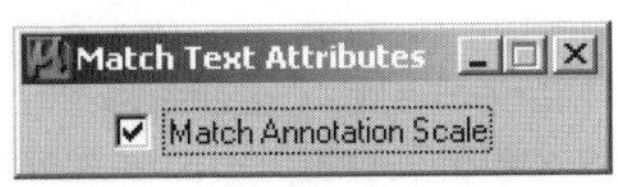

Para ativar as definições de um texto existente

1. Na caixa Text, selecione a ferramenta Match Text Attributes.
2. Identifique o texto existente e aceite no vazio. A Status Bar exibe apenas o tamanho, a fonte e o espaço entre linhas.

Change Text Attributes

Usada para alterar os atributos de um texto ou tag, conforme especificação feita pelo usuário a partir da janela do Tool Settings.

Alterando os atributos do texto

1. (Opcional) Defina uma Fence na região em que deseja alterar todos os textos.
2. Na tarefa Text, selecione a ferramenta Change Text Attributes. Alternativamente pressione as teclas <A><7>.
3. Aceite as mudanças.

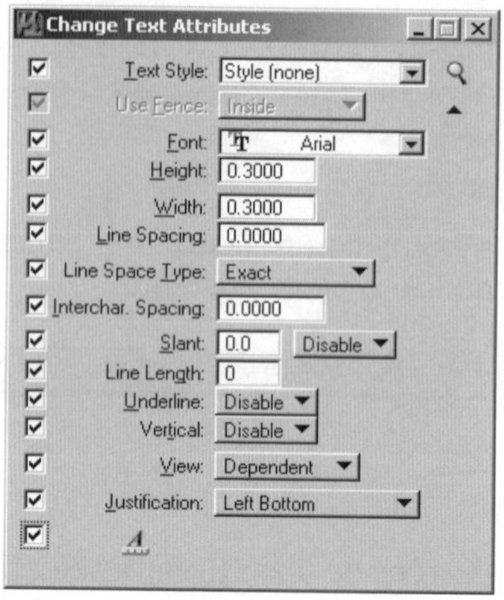

Place Text Node

Usada para colocar Text Nodes vazios em um desenho para serem preenchidos depois com a ferramenta Place Text, ou ainda "ligados" com uma linha de uma tabela de banco de dados pela ferramenta Attach Displayable Attributes. Text Node é colocado com os atributos de texto ativos.

Tool Settings	Efeito
View Independent	Se essa opção estiver ativada, o texto colocado recebe o atributo View Independent, ou seja, não rotaciona se a vista for rotacionada.
Active Angle	Define o ângulo ativo no qual será colocado o texto.

Para colocar um Text Node

1. Com a ferramenta **Place Text** ative o estilo desejado ou defina manualmente cada parâmetro do texto.
2. Na caixa VIEW ATTRIBUTES, ative a opção **Text Nodes**.
3. Na tarefa Text, selecione a ferramenta **Place Text Node**. Alternativamente você pode pressionar as teclas **<A><8>**, desde que o foco esteja definido para Home.
4. Certifique-se de que o ângulo esteja definido para 0.
5. Entre com um ponto em que deseja posicionar a origem do texto.

Procedimento geral - para editar um Text Node existente

1. Selecione a ferramenta **Place Text**. Alternativamente você pode simplesmente pressionar as teclas **<A><1>**, desde que o foco esteja definido para Home. A janela Text Editor se abre.
2. Na janela Tool Settings, ative a opção **Text Node Lock**.
3. Na caixa Text Editor - Word Processor, digite o texto desejado.
4. Clique no Text Node existente (precisamente na cruz). O texto é colocado de acordo com os atributos do Text Node, não importam os atributos ativos do momento em que você digitou o texto na caixa Text Editor - Word Processor, incluindo a justificativa.

Se um Text Node for copiado, o número dele será incrementado. Por exemplo, se o Text Node "35" for copiado, ele dará origem ao Text Node "36".

Copy and Increment Text

Usada para copiar e incrementar textos numéricos, conforme o fator especificado pelo usuário.

◉ **Abra novamente o modelo GRG - 001.**

EXERCÍCIO: Para incrementar um valor ao texto e copiá-lo

1. Dê um zoom na escada do pavimento superior, ou a partir da caixa **Saved Views** ative a vista salva "Increment Text".
2. Na tarefa Text, selecione a ferramenta **Copy and Increment Text**. Alternativamente você pode pressionar as teclas **<A><9>**, desde que o foco esteja definido para Home.
3. No campo Tag Increment da janela Tool Settings, digite **1 <ENTER>**.

4. Identifique o número 1 colocado no primeiro degrau da escada; ele é o texto que será incrementado.
5. Entre com um ponto no segundo degrau para posicionar a cópia do texto incrementado. Procure usar os recursos de alinhamento do AccuDraw.
6. Continue entrando com pontos a fim de numerar todos os degraus, se assim desejar.

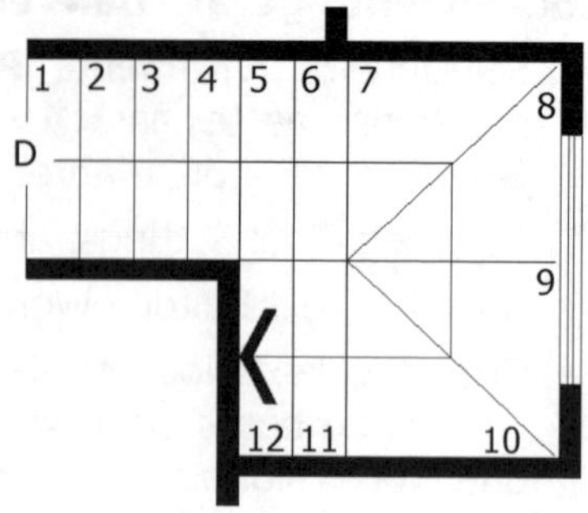

Copy Enter Data Field

Usada para copiar o conteúdo de um campo (data field) em outro. Se o campo de origem for maior que o de destino, a cópia é truncada. A justificativa do campo de destino (esquerda, centro ou direita) determina a posição do texto no campo.

Para copiar um campo em outro

1. Com a ferramenta Copy Enter Data Field, identifique o campo de origem.
2. Identifique o campo de destino. Em seguida clique em RESET para concluir.

Copy and Increment Enter Data Field

Usada para incrementar o conteúdo de um data field que contenha números e copiar para outro data field. O uso é similar ao da ferramenta Copy and Increment Text.

⊙ **No mesmo arquivo abra o modelo DATA FIELDS E FIELDS.**

Fill In Single Enter Data Field

Usada para preencher ou alterar manualmente um campo do tipo Data Field. A justificativa do campo (esquerda, centro ou direita) determina a posição do texto.

EXERCÍCIO: Para preencher um campo do tipo data field

1. Na tarefa Text, selecione a ferramenta **Fill In Single Enter Data Field**. Alternativamente você pode pressionar as teclas **<A><W>**, desde que o foco esteja definido para Home.

2. Identifique o campo Data Field reconhecido pelo rótulo CÓD.MAT.

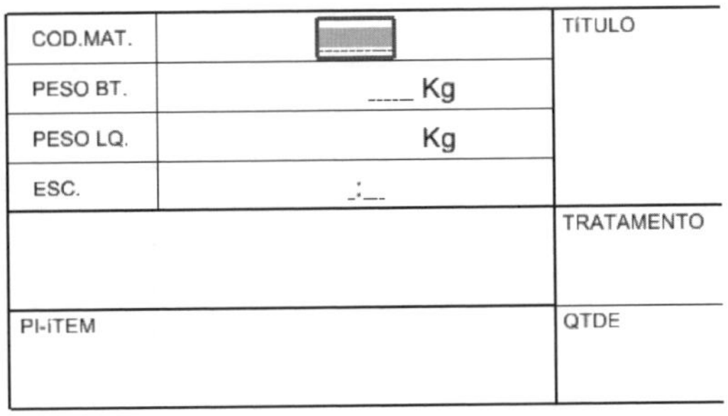

3. Na caixa Text Editor, digite **511455-1 <ENTER>**.
4. Identifique o campo Data Field que possui o rótulo PESO BT.
5. Na caixa Text Editor, digite **24,412 <ENTER>**. Clique no vazio para concluir a operação.

> Valores que excedam o tamanho do campo são truncados. Todavia, você pode usar a ferramenta Edit Text e dar um duplo-clique no Data Field para abrir a caixa **Edit Enter Data Field**.

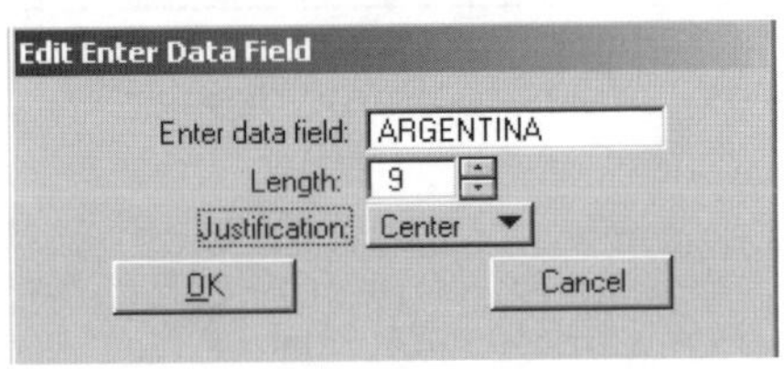

Automatic Fill In Enter Data Fields

Usada para preencher todos os campos do tipo "data fields" vazios que estão em uma vista.

EXERCÍCIO: Para preencher automaticamente os campos do tipo data fields

1. Na tarefa Text, selecione **Automatic Fill In Enter Data Fields**. Alternativamente você pode pressionar as teclas **<A><E>**, desde que o foco esteja definido para Home.
2. Entre com um ponto em qualquer lugar da janela de vista.
3. O primeiro campo vazio (rotulado como PESO LQ.) é localizado e destacado.

4. Na caixa Text Editor, digite **24,100 <ENTER>**. Um novo campo vazio (ESC.) é selecionado.

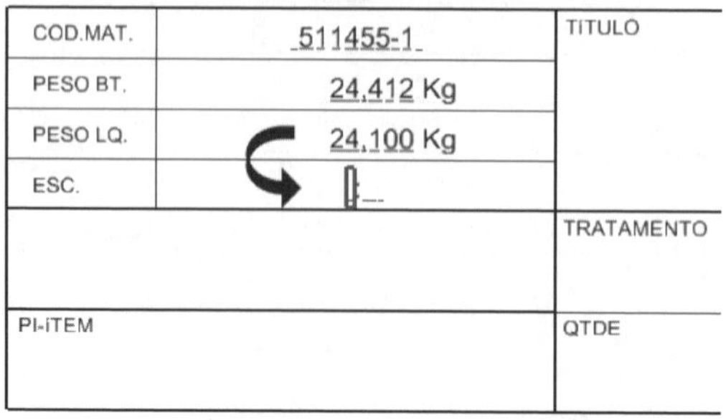

5. A ordem da seleção dos campos é determinada pela ordem de colocação dos campos do tipo data fields durante a criação.

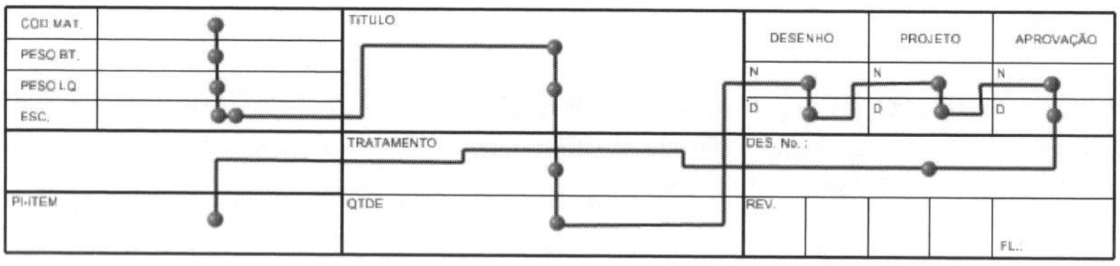

6. Continue preenchendo os campos conforme desejar.

Criar uma célula com os campos predefinidos do seu carimbo (legenda) pode ser uma boa sugestão para facilitar o preenchimento! Procure localizar a origem da célula em um ponto conhecido, como um vértice cujo formato é fácil de capturar (borda). Ao construir a célula, não deixe de observar a ordem de preenchimento.

Os campos "data fields" podem ser ligados/desligados de uma vista específica a partir da caixa View Attributes **<CTRL+B>**. Se forem exibidos, podem ser impressos!

As células permitem o preenchimento dos campos sem precisar "explodi-las" (drop), exceto as células colocadas como Shared Cells.

Fields

Quando você coloca ou edita um texto, pode inserir um campo com conteúdo derivado. Os seguintes tipos de dados podem ser usados como fontes do conteúdo: Atributos de um ELEMENTO, Propriedades de MODELO ativo e Propriedades do ARQUIVO aberto.

O conteúdo do campo baseado nos atributos de um **elemento** é atualizado sempre que esse elemento tem os seus atributos modificados. Os campos baseados nas propriedades do **arquivo** ou do modelo são atualizados quando o arquivo é aberto.

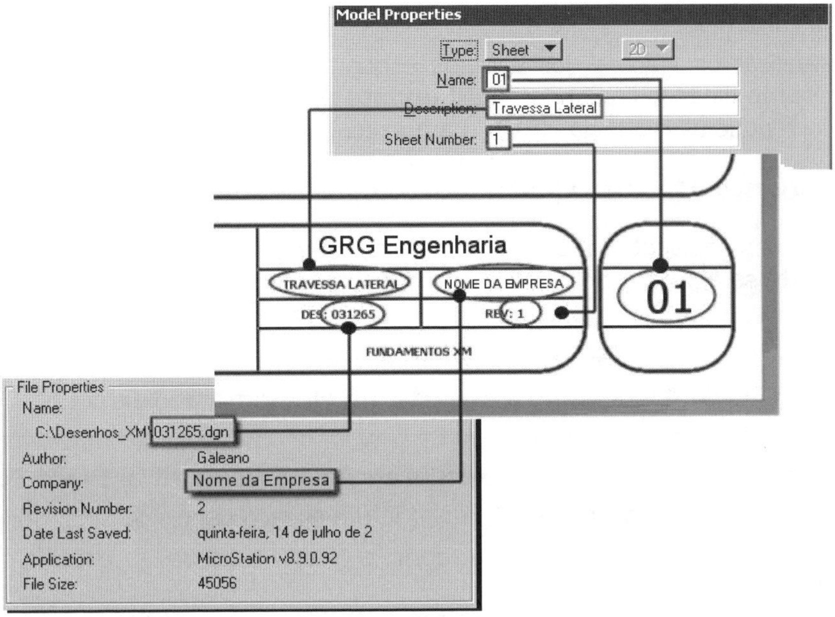

Observe que as palavras "Travessa Lateral" e "Nome da Empresa" foram formatadas automaticamente com letras maiúsculas, pois todo o campo pode ter os parâmetros ajustados.

EXERCÍCIO: Editando uma legenda com Fields

Na legenda localizada a seguir a maioria dos campos já foi preenchida. Nesses campos foram colocados Fields associados às propriedades do arquivo e do modelo.

1. A partir do menu File, selecione **Properties**. Alternativamente você pode simplesmente pressionar as teclas **<ALT+ENTER>**.
2. Selecione a tabela **Summary**.
3. No campo Comments, mude o valor para **Pintado** e clique em **OK**.
4. A partir do menu File, selecione **Models**. Alternativamente você pode simplesmente clicar no ícone Models da caixa Primary Tools.
5. Na lista de modelos selecione "Data Fields e Fields". Em seguida, clique no ícone **Edit Model Properties**.
6. No campo Description, mude o valor para **555-001** e clique em **OK**.

7. Feche a caixa Models.
8. Para atualizar os valores dos campos enquanto o arquivo ainda está aberto, na janela Key-in digite o comando "**field update all**" **<ENTER>**. Neste workspace do livro, você pode usar a tecla <F12> para executar esse comando.

◉ **Abra o arquivo 01 - Diagrama de Áreas.dgn.**

Outro exemplo interessante é colocar um texto que inclua a área de um elemento fechado; o texto será automaticamente atualizado se esse elemento for modificado.

EXERCÍCIO: Associando a área de um elemento ao texto

1. Com o foco definido como Home, pressione **<A><1>** para ativar **Place Text**.
2. Na janela Text Editor, digite **ÁREA =** ... (dê um espaço depois do sinal de igual).
3. Clique com o botão direito para abrir o menu pop-up e escolha **Element Properties**.

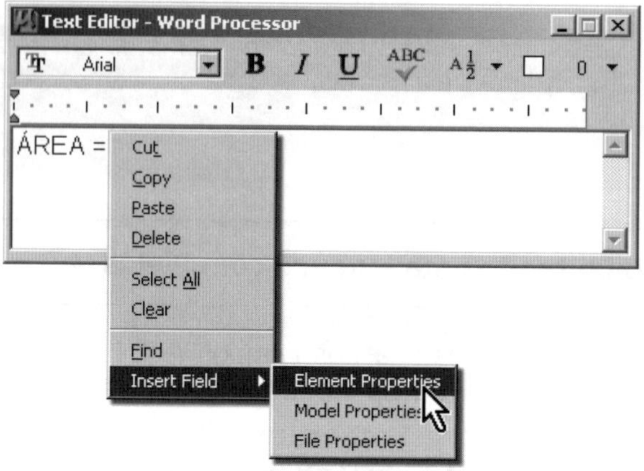

1. **Identifique** o polígono. A caixa Fields Editor se abre.
2. Na caixa Fields Editor, faça expandir a tabela **Geometry** e clique no campo Área, Figura C.
3. Nas tabelas **Area Format** e **General Format**, defina os parâmetros como na Figura D. Conforme os parâmetros são definidos, uma prévia do texto é apresentada na parte de baixo da caixa Fields Editor.
4. Clique em **OK**. Em seguida posicione o texto no arquivo.
5. Aperte RESET para concluir.

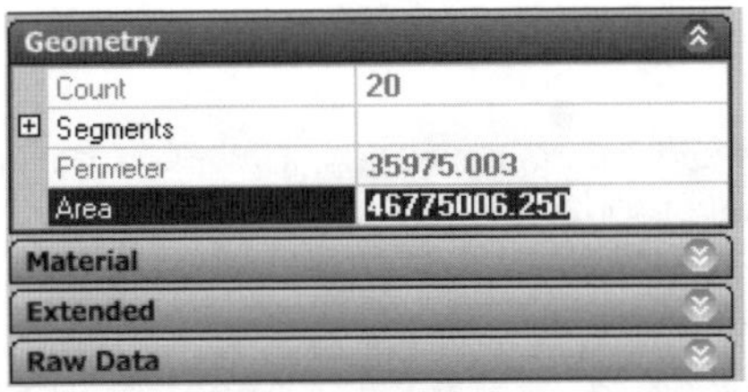

Figura C

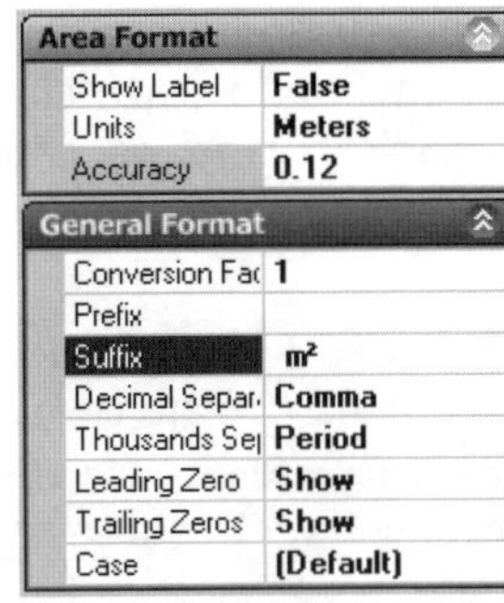

Figura D

6. Pressione a tecla <ESC> para garantir que o foco esteja definido para Home.
7. Pressione as teclas **<7><1>** para acionar o comando **Modify Element**.
8. Identifique o segmento inferior horizontal do polígono e mova **1m** para cima, conforme mostra a figura seguinte. O valor da área é atualizado.

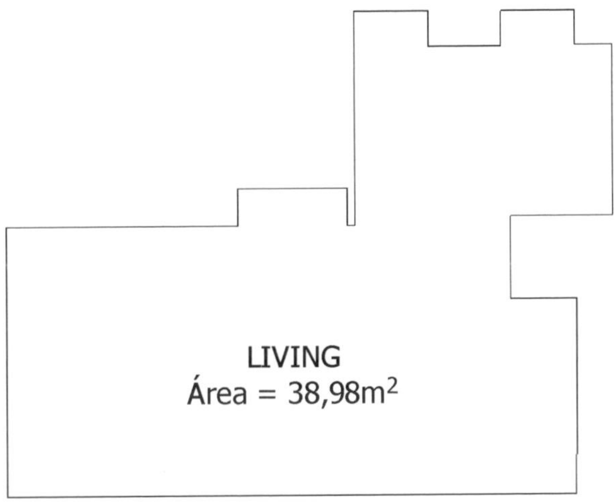

Um Field pode aparecer em qualquer lugar de um texto e ser distribuído em múltiplas palavras ou em linhas de um texto com múltiplas linhas.

Método alternativo - para inserir um Field

Com a janela Text Editor aberta, abra uma caixa de diálogo que liste os atributos ou propriedades que servirão de fonte para o conteúdo do campo. Para atributos de um elemento, você pode usar a caixa de diálogo **Element Info**, por exemplo. Arraste o valor do atributo ou da propriedade (coluna da direita) para dentro da janela Text Editor e solte na posição em que você deseja o campo na frase.

A princípio, para distinguir os campos de um texto comum, os campos (por default) são exibidos com um fundo cinza-claro. Para exibir os campos sem o fundo, ative a opção **Hide Field Background** na categoria TEXT da caixa de diálogo **Preferences** (menu Workspace > Preferences).

> Os Fields no MicroStation e **AutoCAD** são muito parecidos. Um Field do MicroStation será salvo no formato DWG, conforme as propriedades existentes no AutoCAD.
>
> O item **Reassociate Field** do menu pop-up da caixa do editor de texto Word Processor permite que você associe um field de um elemento a outro.
>
> Quando você insere um Field derivado do parâmetro **Annotation Scale** das propriedades do modelo, é exibido o nome lógico da escala em vez do valor da escala. Por exemplo, é exibido "Full Size 1=1" em vez de "1.0".

Capítulo 11

Medidas e Cotas

As ferramentas para medidas e cotas do desenho disponíveis no MicroStation são abordadas neste capítulo em seus procedimentos básicos. Algumas técnicas de produtividade adotadas por usuários experientes também são assuntos estudados.

◉ **Abra o arquivo 21 - MEDIDAS E COTAS.DGN.**

Task Measure

As ferramentas da caixa Measure são usadas para medir os elementos.

Measure Distance

Usada para medir distâncias entre dois pontos; ao longo de um elemento, perpendicularmente a um elemento; e a distância mínima entre dois elementos.

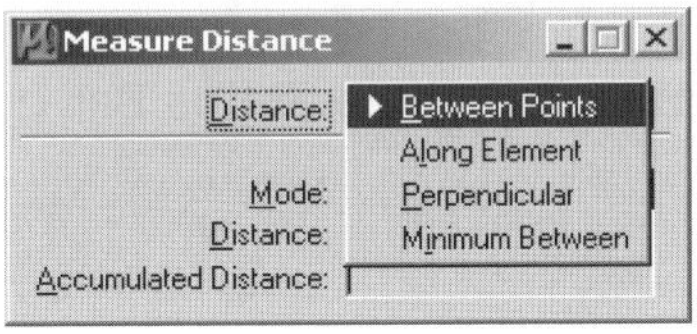

Tool Settings	Descrição
Distance	**BETWEEN POINTS** - distância entre dois pontos. **ALONG ELEMENT** - ao longo de um elemento a partir da origem.
Distance	**PERPENDICULAR** - mede a distância perpendicular entre um elemento e um Data Point. Line, line string, multi-line, arc, ellipse, shape, curve, B-spline curve, complex chain ou complex shape. **MINIMUM BETWEEN** - distância mínima entre dois elementos.

Tool Settings	Descrição
Mode	**True** - mede a distância real em 3D, considerando a profundidade na vista. **View** - mede a distância entre as projeções dos elementos no plano de vista (sem importar a profundidade). **AccuDraw/ACS** - mede a distância entre as projeções dos elementos de acordo com o plano de desenho do AccuDraw, ou do plano do ACS ativo.
Distance	Exibe o resultado da medida, ou parcial para Between Points.
Accumulated Distance	(Somente com a opção Distance definida para Between Points) Exibe a distância total medida.
Segment Only	(Somente com a opção Distance definida para Perpendicular) Se o parâmetro for ativado, a medição fica limitada a ser perpendicular ao segmento identificado do elemento selecionado, ou à sua projeção. Se o parâmetro for desativado, a medida perpendicular é obtida a partir do segmento mais próximo do elemento selecionado.

EXERCÍCIO: Medir uma distância cumulativa a partir da origem

1. Na tarefa Measure, selecione a ferramenta **Measure Distance**. Alternativamente você pode pressionar as teclas **<D><1>**, desde que o focus esteja definido para Home.
2. Na janela Tool Settings, escolha a opção **Between Points**. Alternativamente você pode pressionar a tecla **<Y>** até que a opção desejada seja selecionada, desde que o focus esteja definido para Home.
3. Defina o parâmetro Mode para **True**.
4. Capture o centro do furo inferior esquerdo da peça e aceite esse ponto, o qual define a origem (ponto inicial) da medida.
5. Entre com um segundo ponto no centro do furo (2) imediatamente acima. O resultado de **86.0000mm** é exibido na Status Bar e na janela Tool Settings. Clique em RESET para concluir.

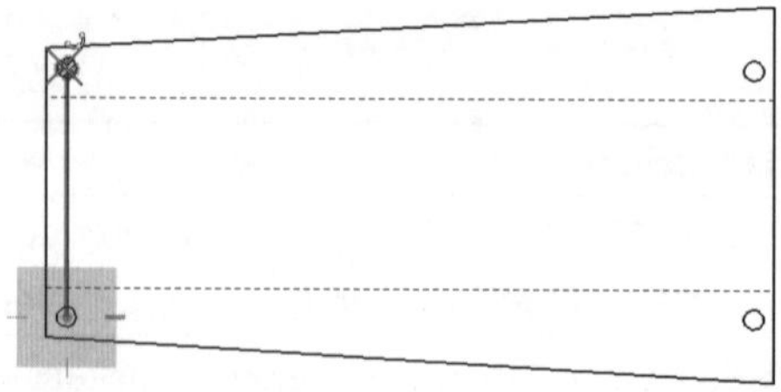

6. Com o ponteiro do mouse **selecione o resultado** publicado na janela Tool Settings.

7. Pressione <CTRL+C> para COPIAR.

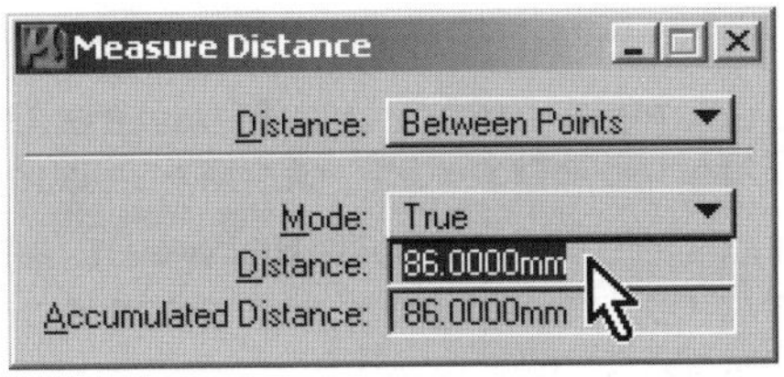

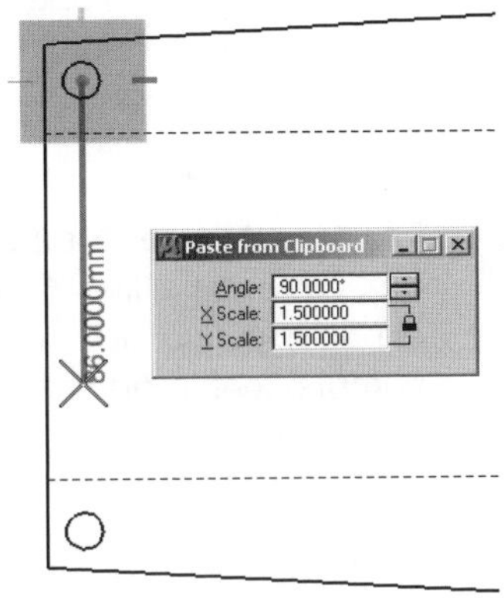

8. Pressione **<CTRL+V>** para COLAR o resultado no modelo como um elemento do tipo Text.
9. No campo Angle da janela Paste From Clipboard, digite "**90**".
10. Nos campos XScale e YScale, digite "**1.5**".
11. Posicione o texto conforme a figura ao lado.

EXERCÍCIO: Para medir uma distância perpendicular a partir de um elemento

1. Na tarefa Measure, selecione a ferramenta **Measure Distance**. Alternativamente pressione **<D><1>**.
2. Na janela Tool Settings, escolha a opção **Perpendicular**. Alternativamente você pode pressionar a tecla **<Y>** até que a opção desejada seja selecionada, desde que o focus seja Home.
3. Identifique a linha de dobra superior (1).

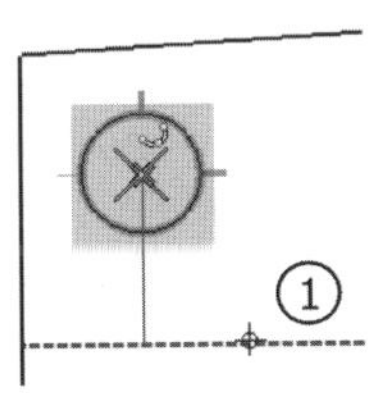

4. Entre com um ponto no centro do furo superior esquerdo. Uma linha temporária é exibida como auxílio visual. O resultado de **10.0000mm** é publicado. Entre com outros pontos para obter outras medidas. Esta distância não é cumulativa. Pressione RESET para terminar.

EXERCÍCIO: Medir uma distância mínima entre dois elementos

1. Na tarefa Measure, selecione a ferramenta **Measure Distance**. Alternativamente você pode pressionar as teclas **<D><1>**, desde que o focus seja Home.
2. Na janela Tool Settings, escolha **Minimum Between**. Alternativamente pressione a tecla **<Y>** até aparecer a opção desejada, com o focus para Home.
3. Identifique o contorno da peça (1).
4. Identifique o furo superior esquerdo da peça (2). Uma linha temporária é exibida como um auxílio visual. O resultado de **3.5000mm** é publicado.

Measure Radius

Ferramenta usada para medir o raio de um círculo ou um arco circular, o raio de um cone ou cilindro; os eixos primários e secundários de uma elipse ou arco elíptico; o raio de um segmento circular ou eixo de um segmento elíptico de um complex chain ou shape.

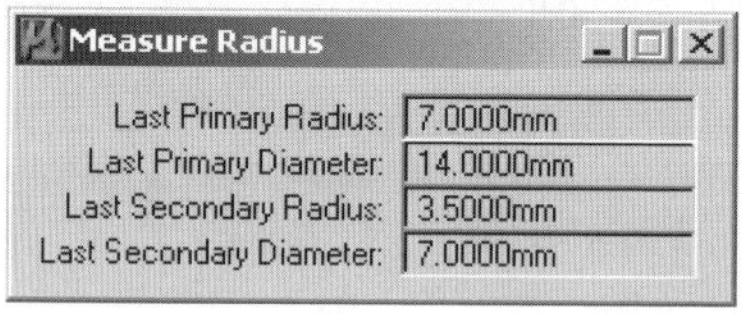

EXERCÍCIO: Para medir o raio de um elemento

1. Na tarefa Measure, selecione a ferramenta **Measure Radius**. Alternativamente você pode pressionar as teclas **<D><2>**, desde que o focus esteja definido para Home.
2. Identifique um dos furos da peça. O resultado é exibido na Status Bar e na janela Tool Settings.

Measure Angle Between Lines

Usada para medir um ângulo entre duas linhas ou segmentos de uma line string, shape ou multi-line. Se as linhas identificadas não se cruzarem, um ponto de interseção é computado para servir de vértice para a medida do ângulo.

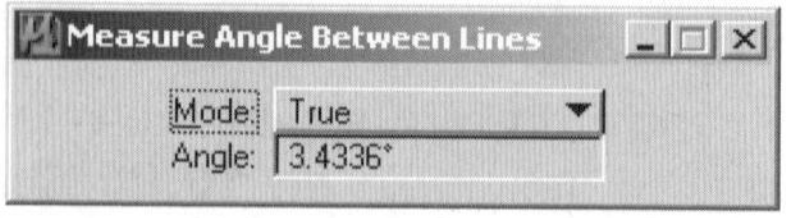

EXERCÍCIO: Para medir o ângulo entre duas linhas ou segmentos

1. Na tarefa Measure, selecione a ferramenta **Measure Angle Between Lines**. Você pode pressionar as teclas **<D><3>**, desde que o focus seja Home.
2. Identifique o segmento vertical esquerdo da peça.
3. Identifique o segmento superior da peça. O resultado é exibido na Status Bar e na Tool Settings.

Measure Length

Usada para medir o comprimento de um elemento e analisar as propriedades da massa. Para um elemento fechado ou uma superfície, o comprimento do perímetro ou da linha da geometria da superfície é medido.

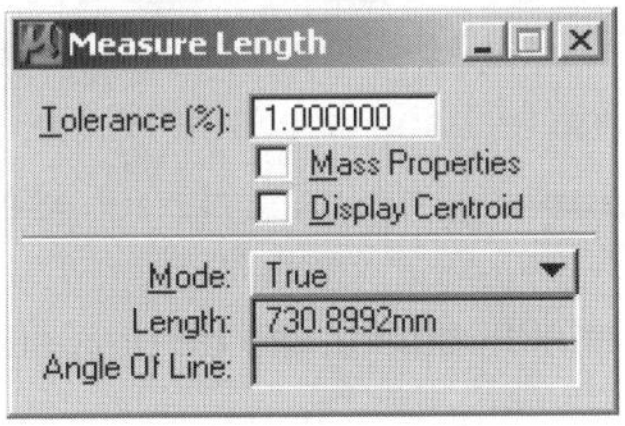

Tool Settings	Descrição
Tolerance (%)	Quando curvas são medidas, o máximo percentual é usado para medir a distância entre a curva real e a aproximação. Uma tolerância baixa torna a medida mais precisa, porém aumenta o tempo de processamento.
Mass Properties	Exibe a análise das propriedades da massa.
Display Centroid	Uma cruz indica o centro da massa do elemento medido.
Length	Exibe o valor da medida do comprimento (ou perímetro para elementos fechados) feita pela ferramenta.
Angle Of Line	Exibe o valor da medida do ângulo feita pela ferramenta, se o elemento identificado for uma linha.

EXERCÍCIO: Para medir o comprimento de um elemento

1. Na tarefa Measure, selecione a ferramenta **Measure Length**. Você pode pressionar as teclas **<D><4>**, desde que o focus esteja definido para Home.
2. DESATIVE a opção **Mass Properties** e ATIVE a opção **Display Centroid**.
3. Identifique o contorno da peça. O centro geométrico da peça é exibido com uma cruz. O resultado da medida do PERÍMETRO é exibido na Status Bar e na janela Tool Settings.

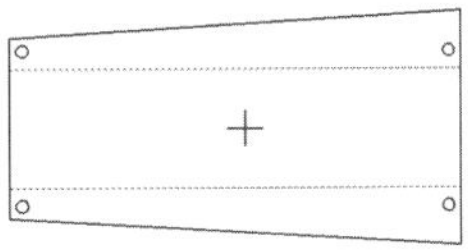

Measure Area

 Usada para medir a área e o perímetro dos elementos selecionados.

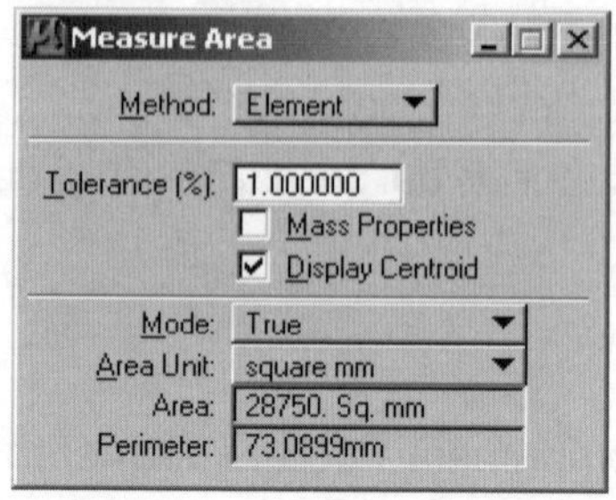

Tool Settings	**Descrição**
Method	**Element** - a área de um elemento fechado (sólido). **Fence** - área fechada por uma Fence. **Intersection** - definida pela interseção de dois ou mais elementos planos fechados. **Union** - definida pela união de dois ou mais elementos fechados. **Difference** - diferença entre dois ou mais elementos planos fechados. **Flood** - área fechada por elementos que estejam ligados. **Points** - área plana definida por vértices.
Tolerance (%)	Quando curvas são medidas, o máximo percentual é usado para medir a distância entre a curva real e a aproximação.
Mass Properties	Exibe a análise das propriedades da massa.
Display Centroid	Uma cruz indica o centro da massa do elemento medido.
Area Unit	**square <master units>** **square m** - (somente para Metric) metro quadrado. **Acre (US)** - (somente para English) **Hectare** - (somente para Metric)
Area	Exibe o valor da área medida pela ferramenta.
Perimeter	Exibe o valor do perímetro medido pela ferramenta.
Locate Interior Shapes	(Somente para Flood) A área do elemento é calculada, e a área dos elementos fechados contidos nessa área é deduzida do total.
Dynamic Area	(Somente para Flood) A área medida é exibida dinamicamente conforme você move o ponteiro sobre a vista.
Max(imum) Gap	(Somente para Flood) Define a máxima distância permitida entre os elementos consecutivos. Se zero, eles devem estar conectados.

EXERCÍCIO: Para medir a área e o perímetro

1. Na tarefa Measure, selecione a ferramenta **Measure Area**. Você pode pressionar as teclas **<D><5>**, desde que o focus esteja definido para Home.

2. Na janela do Tool Settings, defina a opção Method para **Element**.
3. Ative a opção **Mass Properties**. A caixa Mass Properties se abre.

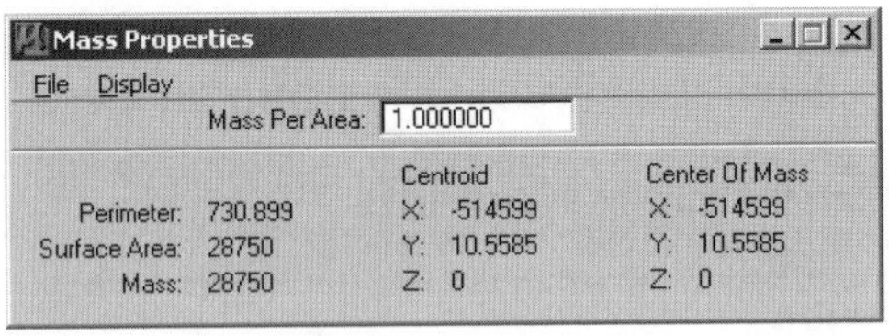

4. DESATIVE a opção **Display Centroid** e identifique o contorno da peça.
   O resultado é mostrado na Status Bar e na janela Tool Settings.
5. A partir do menu Display, selecione Moments and Products of Inertia.
   A caixa se expande para exibir os momentos e produtos da inércia.
6. A partir do menu Display da caixa Mass Properties, selecione **Principal Moments**. A caixa se expande para exibir os principais momentos. Feche a caixa Mass Properties.

Measure Volume

(Somente para 3D) Usada para medir o volume de um elemento fechado, ou um conjunto deles, e analisar as propriedades da massa.

Propriedades da Massa

A caixa Mass Properties é usada para controlar e exibir uma análise das propriedades da massa quanto ao comprimento, área ou volume medido com as ferramentas Measure Length, Measure Area ou Measure Volume. Essa janela aparece quando a opção Mass Properties está ativada.

- **Mass Per <Length/Area/Volume>** - define a massa pela unidade principal.

Ferramenta	**Define**
Measure Length	**Pelo comprimento** - a densidade linear pela unidade principal.
Measure Area	**Pela área** - a densidade da área pelo quadrado da unidade principal.
Measure Volume	**Pelo volume** - a densidade volumétrica pelo cúbico da unidade principal.

- **File > Save...** - abre a caixa Save Measurement Values para salvar o resultado.

- **Display menu > Moments and Products of Inertia**

Nome do item	Exibe
Moments of Inertia	**Momentos da inércia** - análise cinemática, incluindo o cálculo da força necessária para rotacionar um corpo sobre um eixo.
Products of Inertia	Produtos da inércia.

Para elementos fechados planares, os momentos da área da inércia são obtidos ajustando o valor de Mass Per Area para 1.0. Neste caso, os momentos da área são exibidos na unidade principal à quarta potência. Os momentos da área são necessários para análise do stress através de uma seção transversal de uma coluna e de outras áreas de análise de engenharia. A combinação dos momentos da massa e de momentos polares da inércia é referida geralmente como tensora da inércia.

- **Display menu > Principal Moments**

Nome do item	Exibe
Principal Moments	O máximo, o mínimo e um momento intermediário da inércia.
Principal Directions	São os três eixos mutuamente perpendiculares estendidos ao longo do centróide no qual o máximo, o mínimo e um momento intermediário da inércia ocorrem. Os produtos da inércia sobre esses eixos são zero.

- **Display menu > Radii of Gyration** - meio alternativo de expressar os momentos da inércia, como distância em unidades de trabalho.

Dimension Elements

Um elemento do tipo Dimension no MicroStation é formado por vários componentes independentes em seus atributos como Lines, Line Strings e Texts. Esses componentes são chamados da seguinte forma:

- **Prefix ou Suffix** - simbologia colocada antes ou depois do texto da cota.

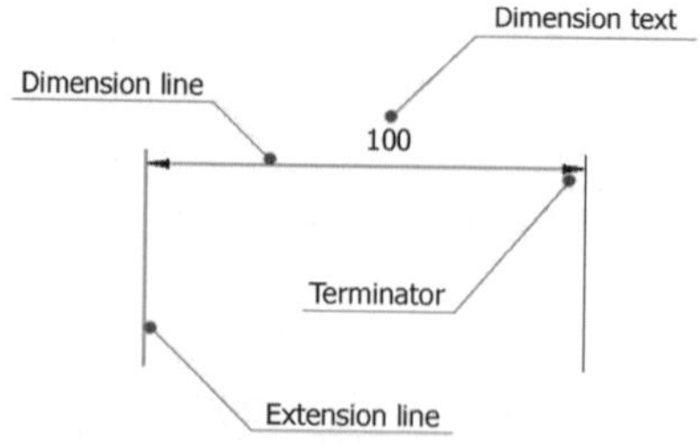

Extension lines, terminators e prefix ou suffix são opcionais. A exibição das cotas pode ser ligada/desligada a partir da caixa de diálogo **View Attributes**.

As vantagens de um dimension element

Um elemento do tipo Dimension (cota) pode ser facilmente modificado e associado aos elementos que está cotando. Isso significa que, ao manipular um elemento cotado, o valor da cota é atualizado automaticamente. Usando as cotas sem quebrar seus atributos (drop), o tamanho do arquivo conserva-se bem menor do que se os seus componentes fossem separados.

> Ao trocar a unidade de trabalho de um modelo, os valores das cotas são atualizados automaticamente se o estilo de cota estiver definido para Master ou Sub Unit.

Dimension Styles

Dependendo da atividade do projetista ou engenheiro, muitas vezes é necessário fazer algum ajuste em determinadas características de uma cota. Um estilo de cota é um conjunto de definições previamente salvas. Você pode definir os estilos e aplicá-los às cotas durante a sua colocação. Os estilos podem ser criados, customizados e salvos para facilitar o uso. A caixa de diálogo Dimension Styles (menu Element > Dimension Styles) é usada para gerenciar esses estilos.

> Os estilos podem ser armazenados no próprio arquivo DGN, ou ainda em uma biblioteca externa (*.dgnlib) como a estrutura de níveis, estilos de multilinhas e estilos de textos.

Tabela Geometry

Apresenta controles que afetam a aparência da geometria da cota.

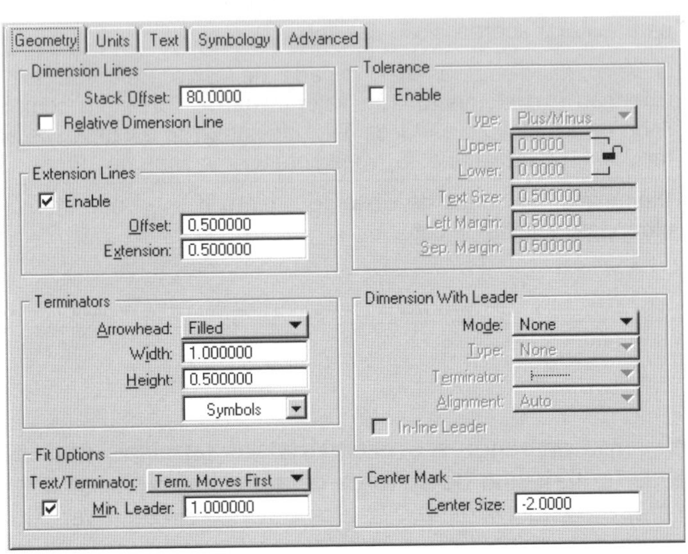

Dimension Lines

Controle	Descrição
Stack Offset	Define o espaço, em unidade de trabalho, entre as linhas de cotas criadas com as ferramentas que possuem o modo de colocação "Stack". Se 0.0 (default), um valor RAZOÁVEL, baseado no tamanho e orientação do texto, é calculado.
Relative Dimension Line	Se estiver ativada, a linha de cota se move em relação ao comprimento da primeira linha de extensão quando a geometria cotada for movida. O comprimento da linha de extensão é constante. 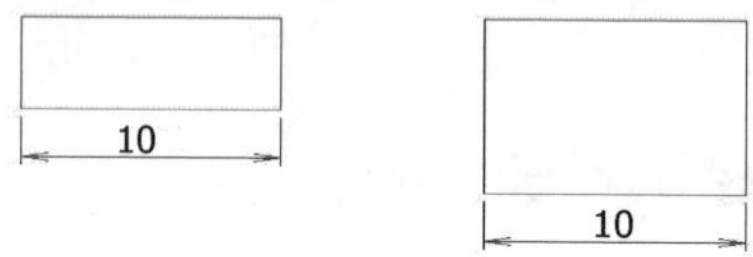

Extension Lines

Controles que afetam a colocação da linha de extensão (também conhecida como linha de projeção).

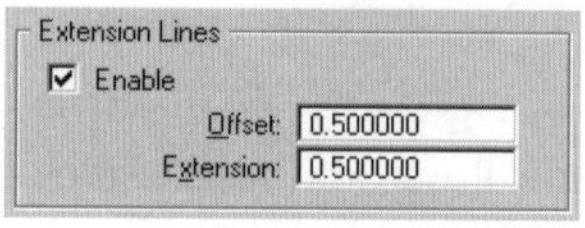

Controle	Descrição
Enable	Se estiver ativada, as linhas de extensão são colocadas. Quando você coloca cotas internas isso se torna útil, pois permite remover as linhas de extensão para evitar a sobreposição das linhas.
Offset	O valor da distância em "unidade de texto", entre o início da linha de extensão e o elemento. Um valor negativo força um comprimento fixo da linha de extensão a partir da linha de cota. Por exemplo, se a altura do texto for 2mm, offset igual a –5, você obtém uma linha de 10mm.
Extension	Define em "unidades de texto" o quanto a linha de extensão ultrapassa a linha de cota. 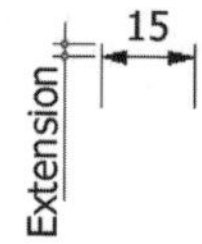

Terminators

Controles que definem a aparência e a geometria dos terminais das cotas. A medida da geometria é baseada no tamanho do texto da cota. Por exemplo, se o valor da largura do terminal for igual a 1, e a altura igual a 0.5, e se o texto da cota tiver altura igual a 2mm e largura igual a 1.8mm, o terminal terá 1.8mm de largura e 1mm de altura. Se você estiver usando uma célula como terminal e a opção **Uniform Cell Scale** estiver ativada, o fator de escala do terminal será 0.5 se a célula for uma shared cell.

Controle	Descrição
Arrowhead	Controla a aparência do terminal - aberto, fechado ou preenchido. Sob o menu Symbols, terminais alternativos podem ser configurados.
Width	Define a largura do terminal em relação à altura do texto.
Height	Define a altura do terminal em relação à altura do texto.
Symbols	Controles usados para especificar símbolos alternativos (caracteres de fontes ou células) para cada tipo de terminal. A fonte 102 fornecida com o MicroStation contém vários símbolos para terminais.

Fit Options

Controles que afetam a aparência geral ou a colocação do texto e dos terminais.

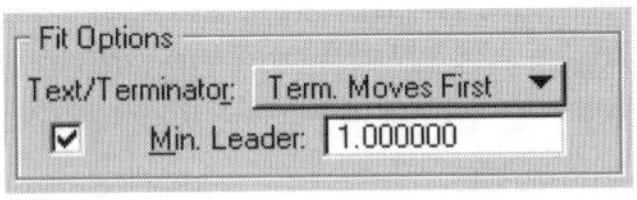

Controle	Descrição
Text/Terminator	Seleciona o enquadramento mínimo em relação ao texto ou aos terminais, ou em uma combinação de ambos. • **Text Moves First** - conforme as linhas de extensão se aproximam, os terminais, leaders e textos ficam entre elas até não caber mais. Nesse ponto o texto é movido para fora com a linha leader e somente os terminais (e leaders) permanecem entre as linhas de extensão. Somente quando a distância entre as linhas for muito pequena, os terminais são movidos para fora. • **Terminator Moves First** - o terminal move-se primeiramente e o texto permanece entre as linhas de extensão. • **Smallest Moves** - ao atingir a menor distância em relação ao texto, o terminal é movido primeiramente. • **Both Move** - texto e terminais são movidos quando não couberem entre as linhas de extensão. • **Text Inside** - o texto é forçado a permanecer entre as linhas. • **Term. Outside** - os terminais (e leaders) ficam sempre para fora, enquanto o texto permanece entre as linhas de extensão. Não existe linha de cota (sem dimension line). • **Term Inside** - os terminais (e leaders) permanecem entre as linhas de extensão. Isso pode ser útil quando o texto da cota precisa permanecer sobre a linha de cota (dimension line). • **Term. Reversed** - os terminais e pequenos leaders são movidos para fora. Existe a linha de cota (dimension line). Isso pode ser útil quando a linha de cota precisa permanecer entre as linhas de extensão. Quando os terminais ficam para fora, o comprimento do leader é definido pelo campo Min(imum) Leader.
Min. Leader	O espaço, em "largura de texto", entre as linhas e o texto.

Tolerance

Controles que afetam a geração das cotas com tolerâncias.

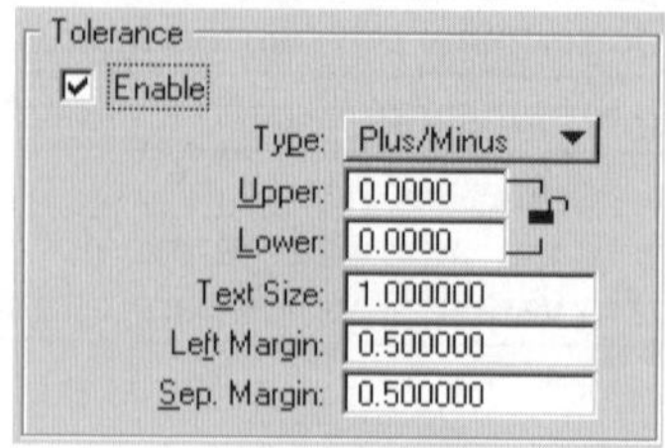

Controle	Descrição
Enable	Ativa e desativa as tolerâncias das cotas.
Type	**Plus/Minus** - a tolerância de valores máximos e mínimos é expressa por limites positivos e negativos digitados nos campos Upper e Lower respectivamente. Se os valores dos campos forem iguais (ou o cadeado estiver fechado), um único texto pode representar essa tolerância (figura do lado direito). 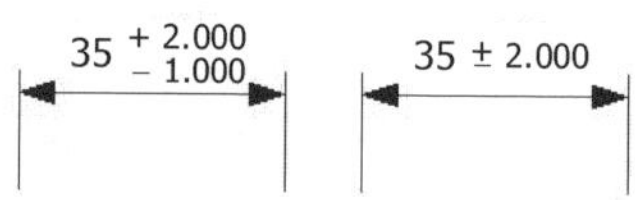 **Limit** - expressa os valores já calculados sobre o valor da cota. 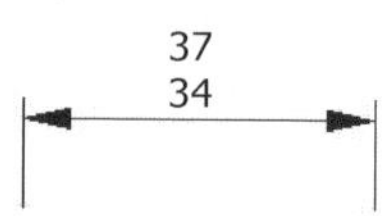
Text Size	Define o tamanho do texto da tolerância, por um múltiplo da altura/largura do texto da cota.
Left Margin	Define o espaço horizontal, em unidades de altura de texto, entre o texto da cota e a tolerância.
Sep. Margin	Define o espaço vertical, em unidades de altura de texto, entre os valores da tolerância.

Dimension With Leader

Controles que afetam a aparência geral das linhas indicativas (leaders). Você pode modificar o texto da cota ao longo da linha de cota (dimension line). Você também pode modificar como o texto da cota identifica visualmente a cota à qual ele está associado.

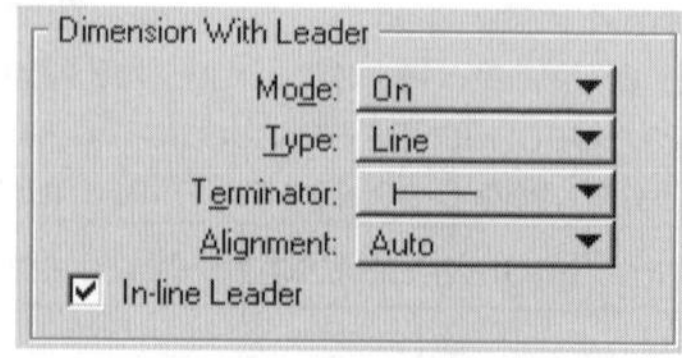

Controle	Descrição
Mode	**None** (default) - exibe a cota sem linha indicativa. **On** - permite exibir uma linha indicativa para as cotas. **Automatic** - coloca uma linha indicativa automaticamente, dependendo das opções definidas em Fit Option.
Type	Define o tipo de linha indicativa entre None, Line, Arc ou Bspline.
Terminator	Permite escolher o tipo de terminal a ser colocado na extremidade da linha indicativa entre None (nenhum) ou os descritos nas figuras seguintes: 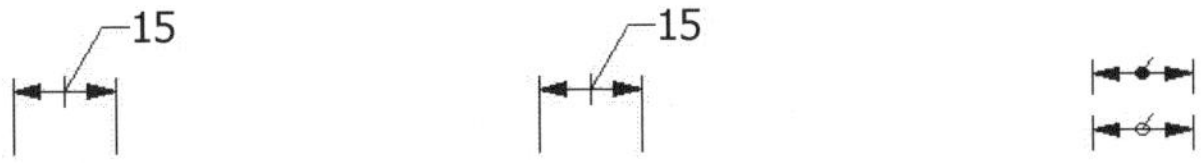 Seta Linha Ponto cheio ou vazio
Alignment	Escolhe o alinhamento para a colocação da linha "leader", entre: 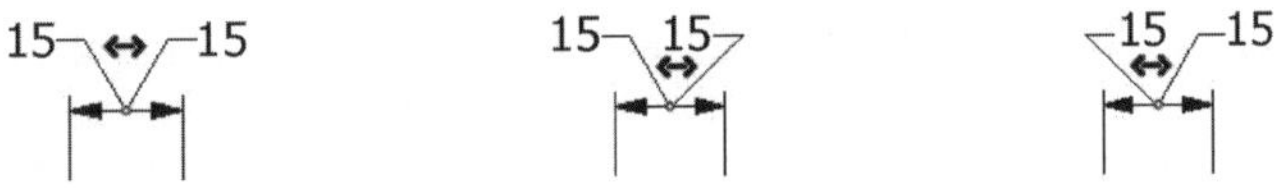 Auto (automático) Left (esquerdo) Right (direito)
In-line Leader	Adiciona uma linha horizontal à frente do texto. 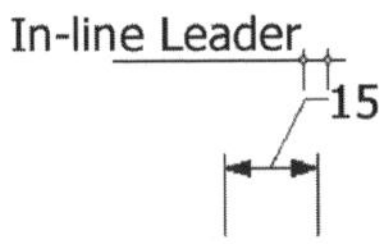

Center Mark

Define o tamanho da marca de centro em cotas radiais. Se o valor for definido para 0, o tamanho da marca de centro é igual ao da altura do texto ativo. Se o valor for diferente de 0, o tamanho da marca de centro usa a unidade de trabalho.

Tabela Units

Apresenta controles que afetam a aparência da geometria da cota.

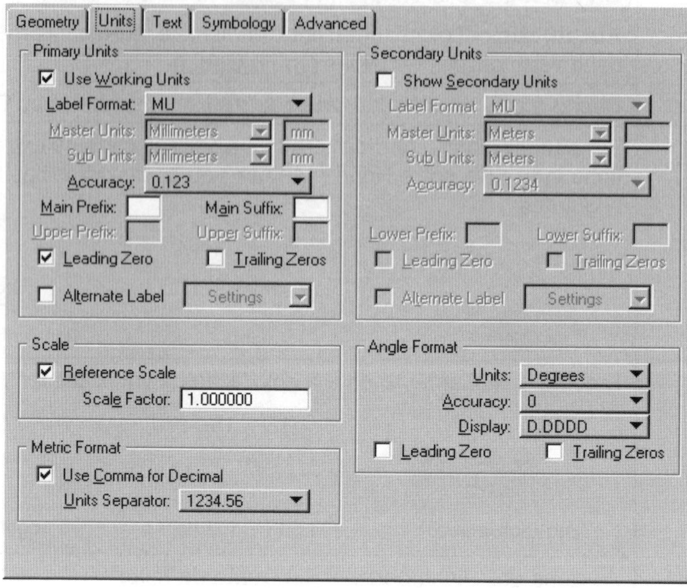

Primary Units

Controles que ajustam a exibição do texto das cotas lineares primárias. Em cotas duplas (por exemplo, Milímetros/Polegadas), a unidade primária é exibida na parte de cima da cota, enquanto a unidade secundária é exibida na parte de baixo.

Controle	Descrição
Use Working Units	Se for ativada, exibe o valor da cota primária usando a unidade de trabalho ativa. Neste caso, os controles Master Units e Sub Units ficam desabilitados. Se estiver desativada, você pode definir a unidade desejada a partir dos controles Master Units e Sub Units.
Label Format	Controla o formato da cota primária. As opções incluem várias combinações (*), entre MU (Master Units), SU (Sub Units) e a abreviatura da unidade.

(*) Veja as diversas combinações na tabela seguinte:

Controle	Descrição	
Label Format	MU	2,540cm
	MU label	2,540cm
	SU	25,400mm
	SU label	25,400mm
	MU-SU	2-5,400mm
	MU label SU label	2cm 5,400mm
	MU label - SU label	2cm - 5,400mm
Accuracy	Grau de precisão com o qual a unidade primária é exibida.	
Main Prefix	Define o prefixo colocado antes do texto da cota primária.	
Main Suffix	Define o prefixo colocado depois do texto da cota primária.	
Upper Prefix	Se a opção Show Secondary Units for ativada, define o prefixo que é colocado antes do texto da unidade primária (upper).	
Upper Suffix	Se a opção Show Secondary Units for ativada, define o sufixo que é colocado antes do texto da unidade primária (upper).	
Leading Zero	Adiciona um zero antes da vírgula para os textos da unidade primária aos valores menores que 1.0.	
Trailing Zeros	Exibe valores preenchidos com zero, se necessário, conforme a precisão definida na opção Accuracy.	
Alternate Label	Permite definir uma cota alternativa baseada em critérios que você mesmo estabelece. Por exemplo, se a unidade principal estiver definida para metros e você desejar que as dimensões menores que um metro sejam exibidas em centímetros, pode especificar no menu Settings.	

Scale

Controla a escala das cotas.

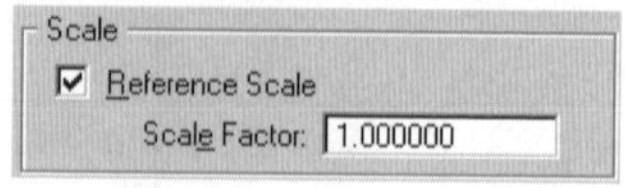

Controle	Descrição
Reference Scale	Exibe as dimensões reais da geometria referenciada. Aplica-se apenas quando for cotar elementos referenciados que estejam escalonados.
Scale Factor	Define um fator de escala aplicado ao valor da cota.

Metric Format

Controle para ajustar a exibição dos valores das cotas.

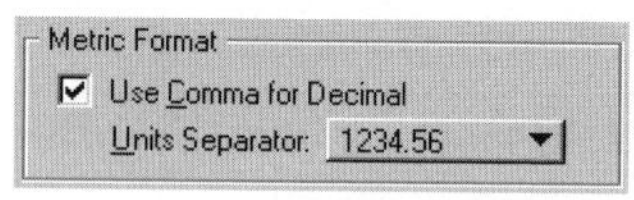

Controle	Descrição
Use Comma for Decimal	Se ativada, a separação decimal do texto da cota é feita com uma vírgula, conforme a norma brasileira.
Units Separator	Define o formato para milhares e milhões.

Angle Format

Controle para ajustar a exibição dos valores das cotas angulares.

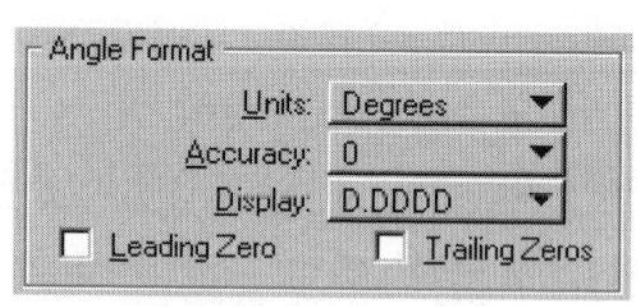

Controle	Descrição
Units	Define a unidade de medida. • **Length** - o comprimento, na unidade de trabalho. • **Degrees** - o ângulo do arco expresso em graus. 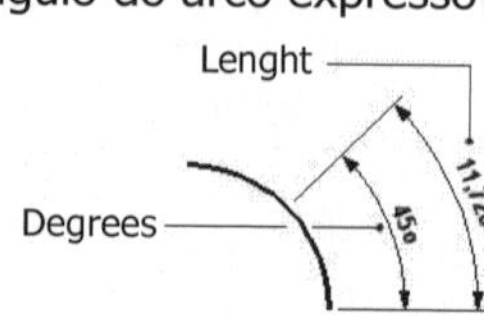

Controle	Descrição
Accuracy	Define o número de casas decimais.
Display	Define o formato do ângulo. • **D.DDDD** - graus e decimais. Exemplo: 45.00°. • **DD^MM'SS"** - graus, minutos e segundos. Exemplo: 45°0'00". • **C.CCCC** - centesimal, o qual divide um ângulo reto em cem partes iguais. As unidades são referenciadas em grados ou graus centesimais. Exemplo: 45.00°. • **Radians** - radianos. Exemplo: 0.79r. 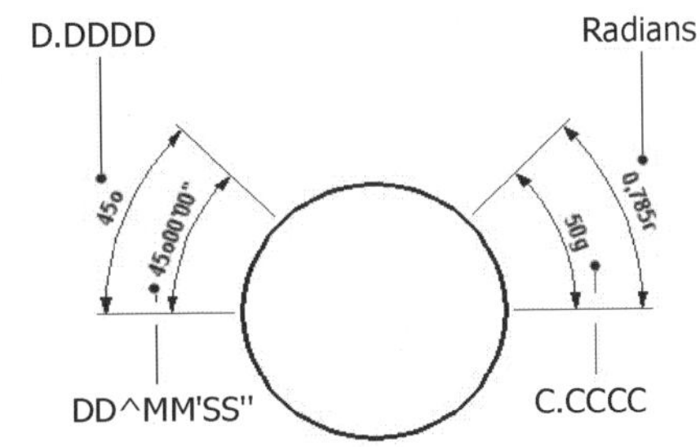
Leading Zero	Adiciona zero antes da vírgula para valores menores que 1.0.
Trailing Zeros	Exibe valores preenchidos com zeros, se necessário, conforme a precisão definida na opção Accuracy.

A seção Secondary Units apresenta controles similares à seção Primary Units, porém são aplicáveis somente à segunda unidade, se for ativada.

Tabela Text

Apresenta controles que afetam a colocação e a aparência do texto da cota.

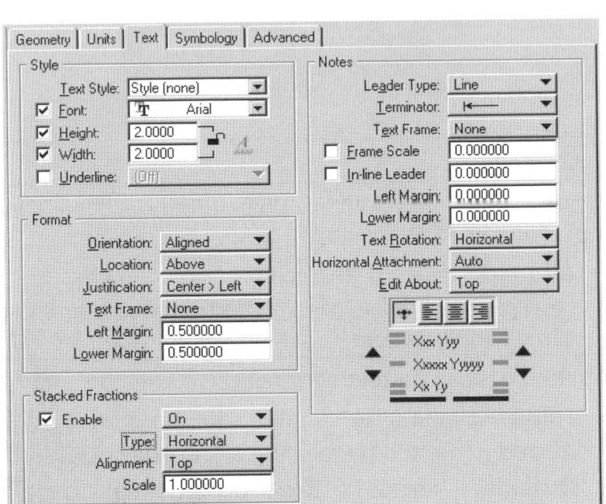

Style

Apresenta controles que podem ser usados para definir o estilo do texto, fonte, altura e largura do texto, e ainda se o texto será sublinhado.

Controle	Descrição
Text Style	Define o estilo de texto usado pela cota. As cotas com estilos de texto são automaticamente atualizadas quando o estilo for modificado. Ao usar estilos de texto nas cotas, você possui a vantagem de usar parâmetros de texto não disponíveis para simples textos de cotas, como fonte itálica e fundo do texto.
Font	Define a fonte usada pelo texto da cota. A fonte do topo da lista é usada pelo estilo de texto ativo. Se a opção for desativada, a fonte usada é a do estilo selecionado.
Height	Se a opção for ativada, define a altura do texto da cota. Do contrário, a altura é indicada pelo estilo de texto selecionado.
Width	Se a opção for ativada, define a largura do texto da cota. Do contrário, a largura é definida pelo estilo de texto selecionado.
Annotation Scale Lock	Exibe o status da trava Annotation Scale: ativada ou desativada. Ao colocar o texto, a trava deve estar ativada para assegurar que o texto seja colocado na escala correta.
Underline	Se ativada, o sublinhado é determinado pelo estilo de cota. As opções são: On ou Off. No caso de Off, o sublinhado é determinado pelo estilo de texto em vez do estilo da cota.

Format

Controla a colocação do texto da cota.

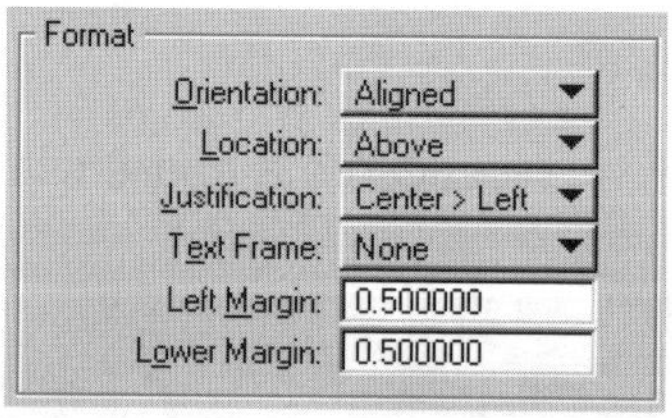

Controle	Descrição
Orientation	Define a orientação do texto da cota em relação à linha de cota (dimension line): Aligned ou Horizontal. • **Aligned** - alinha o texto com a linha de cota. • **Horizontal** - exibe o texto horizontalmente, independente da orientação da linha de cota.
Location	Define a posição do texto em relação à linha de cota (dimension line). • **Inline** - alinha o texto com a linha de cota. • **Above** - coloca o texto sobre a linha de cota. • **Outside** - coloca o texto do lado oposto da origem da linha de extensão.

	• **Top Left** - coloca o texto na parte superior esquerda da origem da linha de extensão.
Justification	Define a justificativa do texto na linha de cota.
Text Frame	Define o encapsulamento do texto da cota: • **None** - nenhum. • **Box** - coloca o texto dentro de uma caixa. Algumas vezes é usado para designar uma cota referenciada. • **Capsule** - coloca o texto dentro de uma cápsula. Normalmente é usado para designar uma cota de controle de qualidade.
Left Margin	O espaço em unidades de altura de texto, entre a linha leader line e o texto. 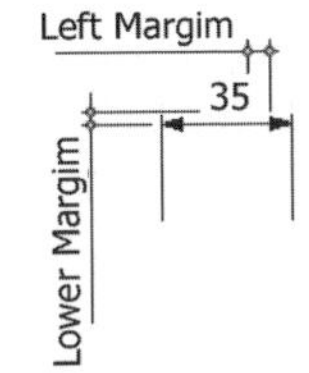
Lower Margin	O espaço em unidades de altura de texto, entre a linha de cota e a parte de baixo do texto.

Stacked Fractions

Controles que definem a forma fracionária.

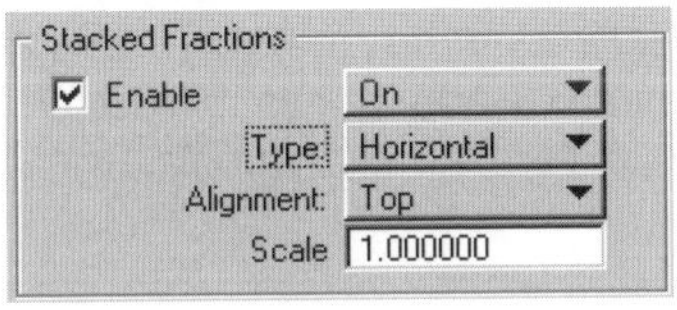

Controle	Descrição
Enable	Se essa opção estiver ativada, os parâmetros de controle de cota usam a forma fracionária. Se estiver desativada, isso passa a ser controlado pelos parâmetros do texto.
Type	**From Font** - usa fontes do MicroStation (não TrueType). **Horizontal** - define a forma fracionária horizontal a ser usada pelas fontes TrueType. **Diagonal** - define a forma fracionária diagonal a ser usada pelas fontes TrueType.
Alignment	Se a opção Type estiver definida para Horizontal, determina o alinhamento do texto da fração baseado no caractere superior (top), no caractere de baixo (bottom), ou centralizado (centro).
Scale	Define o tamanho da forma fracionária, múltiplo da altura e largura do texto.

Notes

Apresenta os controles usados para definir a aparência da linha leader e do texto usado pela ferramenta **Place Note**.

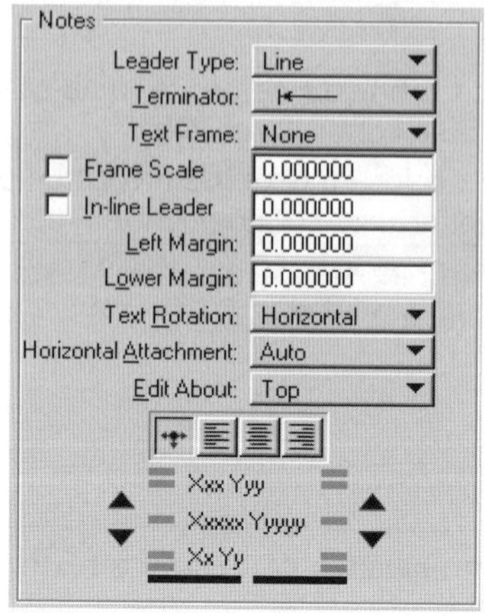

Controle	**Descrição**
Leader Type	Define o tipo de linha indicativa: linha (Line) ou curva (Curve).
Terminator	Especifica o tipo do terminal usado pela linha indicativa: None, Arrow, Slash, Empty ball ou Filled ball. O último símbolo (figura ao lado) força o terminal usado a ser o mesmo definido na categoria Terminator Symbols. 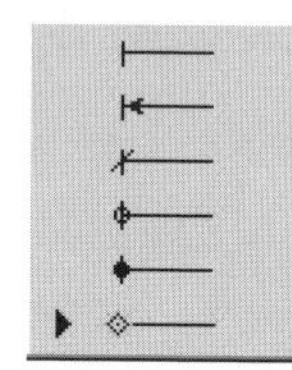
Text Frame	Define o tipo da geometria que envolve o texto - None, Line, Box, Rotated Box, Circle, Capsule, Hexagon, Rotated Hexagon, Triangle, Pentagon e Octagonal.
Frame Scale	Permite escalonar a geometria que envolve o texto. Se ativada, é possível especificar um fator de escala. Se estiver desativada, a geometria é automaticamente escalonada.
In-line Leader	Se ativada, coloca a nota com um segmento alinhado com o texto. No campo, entre com o comprimento do segmento, em unidades de altura do texto. Se desativada, nenhum segmento é colocado. 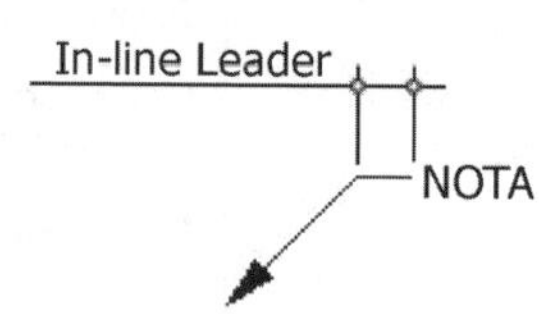
Left Margin	Define a distância, em unidades de trabalho, entre a linha "leader" e o texto. 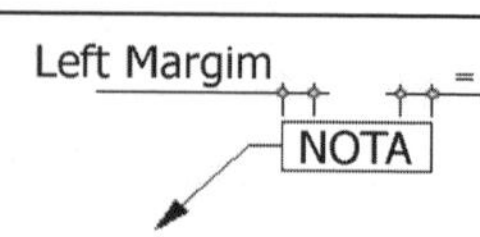
Lower Margin	Define a distância, em unidades de trabalho, da margem superior e inferior do texto em relação aos segmentos da caixa (se usada). 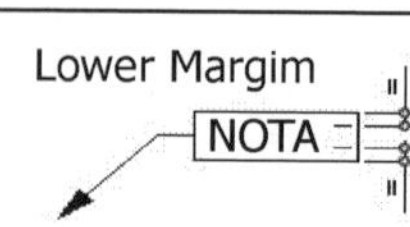

Controle	Descrição	
Horizontal Attachment	Define como o texto da nota é anexado à linha indicativa.	
	Auto - anexa automaticamente o texto, tanto do lado esquerdo como direito da extremidade da linha indicativa, dependendo da posição do ponteiro em relação à origem da nota.	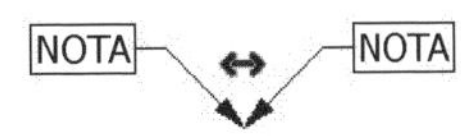
	Left - anexa o texto somente do lado esquerdo da extremidade da linha indicativa.	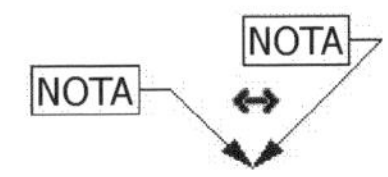
	Right - anexa o texto somente do lado direito da extremidade da linha indicativa.	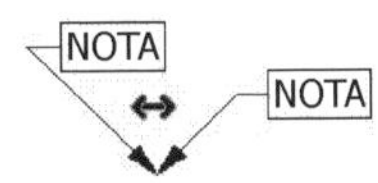
Text Rotation	Define a rotação do texto com base na linha "leader". 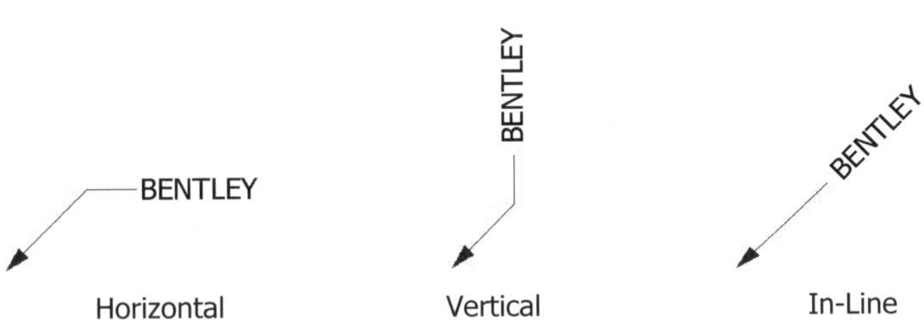	
Edit About	Estabelece a posição da origem vertical de colocação do texto. Se mais tarde você editar a nota, o texto é modificado a partir desse ponto. Para ver este ponto, ligue Text Nodes na caixa VIEW ATTRIBUTES.	
	Top - define o ponto de edição na parte de cima do texto.	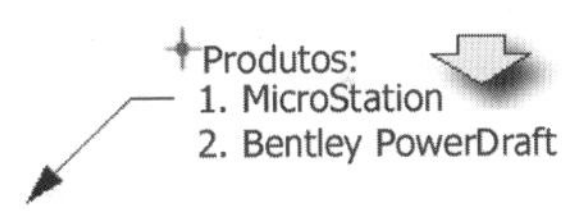
	Center - define o ponto de edição na parte central do texto.	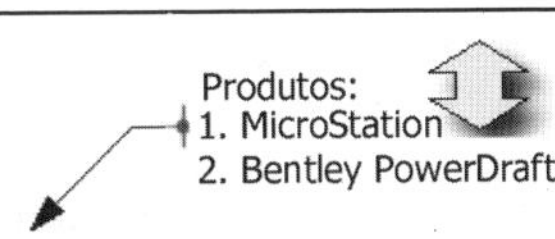
	Bottom - define o ponto de edição na parte de baixo do texto.	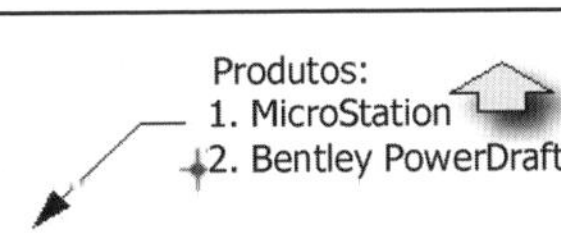
	Dynamic - define o ponto de edição dependendo da posição do texto e relação com "leader line".	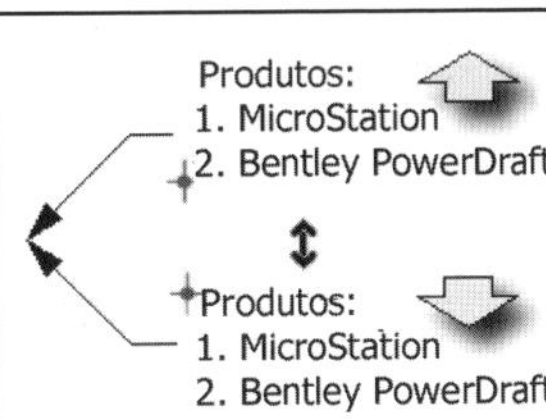

Justification and Leader Attachment

Controla o alinhamento do texto e onde a linha indicativa é anexada a ele. Cada vez que você modificar essas opções, o gráfico da caixa de diálogo é atualizado para exibir uma amostra do alinhamento e da posição da linha indicativa. A linha de botões controla o alinhamento do texto, enquanto as setas pretas do lado esquerdo e direito definem a posição da linha indicativa em relação ao texto.

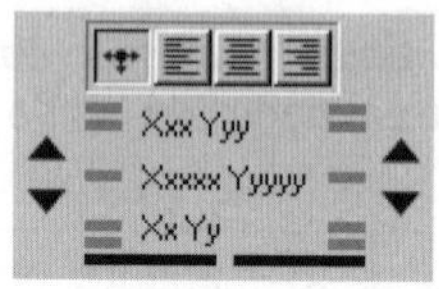

Controle	Descrição
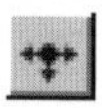	**Dynamic Justified** - alinha as múltiplas linhas de uma nota de acordo com o final da linha indicativa. Por exemplo, se em relação à origem da nota a linha indicativa termina do lado direito, o texto será alinhado pelo lado esquerdo, ou seja, é alinhado sempre junto da linha indicativa. 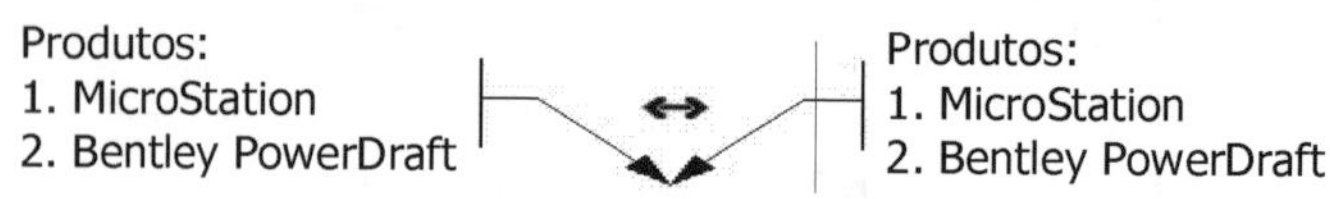
	**Left** - alinha as múltiplas linhas de uma nota sempre pelo lado esquerdo. 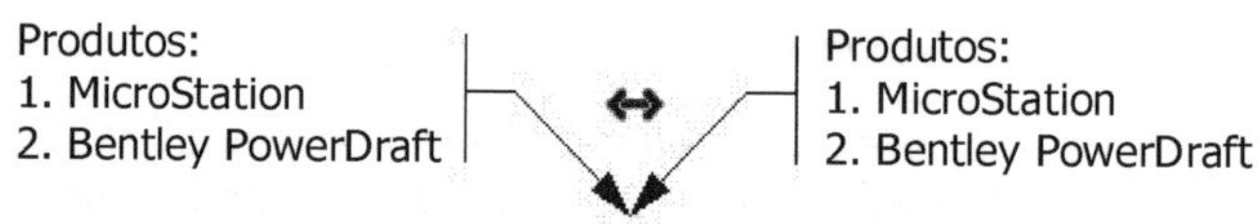
	**Center** - alinha as múltiplas linhas de uma nota sempre pelo centro. 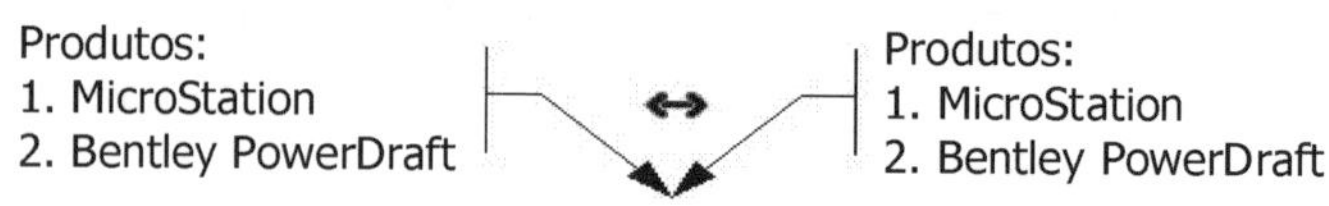
	**Right** - alinha as múltiplas linhas de uma nota sempre pelo lado direito. 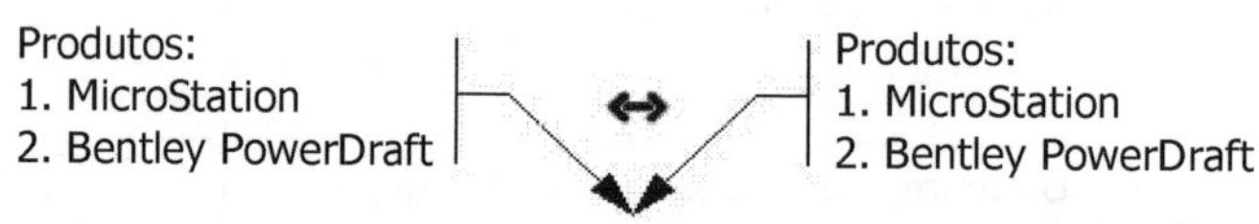
	**Setas pretas** - determinam onde a linha indicativa será anexada quando o texto estiver alinhado por um dos lados. Para mudar esse ponto, clique nas linhas cinzas do gráfico ou use as setas.

Por exemplo:

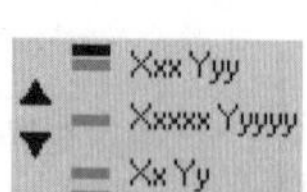

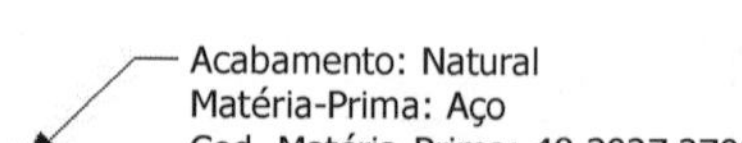

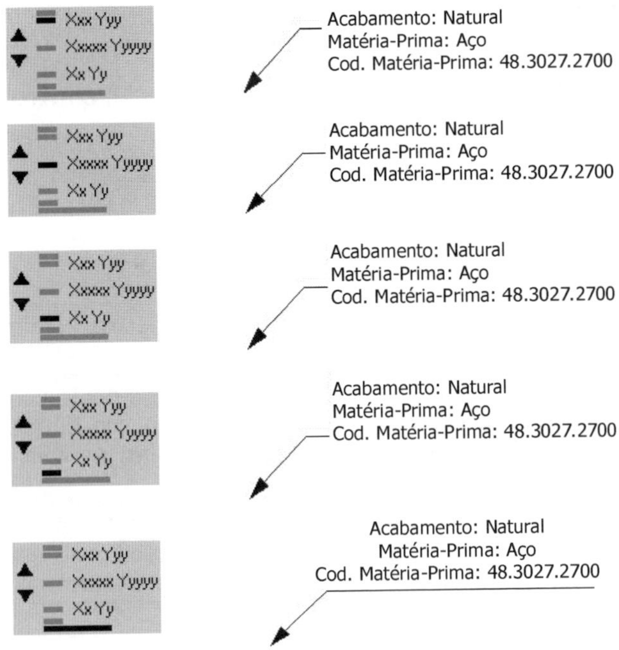

Tabela Symbology

Apresenta controles que afetam a colocação e a aparência do texto da cota.

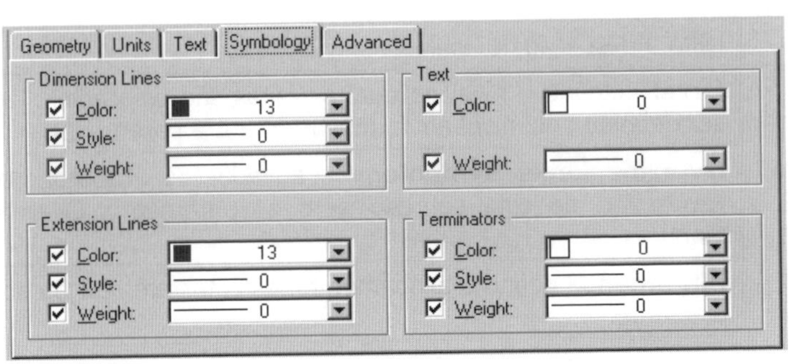

Controla os atributos da linha de cota (dimension line), da linha de extensão (extension line), do texto (text) e dos terminais (terminators).

Controle	Descrição
Color	Define a cor. Se for desativada, a cor é definida pela cor ativa.
Style	Define o estilo da linha. Se for desativada, o estilo é definido pelo estilo de linha ativo.
Weight	Define a espessura. Se for desativada, a espessura é definida pela espessura ativa.

Tabela Advanced

Apresenta todos os controles para o estilo de cota. Muitos desses controles são encontrados nas tabelas anteriores. A tabela Advanced inclui **controles adicionais**:

Mode

Controla como os parâmetros do estilo são exibidos.

Controle	Descrição
Edit	Lista todas as propriedades e valores do estilo. Para modificá-los, clique no campo da coluna Value.
Comparison	Compara os valores de dois estilos. Ative a opção Compare with Library para comparar um estilo com outro da sua biblioteca de estilos de cotas. Todas as propriedades são listadas. As com valores diferentes são exibidas em negrito.
Differences	Compara os valores de dois estilos. Ative Compare with Library para comparar um estilo com outro da sua biblioteca de estilos de cotas. Essa opção exibe somente as propriedades que possuem valores diferentes.

Placement

Controle	Descrição
Style Name	Lista o nome do estilo.
Description	Lista a descrição do estilo.
Placement	**Level** - define o nível no qual as cotas são colocadas. Também pode ser definido pelo nível ativo, mostrado entre parênteses.
	Override Level Symbology - ativada, os atributos (cor, estilo e espessura) da cota sobrescrevem os parâmetros Override do Level Manager.
	Alignment - define o alinhamento das cotas em relação aos eixos e ao elemento.

Para uma analogia, considere a situação exibida nas figuras seguintes. A Figura A mostra uma janela do MicroStation, a qual exibe um triângulo retângulo. Em seguida, na Figura B, essa vista foi rotacionada, conforme se percebe, através dos eixos absolutos.

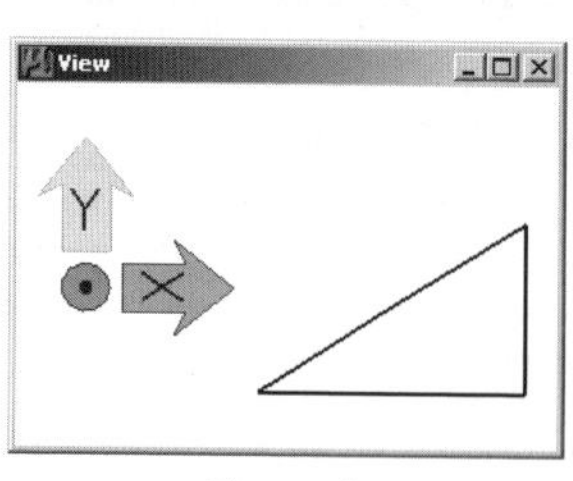

Figura A

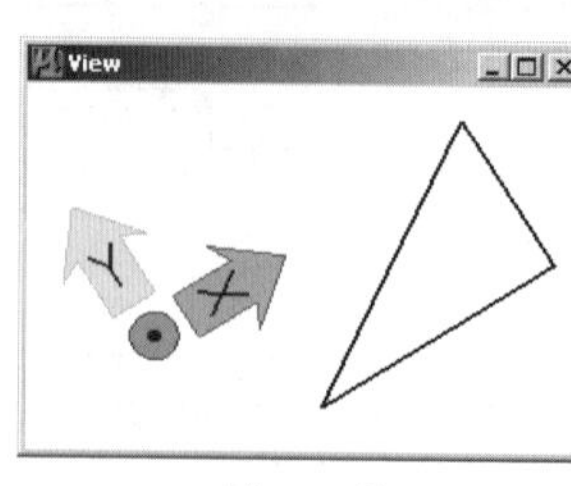

Figura B

- **View** - A linha de cota é colocada paralelamente aos eixos (X e Y) da vista, Figura C.
- **Drawing** - A linha de cota é colocada paralelamente aos eixos (X-Y) ABSOLUTOS, o que independe da rotação da vista, Figura D.
- **True** - A linha de cota é colocada paralelamente ao elemento cotado. As linhas de extensão possuem ângulos retos em relação à linha de cota (dimension line), Figura E.

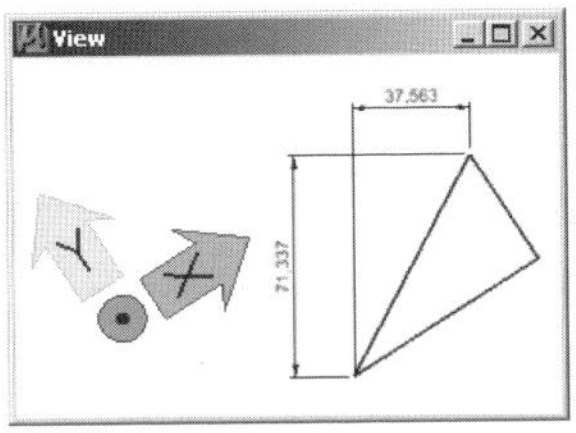

Figura C

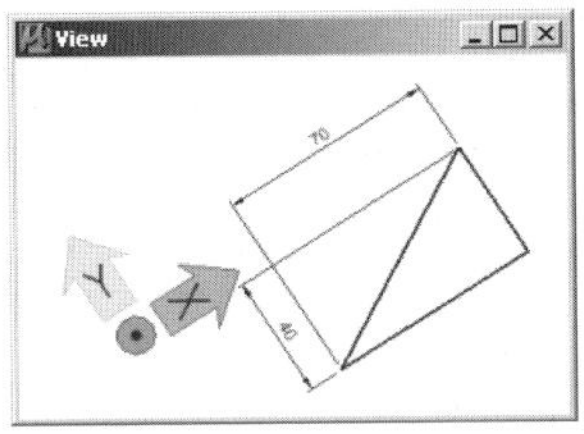

Figura D

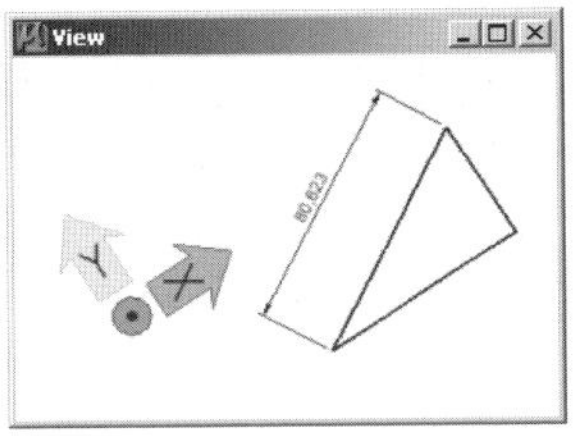

Figura E

- **Arbitrary** - A linha de cota é colocada paralelamente ao elemento cotado. As linhas de extensão não se restringem ao ângulo reto em relação à linha de cota (dimension line). Essa opção é útil quando você cota elementos 2D em desenhos "isométricos".

Controle	**Descrição**
Annotation Scale	Se for ativado, define o fator de escala das anotações a ser aplicado à geometria da cota. Funciona independente da trava Use Annotation Scale.
Location	As opções controlam a colocação do texto da cota: • **Automatic** - o texto é colocado automaticamente de acordo com o parâmetro JUSTIFICATION. • **Semi-Auto** - o texto é colocado automaticamente somente se ele couber entre as linhas de extensão. Do contrário, você terá de posicioná-lo manualmente. • **Manual** - você posiciona o texto manualmente a cada cota lançada.
Adjust Dimension Line	Se ficar DESATIVADO, a linha de cota não é elevada, não importa o valor do campo Stack Offset da seção Dimension Lines da tabela Geometry. Ao ativar, o texto é elevado dinamicamente para não sobrepor outro texto existente. 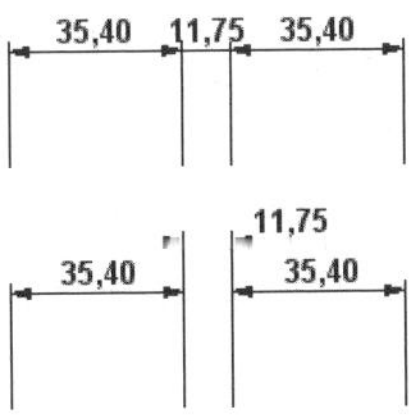
Reference Scale	As cotas vão exibir o tamanho real das geometrias de arquivos ou modelos referenciados. Essa opção só tem efeito quando se cotam elementos em uma referência escalonada.

Tolerance

Controle	Descrição
Stack if Equal	Se os valores dos campos Upper e Lower forem iguais, são exibidos separadamente. 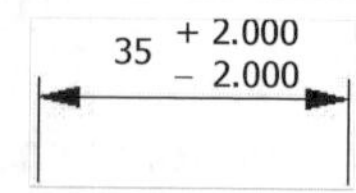
Show Sign for Zero	Exibe o sinal (+/–) quando a tolerância é zero.
Primary/Secondary Tolerance Accuracy	Controla o número de casas decimais exibidas nos valores de tolerância da cota.
Retain Fractional Accuracy	Se estiver ativado, os valores de tolerância não são reduzidos ao denominador mínimo comum.

Units

Controle	Descrição
Stacked Fractions	Se definido para On, as frações são sobrepostas.
Primary/Secondary	**Retain Fractional Accuracy** - os valores fracionados não são reduzidos ao denominador mínimo comum.
Primary/Secondary Alternate	**Retain Fractional Accuracy** - os valores fracionados não são reduzidos ao denominador mínimo comum.
DIN Dimensioning	**Superscript** - o menor dígito significativo fica superscript. **Superscript Character** - Automatic deixa a fonte da cota superscript. Para usar uma fonte com caracteres especiais designados como superscript, escolha Special Font. **Rounding** - a cota é arredondada para a metade mais próxima e zero não é exibido.

Graphics

Controle	Descrição
Dimension Lines	**Stack offset** - determina o espaço, em unidades de trabalho, entre as linhas de cota, se a cota for do tipo stacked. 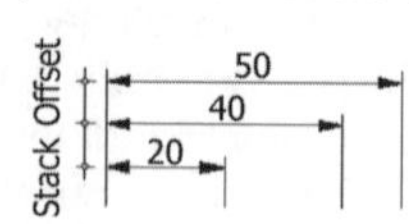
Extension Lines	**Join When Text Outside** - se essa opção estiver ativada, coloca uma linha entre as linhas de extensão quando o texto é colocado fora das linhas de extensão. Se a opção for desativada, nenhuma linha é colocada. 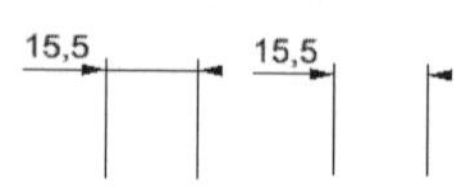

Controle	Descrição
Fit Options	**Suppress Unfit term.** - elimina a linha de cota e os terminais se eles não couberem entre as linhas de extensão. **Text Above Optimal Fit** - usa o menor enquadramento para o alinhamento de texto que não seja in-line. **Fit True Dimension Text** - controla o enquadramento do texto da cota nas cotas com alinhamento definido para True, se o texto for horizontal. **The Extended Dim Line Under Text** - a linha de uma cota angular é estendida quando o texto fica fora.

Text

Controle	Descrição
Format	**Label Line Format** - determina a exibição e a localização do valor do comprimento e/ou ângulo da cota do tipo Label Line.  As opções permitem colocar os valores acima ou abaixo da linha de cota, além de exibir ou não cada um dos valores.
Dim With Leader	**Undock Text** - se essa opção estiver ativada, não aloca o texto quando ele estiver próximo da linha de cota (dimension line).

Notes

Controle	Descrição
Leader Length	Define o comprimento da linha indicativa alinhada (in-line leader) em unidades de altura do texto.
Left Attachment	Determina a localização vertical da justificativa esquerda.
Right Attachment	Determina a localização vertical da justificativa direita.

A variável **MS_NOTEAUTOUPDATE** determina os parâmetros que serão propagados nas notas existentes quando um estilo de cota for salvo. Para propagar os parâmetros individualmente, liste-os separados por vírgulas. Para propagar todos os parâmetros, defina o valor da variável para "**All**".

Symbols

Controle	Descrição
Arrow Terminator	**Type** - Default (seta), Symbol (caractere e fonte) ou célula. **Cell Name** - define o nome da célula. **Font** - define a fonte usada. **Character** - define o caractere usado. **Leader Through Terminator** - se estiver ativada, a linha de cota passa através do terminal. 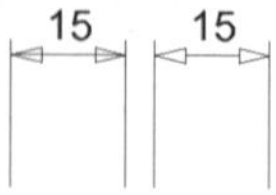
Diameter	**Type** - Default, Symbol. **Font** - define a fonte usada. **Character** - define o caractere usado.
Plus/Minus	**Type** - Default, Symbol. **Character** - define o caractere usado.

Tools Specific

Consiste em controles para os parâmetros que afetam individualmente as ferramentas para cotagem. Sob cada ferramenta existe uma lista de parâmetros, os quais são listados a seguir:

Controle	Descrição
Left Terminator	Indica o terminal do lado esquerdo da cota.
Right Terminator	Define o terminal do lado direito da cota.
First Terminator	Estabelece um tipo de terminal para o início de uma linha de cotas.
Joint Terminator	Define um tipo de terminal para as cotas localizadas entre a primeira e a última linha de extensão.
Left Extension	Se for ativada junto com a opção Extension Lines (Geometry), coloca a linha de extensão do lado esquerdo (início da cota).
Right Extension	Se for ativada junto com a opção Extension Lines (Geometry), coloca as linhas de extensão subseqüentes.
Stack Dimensions	Se for ativada, coloca as cotas sobrepostas. Se for desativada, coloca cotas alinhadas.
Arc Symbol	Se for ativada, coloca um arco sobre o texto.
Prefix	Define um prefixo para o texto da cota.
Suffix	Define um sufixo para o texto da cota.

Controle	Descrição
Text	Define a orientação do texto da cota: • **Standard** - alinhados com a linha de cota. • **Vertical** - alinhados com a linha de extensão. • **Mixed** - o texto da cota fica alinhado com a linha de extensão somente quando não couber sobre a linha de cota.
Chord Align	Se for ativada, coloca as linhas de extensão das cotas em arco alinhadas de acordo com a corda.
Leader	Nas cotas radiais define o tipo da linha indicativa entre interna/externa e estendida/não-estendida.
Center Mark	Se for ativada, as cotas radiais são colocadas com uma marca de centro.
Text	Define a orientação do texto da cota.
Decrement in Reverse Direction	Se for ativada, os valores das cotas ordenadas colocadas abaixo ou à esquerda do início da cota serão menores que o valor declarado no campo Datum. Por exemplo, se Datum for igual a zero, os valores das cotas colocadas abaixo serão negativos.
Datum Value	Determina o valor do Datum usado no primeiro ponto de uma cota ordenada.
Free Location of Text	Se for ativada, os valores de uma cota ordenada são livremente colocados.

Procedimento geral - para criar um estilo de cota

1. Abra a caixa de diálogo Dimension Styles.
2. (Opcional) Na lista de estilos da caixa Dimension Styles, selecione um estilo existente. Clique no ícone **Set Style Active**. O novo estilo vai herdar os parâmetros do estilo ativo.

3. Clique no ícone **Create Style**. Um estilo chamado Untitled é adicionado à lista de estilos.

4. Entre com o nome do novo estilo.
5. Modifique os parâmetros desejados.

Procedimento geral - para modificar um estilo de cota

1. Na lista de estilos, selecione o estilo que será modificado.
2. Faça as mudanças dos parâmetros desejados.

3. Para salvar, clique no ícone **Save Style**.

> Se o estilo ativo for mudado, uma caixa de alerta notifica que esse estilo está em uso e que as mudanças feitas podem alterar a aparência das cotas existentes.

Procedimento geral - para remover um estilo de cota

1. Na lista de estilos, selecione um ou mais estilos que serão removidos.
2. Clique no ícone **Delete Style**. O estilo é removido do arquivo DGN.

Procedimento geral - para restaurar um estilo de cota

1. Para remover modificações feitas nas definições das cotas, clique no ícone **Reset Style**. O estilo retorna às suas definições originais. Se o estilo for modificado, qualquer cota existente que seja desse estilo é atualizada.

Procedimento geral - para comparar dois estilos de cota

1. Na caixa Dimension Styles selecione e tabela **Advanced**.
2. Define a opção Mode para **Comparison**.
3. Na lista de estilos selecione dois estilos. Todos os parâmetros são listados e as propriedades com valores diferentes são colocadas em negrito.

Task Dimensioning

A Task DIMENSIONING é uma reunião das ferramentas mais comuns utilizadas para cotar um desenho no dia-a-dia.

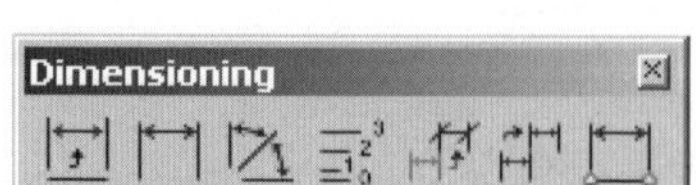

O MicroStation oferece outras ferramentas para tipos de cotas mais específicos. Essas outras caixas estão contidas no quadro de caixas de ferramentas DIMENSION TOOLS (tratado mais adiante).

Element Dimensioning

Usada para cotar um elemento (line, line string, multi-line, shape, arco circular ou círculo). Associações podem ser feitas a esses elementos, bem como aos componentes de um elemento complexo, e elementos que fazem parte de uma célula.

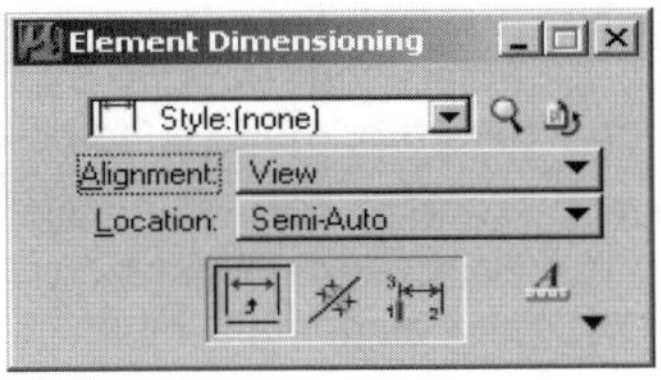

Tool Settings	Descrição
Style (campo)	Exibe o estilo ativo. Permite selecionar outro estilo disponível.
Alignment	Define o eixo ao longo do qual a cota será alinhada.
Location	As opções controlam a colocação do texto da cota: • **Automatic** - o texto é colocado automaticamente de acordo com o parâmetro JUSTIFICATION. • **Semi-Auto** - o texto é colocado automaticamente de acordo com o parâmetro Justification, somente se ele couber entre as linhas de extensão. Do contrário, você terá de posicioná-lo manualmente. • **Manual** - você posiciona o texto manualmente a cada cota.
Dimension Element	Se o elemento selecionado for linear (não-circular) ou um elemento do tipo Shape, o modo de operação Element Dimensioning é definido.
Label Line	Se o elemento selecionado for linear (não-circular) ou um elemento do tipo Shape, o modo de operação Label Line é definido. Essa ferramenta exibe o comprimento e o ângulo do segmento selecionado.
Dimension Size Perp - Line	Se o elemento selecionado for linear (não-circular) ou um elemento do tipo Shape, o modo de operação Dimension Size Perpendicular to Points é definido. Essa ferramenta cota a distância linear entre dois pontos.
Dimension Radius	Se o elemento selecionado for um círculo, elipse ou um elemento do tipo b-spline (curva), o modo de operação Dimension Radius é definido.
Dimension Diameter (Extended Leader)	Se o elemento selecionado for um círculo, elipse ou um elemento do tipo b-spline (curva), o modo de operação Dimension Diameter (Extended Leader) é definido.
Dimension Diameter Parallel	Se o elemento selecionado for um círculo, elipse ou um elemento do tipo b-spline (curva), o modo de operação Dimension Diameter Parallel é definido. Essa ferramenta coloca cotas paralelas aos elementos, deixando as linhas de extensão da cota tangentes a esses elementos.
Annotation Scale	Se for ativada, a trava Annotation Scale é acionada. Quando isso acontece, a escala das anotações é aplicada a qualquer texto ou cota do modelo. **O parâmetro Annotation Scale é definido na caixa Model Properties (tratado mais adiante).**

As opções descritas a seguir se referem aos parâmetros dos modos ativados apresentados quando a janela Tool Settings é expandida:

Center Mark	Se a variante usada for relevante a um círculo ou arco, ative esta opção para marcar o centro no elemento.
Start Extension	Se a variante usada for Dimension Element, Dimension Size Perpendicular to Points ou Dimension Diameter Parallel, escolha um terminal opcional para a primeira linha de extensão da linha de cota.
End Extension	Se a variante usada for Dimension Element, Dimension Size Perpendicular to Points ou Dimension Diameter Parallel, escolha um terminal opcional para as demais linhas de extensão da linha de cota.
Text Alignment	Define a orientação do texto da cota entre: • **Standard** - horizontalmente na linha de cota. • **Vertical** - verticalmente (perpendicular à linha de cota). • **Mixed** - faz automaticamente a opção pela orientação vertical se o texto não se enquadrar horizontalmente na linha de cota.
Text Frame	Se for ativada, você pode escolher entre duas opções para envolver o texto da cota com uma geometria: • **Box** (caixa) - algumas vezes é usado para designar uma cota referenciada. Outros usuários preferem usar esse recurso para apontar cotas "não definidas". • **Capsule** - normalmente usada para designar uma cota para o Controle de Qualidade.
Label Line	Se o modo for Label Line, determina as informações (ângulo, comprimento ou ambos) e sua posição (acima ou abaixo) em relação à linha que será cotada. • **Length/Angle** - o comprimento é exibido sobre a linha, enquanto o ângulo é exibido abaixo. • **Angle/Length** - o ângulo é exibido sobre a linha, enquanto o comprimento é exibido abaixo. • **Length Above** - o comprimento é exibido sobre a linha. • **Angle Above** - o ângulo é exibido sobre a linha. • **Length Below** - o comprimento é exibido abaixo da linha. • **Angle Below** - o ângulo é exibido abaixo da linha. • **Length Angle Above** - o comprimento e o ângulo são exibidos juntos sobre a linha. • **Length Angle Below** - o comprimento e o ângulo são exibidos juntos abaixo da linha.
Prefix Text	Se essa opção for ativada, você pode escolher um símbolo opcional para ser adicionado ANTES do texto da cota.
Suffix Text	Se essa opção for ativada, você pode escolher um símbolo opcional para ser adicionado DEPOIS do texto da cota.
Association	Se ativada, aplicando um snap ao elemento a ser indicado, a cota fica "presa" por esse ponto com o elemento. Se o elemento sofrer alguma manipulação, a cota é atualizada.

EXERCÍCIO: Cotando com a ferramenta Dimension Element

1. Na Task DIMENSIONING, selecione e ferramenta **Dimension Element**. Você pode pressionar **<F><1>**, desde que o focus esteja definido para Home.
2. Na janela Tool Settings, escolha o estilo **Aumentado**.

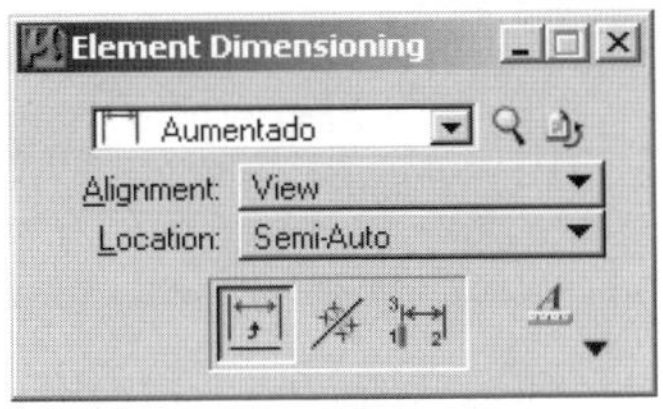

3. Identifique o segmento vertical esquerdo do contorno da peça (1).
4. Leve o ponteiro para o lado esquerdo até uma distância satisfatória (2). Sugestão: 40mm.
5. Faça o mesmo para o outro segmento vertical, em seguida também no segmento superior.

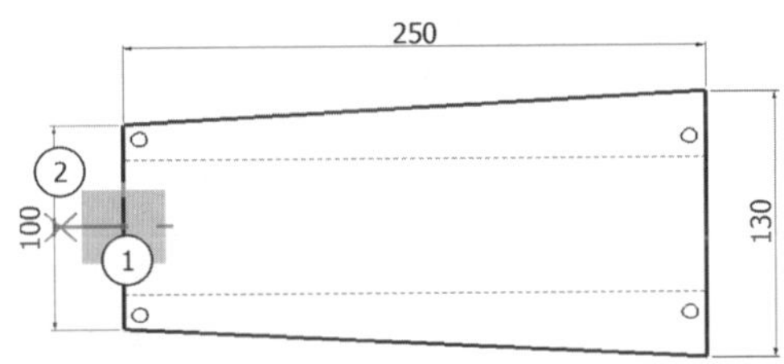

6. Dê um zoom sobre o furo localizado no canto esquerdo superior da peça.
7. **Identifique** o círculo. Por identificar uma circunferência, automaticamente o comando reconhece o elemento e oferece recursos específicos para essa forma geométrica.
8. Na janela Tool Settings, clique no botão **Show Basic Options** (seta preta no canto) para exibir opções adicionais de cada um dos recursos.

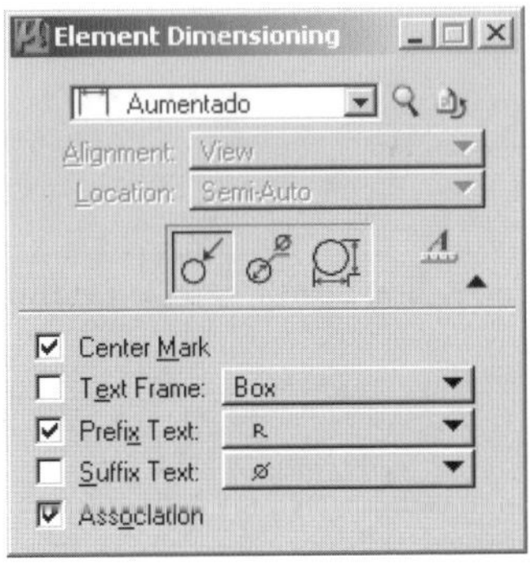

Entre com um ponto para definir o comprimento da linha de extensão e a posição da cota.

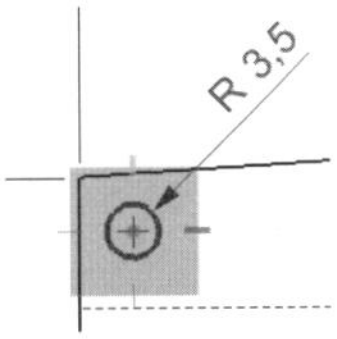

9. Na caixa Text, selecione **Edit Text**. Alternativamente você pode pressionar **<A><3>** (task Drawing), desde que o focus esteja definido para Home.
10. Identifique o texto da cota do furo.
11. Na caixa Text Editor - Word Processor, clique do lado direito do asterisco e dê um espaço. Em seguida digite "**(4x)**". Clique na vista para aceitar a mudança.

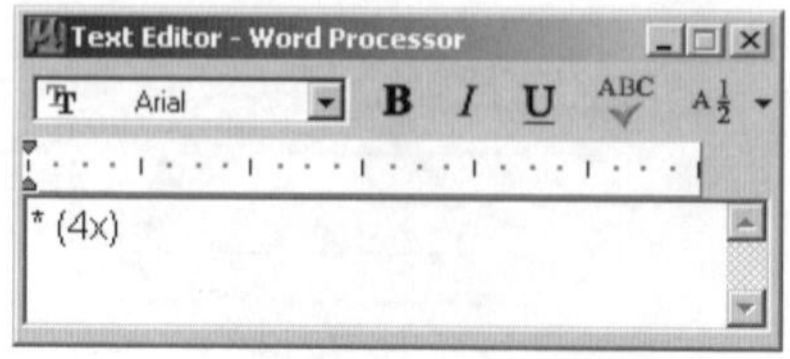

12. Na caixa de ferramentas Modify, selecione **Modify Element**. Alternativamente você pode pressionar **<7><1>**, desde que o focus esteja definido para Home.
13. Identifique o texto da cota do furo e reposicione em um local mais apropriado.

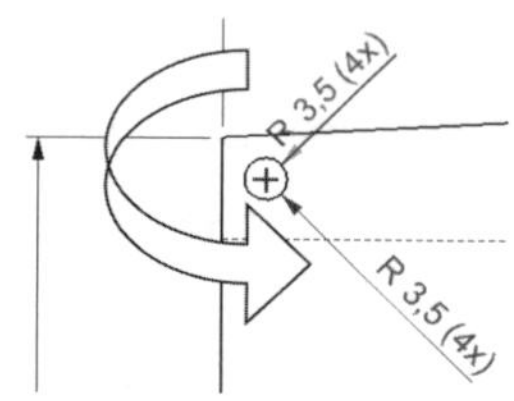

A ferramenta Dimension Element é muito utilizada por abrigar diversas outras, as quais são automaticamente carregadas pela janela Tool Settings quando um elemento é identificado. Cada variante oferece parâmetros diferenciados, iguais aos apresentados nas categorias da caixa Dimension Styles. A tabela a seguir ilustra essas situações:

Tipo de elemento	**Ferramentas disponíveis**
Line, line string, shape ou multi-line.	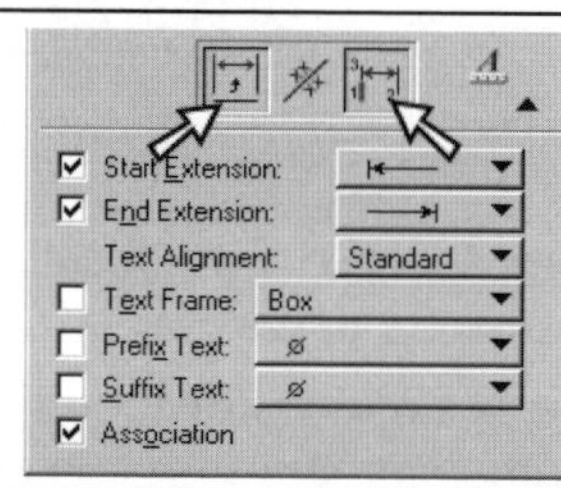
Line, line string, shape ou multi-line.	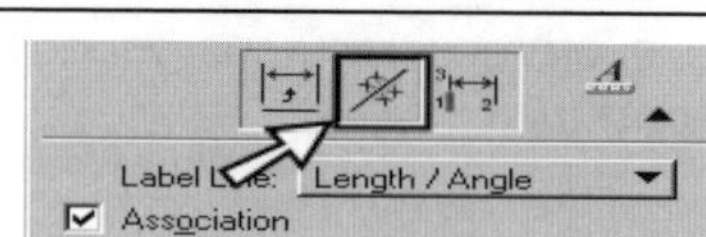 Parâmetros exclusivos de Label Line
Ellipse (incluindo círculos) e Arcs.	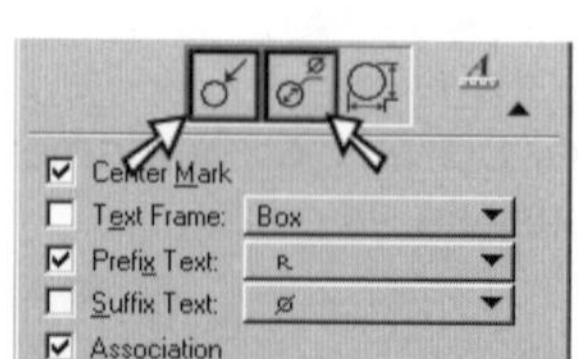 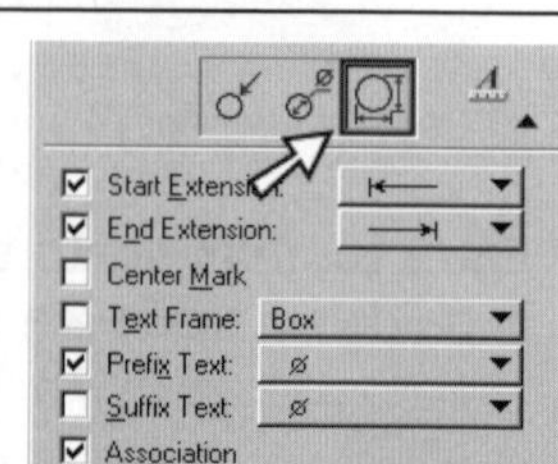

Dimension Size with Arrow

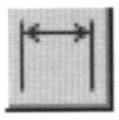

Usada para cotar uma distância linear entre dois pontos (comprimento). Cada cota (exceto a primeira) é computada a partir do último ponto da cota anterior. As cotas ficam em linha.

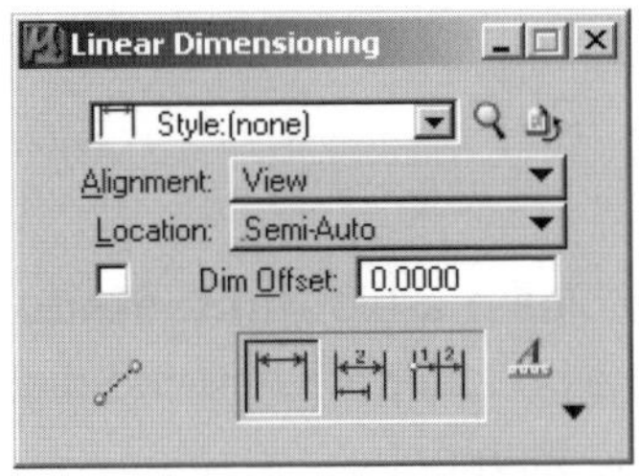

Tool Settings	**Descrição**
Style (campo)	Exibe o estilo ativo. Permite selecionar outro estilo disponível.
Alignment	Define o eixo ao longo do qual a cota será alinhada.
Location	As opções controlam a colocação do texto da cota: • **Automatic** - o texto é colocado automaticamente de acordo com o parâmetro JUSTIFICATION. • **Semi-Auto** - o texto é colocado automaticamente de acordo com o parâmetro Justification, somente se ele couber entre as linhas de extensão. Do contrário, o texto é colocado manualmente. • **Manual** - você posiciona o texto manualmente a cada cota colocada no desenho.
Dim Offset	Define uma distância-padrão em relação ao elemento cotado para posicionar a linha de cota.
	Se a opção Select Multiple Elements estiver ativada, múltiplos elementos podem ser selecionados para cotagem através de uma linha auxiliar.
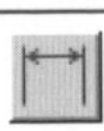 Linear Size	Define o modo de operação para Linear Size, o qual é usado para cotar distâncias lineares entre dois pontos (comprimento). As cotas são colocadas em linha como um único elemento, porém não impede que sejam editadas/modificadas individualmente.
 Linear Stacked	Define o modo de operação para Linear Stacked, o qual é usado para cotar distâncias lineares a partir de uma origem comum. As cotas são sobrepostas como um único elemento.
 Linear Single	Define o modo de operação para Linear Single, o qual é usado para cotar distâncias lineares a partir de uma origem comum. As cotas são colocadas em linha como um único elemento.
First Terminator	Se ativada, define um terminal para a primeira linha de cota.
Joint Terminator	Se a opção for ativada com o modo Linear Size ou Linear Single, define um terminal alternativo no ponto de interseção dos terminais esquerdo e direito (nas linhas de extensão internas) ou em interseções de uma linha de extensão e a linha de cota (para substituir duas setas apontando uma para outra).

EXERCÍCIO: Para cotar múltiplos elementos

1. Na caixa de ferramentas DIMENSIONING, selecione **Linear Dimensioning**. Alternativamente você pode pressionar **<F><2>** (task Drawing), desde que o focus esteja definido para Home.

2. Na janela Tool Settings, escolha o estilo **Aumentado**.
3. ATIVE a opção Dim Offset, e no campo adjacente digite **20 <ENTER>**.
4. Ative a opção Select Multiple Elements.

5. Assegure-se de usar o modo de operação **Linear Size** (primeiro ícone da janela Tool Settings).
6. Entre com um ponto para definir o início da linha que fará a interseção com as linhas do desenho (1). Muitas vezes pode ser necessário desligar alguns níveis para que somente os elementos desejados sejam capturados.
7. Entre com um segundo ponto para concluir a linha de seleção de elementos (2). Elementos do tipo Dimension não são considerados pela ferramenta.
8. Entre com o ponto para indicar o lado (3) em que a cota ficará. Opcionalmente você pode pressionar a tecla <CTRL> para selecionar mais elementos no desenho.

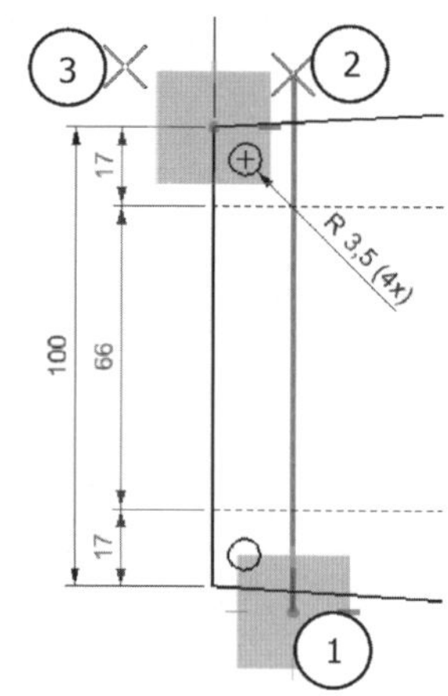

EXERCÍCIO: Para cotar a distância entre dois pontos

1. Na caixa de ferramentas DIMENSIONING, selecione **Linear Dimensioning**. Você pode pressionar **<F><2>**, desde que o focus esteja definido para Home.

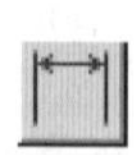

2. Na janela Tool Settings, ative o estilo **Aumentado**.
3. ATIVE a opção Dim Offset, e no campo adjacente digite **20 <ENTER>**.
4. DESATIVE a opção Select Multiple Elements.

5. Assegure-se de usar o modo de operação **Linear Size** (primeiro ícone da janela Tool Settings).
6. Entre com um ponto no vértice inferior direito (1).
7. Entre com um segundo ponto no centro do furo localizado logo acima do vértice (2).
8. Defina o lado (3) em que a cota ficará.
9. Entre com pontos adicionais (4 e 5) no centro do outro furo e no vértice superior da peça respectivamente.
10. Pressione RESET para terminar essa linha de cota.
11. Conclua a cotagem, cotando os furos horizontalmente conforme a figura seguinte. Desative a opção Dim Offset e ajuste as cotas como desejar.

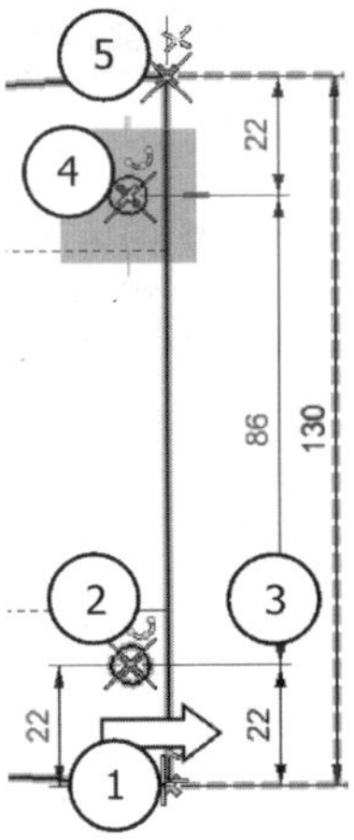

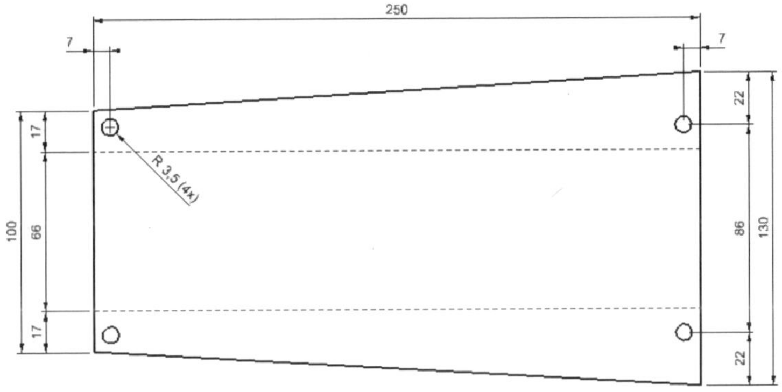

Angular Dimensioning

 Usada para cotar ângulos.

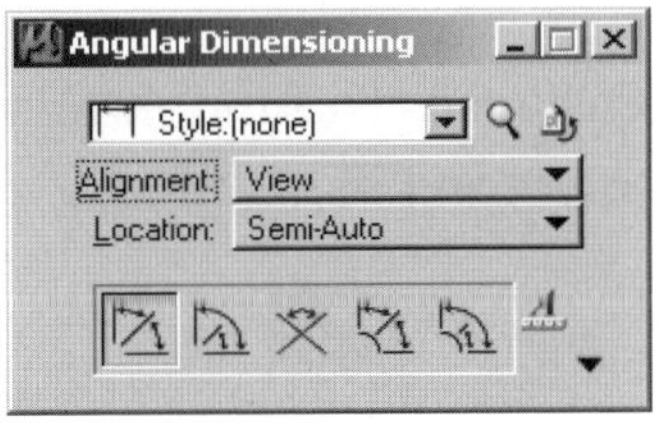

Tool Settings	Descrição	
 Angle Size	Define o modo para Angle Size. Cada cota (exceto a primeira) é computada a partir do último ponto inserido pela cota anterior.	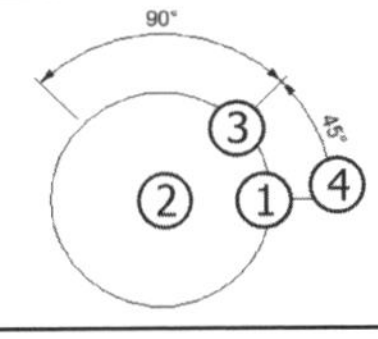

Tool Settings	Descrição
Angle Location	Define o modo para Angle Location. Cada cota é computada a partir de uma origem comum. 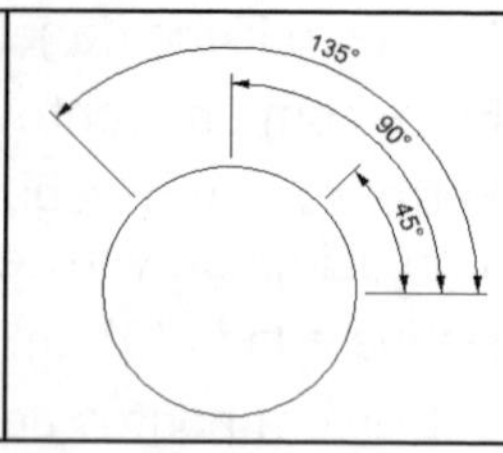
Angle Between Lines	Usado para cotar o ângulo entre duas linhas, dois segmentos de uma Line String, ou ainda entre dois lados de um elemento do tipo Shape.
Arc Size	Usado para cotar um círculo ou um arco circular. Cada cota (exceto a primeira) é computada a partir do último ponto inserido pela cota anterior.
Arc Stacked	Define o modo para Arc Stacked, usado para cotar um círculo ou um arco circular. Cada cota é computada a partir de uma origem comum.
Arc Symbol	Se for ativada, um arco é colocado sobre o texto da cota.
Chord Align	Se ativada e o modo for Dimension Arc Size, além de Angle Units estar definido para Length (comprimento), a linha de cota é alinhada de acordo com a corda. 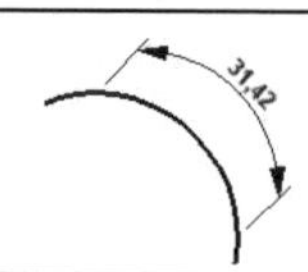

EXERCÍCIO: Para cotar o ângulo entre dois segmentos

1. Na caixa de ferramentas DIMENSIONING, selecione **Angular Dimensioning**. Você pode pressionar **<F><3>**, desde que o focus esteja definido para Home.

2. Na janela Tool Settings, escolha o estilo **Aumentado**.
3. Selecione o modo **Angle Between Lines** (terceiro ícone).

4. Identifique o segmento inferior da peça (1).
5. Identifique o segmento vertical esquerdo da peça (2).
6. Entre com o ponto para localizar a cota (3).

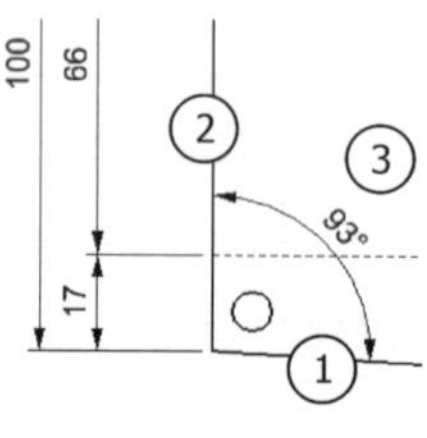

Ordinate Dimensioning

Usada para exibir as distâncias ao longo de um eixo ordenado a partir de uma origem comum (datum). Geralmente este tipo de cota é chamado de "cota progressiva".

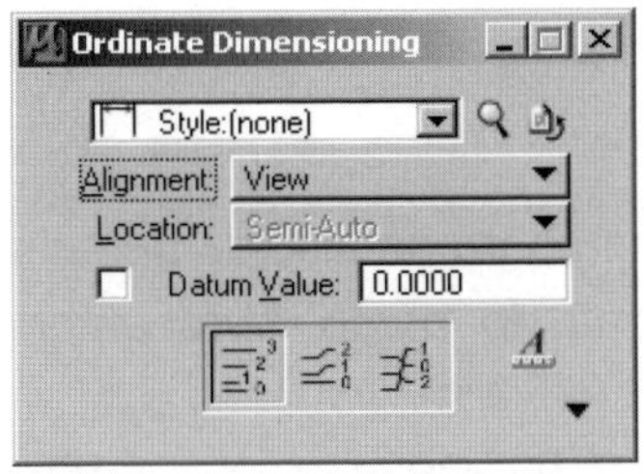

Tool Settings	Descrição
Datum Value	Define um valor base para a origem.
 Ordinate Unstacked	Usada para exibir as distâncias ao longo de um eixo ordenado a partir de uma origem comum (datum).
 Ordinate Stacked	Usada para exibir as distâncias ao longo de um eixo ordenado a partir de uma origem comum (datum). As cotas são "empilhadas" (stacked) para evitar a sobreposição do texto. Para usar essa ferramenta efetivamente, o parâmetro Stacked Dimensions (categoria Tool Settings da caixa Dimension Styles) deve estar ativado.
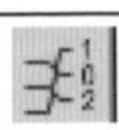 Ordinate Free Location	Usada para exibir as distâncias ao longo de um eixo ordenado a partir de uma origem comum (datum). Quando a opção Location estiver definida para Manual, essa ferramenta proporciona o máximo de flexibilidade na colocação das cotas. Para usá-la efetivamente, o parâmetro Stacked Dimensions (categoria Tool Settings da caixa Dimension Styles) deve estar ativado.
Decrement in reverse Direction	Se essa opção estiver ativada, o valor da direção oposta da ordenada será descendente (incluindo números negativos).

⊙ **No mesmo arquivo, abra o modelo GRG - 004.**

EXERCÍCIO: Usando cotas progressivas

1. Na caixa de ferramentas DIMENSIONING, selecione **Ordinate Dimensioning**. Alternativamente pressione **<F><4>** (task Drawing), desde que o focus esteja definido para Home.

2. Na janela Tool Settings, escolha o estilo **Aumentado**.
3. Selecione o modo **Ordinate Stacked** (segundo ícone).

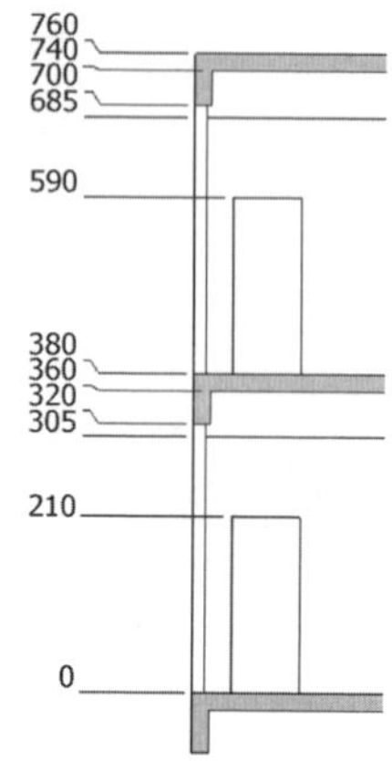

CORTE A
Escala 1:50

4. Selecione a origem com um ponto no piso da primeira laje.
5. Entre com um ponto acima do ponto dado anteriormente para indicar a direção da ordenada.
6. Entre com um ponto para posicionar o valor da primeira cota.
7. Capture e aceite os demais pontos conforme indicados na figura ao lado. Observe que, automaticamente, os textos das cotas são "empilhados" (stacked).

Change Dimension

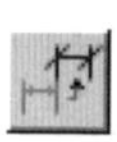

Usada para alterar um estilo de cota de acordo com o estilo ativo.

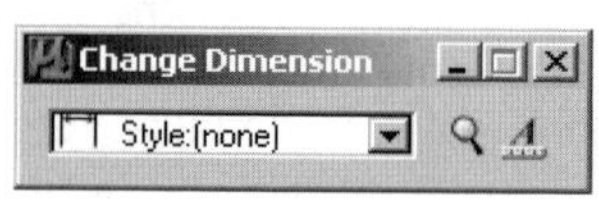

Para alterar uma cota de acordo com os atributos ativos

1. Na janela Tool Settings, selecione o estilo de cota desejado.
2. Identifique a cota existente da qual você deseja mudar o estilo.

A função **Remap Elements** permite que você troque todos os estilos de cota existentes no modelo por outro estilo. Essa função é acessada a partir do menu pop-up da caixa de diálogo Dimension Styles (Element > Dimension Styles).

Match Dimension Settings

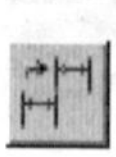

Usada para capturar as definições dos atributos de um estilo de cota a partir de outra cota.

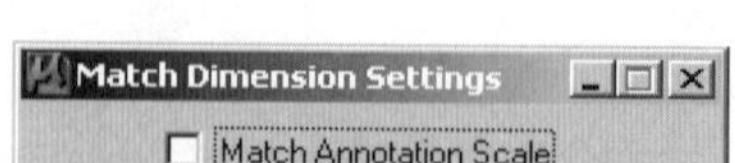

Tool Settings	Descrição
Match Annotation Scale	Se for ativada, a escala das anotações do modelo é combinada com a do elemento selecionado, e a trava Annotation Scale é ativada.

Reassociate Dimension

Usada para recriar a associação de uma cota linear ou radial. Você pode reassociar as cotas ao elemento individualmente, ou por meio de uma Fence, ou por seleção.

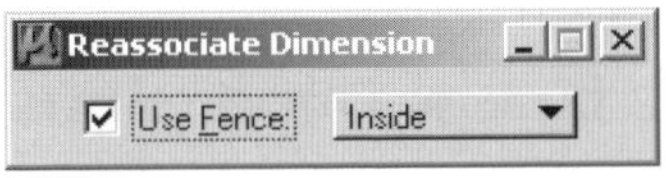

Para identificar as cotas que tenham perdido suas associações, a opção **Display Broken Associations with Different Symbology** da categoria Operation da caixa de diálogo PREFERENCES (Utilities > Preferences) deve estar ativada! Sendo assim, qualquer cota que tenha perdido a associação é destacada por uma linha tracejada.

Essa ferramenta não suporta cotas Ordinate e Angle. Para reassociar uma cota Ordinate a um elemento, por exemplo, use a ferramenta Modify Element.

O Quadro de Ferramentas Dimension Tools

O quadro de ferramentas Dimension Tools abriga quatro caixas de ferramentas que organizam o seu conteúdo por tipo de operação.

O quadro de ferramentas Dimension Tools somente pode ser acessado a partir da caixa Tool Boxes. Para abrir a caixa Tool Boxes, a partir do menu Tools, escolha Tool Boxes.

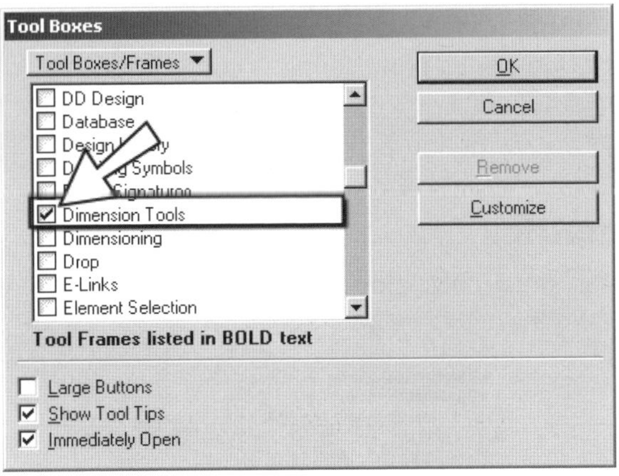

Para maior conforto, as caixas de ferramentas podem ser extraídas do quadro e alocadas na interface do aplicativo.

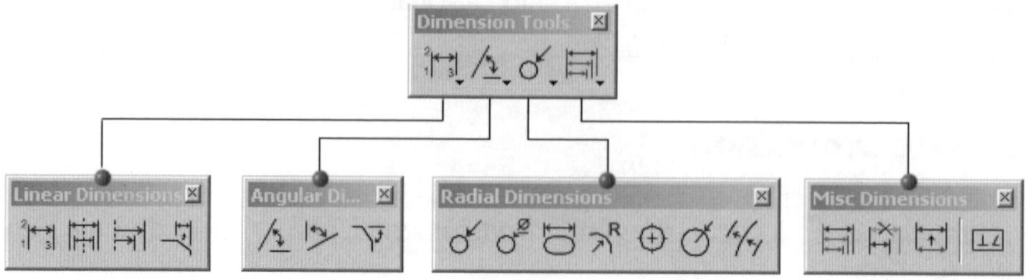

A Caixa de Ferramentas Linear Dimensions

As ferramentas dessa caixa são usadas para criar cotas lineares.

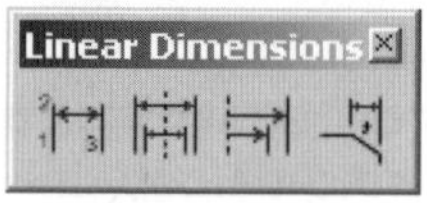

Dimension Size Perpendicular to Points

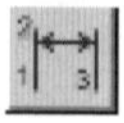 Usada para cotar uma distância perpendicular de um elemento para outro ponto.

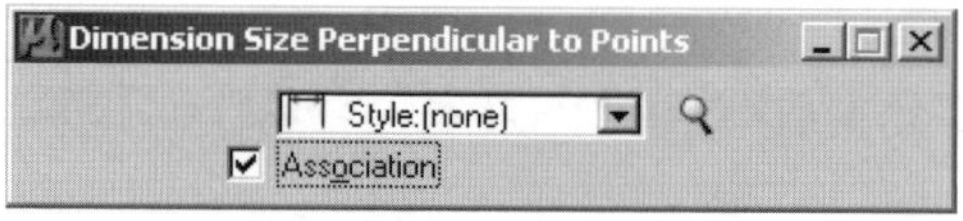

Para cotar uma distância perpendicularmente a partir de um elemento

1. Selecione Dimension Size Perpendicular to Points.
2. Entre com um ponto para identificar o elemento a partir do qual será cotada a distância (1).
3. Entre com um segundo ponto para definir o comprimento da linha de extensão (2).
4. Entre com um ponto para definir a primeira cota (3).

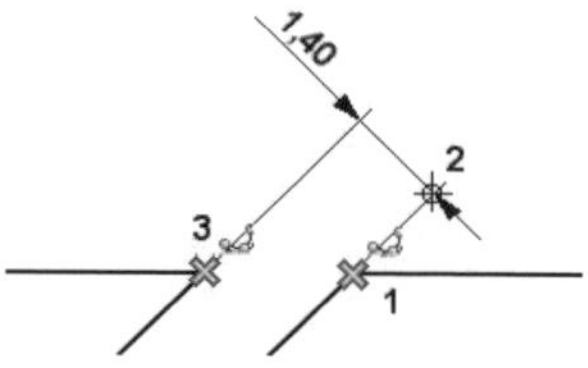

Dimension Symmetric

 Usada para criar uma cota simétrica pela definição do eixo de simetria (não associada).

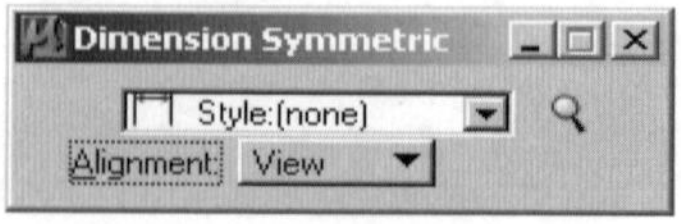

Para criar uma cota simétrica

1. Selecione a ferramenta Dimension Symmetric.
2. Entre com um ponto para definir o centro da cota (1).
3. Entre com outro ponto para definir o comprimento/ posição da linha de extensão (2).
4. Entre com um ponto para definir a primeira cota (3).
5. Entre com pontos adicionais (4).
6. Pressione RESET para terminar.

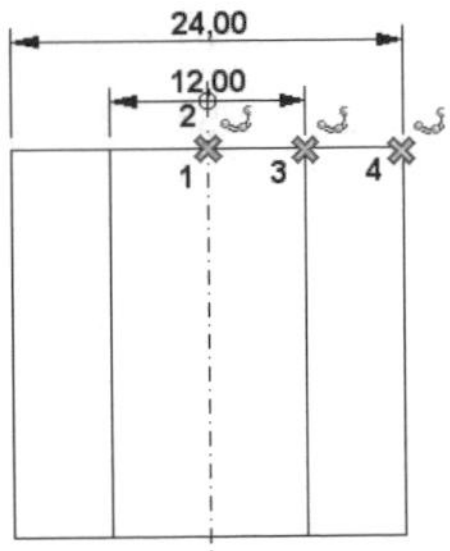

Dimension Half

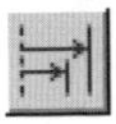

Usada para criar um lado de uma cota pela definição de um eixo.

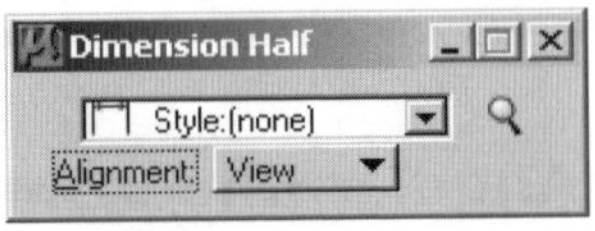

Para criar uma cota de apenas um lado

1. Selecione a ferramenta Dimension Half.
2. Entre com um ponto para definir a linha que será considerada o eixo da cota (1).
3. Entre com um segundo ponto para definir o comprimento da linha de extensão (2).
4. Entre com outro ponto para definir a primeira cota (3).
5. Entre com pontos adicionais (4 e 5), se desejar.
6. Clique em RESET para terminar.

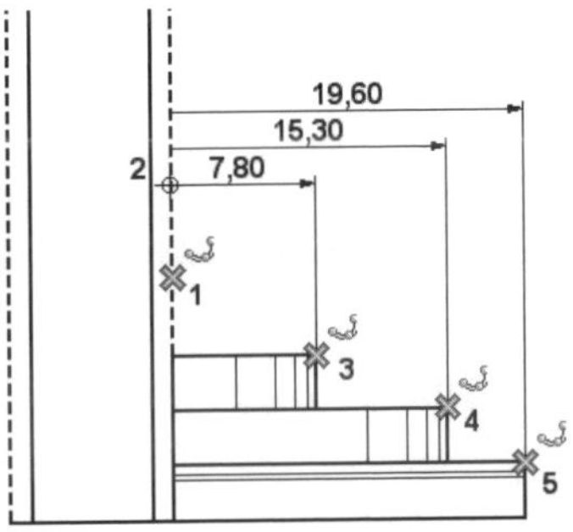

Dimension Chamfer

Usada para cotar um chanfro.

Para cotar um chanfro de um elemento

1. Selecione a ferramenta Dimension Chamfer.
2. Identifique o chanfro do elemento (1).

3. Identifique um segundo ponto a partir do qual o chanfro será medido (2).
4. (Opcional) Se desejar um modo diferente de cotagem de chanfros, clique em NEXT (ou pressione <ENTER>). Os modos são:

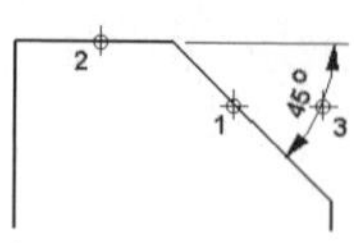

Ângulo do chanfro.

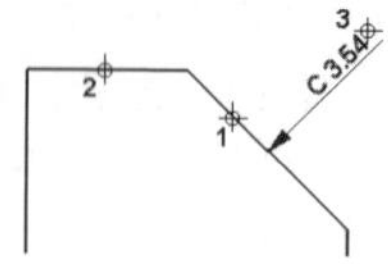

Comprimento do chanfro.

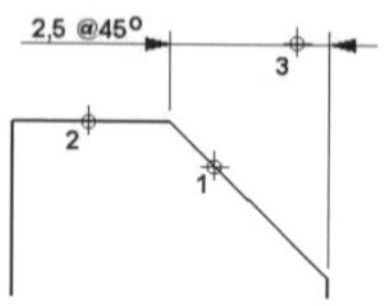

Distância do chanfro no eixo da cota e do ângulo.

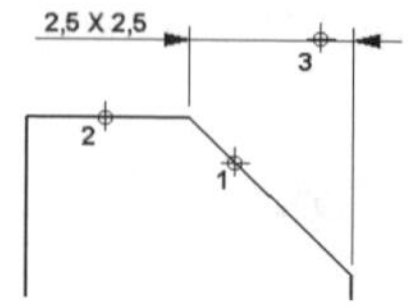

Distância do chanfro em ambos os eixos.

5. Defina o comprimento da linha de extensão e a posição da cota (3).

A Caixa de Ferramentas Angular Dimensions

As ferramentas dessa caixa são usadas para criar cotas angulares.

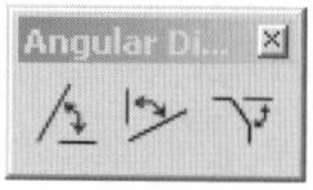

Dimension Angle from X-Axis

Ferramenta usada para cotar o ângulo de uma linha, um segmento de uma line string ou o lado de um shape em relação ao eixo X da vista. A opção (Angle) Units da caixa Dimension Styles define se o ângulo será cotado por graus ou pelo comprimento.

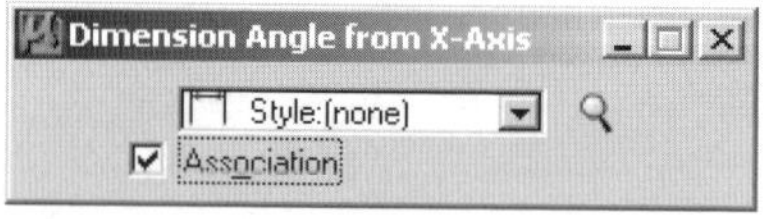

Para cotar o ângulo a partir do eixo X

1. Selecione a ferramenta Dimension Angle From X-Axis.
2. Identifique a linha para definir uma das extremidades da cota (1).
3. Entre com um segundo ponto para especificar a localização da outra extremidade da cota (2).

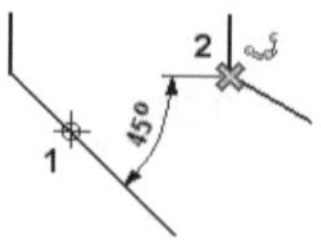

Dimension Angle from Y-Axis

Ferramenta usada para cotar o ângulo de uma linha, um segmento de uma line string ou o lado de um shape em relação ao eixo Y da vista. A opção (Angle) Units define se o ângulo será cotado por graus ou pelo comprimento.

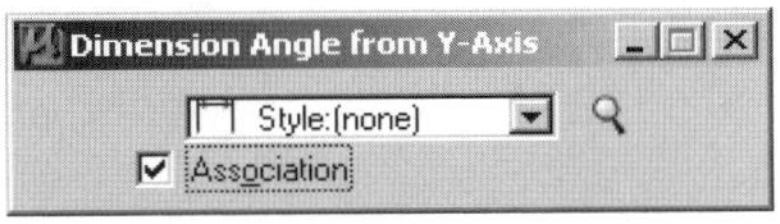

Para cotar o ângulo a partir do eixo Y

1. Selecione a ferramenta Dimension Angle from Y-Axis.
2. Identifique a linha para definir uma extremidade da cota (1).
3. Entre com um ponto para especificar a localização da cota (2).

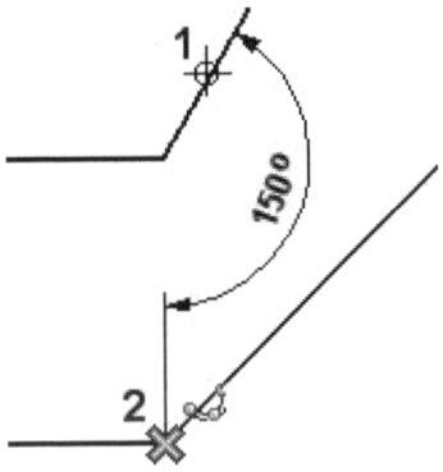

Dimension Angle Chamfer

Usada para cotar o ângulo de um chanfro.

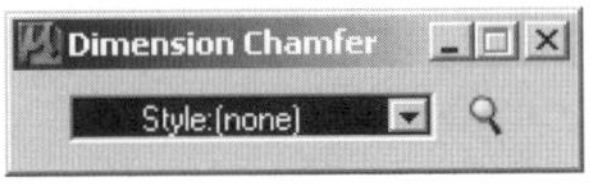

Para cotar o ângulo de um chanfro

1. Na caixa de ferramentas Angular Dimensions, selecione Dimension Angle Chamfer.
2. Identifique a linha que define o chanfro (1).
3. Identifique a linha base (2).
4. Entre com um ponto para posicionar a cota (3).

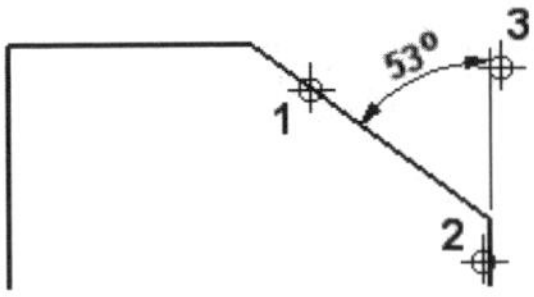

A Caixa de Ferramentas Radial Dimensions

As ferramentas dessa caixa são usadas para criar cotas radiais.

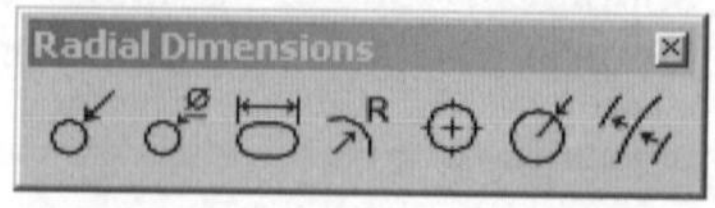

Dimension Radial

Usada para cotar o diâmetro ou raio de um círculo ou arco circular, além de colocar uma marca de centro. A colocação das linhas de extensão é controlada pela caixa Dimension Settings (categoria Extension Lines). Se na janela do Tool Setting o tamanho do Center Size estiver negativo, a linha de extensão (se ligada) estende-se fora do círculo ou arco.

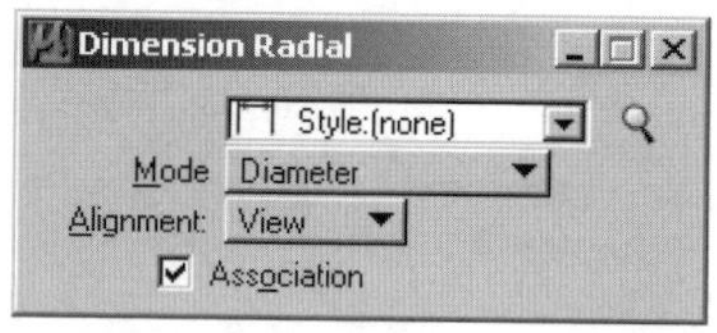

Tool Settings	Descrição
Style	Exibe o estilo ativo. Permite selecionar outro estilo disponível.
Mode	Define o tipo de cota a ser colocado: Center Mark, Radius, Radius Extended, Diameter ou Diameter Extended.
Alignment	Define o eixo ao longo do qual a cota é colocada.
Association	Se estiver ativada, um ponto de associação com o elemento é criado.

Para cotar o diâmetro de um círculo

1. Selecione a ferramenta Dimension Radial.
2. Na janela Tool Settings, defina o modo desejado.
3. Identifique o círculo ou arco (1).
4. Entre com um ponto para posicionar a cota. Se a opção do Location, na categoria Placement da caixa Dimension Styles, estiver definida para Manual, múltiplos segmentos podem ser colocados.

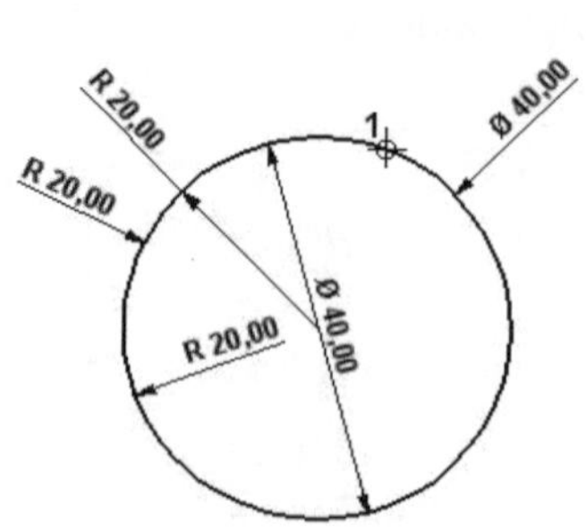

Dimension Diameter

Usada para cotar o diâmetro de um círculo ou arco.

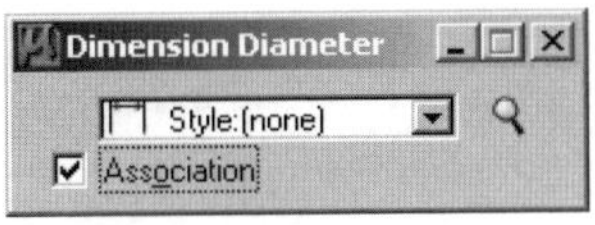

Para cotar o diâmetro de um círculo ou arco

1. Selecione a ferramenta Dimension Diameter.
2. Identifique um círculo ou um arco (1).
3. Se a cota ficar dentro do círculo, esse ponto vai definir a localização.
4. Entre com um ponto para definir a posição da cota. Se o ponto for dado do lado de fora da circunferência, e a opção Location estiver definida para Automatic ou Semi, esse ponto posiciona a cota (2). Todavia, se a opção Location estiver definida para Manual, você pode ter múltiplos segmentos.
5. Se o ponto for dado dentro da circunferência, a linha estende-se ao longo do diâmetro (2').

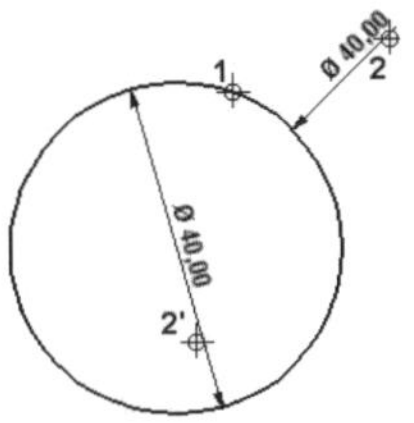

Dimension Diameter Perpendicular

(Somente para 3D) Usada para cotar o diâmetro de um círculo ou arco circular, com a cota colocada perpendicularmente ao plano de desenho da circunferência com linhas de extensão.

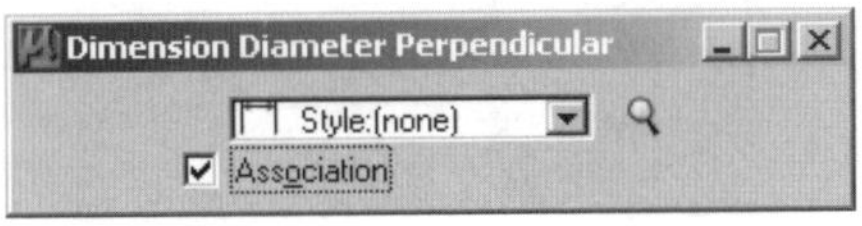

Para cotar o diâmetro perpendicularmente ao elemento

1. Selecione a ferramenta Dimension Diameter Perpendicular.
2. Identifique um círculo ou um arco.
3. Entre com um ponto para definir a localização da cota.

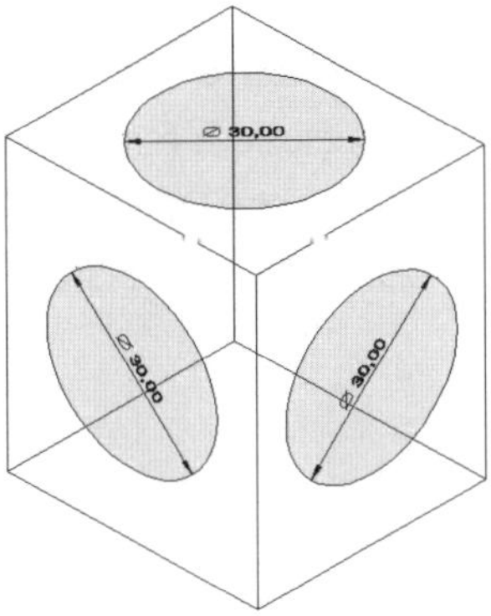

Dimension Radius (Extended Leader)

Usada para cotar o raio de um círculo ou arco com uma linha estendida.

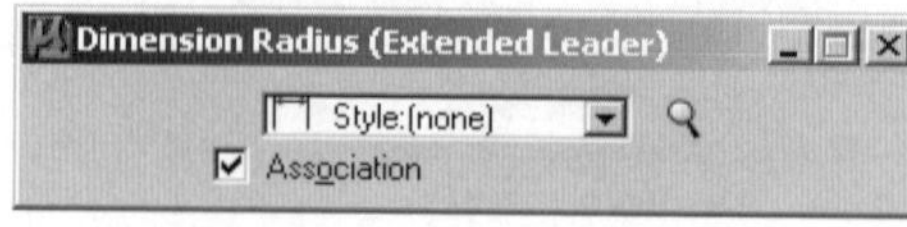

Para cotar o raio mostrando uma linha de extensão

1. Selecione a ferramenta Dimension Radius (Extended Leader).
2. Identifique um círculo ou um arco (1).
3. Entre com um ponto para posicionar a cota. Se o ponto for dado fora da circunferência (2), e a opção Location for Manual, é possível ter múltiplos segmentos.

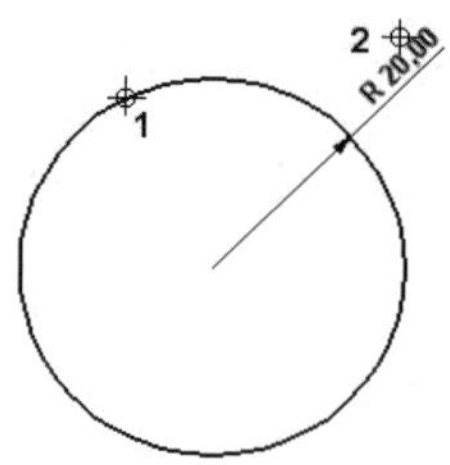

Place Center Mark

Usada para a marca de centro de um círculo ou um arco.

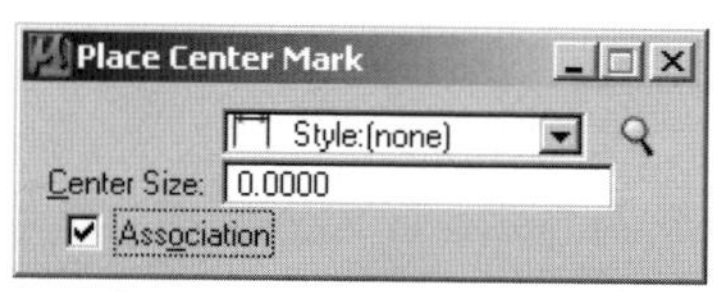

Para colocar a marca de centro

1. Selecione a ferramenta Place Center Mark.
2. Na janela Tool Settings, defina o valor do comprimento das linhas.
3. Identifique um círculo, ou um arco, e aceite.

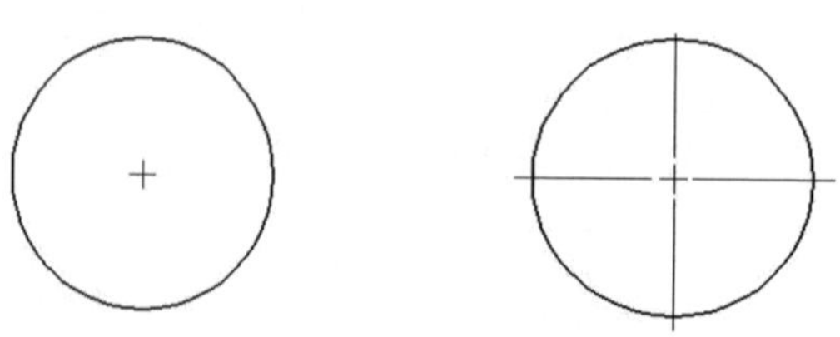

Dimension Radius/Diameter Note

Usada para um texto indicativo em um círculo ou um arco.

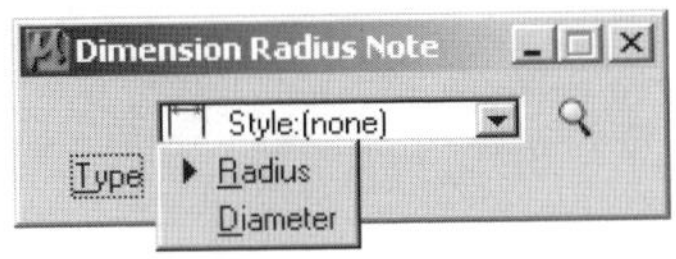

Para um texto indicativo em um círculo ou um arco

1. Selecione a ferramenta Dimension Radius/Diameter Note.
2. Na janela Tool Settings, escolha entre Radius ou Diameter.
3. Identifique um círculo ou um arco.
4. Entre com um ponto para definir a posição da linha.

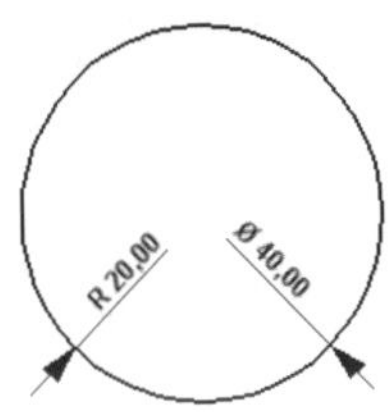

Dimension Arc Distance

Usada para cotar a distância entre dois arcos que tenham o mesmo centro.

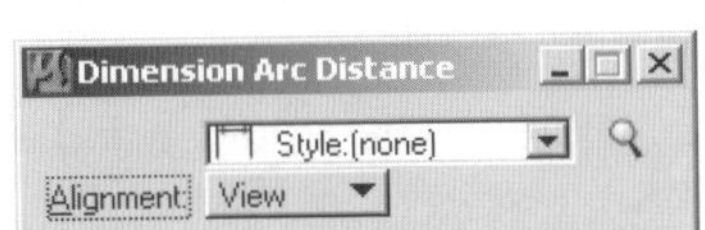

Para cotar a distância entre dois arcos que tenham o mesmo centro

1. Selecione Dimension Arc Distance.
2. Identifique o primeiro círculo ou um arco (1). Essa escolha define também o lado em que o texto da cota deve ficar no caso de não se enquadrar entre os terminais.
3. Identifique a segunda circunferência (2). Essa escolha também define o elemento base para cotas adicionais.
4. Entre com um ponto para definir a posição da cota (3).
5. Se desejar, identifique outra circunferência (2). A cota referencia o segundo elemento identificado.
6. Pressione RESET para terminar.

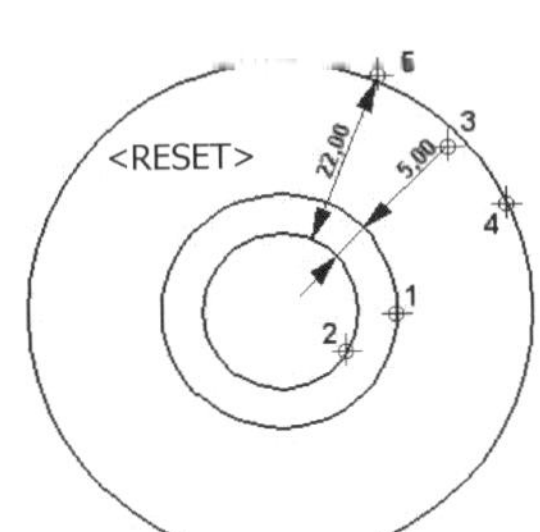

A Caixa de Ferramentas Misc(ellaneous) Dimensions

As ferramentas da caixa Misc(ellaneous) Dimensions são usadas para cotar o que não estiver especificado como linear, angular, radial.

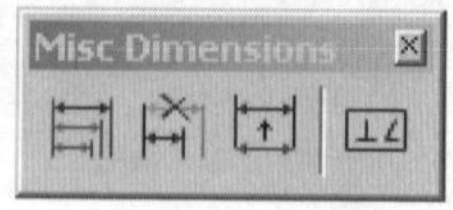

Insert (Dimension) Vertex

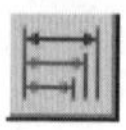

Usada para adicionar uma linha de extensão à linha de cota.

Para adicionar uma nova linha de extensão

1. Identifique a linha de cota próximo do ponto ao qual deseja adicionar a nova linha de extensão (1).
2. Entre com um ponto para definir o final da nova linha de extensão (2).

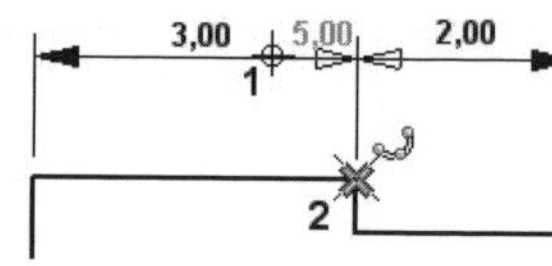

Delete (Dimension) Vertex

Usada para remover uma linha de extensão da linha de cota.

Para remover uma linha de extensão

1. Identifique a linha de extensão (1) que você deseja remover da linha de cota.
2. Aceite a operação (2). Os valores adjacentes à linha removida serão recalculados.

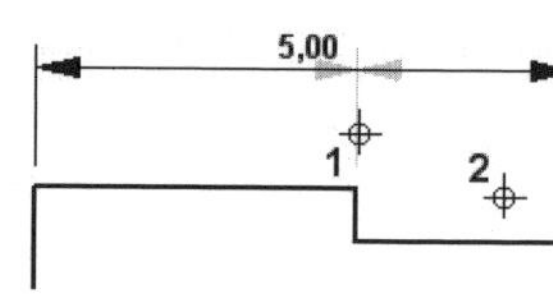

Modify Dimension Location

Usada para mover o texto da cota ou modificar o comprimento da linha de extensão.

Para modificar a posição da linha e da cota

1. Selecione a ferramenta Modify Dimension Location.
2. Identifique a cota para modificar (1 ou 1').
3. Entre com um ponto para definir a nova posição da linha de cota ou da linha de extensão (2 ou 2').

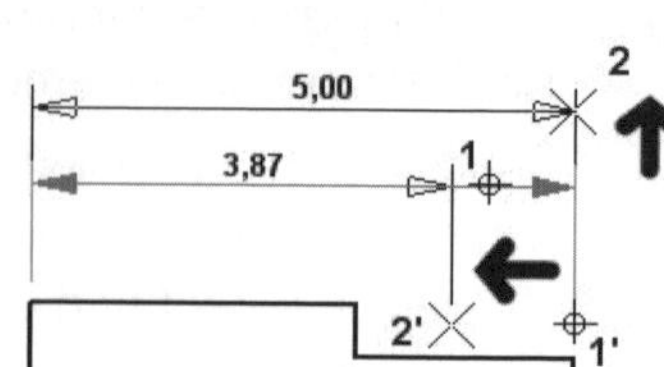

Geometric Tolerance

Abre a caixa de diálogo Geometric Tolerance, a qual é usada para construir um indicativo de tolerância geométrica.

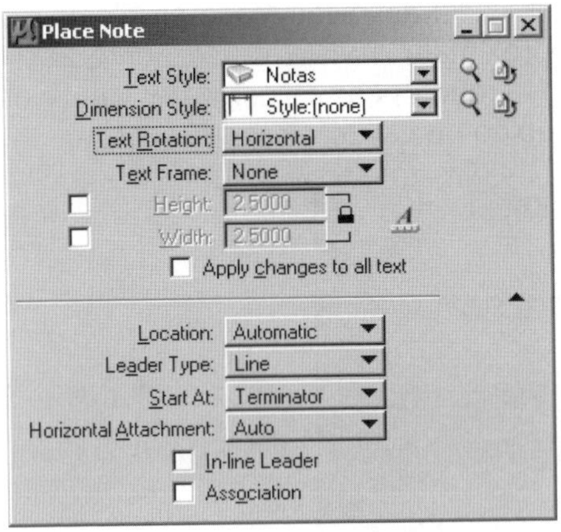

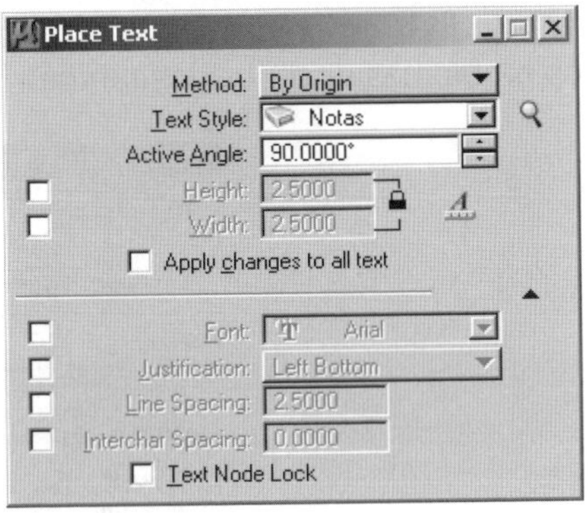

Para construir e colocar um indicativo geométrico

1. Selecione a ferramenta Geometric Tolerance.
2. Na janela Tool Settings, defina os parâmetros conforme desejar. Os controles são análogos aos das ferramentas Place Note e Place Text.
3. Para colocar uma linha indicativa, escolha Place Note a partir da opção Tool da caixa de diálogo Geometric Tolerance.
4. Clique no ícone do símbolo desejado.
5. (Opcional) Na caixa Text Editor - Word Processor complemente o texto conforme desejar.
6. Entre com um ponto para posicionar a linha indicativa. Sendo Place Note a opção selecionada, você precisa entrar com outro ponto para posicionar a nota.

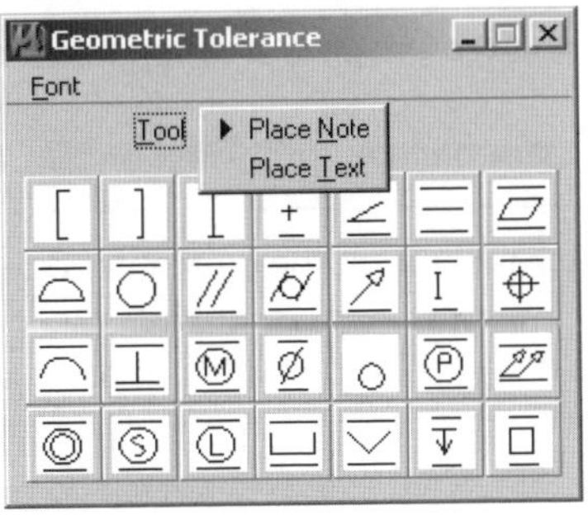

Verificando as Cotas - Dimension Audit

Esse utilitário é usado para procurar no modelo ativo todas as cotas que apresentem algum problema. Os controles de navegação da caixa destacam cada problema encontrado com uma elipse vermelha. Além disso, aproximam a vista desse ponto automaticamente. Quando o problema é corrigido, a elipse muda para a cor verde. Um relatório de todos os problemas encontrados também é exibido na caixa.

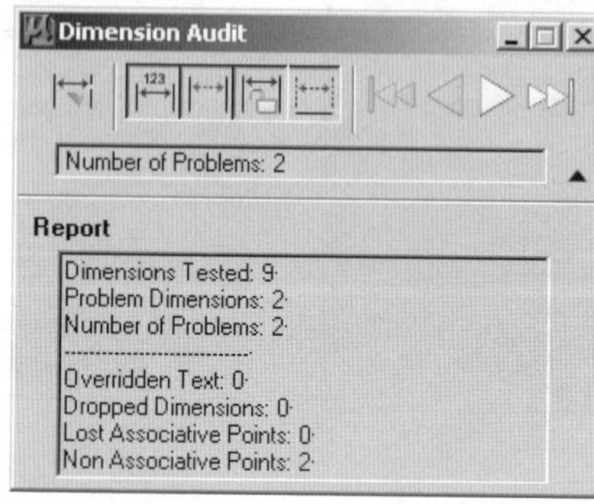

	Dimension Audit Find - inicia a busca pelas cotas na vista ativa.
	Find Overridden Text - encontra cotas que tiveram seus valores editados.
	Find Dropped Dimension - encontra cotas que tiveram seus elementos "quebrados" (drop).
	Find Non-Associative Dimensions - encontra cotas que foram colocadas sem a trava Association, ou que não capturaram (snap) o elemento corretamente para se associarem a ele.
	Find Lost Associations - encontra cotas que tiveram suas associações perdidas. As cotas são exibidas com uma linha tracejada e grossa.
	Next Item - avança para o próximo problema encontrado.
	Last Item - avança para o último problema encontrado.
	Previous Item - retorna para o problema anterior.
	First Item - retorna ao primeiro problema encontrado.

Para carregar o utilitário Dimension Audit

1. A partir do menu Utilities, escolha Dimension Audit.

Para definir um critério

1. Selecione um ou todos os ícones de critérios. São eles:
    - Find Overridden Text
    - Find Non-Associative Dimensions
    - Find Non-Associative Dimensions
    - Find Lost Associations

Para encontrar um erro nas cotas

1. Selecione um ou mais critérios de pesquisa.

2. Clique no ícone Dimension Audit Find.

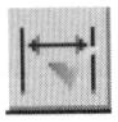

3. Cada erro encontrado é destacado com uma elipse vermelha, e depois de corrigido deixa a elipse na cor verde. Um relatório dos erros encontrados é exibido na caixa.

Anotações

Capítulo

12 Modelos e Referências

Quando você desenha ou coloca elementos em um arquivo DGN do MicroStation, cria um modelo que pode ser tanto 2D como 3D, e é armazenado como um objeto dentro do próprio arquivo. Cada arquivo DGN pode conter um ou mais modelos, tanto 2D como 3D. Isso pode ser de grande ajuda se pensar no arquivo DGN como uma caixa que pode conter objetos 3D e 2D - modelos - os quais podem ser visualizados individualmente.

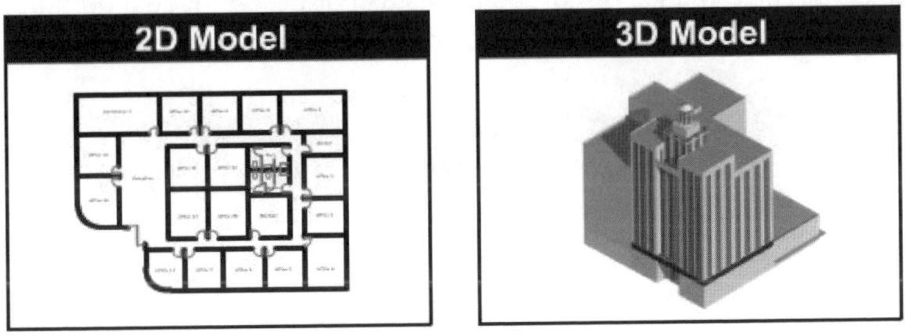

Quando você cria um arquivo DGN a partir de um arquivo semente, obtém um contêiner vazio de definições com um modelo DEFAULT pronto para criar o seu desenho.

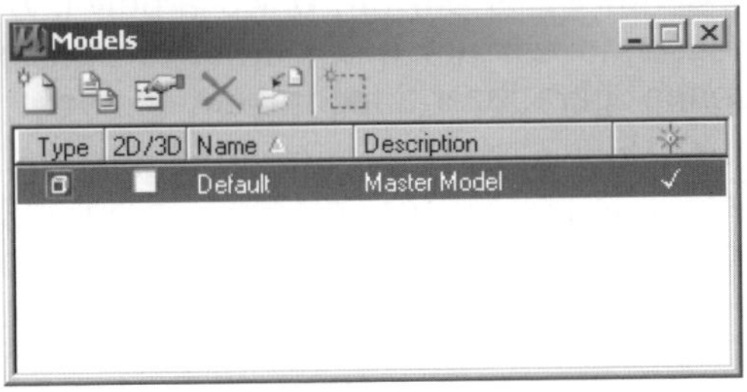

Se usar um arquivo semente 2D, as definições do modelo Default serão em 2D, enquanto se usar um arquivo semente 3D, elas serão em 3D. Em qualquer um dos casos é possível ainda criar modelos 2D ou 3D.

Todo modelo possui **seu próprio conjunto de oito vistas**. O modelo o qual exibe suas janelas de vistas ou que as disponibiliza para serem exibidas é considerado temporariamente ativo. Você pode criar dois modelos - **DESIGN** (desenho, projeto), ou **SHEET** (folha de desenho).

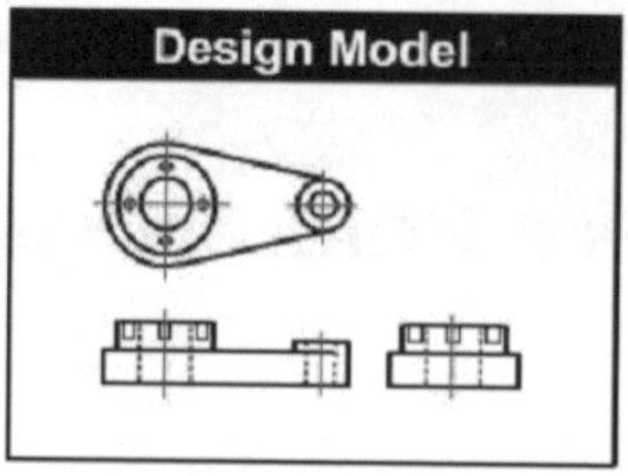

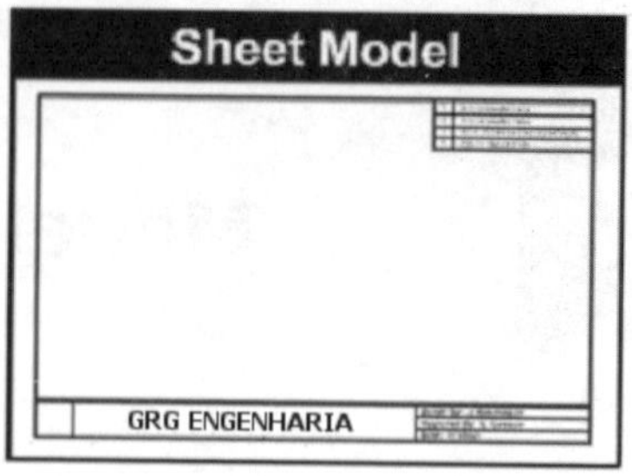

- **DESIGN Model** - pode ser tanto 2D como 3D e é formado pela geometria do projeto.
- **SHEET Model** - usado para anexar referências (outros modelos, arquivos ou vistas salvas, por exemplo) para compor a folha de desenho.

Cada modelo possui o seu **próprio sistema de unidades**. Ao contrário disso, os níveis são específicos do arquivo e não do modelo.

Se você definir pelo menos um grupo de vistas para cada modelo do arquivo DGN, pode usar a janela View Groups para alternar rapidamente entre os modelos.

Criando Modelos

É possível criar um ou mais modelos em um único arquivo, o que significa que pode armazenar mais de um desenho em um único arquivo. Similarmente, é possível criar modelos de "folha de desenho" para fazer a montagem dos desenhos.

As folhas de desenho (Sheet Models) consistem basicamente em referências dos modelos de desenho (Design Models) que podem ser do próprio arquivo DGN aberto, ou de outro arquivo DGN qualquer. Somente um modelo "ativo" pode ser exibido por vez, tanto como folha de desenho quanto como modelo de desenho. Quando você cria um arquivo DGN, ele apresenta um modelo de desenho pronto para colocar elementos (modelo DEFAULT).

◉ **Abra o arquivo 22 - MODELOS.DGN.**

EXERCÍCIO: Conhecendo uma estrutura de modelos

1. A partir do menu File, selecione Models. Alternativamente, a partir da caixa de ferramentas Primary, selecione Models.

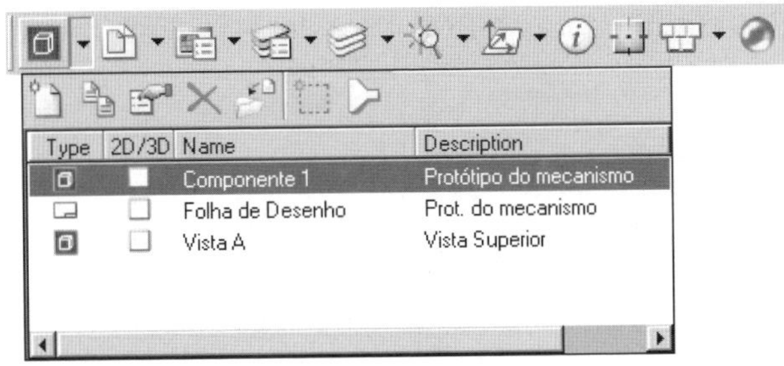

Observe que este arquivo é formado por três modelos, dos quais um é do tipo SHEET 2D (o ícone de cor branca) e os outros dois DESIGN (o ícone de cor azul).

2. O modelo "Default: Master Model" foi renomeado como "**Componente 1**".

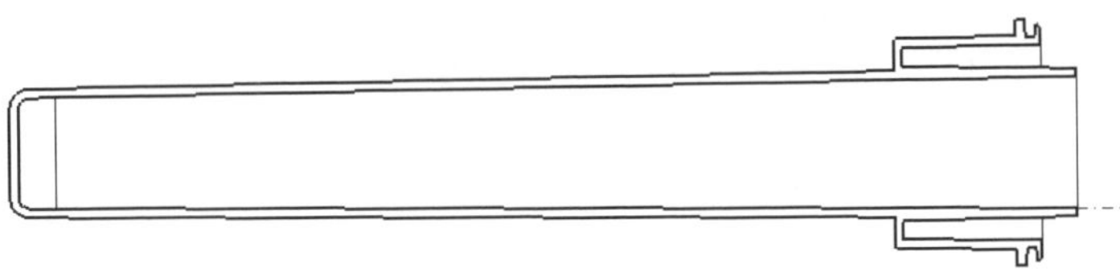

3. Dê um DUPLO-CLIQUE no modelo "**Vista A**" da caixa Models. Você também pode usar a caixa View Groups, pois ao criar um modelo, a opção de gerar esse atalho é oferecida.

4. Dê um DUPLO-CLIQUE no modelo "**Folha de Desenho**" da caixa Models.

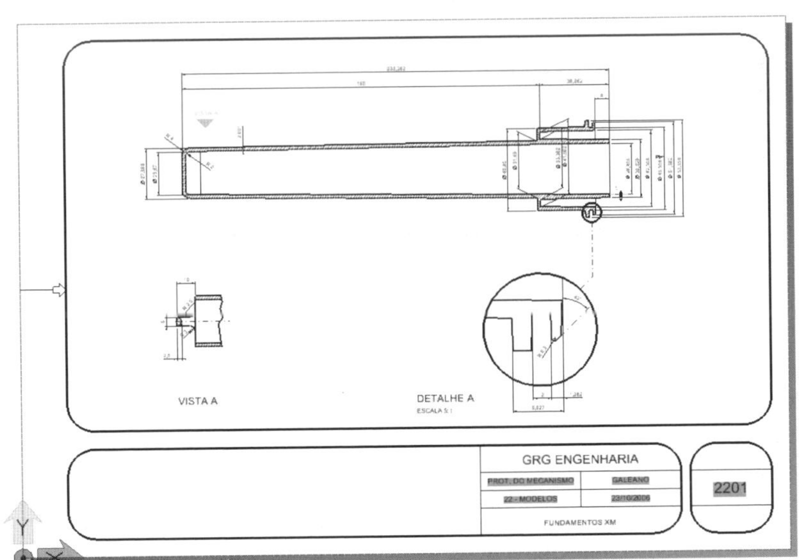

5. A partir da caixa de ferramentas PRIMARY, selecione **References**.

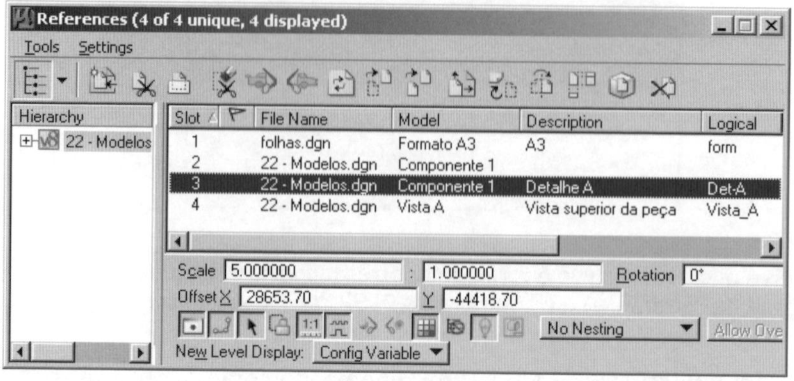

6. Esse modelo é formado por quatro referências, sendo três anexadas do próprio arquivo ativo e uma externa (borda). SOMENTE TEXTOS E COTAS devem ser editados nesse modelo!

EXERCÍCIO: Para criar um modelo Design ou Sheet

1. A partir da caixa de ferramentas PRIMARY, selecione **Models**.
2. Na caixa Models, clique no ícone Create a new model.
3. Na opção Type, escolha **Design From Seed**. O arquivo "modelo_metrico.dgn" é selecionado automaticamente, indicando que o modelo usado será o "2D Design". Se Design for escolhido, o modelo será baseado nas configurações do modelo ativo, como a quantidade de janelas abertas, o arranjo, além das unidades de trabalho utilizadas.
4. No campo Name, digite "**Vista B**".
5. No campo Description, digite "**Vista Direita**".
6. No campo Ref Logical, digite "**Vista_B**".
7. Ative a opção Update Fields Automatically.
8. (Opcional) Se você deseja ter esse modelo disponível como uma célula, ative a opção "**Can be placed as a cell**". A coordenada 0,0,0 é considerada a origem da célula.
9. (Opcional) No caso de o conteúdo do modelo ser usado como célula, você pode marcar a opção "**Can be placed as an annotation cell**" para que a célula seja associada à trava Annotation Scale.
10. Marque a opção "**Create a View Group**" para criar um grupo de vista na caixa View Groups.
11. Desmarque a opção "Create Link".
12. Clique em **OK**. O modelo é criado e em seguida aberto.

EXERCÍCIO: Para mudar o nome e/ou a descrição de um modelo

1. Na caixa de diálogo Models, selecione "Vista B" (se já não estiver selecionado).
2. Clique no ícone **Edit Model Properties**.

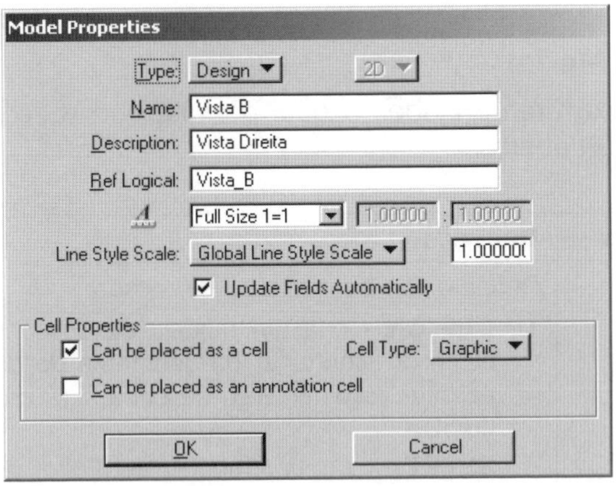

3. Faça as alterações conforme desejar e clique em OK.

EXERCÍCIO: Excluindo um modelo existente

1. Na lista de modelos da caixa Models, selecione o modelo chamado "**Vista B**".
2. Clique no ícone **Delete model(s)**.
3. Clique em **YES**.

A Caixa Models

Cada arquivo DGN contém um ou mais modelos, cada um com oito janelas de vistas. Você pode criar um modelo DESIGN 2D ou 3D (modelo ou projeto), ou ainda SHEET (folha de desenho). Os modelos do tipo SHEET permitem que você anexe referências com a finalidade de compor uma folha de engenharia.

A caixa MODELS é acessada a partir do menu File > Models ou do ícone Models na caixa de ferramentas PRIMARY TOOLS. É usada para criar, gerenciar e alternar entre modelos no arquivo DGN aberto.

Os ícones colocados na parte de cima da caixa Models executam diversas funções.

Create a New Model

Abre a caixa Create Model, a qual permite que você crie um modelo dentro do arquivo DGN aberto.

Tool Settings	Descrição
Type	Define o tipo de modelo a ser criado: • **DESIGN** - cria um modelo de desenho (projeto), o qual serve como um contêiner da geometria do desenho. O botão "2D/3D" permite escolher se o desenho será criado em um ambiente 2D ou 3D. • **SHEET** - cria um modelo de Folha de Desenho. É ideal para anexar referências a fim de montar uma folha de engenharia. O botão "2D/3D" permite escolher se o desenho será criado em um ambiente 2D ou 3D. • **DESIGN FROM SEED** - cria um modelo do tipo DESIGN usando um arquivo DGN (que você indicar) como "semente". O modelo selecionado do arquivo semente escolhido determina se o modelo será 2D ou 3D.
Type	**SHEET FROM SEED** - cria um modelo do tipo SHEET usando um arquivo DGN (que você indicar) como "semente". Ele inclui qualquer referência anexada no modelo selecionado do arquivo semente (isso pode ser estratégico). Esse modelo determina se o modelo será 2D ou 3D.
Seed Model	Ao clicar no ícone da "lupa" ao lado do campo, a caixa "Select File Containing Seed Model" se abre, permitindo que você selecione o arquivo que contém o modelo desejado. Depois de selecionar o arquivo, a caixa "Select Models" se abre (veja a figura seguinte), a qual apresenta os modelos existentes desse arquivo para você escolher um deles.
Name	Especifica o nome do modelo.
Description	Permite adicionar uma descrição ao modelo.
Sheet Number	(Somente para modelos do tipo Sheet) Permite que você determine um número seqüencial para organizar as folhas de desenho (sheet models). Isso facilita tarefas como plotagens, apresentações, listagens ou criação de PDFs.
Ref Logical	Define antecipadamente o nome lógico do modelo, identificando o modelo no caso de ser anexado como referência a outro arquivo (tratado mais adiante).

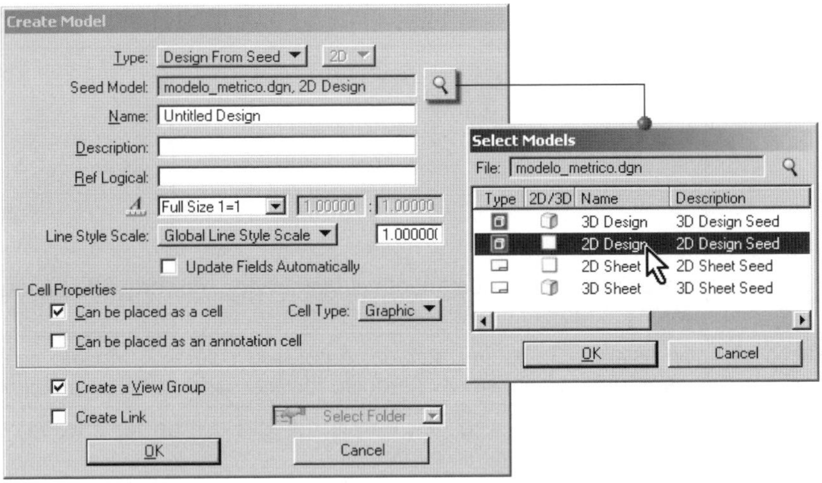

Tool Settings	Descrição
Annotation Scale	Permite que você defina uma escala diferenciada para os tamanhos de textos e cotas quando imprimir o desenho. A trava Annotation Scale deve estar ativada para assegurar que o texto seja colocado na escala desejada. A qualquer momento você pode mudar o fator de escala dos textos e cotas do modelo. É possível escolher escalas padronizadas ou selecionar a opção CUSTOM e definir o seu próprio fator. 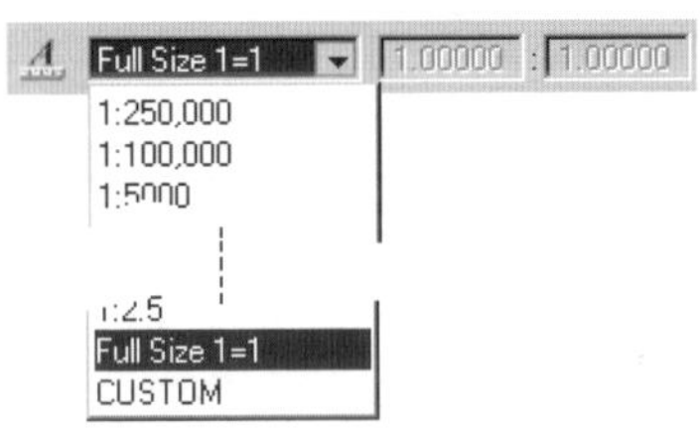 Você pode criar escalas customizadas no arquivo Scales.def armazenado em: "..\Workspace\System\data".
Line Style Scale	**Global Line Style Scale** - aplica um fator de escala para controlar os estilos de linhas customizadas do modelo, se o parâmetro Annotation Scale estiver desativado. **Annotation Scale** - a escala dos estilos é controlada conforme o fator de escala do parâmetro Annotation Scale.
Update Fields Automatically	Se for ativada, os fields são automaticamente atualizados quando o arquivo é aberto. Nos arquivos Seed, está desativada por default para modelos do tipo DESIGN e ativada para modelos do tipo SHEET. As regras que definem como os fields são atualizados são controladas pela variável de configuração MS_AUTO_UPDATE_FIELDS.
Display Sheet Layout	(Somente para SHEET) Se for ativada, um elemento delimitador da folha de desenho é exibido. O tamanho desse elemento pode ser definido pelos campos H (altura) e W (largura) se a opção CUSTOM escolhida for Size. Do contrário, tamanhos padronizados podem ser selecionados.

Tool Settings	Descrição
	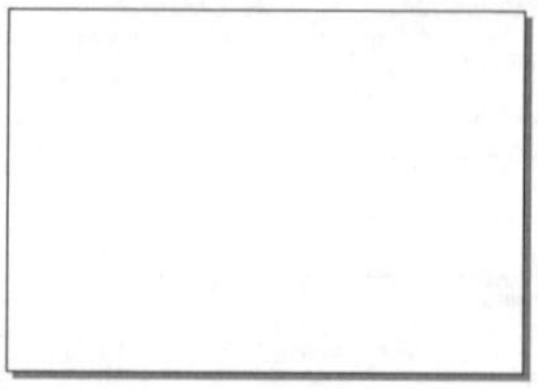 Você pode criar tamanhos customizados no arquivo Sheetsizes.def armazenado em "..\Workspace\System\data".
Can be placed as a cell	Se essa opção estiver ativada, é possível colocar o modelo em questão como uma célula, se esse arquivo for acessado como uma biblioteca.
Cell Type	(Somente se a opção Can be placed as a cell on for ativada) Define o tipo da célula (Graphic ou Point).
Can be placed as an Annotation Cell	(Somente se a opção Can be placed as a cell on for ativada) Faz com que a célula seja associada à trava Annotation Scale. 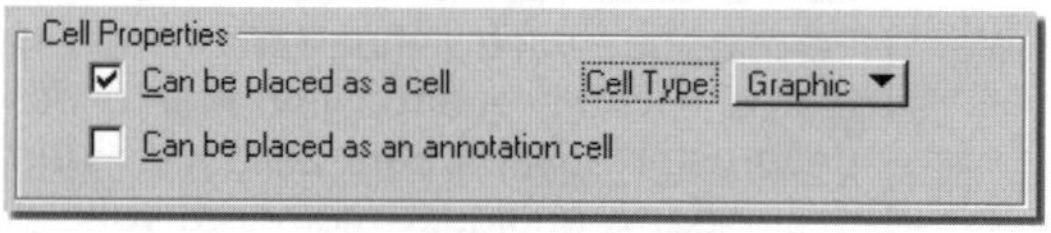
Create Link	Se for ativada, uma ligação com esse modelo é criada no Link Set do Project Explorer ativo (consulte o administrador).
Create a View Group	Se estiver ativada, um atalho é criado na caixa View Group.

Copy Model

Comando usado para criar uma cópia de um modelo selecionado do arquivo DGN aberto.

Tool Settings	Descrição
Model to Copy	Um menu de opções que permite escolher entre os modelos existentes do arquivo DGN aberto.
Name	Especifica o nome do novo modelo.
Description	Permite adicionar uma descrição ao novo modelo.
Ref Logical	Define antecipadamente o nome lógico do novo modelo, identificando-o no caso de ser anexado como uma referência a outro arquivo.

Model Properties

Comando usado para editar as propriedades de um modelo existente do arquivo DGN aberto. Dependendo do modelo selecionado na caixa Models, diferentes caixas são abertas, uma específica para modelos do tipo DESIGN, e outra para os modelos do tipo SHEET.

Os parâmetros são análogos aos da criação do modelo, vistos anteriormente.

Delete a Model

Comando usado para excluir o modelo selecionado na caixa Models. Você pode excluir qualquer modelo do arquivo aberto, exceto o modelo DEFAULT (mesmo se renomeado).

Você pode usar o comando UNDO para desfazer a exclusão do modelo.

Import a Model

Comando usado para importar modelos de outro arquivo DGN. Importar um modelo é diferente de anexar uma referência, pois neste caso a ligação é cortada, já que o modelo importado torna-se outro modelo do arquivo aberto.

Procedimento geral - para importar um modelo

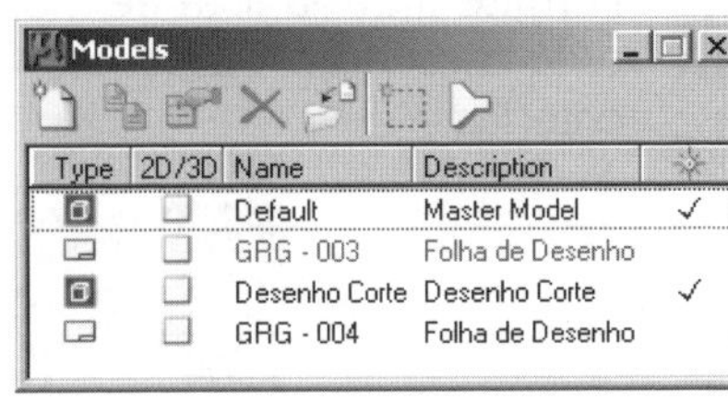

1. Na caixa de diálogo Models, clique no ícone Import a model.
2. Use os controles da caixa para selecionar o arquivo DGN desejado e clique em OK. A caixa de diálogo **Select Models** se abre.
3. Escolha um dos modelos disponíveis e clique em **OK**.

Você também pode importar modelos arrastando arquivos DGN/DWG a partir do utilitário **Windows Explorer**, ou a partir da caixa Models aberta em outra sessão do MicroStation.

Procedimento geral - para importar modelos arrastando arquivos pelo Windows Explorer

1. Abra a caixa **Models**.
2. A partir do utilitário **Windows Explorer**, arraste o arquivo SOBRE A CAIXA MODELS.

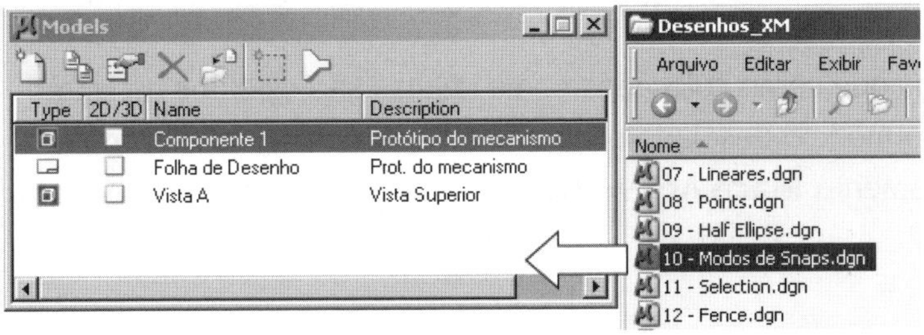

Quando um ou mais modelos do arquivo selecionado tiverem o mesmo nome de um modelo do arquivo aberto, uma caixa de alerta pergunta se os modelos devem ser sobrescritos, ou se eles devem ser renomeados à medida que forem importados.

Define Sheet Layout

(Somente para modelos do tipo Sheet) Abre a caixa Define Sheet Layout, a qual permite que você determine os parâmetros do elemento delimitador da folha de desenho.

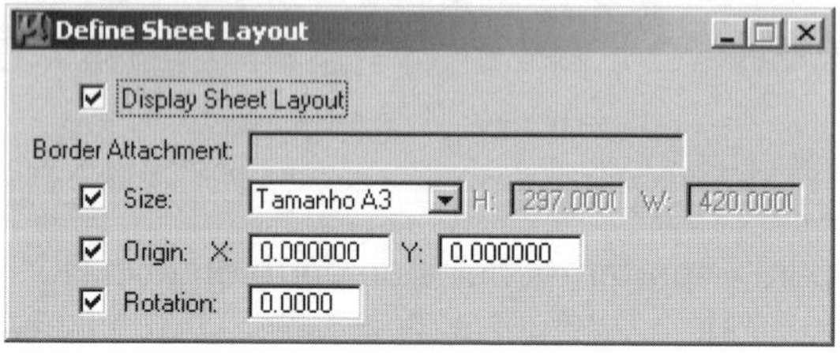

List Filter

Permite filtrar a lista de modelos da caixa Models baseado no tipo, 2D/3D, nome e/ou descrição. Esse ícone habilita/desabilita a linha com os campos dos critérios.

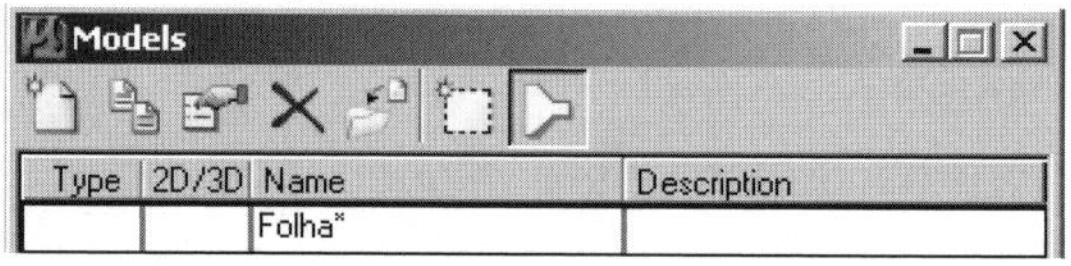

Células e Modelos

Quando você cria modelos em um arquivo DGN, tem a opção de especificar que o modelo seja colocado como uma célula (Can be placed as a cell). Quando um modelo é colocado como uma célula, não existe nenhuma ligação com o modelo original.

Para colocar um modelo como uma célula

1. Na caixa de diálogo Cell Library, escolha **Attach File**.
2. Selecione o arquivo DGN que contém o modelo desejado (para ser uma célula) e clique em OK.

   Os modelos que serão colocados como células são exibidos na lista.
3. Selecione o modelo desejado e clique em PLACEMENT para torná-lo a célula ativa.
4. Use a ferramenta **Place Active Cell** para colocar o modelo como célula.

Referências - Referenciando Modelos

O uso mais comum de referências é na composição de um projeto. As composições são usadas por engenheiros e projetistas para comunicar-se por meio do conteúdo visual de seus projetos. Quando outros modelos são anexados como referências ao modelo ativo, eles ainda retêm uma ligação com o modelo original. Isso significa que qualquer mudança no modelo original será refletida nas referências.

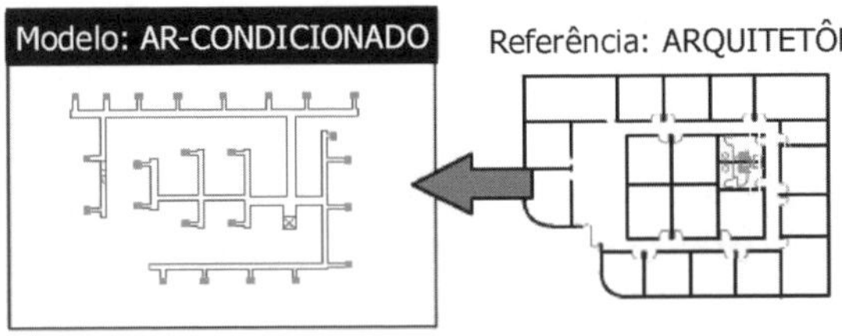

Ao usar referências é possível ter vários projetistas trabalhando em um projeto simultaneamente. Por exemplo, um arquiteto pode trabalhar na edificação de uma obra e um projetista mecânico nas instalações de ar-condicionado, enquanto um projetista elétrico atua na iluminação da edificação.

Cada um teria seus modelos referenciados pelos outros, fazendo com que qualquer mudança nas outras disciplinas do projeto refletisse em seu próprio modelo.

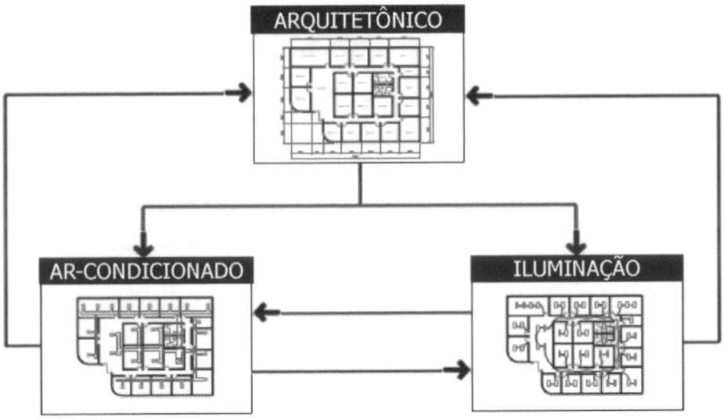

Arquivos de referência são modelos que podem ser anexados e exibidos no modelo ativo, plotados e usados com propósitos construtivos, mas eles não podem ser modificados. Apesar de não poder modificar os elementos de um arquivo de referência, você pode dar snaps e copiá-los dentro do arquivo ativo. Arquivos com os formatos DGN V7 e DWG podem ser anexados normalmente sem precisar convertê-los. Outro uso comum das referências é a criação de **desenhos para publicação**. Essa tarefa é chamada de "composição da folha de desenho". Uma FOLHA DE DESENHO é criada dentro de um modelo do tipo SHEET e formada por um conjunto de modelos do tipo DESIGN.

Algumas vezes é conveniente referenciar parte do desenho do arquivo ativo, anexando o próprio arquivo a ele mesmo. Exemplos típicos são os **detalhes** de uma peça.

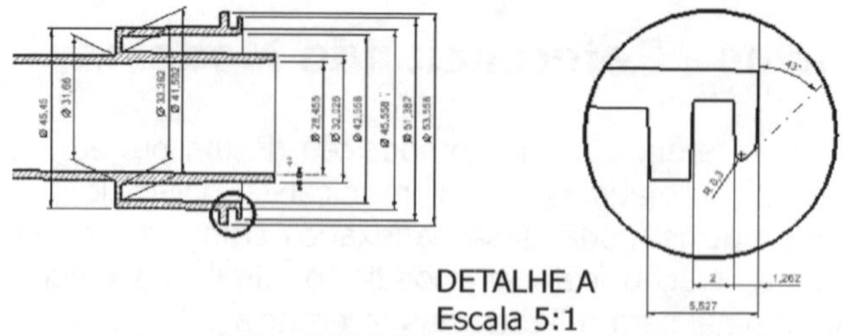

DETALHE A
Escala 5:1

Pode ser necessário anexar imagens como referência ao seu projeto, o que pode ser feito pelo utilitário Raster Manager.

> Para anexar uma imagem raster ao modelo ativo como referência (somente para leitura), use a caixa de diálogo **Raster Manager** (File > Raster Manager).

◉ **Abra o arquivo 23 - REFERÊNCIAS.DGN**.

EXERCÍCIO: Anexando outro arquivo como referência

1. A partir do menu File, escolha Reference. Alternativamente clique no ícone References na caixa de ferramentas Primary Tools.

2. No menu Tools da caixa References, escolha **Attach**. Alternativamente clique no ícone Attach Reference na barra de botões da própria caixa References.

3. Na pasta C:\Desenhos_XM, selecione o arquivo **23 - Terminal de Passageiros.dgn** e clique em Abrir. A caixa Reference Attachment Settings se abre.
4. Na opção Model, selecione **PB 1º Pavto**.
5. Na lista Orientation selecione **Coincident**. Defina as demais opções conforme a figura seguinte.

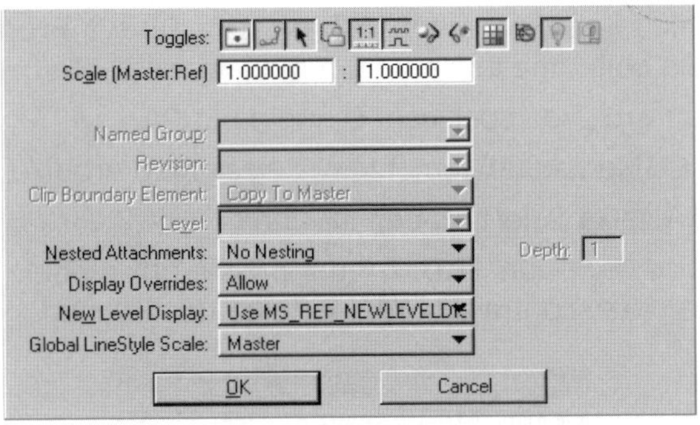

6. Clique em **OK**. A referência é anexada à mesma coordenada do arquivo de origem. Além disso, exibe o arquivo raster anexado. Isso é controlado pela opção **Display Raster References**.

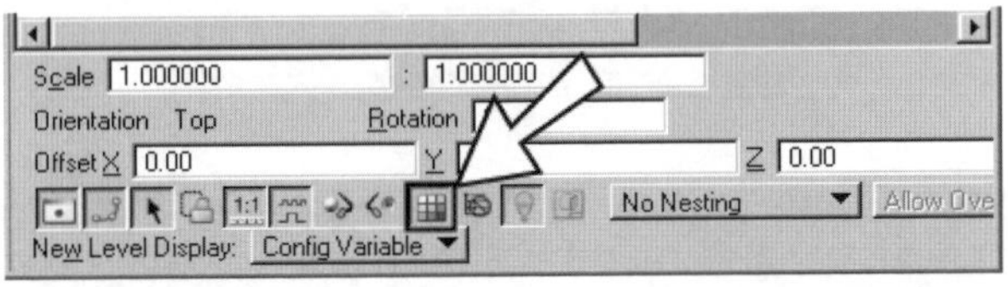

7. Desative a opção Display Raster References e feche a caixa References.

EXERCÍCIO: Controlando os níveis da referência

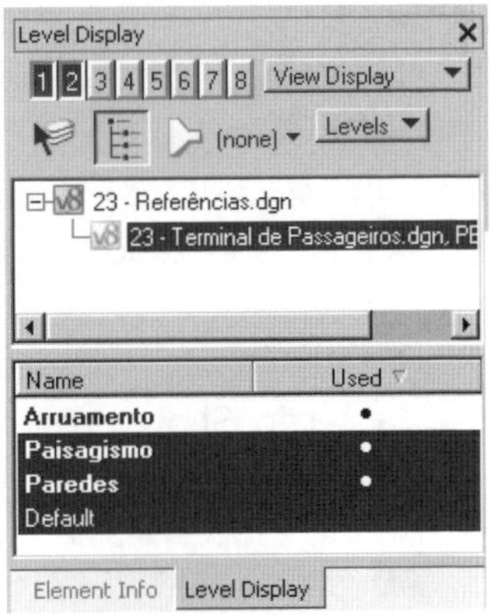

1. Na caixa Level Display use o modo View Display com as janelas de vista 1 e 2 ativadas.
2. Clique no ícone **Show Target Tree** para exibir a lista dos arquivos anexados.
3. Na lista de arquivos anexados, selecione apenas o arquivo **23 - Terminal de Passageiros.dgn, PB 1º Pavto**.
4. Desligue o nível chamado **Arruamento**.

Alternativamente você pode desligar a exibição do arquivo raster anexado, desligando o nível no qual a imagem se encontra. Neste exemplo, a imagem foi colocada no nível Paisagismo.

EXERCÍCIO: Anexando o formato como referência automaticamente

1. A partir da caixa de ferramentas Primary, abra a caixa Models.
2. Na caixa Models, clique em **Create a new model**.

3. Na caixa Create Model, defina a opção Type para **Sheet From Seed**. Isso faz com que o novo modelo seja uma cópia de um modelo existente de outro arquivo.
4. Para selecionar um arquivo específico, clique na LUPA.
5. A partir da pasta C:\ModuloXM\sementes\, selecione o arquivo **folha_metrico.dgn**.
6. Clique em **Abrir**. A caixa Select Models se abre.
7. Na lista de modelos, selecione **A0**, o qual possui um modelo do tipo Design como referência, no qual se encontra a borda da folha de desenho.

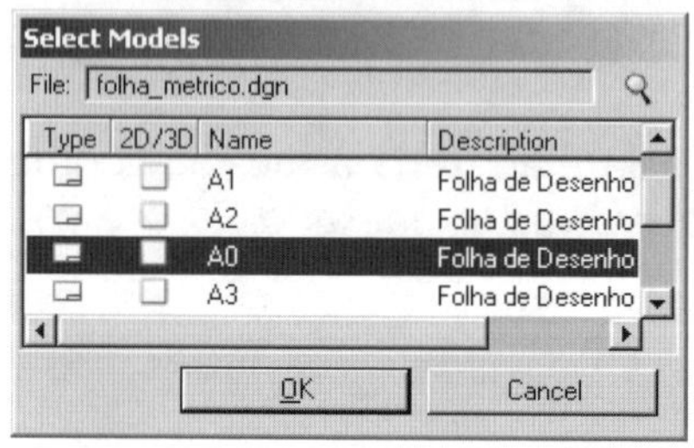

> Uma das vantagens de ter todos os tamanhos de formato em um único arquivo (separados em modelos) é facilitar a sua manutenção, como trocar um formato A4 por um A3, por exemplo.

8. Clique em **OK**.
9. No campo Name digite "**Folha de Desenho**".
10. Em Description digite "**Implantação Civil**".
11. No campo Sheet Number, digite "**2301**".
12. Deixe o campo Ref Logical vazio.
13. Defina Annotation Scale para Full Size 1=1.
14. Desative a opção Line Style Scale.
15. Na seção Show Properties, ATIVE a opção **Display Sheet Layout**.
16. Defina a opção Size para **Tamanho A0**.
17. Defina Origin e Rotation para "0.0000".

    Clique em **OK**.

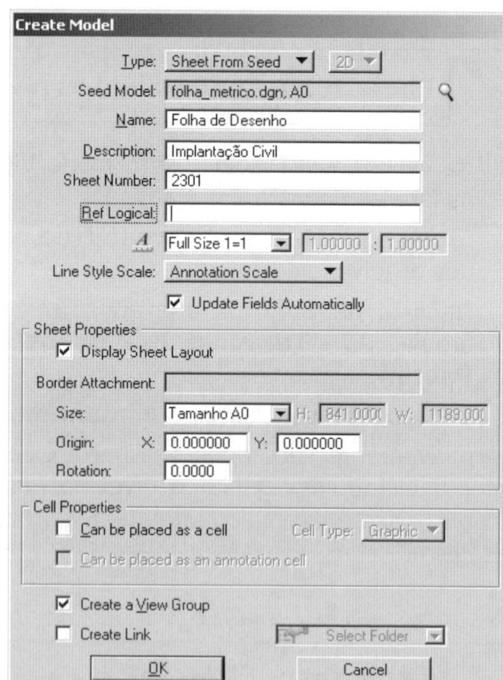

Após ter criado o modelo SHEET, você poderia ter trazido o formato para a folha de desenho por meio dos procedimentos básicos para anexar diretamente uma referência do arquivo Folhas.dgn.

O arquivo **folha_metrico.dgn** é composto por modelos Sheet que possuem um tamanho de formato específico anexado como referência, os quais estão desenhados no arquivo **Folhas.dgn**.

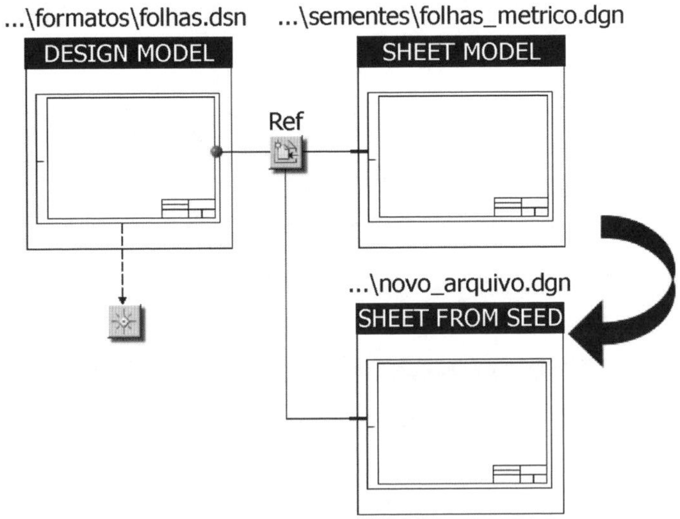

Ao usar o modelo A0 (Sheet) do arquivo folha_metrico.dgn como uma **semente** na criação do modelo (Sheet From Seed), dois problemas são resolvidos de uma única vez: a formatação do modelo Sheet e o anexo do formato como referência.

Células em vez de referência

Algumas empresas preferem que o formato seja colocado como uma célula no modelo Sheet, a fim de evitar a preocupação de transmitir as referências quando esse arquivo é enviado para fora da empresa (fora da rede). O fato de os formatos estarem desenhados em um arquivo DGN separado torna esse arquivo uma biblioteca de células em potencial.

> Se você prefere trabalhar com referências e algumas vezes precisa emitir um arquivo com o formato inserido no arquivo ativo, a referência pode ser importada (deixando de ser referência) pelo comando Merge Into Master presente no menu Tools da caixa References.

EXERCÍCIO: Composição da folha de desenho

1. Abra as caixas Models e References, colocando-as lado a lado.
2. Arraste o modelo Belmont para a lista de referências da caixa References.

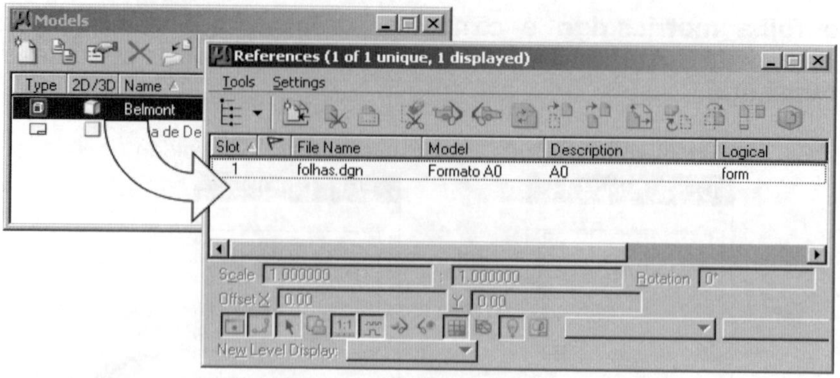

3. Uma mensagem é exibida, pedindo para selecionar o método. Escolha **Interactive** e clique em **OK**.

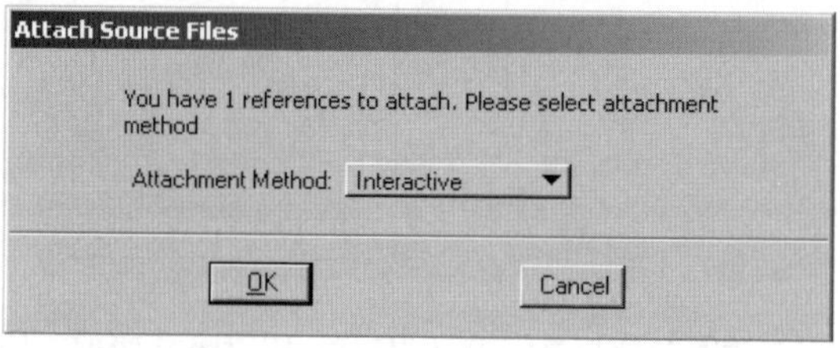

4. Na lista Orientation escolha **Top**.
5. Nos campos da opção Scale defina 1:2500.

6. Clique em **OK**. Localize a pista, conforme a figura seguinte.

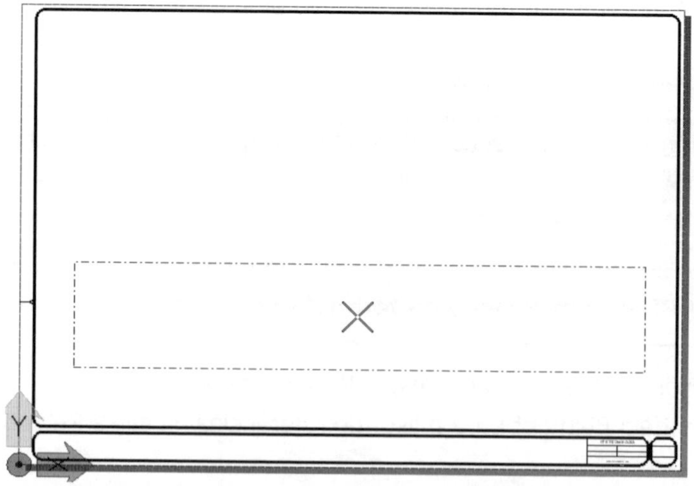

7. Novamente arraste o modelo Belmont para a lista de referências da caixa References.

8. Escolha **Interactive** e clique em **OK**.
9. No campo Logical Name digite "**Detalhe**".
10. No grupo SAVED VIEWS da lista Orientation escolha **Pátio**.

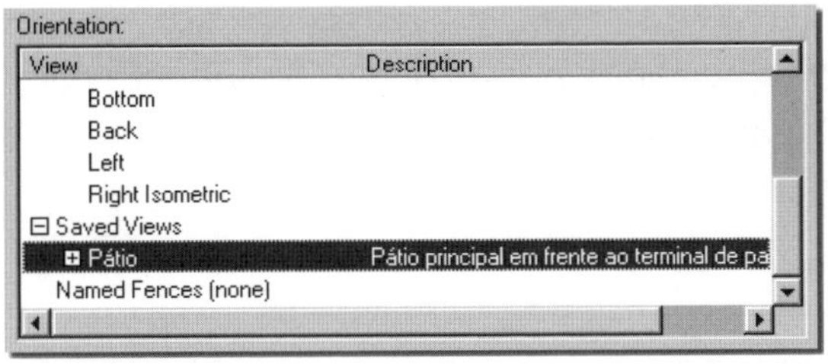

11. Nos campos da opção Scale defina 1:1000 e clique em **OK**.
12. Localize o detalhe no centro logo acima da pista.
13. Com o focus em Home, pressione as teclas **<W><1>** para ativar o comando **Place Block**.
14. Com a tecla **<ALT>** pressionada clique na margem interna do formato para tornar os atributos ativos.
15. Construa um polígono para criar uma margem no detalhe do Pátio.

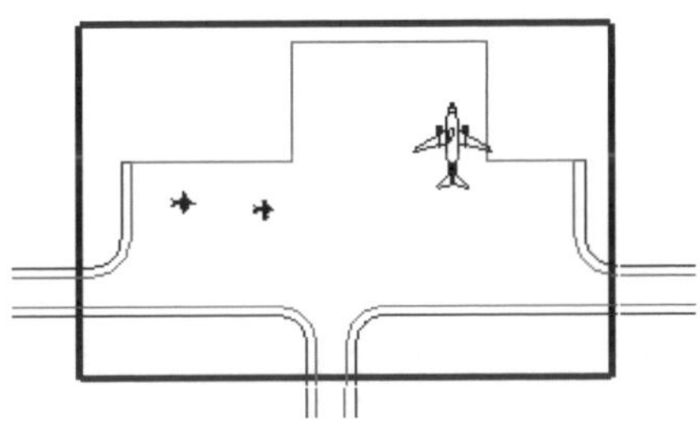

16. Na caixa References selecione o anexo com nome lógico "**Detalhe**".
17. Clique no ícone **Clip Reference**.

18. Na janela Tool Settings, defina o método para **Element**.
19. **Identifique** sobre o polígono e feche a caixa References.
20. Na caixa Level Display use o modo View Display com as janelas de vista 1 e 2 ativadas.
21. Clique no ícone **Show Target Tree** para exibir a lista dos arquivos anexados.
22. Na lista de anexos, selecione apenas o arquivo **pista, 23 - Referências.dgn, Belmont**.
23. Desligue o nível chamado **Aeronaves**.
24. Dê um zoom na legenda no canto inferior direito do formato.

25. Com o focus em Home, pressione as teclas **<S><1>** para ativar o comando **Place Active Cell**.

26. Entre com um ponto no canto inferior direito do formato para posicionar a célula.
27. Pressione RESET para concluir, em seguida pressione **<F12>** para atualizar os campos.

Task References

A Task References é uma tarefa da **Drawing Composition**. As ferramentas da Task References (menu Tools > Reference) são usadas para anexar; controlar o posicionamento, a escala e a orientação das referências anexas; além de desanexar os modelos referenciados.

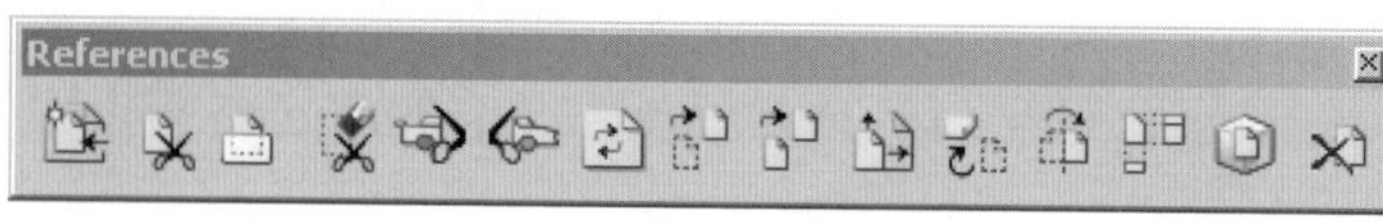

Todas as ferramentas dessa caixa também estão disponíveis na caixa de diálogo References.

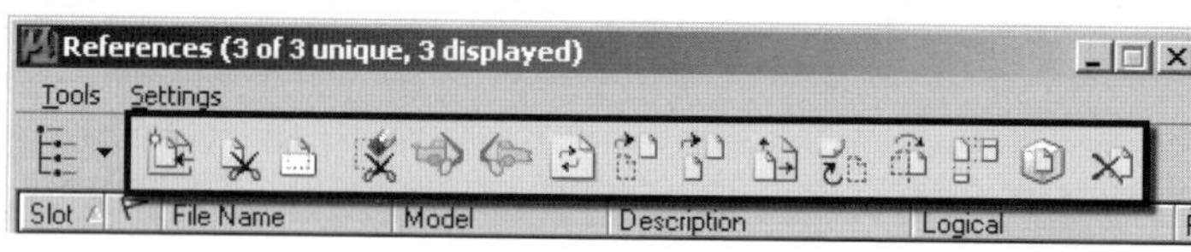

Attach Reference

Usada para anexar um modelo como referência ao modelo ativo. Os anexos podem ser criados a partir de vistas salvas com a câmera ligada. Isso pode ser de grande ajuda para criar detalhes nas folhas de desenho.

Quando o comando é acionado, a caixa Attach Reference abre-se com as opções apresentadas em seguida.

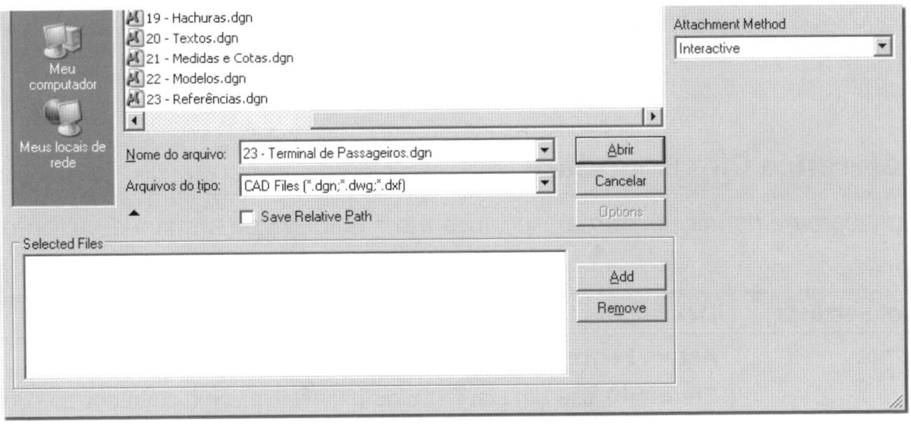

Save Relative Path	Se essa opção estiver ativada, o endereço relativo ao arquivo DGN que contém o modelo que será anexado é salvo. Isso é recomendado somente se você tem certeza de que a estrutura de diretórios do seu projeto não vai mudar. Se este não for o caso, ou se esse arquivo DGN será transferido para outro projeto, ou ainda será compartilhado com outros projetos, recomenda-se manter essa opção desativada.
Selected Files (lista)	Abre e fecha quando você clica na seta preta no canto esquerdo da caixa de diálogo. Exibe a lista dos arquivos que foram selecionados para serem referenciados.
Add	(Somente quando a lista Selected Files estiver aberta) Adiciona os arquivos selecionados à lista.
Remove	(Somente quando a lista Selected Files estiver aberta) Remove os arquivos selecionados da lista.
Attachment Method	**Interactive** - abre a caixa Reference Attachment Settings antes de anexar o arquivo. Normalmente usada quando é preciso anexar uma vista salva, o que acontece comumente na montagem da folha de desenho. **Coincident** - alinha a referência de acordo com as coordenadas do plano de desenho (coordenadas absolutas - X, Y e Z) do modelo aberto. Essa opção é usada normalmente quando você compartilha informações de um projeto com outros projetistas. **Coincident World** - alinha a referência de acordo com a origem global (GO=, Global Origin) do modelo aberto. Essa opção é usada normalmente quando você compartilha informações de um projeto com outros projetistas, e a origem global foi alterada para um local conhecido no projeto. **Top, Right, Front, Isometric, Bottom, Back, Left, Right Isometric** - define a vista que será anexada. Se o arquivo anexado for 2D, somente Top pode ser escolhida, o que é ideal quando você quer posicionar a referência com o ponteiro. Isso acontece mais comumente na montagem da folha de desenho.

> Você pode anexar MÚLTIPLOS ARQUIVOS EM UMA ÚNICA OPERAÇÃO. Basta selecionar os arquivos desejados a partir da caixa Attach Reference ou do utilitário Windows Explorer.

Set Reference Clip Boundary

Usada para definir uma área específica a ser utilizada do arquivo de referência.

Tool Settings	Descrição
Method	**Active Fence** - usa a Fence ativa como limitador do corte. **Element** - usa um elemento ou uma célula como limitador do corte. **Named Fence** - usa uma Fence com nome como limitador do corte.
Discard Existing Clip Masking	Usada para excluir cortes existentes antes de criar um corte.
Use References Dialog List	Se a opção for ativada (e a caixa References estiver aberta), o corte é feito na referência que estiver selecionada na lista da caixa.

Para definir uma área específica da referência através de um elemento

1. Coloque um elemento (ou uma célula) na área desejada.
2. Na lista de referências da caixa References, selecione as referências que serão afetadas.
3. Acione o comando Clip Reference.
4. Na janela Tool Settings, defina o método para Element.
5. Ative a opção Use References Dialog List.
6. Identifique o elemento.

Set Reference Clip Mask

Usada para definir uma área específica a ser removida (tornar invisível) do arquivo de referência. Em outras palavras, colocar uma "máscara" em uma região da referência.

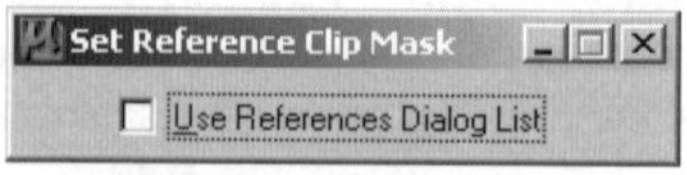

Para definir uma área específica a ser ocultada

1. Coloque uma Fence, definindo a área a ser ocultada.

2. Selecione Set Reference Clip Mask e identifique a referência. Se a opção Use References Dialog List estiver ativada, o corte será feito na referência selecionada na lista da caixa References.
3. Aceite a máscara.

Delete Reference Clip

Usada para excluir máscaras feitas pela ferramenta Set Reference Clip Mask.

Para apagar uma área definida pela ferramenta Set Reference Clip Mask

1. Na lista das referências anexadas da caixa References, selecione o arquivo no qual será realizada a operação.
2. Acione o comando Delete Reference Clip. Uma máscara é destacada para ser excluída.
3. Aceite ou rejeite para procurar outra máscara colocada.

Set Reference Back Clip Plane

(Somente para modelos 3D) Usada para cortar o plano posterior de um modelo 3D.

Set Reference Front Clip Plane

(Somente para modelos 3D) Usada para cortar o plano frontal de um modelo 3D.

Reload Reference

Usada para atualizar o modelo colocado como referência. Se a opção Use References Dialog List estiver ativada, a referência selecionada na lista da caixa de diálogo References será recarregada.

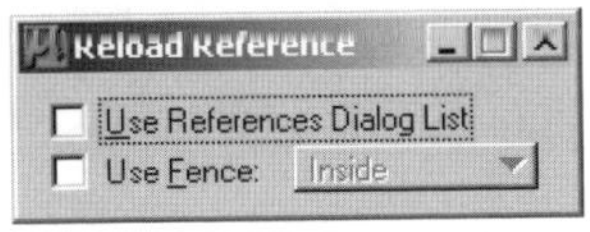

Quando se trabalha com muitas referências, torna-se comum outros usuários modificarem os arquivos que estão referenciados sem que você seja comunicado. Se isso ocorrer, a caixa References exibe um ícone na coluna Status, o qual indica que você precisa atualizar a referência.

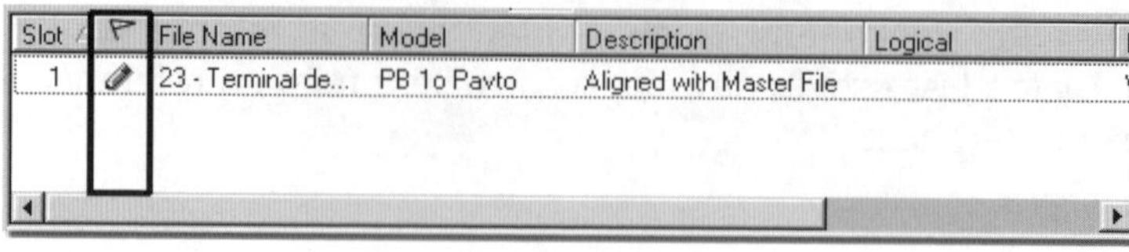

Move Reference

Usada para mover o modelo colocado como referência. Se a opção Use References Dialog List estiver ativada, a referência selecionada na lista da caixa de diálogo References será movida.

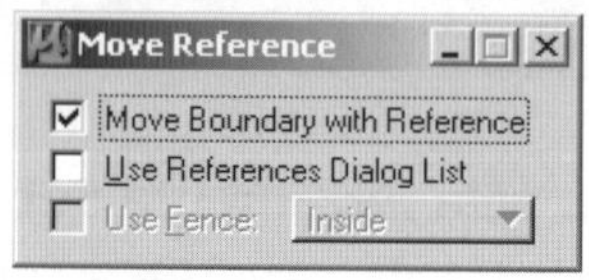

Tool Settings	Descrição
Move Boundary with Reference	Se for ativada, qualquer clip boundary e/ou clip mask é movido com a referência. Se for desativada, somente a referência é movida enquanto o corte permanece no lugar. Em efeito, a referência "desliza" através do corte.
Use References Dialog List	Se a opção for ativada (e a caixa References estiver aberta), o corte é feito na referência que está selecionada na lista da caixa.

Para mover um arquivo de referência

1. Identifique o modelo de referência no ponto a partir do qual você quer mover.
2. Aceite no ponto em que você deseja deixar a referência.

Copy Reference Attachment

Usada para copiar o modelo anexo como um novo anexo.

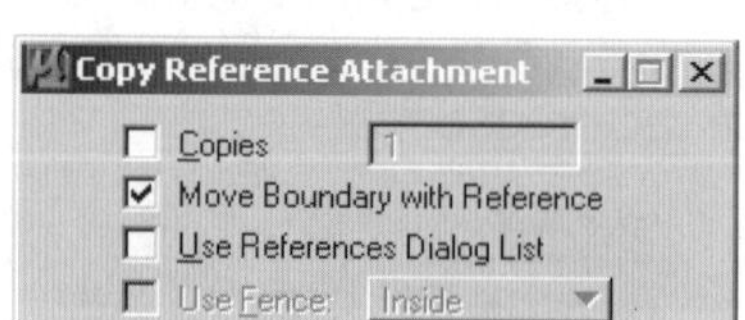

Tool Settings	Descrição
Copies	Número de instâncias a serem copiadas.

Para mover um arquivo de referência

1. Na janela Tool Settings, ative a opção Copies e defina o número de instâncias desejadas.
2. Identifique o modelo de referência no ponto a partir do qual você quer copiar.
3. Aceite no ponto em que você deseja deixar a referência.

Scale Reference

Usada para escalonar o arquivo de referência.

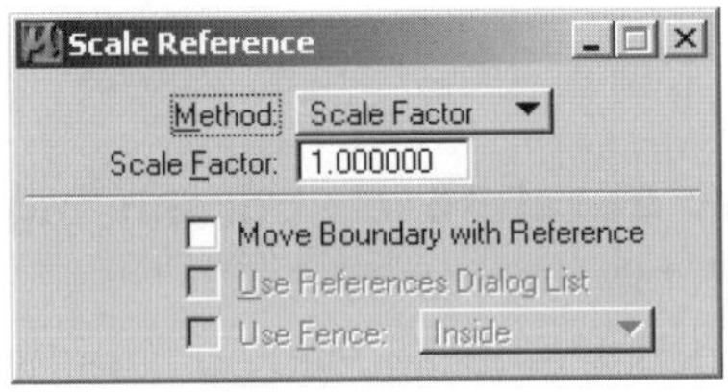

Tool Settings	Descrição
Scale Factor	O modelo é escalonado por um fator de escala específico.
Absolute Ratio	O modelo é escalonado por uma relação específica. 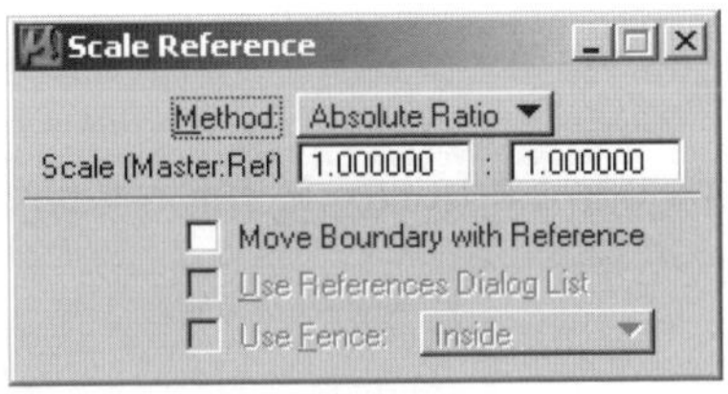
By Points	O modelo é escalonado por pontos dados.

Para escalar um arquivo de referência por um fator específico

1. Defina o método para Scale Factor.
2. Identifique a referência que você deseja escalonar.
3. Entre com um ponto sobre o qual a referência será escalonada.
4. Aceite o ponto no local que desejar.

Rotate Reference

Ferramenta usada para rotacionar uma referência através de um ângulo específico ou de pontos dados.

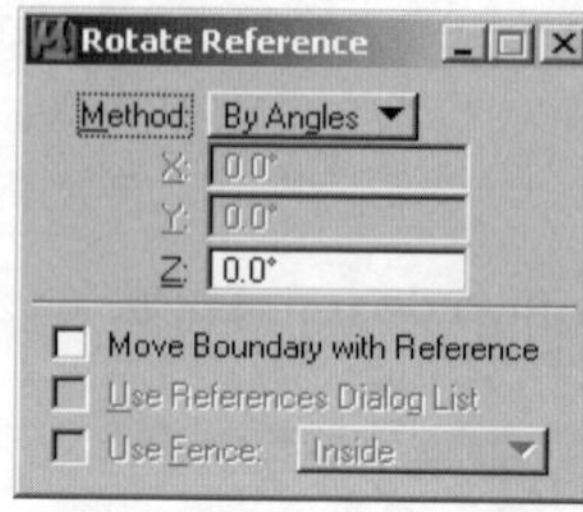

Para rotacionar um arquivo de referência por um ângulo específico

1. Selecione a ferramenta Rotate Reference.
2. Na janela Tool Settings, defina a opção Method para By Angles.
3. No campo Z, especifique o ângulo de rotação.
4. Identifique a referência que você deseja rotacionar.
5. Defina o ponto "pivô" (o ponto sobre o qual será executada a rotação).
6. Aceite a operação e pressione RESET para terminar.

Mirror Reference

Usada para espelhar o arquivo de referência sobre os eixos horizontal e vertical.

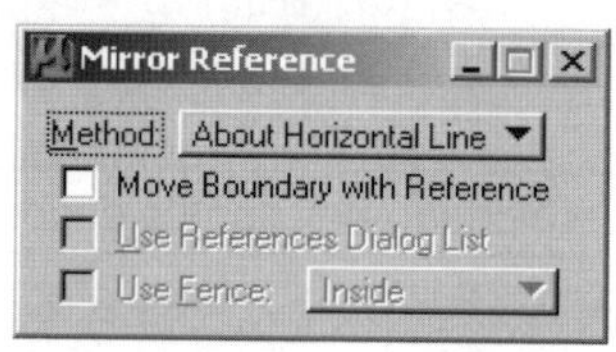

Tool Settings	Descrição
Method	**About Horizontal Line** - as referências são espelhadas no eixo horizontal. **About Vertical Line** - as referências são espelhadas no eixo vertical.

Para espelhar um arquivo de referência

1. Na janela Tool Settings, defina a opção Method para o eixo de simetria desejado.
2. Selecione o modelo de referência que você deseja espelhar.
3. Posicione o ponteiro no eixo de simetria e aceite.
4. Pressione RESET para terminar.

Copy Reference By Folding

(Somente 3D) Copia a referência selecionada em um eixo ortogonal, ou uma linha definida, alterando o plano de vista (dobrando a vista). O alinhamento com a vista para a qual foi copiada a referência é automático.

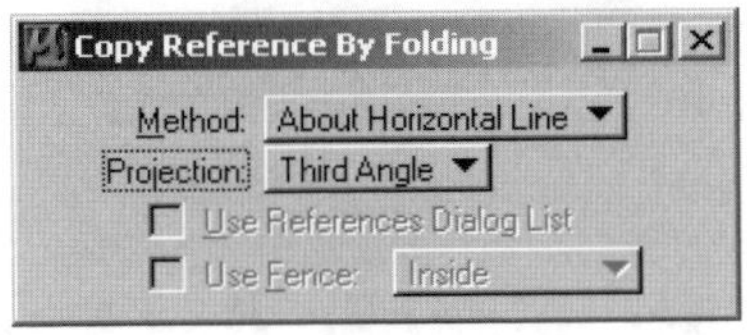

Tool Settings	Descrição
Method	**About Horizontal Line** - rebatimento no eixo horizontal. **About Vertical Line** - rebatimento no eixo vertical. **About Specified Line** - rebatimento no eixo que você definir através de dois pontos.
Projection	**First Angle** - projeção pelo primeiro diedro. **Third Angle** - projeção pelo terceiro diedro.

Set Reference Presentation

(Somente para modelos 3D) Usada para definir um tipo de apresentação da referência.

Tool Settings	Descrição
Presentation	Em um modelo SHEET, a opção Presentation da janela Tool Settings oferece uma escolha adicional: True Hidden Line. Ao contrário das outras opções, True Hidden Line gera novos vetores da referência, ocultando as linhas sobrepostas. Em uma Sheet, uma referência definida com True Hidden Line é similar a uma referência com Hidden Line. Ao imprimir uma Sheet, uma referência definida para True Hidden Line será considerada como vetores reais. As outras opções (como Hidden Line) serão consideradas como uma imagem raster. Quando você seleciona True Hidden Line, o ícone da lupa que aparece ao lado permite definir diversos parâmetros que afetam a aparência da referência.

Detach Reference

Usada para desanexar um modelo de referência do modelo ativo.

Seqüência de Atualização das Referências

Quando uma vista é atualizada, o MicroStation obedece, por default, à seguinte seqüência para atualizar os elementos nas janelas de vista:

1. Primeiramente o modelo ativo.
2. As referências na ordem em que foram anexadas. Você pode aperfeiçoar essa seqüência **modificando a ordem** a partir da caixa de diálogo Update Sequence, priorizando a exibição dos elementos sobrepostos.

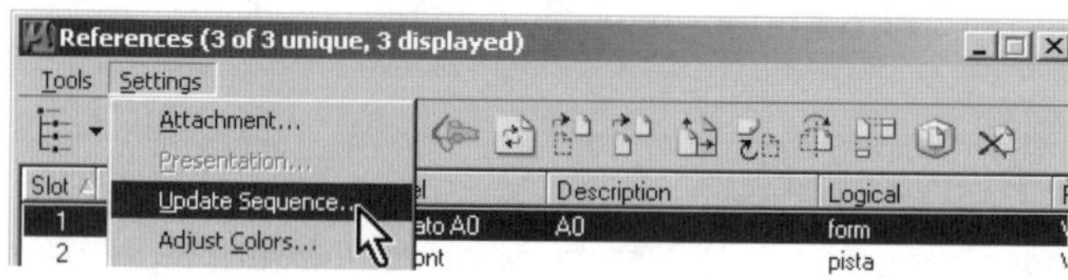

Para modificar a seqüência de atualização

1. A partir do menu Settings da caixa de diálogo References, escolha Update Sequence.
2. A caixa de diálogo Update Sequence se abre. A lista mostra a seqüência atual.

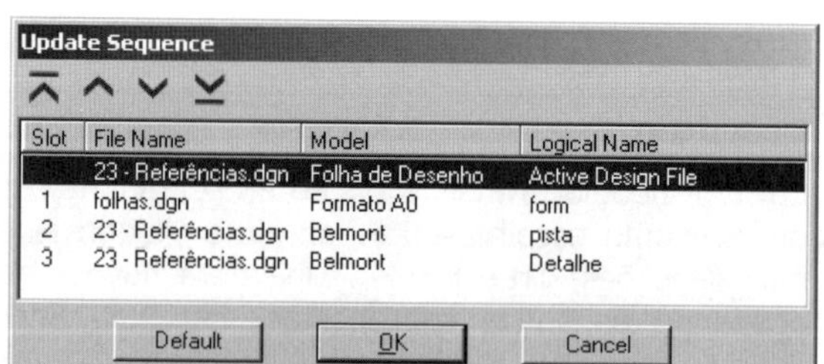

3. Na lista, selecione uma ou mais referências ou o próprio modelo ativo.
4. Use as teclas <SHIFT> ou <CTRL> para selecionar múltiplos arquivos.
5. Use os ícones (First, Last, Up ou Down) colocados na parte de cima da caixa para mover os arquivos selecionados para novas posições.
6. Repita os passos 4 e 5 até obter a seqüência desejada e depois clique em OK.

Para restaurar a seqüência, clique no botão Default.
A seqüência será salva com o comando Save Settings (menu File > Save Settings).

Portabilidade dos Modelos Referenciados

Quando um modelo é anexado como referência, o endereço completo do diretório no qual o arquivo DGN reside é retido (por default) e adicionado às informações sobre o anexo, as quais estão armazenadas no arquivo DGN.

Esse tipo de anexo não é portável através das pastas de armazenamento, dos projetos e dos sistemas de rede. Os administradores podem evitar o armazenamento do endereço completo ao definir a variável de configuração MS_DISALLOWFULLREFPATH.

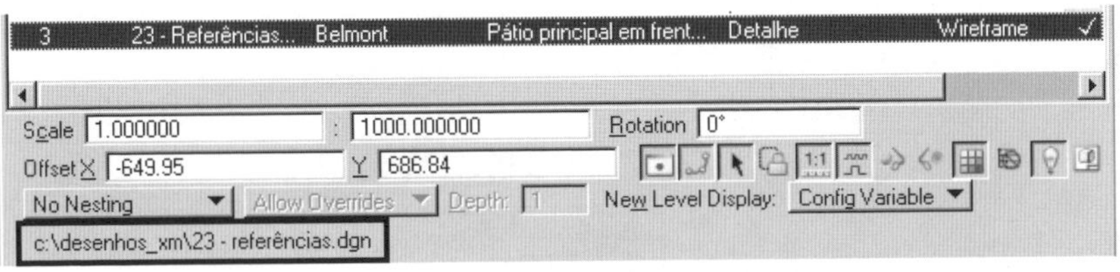

Você pode tomar estas medidas adicionais para garantir que seus arquivos sejam portáveis:

- Se não tem certeza de que a estrutura interna de pastas da sua configuração vai mudar, a melhor maneira para assegurar a portabilidade ao anexar uma referência é ativar a opção **Save Relative Path** na caixa Attach Reference. Isso salva o endereço relativo no arquivo DGN que possui os modelos anexados.
- Se tem certeza de que a estrutura interna de pastas da sua configuração não vai mudar, pode definir a variável de configuração MS_ALWAYSRELATIVEREFPATH. Isso faz com que o MicroStation sempre ative a opção Save Relative Path, não permitindo que ela seja desativada.
- Se a estrutura do seu projeto pertence a um fluxo de trabalho, ou se os arquivos DGN são compartilhados entre diferentes projetos, usar Relative Paths não dará flexibilidade suficiente para assegurar a portabilidade dos seus anexos. Nessas situações, você deve definir a variável de configuração MS_RFDIR ou uma variável customizada para especificar as pastas nas quais as referências residem. A variável de configuração (não o seu valor) é salva no arquivo. Se por algum motivo os arquivos de projeto forem movidos para outra pasta ou servidor, por exemplo, a única mudança necessária é redefinir o valor da variável. Ao definir múltiplas variáveis, como variáveis específicas de projeto, você ganha bastante flexibilidade.

Se o MicroStation não puder localizar uma referência, o nome do arquivo é destacado em vermelho na caixa de diálogo References e o campo Full Path fica vazio.

Trabalhando com Arquivos Aninhados (Nested)

Até o momento, este capítulo explicou como trabalhar com simples referências que são anexadas ao seu modelo. No MicroStation você pode ter um infinito número de REFERÊNCIAS ANEXADAS, e estas PODEM TER SUAS PRÓPRIAS REFERÊNCIAS, as quais podem ter as suas e assim por diante.

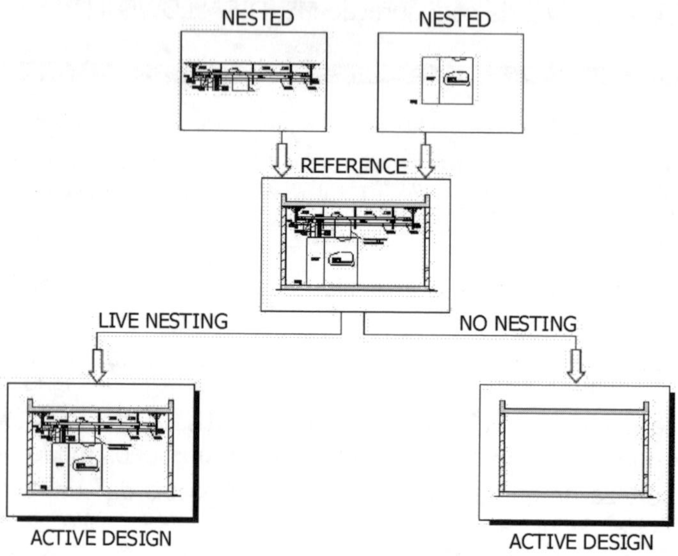

Este conceito chama-se "**Nesting**" (aninhamento). Referências aninhadas facilitam anexar e exibir múltiplas referências. Basta anexar uma única, que seja o "pai" das outras.

Quando você anexa referências, pode controlar como as referências aninhadas são anexadas ao modelo, ou então pode decidir não anexar nenhuma referência aninhada.

Se decidir incluir as referências aninhadas quando anexar uma referência que possua seus próprios anexos, você pode controlar quantos níveis de aninhamento devem ser anexados ao modelo. Esse parâmetro chama-se "**Depth**".

Alguns controles da caixa de diálogo Attach Reference Settings definem como as referências aninhadas são manipuladas. Os controles estão embutidos na opção Nested Attachments, e são:

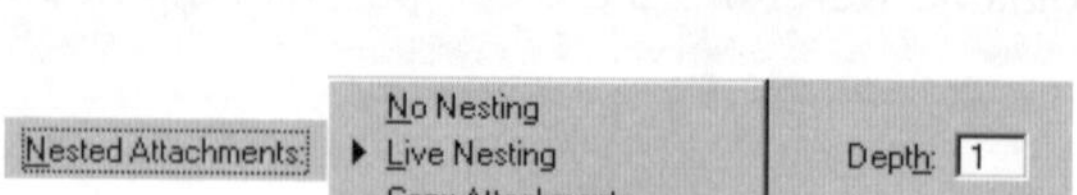

- **No Nesting** - nenhuma referência aninhada é anexada ao modelo ativo.
- **Live Nesting** - (atua em conjunto com o valor definido no campo Depth) se essa opção for escolhida, a estrutura hierárquica de qualquer referência aninhada é mantida.

Quando anexar uma referência que tenha um ou mais anexos, e se você definir um valor alto para Depth, todas as referências aninhadas serão exibidas, todavia você verá somente o nome da referência "PAI" na lista de arquivos da caixa References. Caso precise visualizar a lista dos arquivos aninhados dessa referência, deve clicar no ícone **Show Hierarchy**, localizado do lado esquerdo da barra de ícones da caixa. As referências podem ser acessadas expandindo a árvore da estrutura da lista.

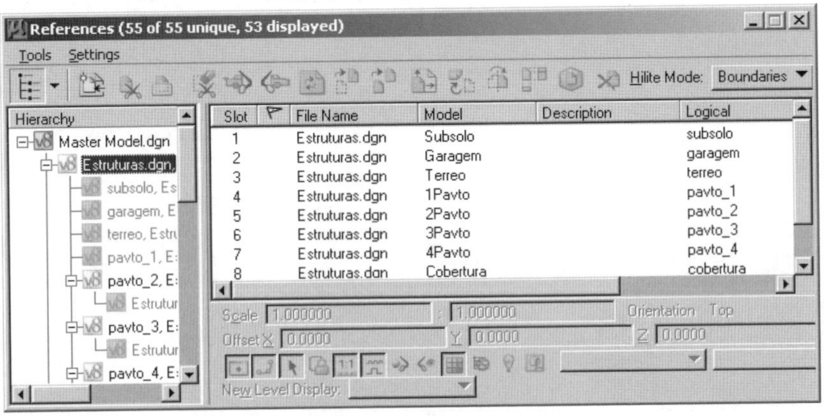

- **Copy Attachments** - (atua em conjunto com o valor definido no campo Nest Depth) se essa opção for escolhida, faz com que cada referência aninhada seja **anexada diretamente ao arquivo ativo**, desconsiderando a estrutura hierárquica do aninhamento.

  Quando você anexa uma referência que tenha um ou mais anexos, e se definir um valor alto para Depth, todas as referências aninhadas são exibidas e todos os anexos ficam listados diretamente na caixa de diálogo References como independentes.

Um anexo aninhado é exibido somente se a opção "**Ignore Attachment When Live Nesting**" estiver DESATIVADA (na caixa Reference Attachment Settings), a qual pode ser ativada/desativada no momento em que você anexa uma referência.

Se a referência já estiver anexada, você pode dar um duplo-clique nela na lista da caixa References, e a partir da caixa Reference Attachment Settings, ativar ou desativar a opção.

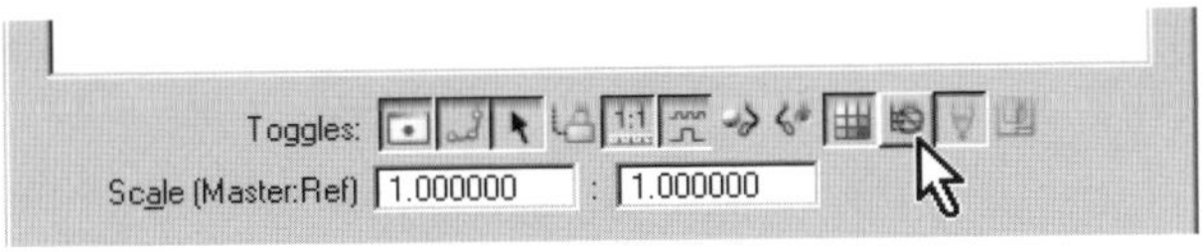

De maneira mais simples, você pode selecionar a referência na lista da caixa References e clicar no ícone "Ignore Attachment When Live Nesting".

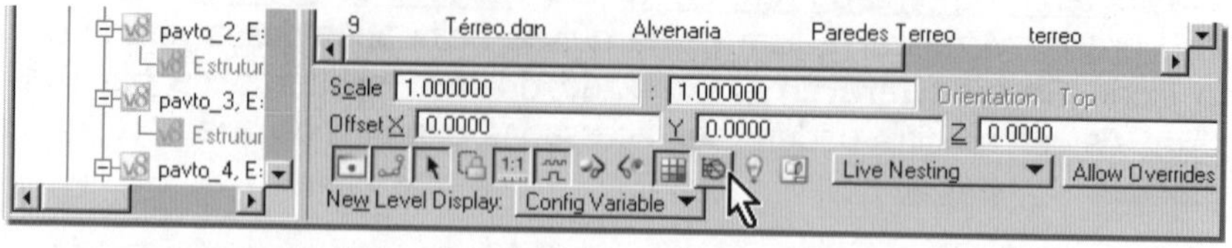

Capítulo 13

Imprimindo o Desenho

As ferramentas de plotagem do MicroStation possuem muitas características que simplificam o processo de impressão dos desenhos. Clicando no ícone **Print**, a impressão pode ser simplesmente definida por uma vista, por um **Sheet Layout** ou pela colocação de uma Fence em volta da área de interesse.

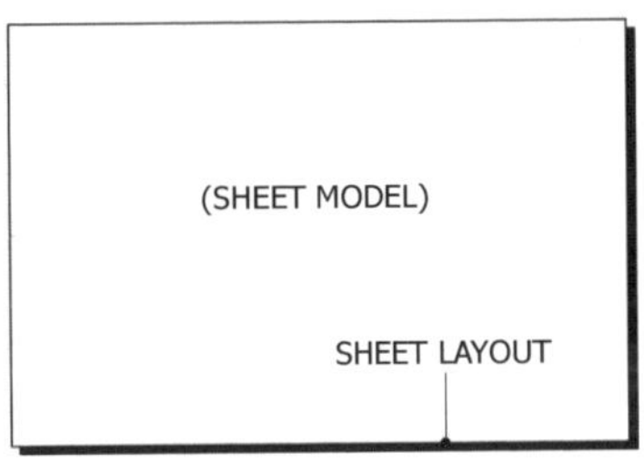

◉ **Abra o arquivo 24 - IMPRIMINDO.DGN.**

Para impressões em escala, você pode definir a escala na seção **Print Scale and Position** da caixa de diálogo Print. Na criação das impressões em escala que incluem normalmente um formato (folha de desenho ou borda), um melhor planejamento é necessário, além de definir prioridades de impressão.

O MicroStation permite que você use "tabelas de penas" (**Pen Tables**) para ressimbolizar[2] o desenho. Em outras palavras, você pode produzir impressões que se apresentem diferentemente do que é visualizado na tela. Isso significa que, a partir de um único desenho, você pode produzir diversas plotagens com propósitos diferentes sem alterar os elementos do modelo.

Considerações de Configuração

O MicroStation permite que se criem impressões:

- Diretamente no sistema de impressão default (Windows®), ou;
- Por um arquivo de impressão salvo no disco para ser enviado mais tarde à impressora.

---

2 Nota da Editora - Na língua portuguesa não existe a palavra ressimbolizar e suas derivadas. O autor optou por mantê-las para facilitar o perfeito entendimento de conceitos técnicos.

Em ambos os casos o MicroStation usa um drive de impressão para criar uma interface com o sistema de impressão, ou para corretamente formatar os dados do desenho com a impressora ou plotter.

Selecionando uma Impressora

O MicroStation possibilita trabalhar com dois tipos de impressoras, sendo aquelas controladas pelo sistema Windows e aquelas controladas por um drive Bentley. Normalmente, na caixa de diálogo Print, quando você escolhe:

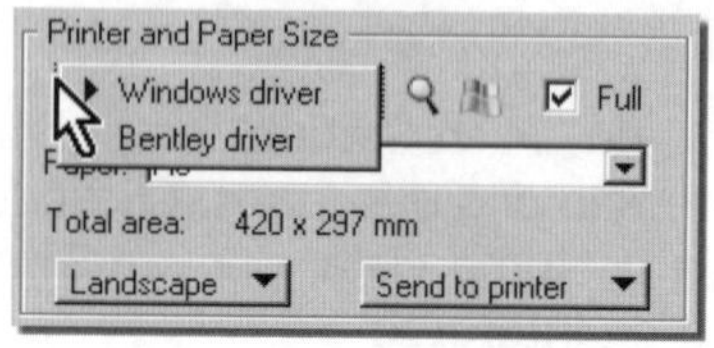

- **Windows Printer** - tem acesso à funcionalidade dos drives de impressão do Windows, para imprimir diretamente no sistema da impressão.
- **Bentley Driver** - pode salvar a impressão no disco para enviar depois à impressora.

Os drivers de impressão são armazenados no diretório "... \Workspace\system\plotdrv". Você pode editar um driver escolhendo **File > Edit Printer Driver** a partir da caixa Print, que abre (por default) o editor de textos NOTEPAD (Bloco de notas) com o driver carregado. Se desejar, pode definir outro editor, mudando o valor da variável de configuração **MS_PLTFILE_EDITOR**.

Tamanho das Folhas

Muitas impressoras têm o tamanho das folhas predefinido pelo driver. Como regra, tamanhos dos padrões **ISO**, **Architectural** e **ANSI** são fornecidos. Você pode editar o driver da impressora para escolher os tamanhos desejados. Isso é feito retirando o caractere de comentário (**;**) dos tamanhos das folhas.

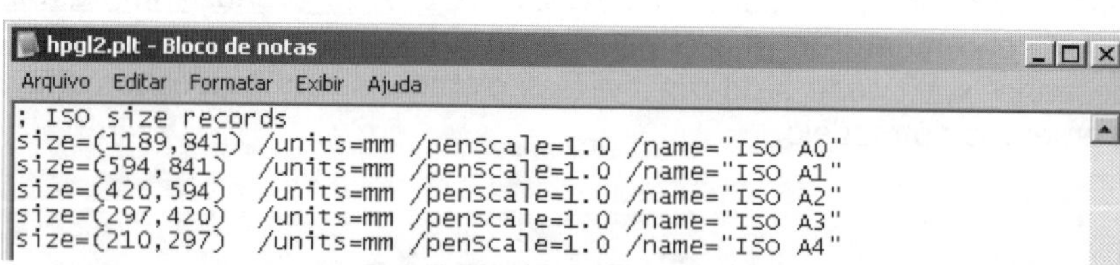

Embora os drivers fornecidos proporcionem o tamanho padronizado de folhas para cada tipo de impressora, você não está limitado a isso. MicroStation permite que você defina um número ilimitado de tamanho de folha.

Por default, os tamanhos das folhas de um driver do Windows são obtidos a partir do drive da impressora Windows e/ou de uma base de dados de formulários do sistema operacional. Drivers de impressoras mais sofisticadas oferecem seu próprio mecanismo para criação e seleção de tamanhos customizados de folhas. Cada driver das impressoras do sistema é diferente, o que significa que você precisa consultar a documentação do driver apropriado do Windows para seguir as instruções. Alternativamente, o MicroStation permite que você defina os tamanhos customizados das folhas da mesma maneira que nos drivers Bentley, porém com algumas limitações. Consulte o Help do aplicativo para maiores informações.

Definindo a Escala Correta

Você define a escala da impressão conforme a relação entre a unidade de trabalho e da impressora. Quando você usa a caixa de diálogo **Scale Assistant**, a qual é aberta a partir da caixa de diálogo Print, pode especificar essa relação. Para facilitar a definição da escala, você pode rapidamente determinar a unidade da impressora a partir do menu Settings > Units, da caixa de diálogo Print. Quando você imprime desenhos completos, normalmente de uma folha de desenho, outros fatores de escala, como tamanho de textos, devem ser considerados.

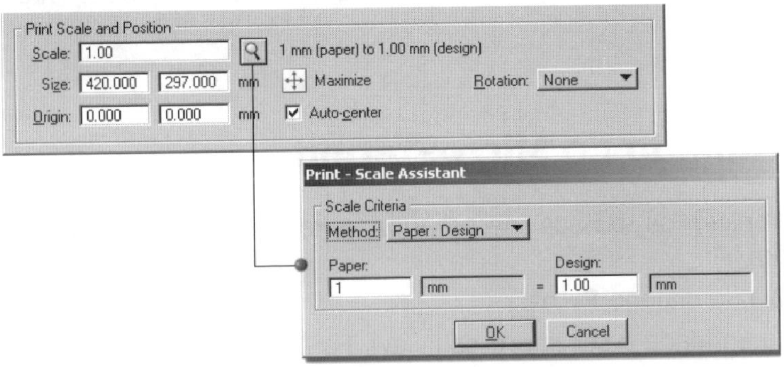

Refazendo a Simbologia do Desenho com uma Tabela - Pen Tables

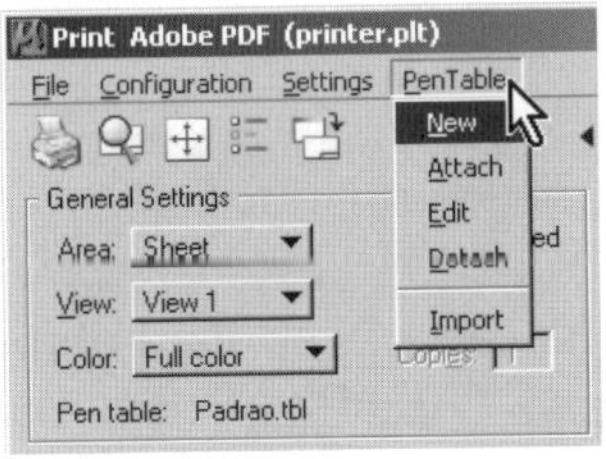

Nem sempre a maneira como você trabalha na tela produz uma boa leitura das impressões. Por exemplo, você pode usar a cor amarela porque ela se destaca na tela de fundo preto. Quando essa linha é impressa no papel branco, o resultado não é fácil de ler. O MicroStation permite que você crie tabelas que alteram a simbologia dos elementos do desenho com o propósito de impressão.

Durante esse processo, o arquivo de desenho não é modificado, ou seja, **a ressimbolização ocorre somente na impressão**. Quando necessário, você pode importar os arquivos CTB e STB do AutoCAD®. Isso inclui espessuras (Line Weight), cores, cores de preenchimento (Fill Color), estilos de linha, classe etc. Da mesma forma, você pode substituir palavras e variáveis, como o nome de arquivo e a data de impressão, por exemplo.

Usando Arquivos de Configuração

Os arquivos de configuração salvam parâmetros de impressão de um arquivo de desenho, o que inclui a área a ser impressa, os níveis exibidos, o tamanho da folha, margens e escala. Quando uma Pen Table é anexada ao arquivo, isso também é salvo nesse arquivo de configuração. Uma vez salvo, você pode chamar o arquivo a qualquer momento para imprimir a mesma área do desenho. Você não terá de lembrar detalhes da região selecionada, dos níveis desligados e dos elementos ressimbolizados.

Batch Print

Utilitário para impressão de um conjunto de desenhos relacionados (Job sets), baseado em especificações de impressão.

- Job sets são usados para identificar, salvar, recarregar e imprimir os desenhos relacionados.
- A especificação de impressão descreve o que imprimir e como deve ser impresso.

Usando o utilitário Batch Print, você pode definir grupos de desenhos para imprimi-los automaticamente. As especificações também são salvas nessa ordem chamada Job Sets e aplicadas a cada arquivo de desenho da lista. Batch Print permite usar shapes, cells ou Views (incluindo vistas salvas) para definir a área que deverá ser impressa em cada arquivo de desenho.

Imprimindo no MicroStation

Em termos simples, os passos necessários para imprimir um arquivo a partir do MicroStation são:

1. Abra a caixa de diálogo **Print**.
2. Selecione a entidade a ser impressa (View, Fit All, Fit Master, Fence ou Sheet).
3. Selecione a impressora (**driver**).
4. Defina os parâmetros da impressão, como **tamanho da folha e escala**.
5. (Opcional) Carregue uma **Pen Table**.
6. (Opcional) Veja um **Preview** da impressão.
7. Clique no botão **Print**.

A Caixa de Diálogo Print

Todas as operações para realizar uma impressão concentram-se na caixa Print. Para abrir essa caixa, a partir do menu File, escolha Print, ou pressione **<CTRL+P>**. Todos os ajustes estão na barra de menu na parte de cima da caixa, as quais também podem ser acessadas a partir dos ícones distribuídos logo abaixo. O driver de impressão é exibido na barra de título da caixa.

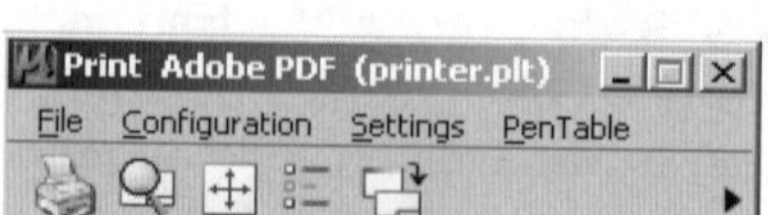

Por default, a área de impressão é maximizada. Significa que o desenho aumenta a escala para enquadrar-se ao tamanho da folha. Você pode observar a partir da janela de preview.

Para expandir a caixa de diálogo Print e obter uma prévia da impressão

1. Na caixa Print, clique na seta localizada à direita da barra de ícones.
2. Para ver a parte do desenho que será impressa, ligue a opção "**Show design in preview**".

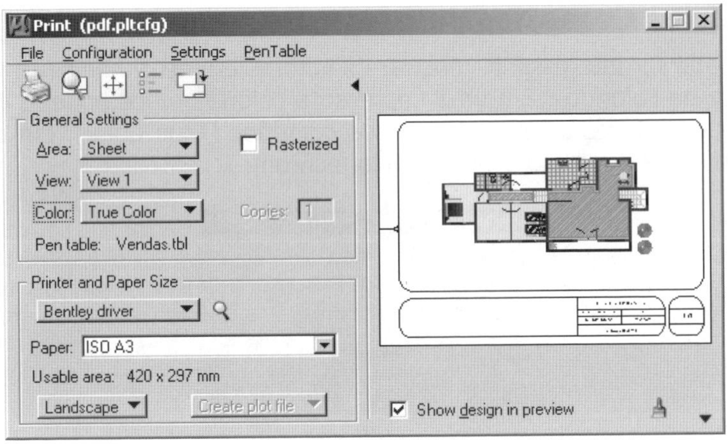

Para ver as seções Print Size/Scale e Print Position

1. Na parte expandida da caixa, clique na seta Show Details no canto inferior direito.

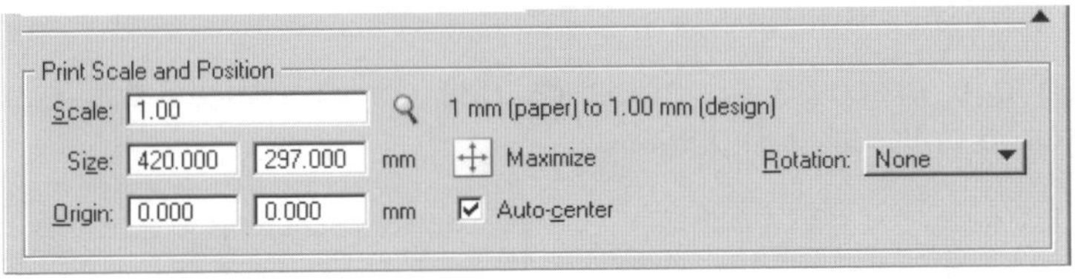

Selecionando a Entidade para Imprimir

Ao abrir pela primeira vez a caixa Print, o MicroStation seleciona uma entidade default para imprimir:

- Se o modelo ativo possui um Sheet Layout (Sheet - ISO A3, por exemplo), a opção Area (área de impressão), da seção General Settings, é definida automaticamente para **Sheet**.
- Se nenhuma Sheet estiver definida, e existir uma Fence, essa Fence definirá a área de impressão. Logo, a opção Area da seção General Settings é definida automaticamente para **Fence**.

Se nenhuma Sheet ou Fence estiver definida, a área é definida para a primeira janela de **vista** aberta (View). Você pode fazer com que a vista enquadre todos os elementos do modelo ativo, e também suas referências, escolhendo entre as opções "Fit Master" e "Fit All" respectivamente.

A PRIORIDADE de uma Sheet sobre uma Fence pode ser invertida pela variável de configuração MS_PLT_AREA_PRIORITY.

A variável de configuração MS_PLT_AUTO_FIT_VIEW pode ser usada para fazer com que uma das opções dos modos "Fit" seja escolhida quando a caixa Print for carregada.

Gerenciando as Cores dos Vetores

Muitas vezes pode ser interessante mostrar os vetores em escala de cinza ou em preto-e--branco em vez de coloridos. Em uma impressora colorida, você pode, a partir da opção COLOR, definir os vetores a serem impressos coloridos (True Color), em escala de cinza (Grayscale), ou ainda em preto-e-branco (Monochrome).

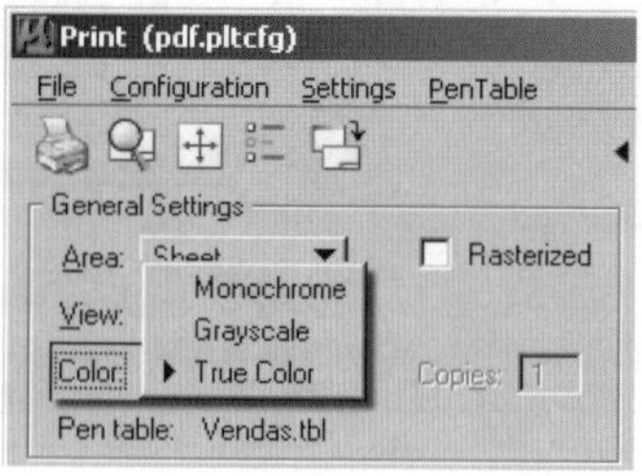

Pen Tables

Ressimbolização é o processo de mudança das características dos elementos de um arquivo de desenho aplicado à impressão.

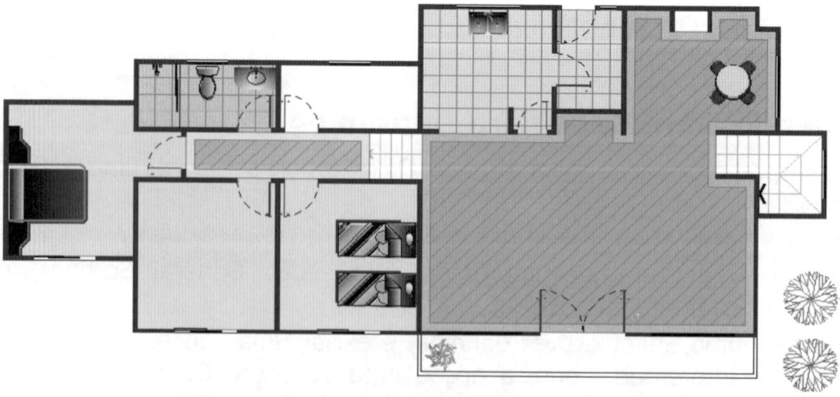

O modelo foi ressimbolizado pela Pen Table **Vendas.TBL** para exibir as paredes com uma cor diferente, além de reduzir as espessuras das linhas.

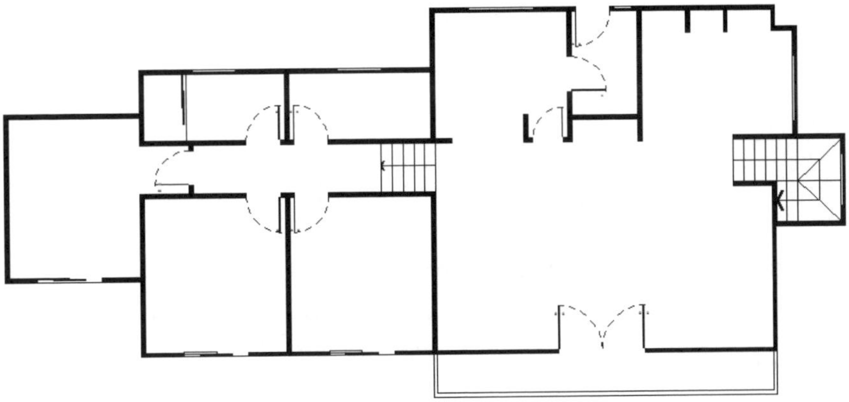

O mesmo modelo foi ressimbolizado pela Pen Table **Padrão.TBL** para omitir os elementos de decoração e piso, modificando também a cor das paredes.

O MicroStation usa as Pen Tables para controlar a ressimbolização. A Pen Table deixa você mapear qualquer característica associada aos elementos do desenho que será impresso. Uma vez que a Pen Table seja especificada, você pode salvá-la para usar em outra oportunidade. Você ainda pode armazenar múltiplas tabelas que podem ser aplicadas em um ou mais desenhos.

Usando uma Pen Table, é possível especificar diversos passos complexos de uma impressão. Similarmente, você pode especificar um único e simples passo. Além disso, a característica de troca de texto permite que você substitua uma palavra ou uma variável como das horas ou da data de impressão, sem que tenha de alterar o conteúdo do arquivo de desenho.

Em resumo, uma Pen Table permite:

- Alterar seletivamente a aparência dos elementos a serem impressos.
- Determinar a ordem de impressão dos elementos.
- Especificar substituições de palavras.

Pen Tables são arquivos de texto ASCII criados automaticamente quando você usa a caixa de diálogo Pen Table para criar ou modificar tabelas. Eles contêm instruções para ressimbolizar a impressão dos arquivos de desenho, as quais estão em **seções** dentro das tabelas. Para cada seção da tabela existem **critérios** de avaliação e um conjunto de **ações** de impressão.

Durante a criação da impressão, as tabelas testam a presença de tipos específicos de elementos e suas características relacionadas. Se esses elementos são detectados, a tabela vai modificar ou melhorar e até eliminar esses elementos ou suas características, dependendo da intenção da impressão. Os critérios de testes são:

Element type
Files
Weight
Level
Color

Fill Color
Style
Class
MSLink
Entity number

Procedimento geral - para criar uma Pen Table

1. A partir do menu PenTable da caixa de diálogo PRINT, escolha **New**. As tabelas ficam armazenadas em um diretório definido pela variável de configuração MS_PENTABLE.
2. No campo Files, digite o nome do arquivo da tabela.

   Somente o nome do arquivo precisa ser informado. Por default, a extensão "*.**tbl**" é adicionada.
3. Clique em **OK**. A caixa de diálogo Modify Pen Table se abre. A nova tabela é carregada e o processo ativado. Quando você cria uma tabela, o MicroStation automaticamente insere uma ordem chamada NEW. Essa seção proporciona o mínimo de estrutura necessário em uma Pen Table. Você também pode renomear essa ordem, excluir ou inserir uma nova.

Para carregar ou modificar uma tabela existente

1. A partir do menu PenTable, escolha ATTACH.
2. Na lista Files, selecione a Pen Table desejada.
3. Clique em OK. O foco retorna para a caixa Print. A tabela é carregada e o seu processo é ativado.
4. Para modificar o conteúdo da tabela, escolha Edit a partir do menu Pen Table.

Sections

Cada seção contém a definição para uma tarefa de ressimbolização isolada ou um grupo de tarefas relacionadas. Essas tarefas podem ser aplicadas a um único elemento ou a um grupo de elementos. Na caixa Modify Pen Table, a lista **Element Section Processing Order** exibe a ordem de processamento dessas seções. Cada seção é independente. Não existe um limite para o número de tarefas que você pode criar.

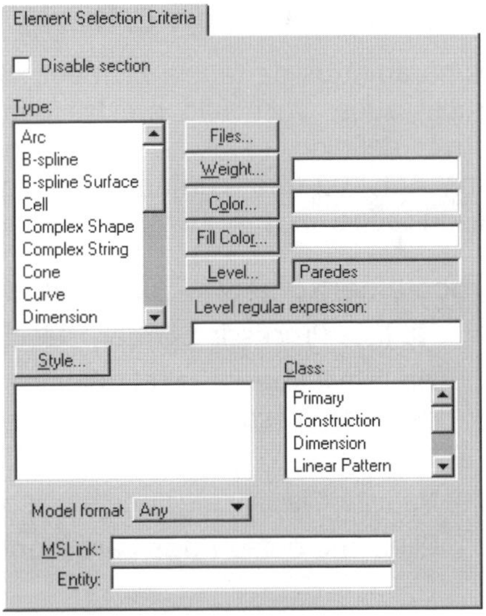

Ao criar uma seção, os parâmetros da tabela **Element Selection Criteria** definem os elementos que devem ser processados, enquanto os parâmetros da tabela **Element Output Actions** definem como esses elementos serão tratados quando forem enviados para plotagem.

Para adicionar uma nova seção

1. Na lista Processing Order da caixa Modify Pen Table, selecione uma seção existente para indicar o ponto no qual você quer inserir uma nova seção.
2. A partir do menu Edit da caixa, escolha **Insert New Section Above** para inserir uma nova seção ANTES da seção selecionada, ou escolha **Insert New Section Below** para inserir uma nova seção DEPOIS da seção selecionada. A caixa Insert Section se abre.
3. No campo Name, digite o nome da nova seção e depois clique em **OK**.

Processing Order

A lista determina a ordem de processamento das seções. À medida que cria as seções, elas vão sendo adicionadas à lista **Element Section Processing Order**. Durante o processamento, cada elemento é verificado com relação à primeira seção, depois com relação à segunda e assim por diante até a última seção, ou até que ocorra uma combinação.

> Uma vez que um elemento é modificado por uma seção da Pen Table, ele não pode mais ser processado por outra seção. Por este motivo, **a ordem de processamento é muito importante!** Quando for necessário, você pode reordenar essa lista.

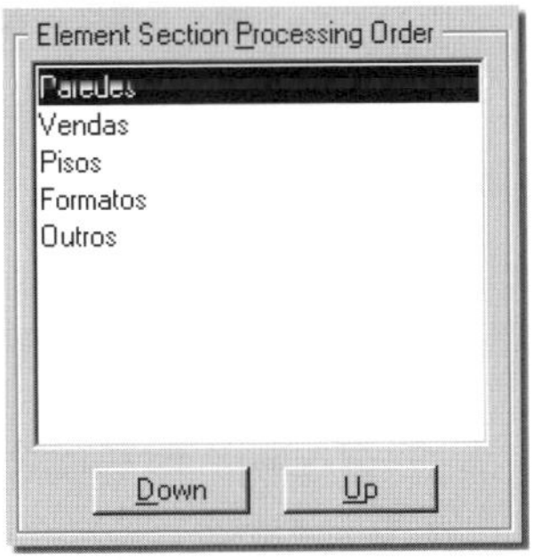

Para reordenar a lista de seções

1. Na lista Processing Order, selecione a seção que será movida.
2. Clique no botão DOWN (para baixo) ou UP (para cima) para mover a seção selecionada.
3. Repita o passo 2 o quanto for necessário para posicionar a seção.

Element Selection Criteria

Os parâmetros da tabela Element Selection Criteria determinam os elementos que serão processados. Você não precisa definir todos os parâmetros. Onde um parâmetro não estiver definido, todas as suas opções serão incluídas. Por exemplo, se você não definir uma cor, ou um conjunto de cores, então os elementos de qualquer cor serão pesquisados.

Procedimento geral - para definir os critérios de seleção

1. Na lista Processing Order, selecione a seção à qual serão associados os critérios.
2. Na lista **Type** da tabela Element Selection Criteria, selecione o tipo de elemento que deve ser pesquisado. Use a tecla <CTRL> ou <SHIFT> para selecionar múltiplos tipos.
3. Na lista **Class**, selecione a classe.
4. Clique no botão **Files** para identificar os arquivos que serão processados.

Você pode selecionar o arquivo ativo ou qualquer referência por meio do seu Slot, ou ainda pelo seu nome lógico. Usando os nomes lógicos das referências, você terá Pen Tables mais abrangentes. Por exemplo, você pode ter uma quantidade de desenhos que usam a mesma referência, como o formato A3, contudo em diferentes posições (slots). Especificando o seu nome lógico no campo **Reference Logical Names**, você assegura que a ressimbolização correta seja aplicada a essa referência, onde quer que ela esteja armazenada na caixa References.

5. Para especificar o arquivo ATIVO, você precisa usar o número de Slot que é "0" (no campo **Slot Number**) porque ele não possui um nome lógico. Clique em OK.
6. Clique no botão **Weight** e selecione as espessuras que devem ser pesquisadas. Clique em OK.
7. Clique no botão **Level** e selecione os níveis que devem ser pesquisados. Clique em OK.

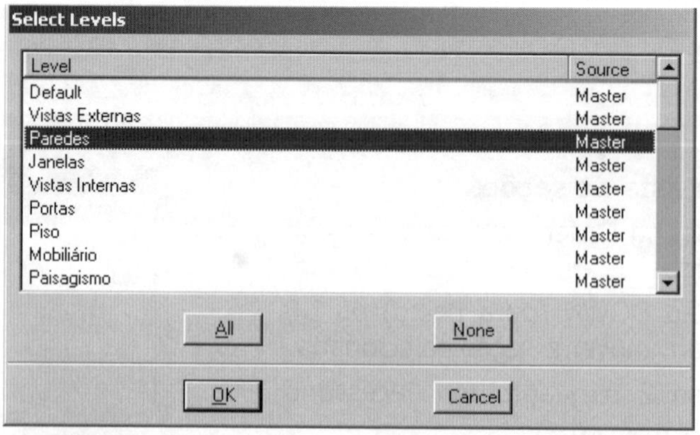

8. Clique no botão **Color** e selecione a cor desejada. Clique em **OK**.

9. Clique no botão **Fill Color** e selecione a cor de preenchimento desejada. Clique em **OK**.
10. Clique no botão **Style** e selecione os estilos de linha que serão pesquisados. Clique em **OK**.
11. Defina **Model Format** para uma das três opções: Any (qualquer formato), DGN (modelo do MicroStation) ou DWG/DXF (AutoCAD®).

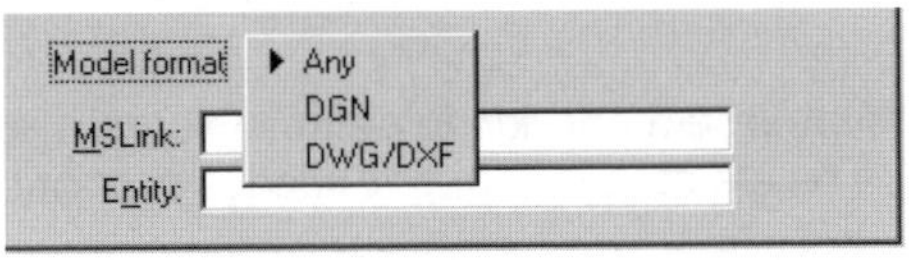

12. No campo **MSLink**, digite o valor da coluna do MSLINK do elemento. MSLINK serve como chave primária de uma tabela de banco de dados. Isso significa que qualquer linha pode ser exclusivamente especificada, ou seja, você vai procurar um elemento que tenha ligação com uma linha específica de determinada tabela de um banco de dados.
13. No campo **Entity**, digite o número da entidade.

Element Output Actions

A tabela Element Output Actions é associada a cada seção existente na lista Element Section Processing Order. Ela especifica o que será feito, uma vez que aos elementos atendam os critérios de pesquisa da tabela Element Selection Criteria.

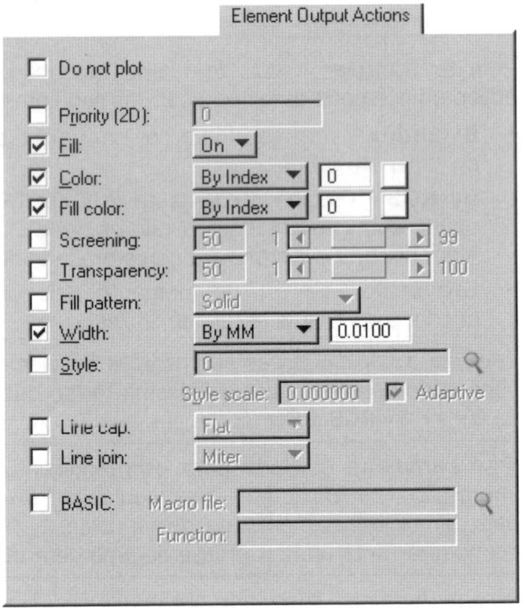

Parâmetro	Descrição
Do not plot	Se essa opção for ativada, todos os elementos que atendam aos critérios da seção não serão impressos. O uso dessa opção desabilita as demais opções.
Priority (2D)	Determina a ordem na qual um elemento é plotado em relação aos outros. A prioridade é estabelecida mediante as seguintes regras: Elementos com valor baixo são impressos ANTES dos valores mais altos. Elementos sem prioridade definida sempre serão impressos antes de todos os elementos com prioridades especificadas. Para fazer com que um elemento seja impresso ANTES de quaisquer outros, você deve priorizar todos os outros elementos. Para que um elemento seja impresso sempre DEPOIS dos outros elementos, você precisa somente priorizar aquele elemento. Não priorize elementos a não ser que seja relevante na impressão, uma vez que os elementos com prioridade definida precisam de mais memória e tempo adicional de processamento. As prioridades são suportadas somente em modelos 2D.
Fill	Controla se as áreas preenchidas serão ou não impressas. Se for desativada, os elementos serão impressos conforme são exibidos. Se for ativada, você pode escolher entre: • **On** - todos os elementos (com ou sem preenchimento) serão impressos com preenchimento. • **Off** - todos os elementos com preenchimentos não terão os preenchimentos impressos.
Color	Permite controlar a cor do elemento. Quando essa opção está ativada, você pode escolher a cor das seguintes maneiras: • **By Index** - você escolhe a cor em uma tabela de cores igual à da caixa Attributes. • **By RGB** - escolhe a cor na caixa Color Picker, a qual permite definir uma cor editando os valores de RGB (Red, Green e Blue). Além disso, a caixa oferece cores predefinidas. • **Grayscale** - a cor do elemento selecionado será impressa obedecendo a uma escala de cinzas.
Fill Color	Controla a cor das áreas preenchidas do elemento. Se for ativada, você pode escolher a cor da mesma forma que o controle anterior; By Index, By RGB e Grayscale.
Screening	Esse parâmetro é usado para esbranquiçar uma cor na hora da impressão. O valor de 50% representa, por exemplo, meio caminho para a cor do elemento se tornar branca. Pode ser usado para economizar tinta ou tirar ênfase de uma determinada cor.
Transparency	Esse parâmetro é suportado por qualquer driver capaz de plotar em modo raster. Se ativado, você pode definir um valor entre 1 e 100 para tornar os elementos selecionados transparentes.

Parâmetro	Descrição
Fill Pattern	Se for ativado, você pode selecionar uma hachura de preenchimento predefinida a partir de um menu de opções. Esse parâmetro tem a intenção de dar suporte apenas às tabelas Plot Style do AutoCAD, portanto o tamanho da hachura é corrigido.
Width	Se for ativada, você pode controlar a espessura da linha dos elementos de três maneiras: • **By Index** - oferece valores de 0 a 15, equivalentes aos valores carregados na caixa Primary Tools. • **By MM** - define a espessura em milímetros (de 0mm a 51mm). • **By Inches** - define a espessura em polegadas.
Style	Permite controlar o estilo e a escala da linha dos elementos. Ativando a opção Adaptive, você assegura que as linhas tracejadas não mostrem "espaços" nos seus vértices.
Line Cap	Esse parâmetro é usado para definir como a extremidade de uma linha será impressa. As opções são Round (arredondada), Square (quadrada) ou Flat (pontiaguda).
Line Join	Usado para definir como as junções das linhas serão tratadas na impressão. As opções são: Bevel (chanfrado), Miter (reto) ou Round (arredondado).
BASIC	Usado para indicar que você deseja que o elemento seja processado por uma função de macro MicroStation BASIC.

Batch Printing

Batch Print permite que você imprima um conjunto de arquivos de desenho. Um arquivo chamado **JOB SET** é criado, o qual armazena a lista de arquivos e as especificações da impressão. Ele não substitui a caixa de diálogo padrão de impressão. É simplesmente um utilitário que objetiva **imprimir vários arquivos**, em vez da caixa-padrão que imprime apenas o arquivo ativo.

Cada JOB SET imprime em uma escala selecionada. É importante considerar isso quando for definir o conjunto dos desenhos.

Se todos os desenhos relacionados puderem ser impressos em uma única escala, Batch Print pode imprimir um conjunto de desenhos de uma única vez.

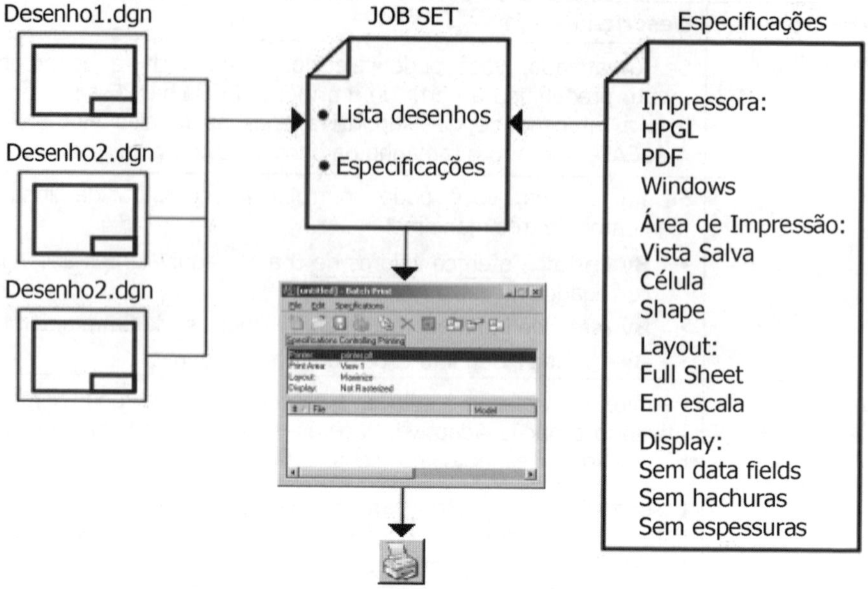

Print Specifications

Print specification é o nome de um grupo de instruções que descreve como realizar uma certa tarefa no processo de impressão. Uma determinada especificação não atua em todo o processo de impressão; somente em uma ordem em particular.

Tipos de especificações

Batch Print suporta quatro tipos de especificações, correspondendo a quatro ordens do processo:

Tipo de especificação	Descrição
Printer	Descreve a impressora, tamanho da folha e opções de processamento.
Print Area	Seleciona parte ou partes do arquivo de desenho para imprimir. A especificação de uma área de impressão essencialmente descreve uma vista ou o equivalente de uma ou mais Fences em uma vista.
Layout	Coloca a representação de uma determinada área de impressão de certa área da folha em tamanho e posição específicos.
Display	Identifica uma Pen Table e/ou controles dos view attributes (por exemplo, desligar as opções text nodes e construction) e as opções de impressão displays fence boundary e print border.

Imprimindo Conjuntos de Desenhos

Procedimento geral - para imprimir um conjunto de arquivos de desenhos

1. SELECIONE OS ARQUIVOS de desenhos para imprimir.
2. SELECIONE AS ESPECIFICAÇÕES para controlar a impressão e IMPRIMA os arquivos.

> Você conduz todas as operações citadas anteriormente a partir da caixa Batch Print.

Selecionando os arquivos para impressão

1. No menu File, escolha Batch Print.
2. Na caixa Batch Print, clique em **Add Design Files**, ou no menu Edit, escolha Add Files.

   Navegue pelos diretórios desejados selecionando os nomes dos arquivos para impressão. Para selecionar múltiplos arquivos, pressione a tecla <CTRL>.

3. Clique em **Add**. Os nomes aparecem listados na caixa **Selected Files**. Em seguida clique em **Done**.

> Você pode adicionar arquivos arrastando-os a partir do **Windows Explorer** para a caixa Batch Print.

Organizando a ordem de impressão

Quando o Batch Print imprime um JOB SET, ele imprime os arquivos na ordem em que eles aparecem na lista. Você pode reordenar os arquivos, usando os comandos do menu Edit das caixas Move Files to Top, Move Files Up <CTRL+U>, Move Files Down <CTRL+D> e Move Files to Bottom.

Selecionando as especificações

1. Na barra de ícones da caixa Batch Print, escolha **Select Specifications**.

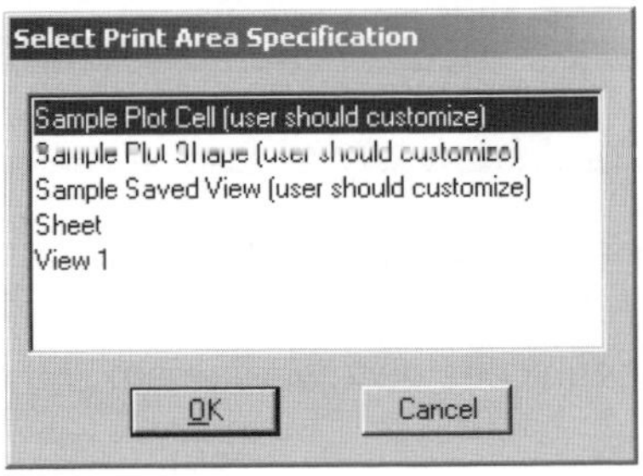

2. Selecione a especificação desejada e clique em **OK**.

Manage Specifications

Você pode gerar especificações para várias finalidades, como criar documentos no formato PDF de desenhos em tamanho ISO A3, por exemplo. A criação de uma especificação é feita a partir a caixa Batch Print Specification Manager, a qual é aberta com o ícone **Manage Specifications**.

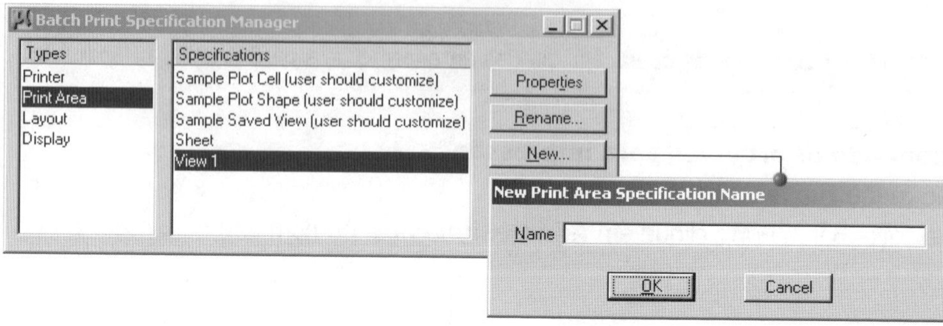

EXERCÍCIO: Para especificar uma impressora

1. Na lista Types da caixa Batch Print Specification Manager, selecione **Printer**.
2. Clique no botão **New**.
3. Na caixa New Printer Specification Name, digite "**HP-GL/2, Tamanho ISO A3**".
4. Clique em **OK**. Uma caixa de diálogo se abre, exibindo o DRIVER do sistema.
5. Clique no botão Driver e procure o arquivo "**hpgl2.plt**". Clique em OK.
6. Na seção Paper, escolha "**ISO A3**" e defina a unidade como "**mm**". Clique em **OK**.

Para editar uma especificação existente

1. Na caixa Specifications Controlling Printing, selecione o tipo de especificação entre Printer, Print Area, Layout ou Display.

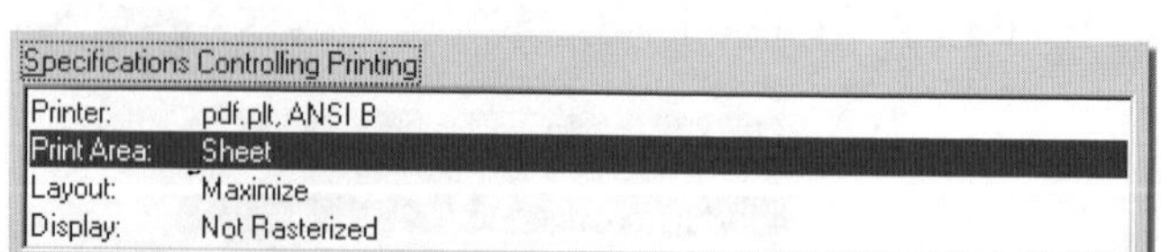

2. Clique no ícone **Specification Properties** ou, a partir do menu Specifications, escolha Properties. A caixa de diálogo das propriedades adequadas se abre.
3. (Opcional) Faça as definições desejadas e em seguida clique em **OK**.

Erros ao Imprimir

Quando o Batch Print imprime um conjunto de arquivos, vários erros relacionados às especificações podem ocorrer, incluindo (mas não se limita a eles):

- Saved View, Shape, Célula referenciada ou Sheet podem não existir.
- Shape ou Célula pode estar perpendicular à vista, apresentando-se como uma linha.
- O tamanho da impressão pode exceder o tamanho do papel.

Quando o Batch Print detecta um erro, ele pára o processamento das bordas de impressão do arquivo atual, mas continua processando a próxima borda ou arquivo.

Job Sets

Um job set é uma LISTA ORDENADA DE ARQUIVOS DE DESENHO a serem impressos, com referências a especificações que controlam como eles devem ser impressos.

Job sets são armazenados em arquivos com a extensão (*.job) com nomes e localização arbitrários. Por exemplo, um arquivo job chamado "**Meu Projeto.JOB**" pode representar um conjunto de plantas, elevações e detalhes de um projeto em particular. Batch Print permite que você reescreva as especificações definidas para um job set a qualquer momento, tornando fácil imprimir variações desse conjunto.

A Caixa de Diálogo Batch Print - Preferences

Usada para definir os parâmetros de criação dos Jobs (File > Preferences: da caixa Batch Print). Esses parâmetros podem ser de grande ajuda para acelerar o processo de impressão, como adicionar exclusivamente modelos do tipo Sheet, por exemplo.

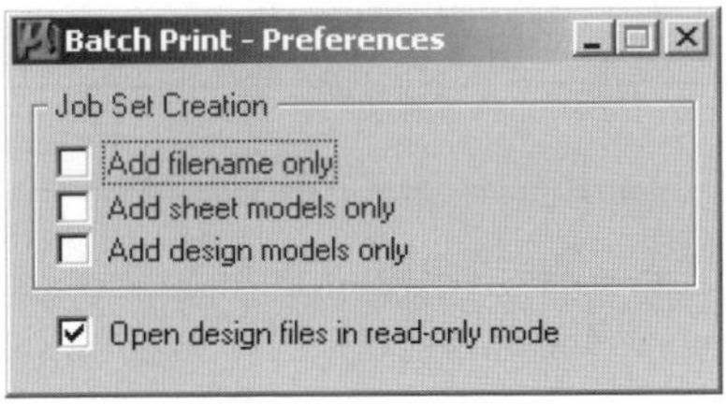

Anotações

Referência Bibliográfica

Documentos de ajuda fornecidos com a instalação do produto. Disponível em: http://docs.bentley.com/. Bentley's public documentation archive.

Sugestão de Leitura

ALVES, W.P. **Microsoft Visual Basic 2005 Express Edition**. São Paulo: Érica, 2006.

______. **Microsoft Office Access 2007**. São Paulo: Érica, 2007.

Manzano. J.A.N.G. **Microsoft SQL Server 2005 Express Edition Interativo:** *Guia Básico*. São Paulo: Érica, 2007.

MOREIRA, M.; BERNARDES, S. **Microsoft Project 2007:** *Gestão e Desenvolvimento de Projetos*. São Paulo: Érica, 2007.

Marcas Registradas® e Marcas Comerciais™

Patentes

Números de patentes nos Estados Unidos: 5,8.15,415 e 5,784,068 e 6,199,125.

Índice Remissivo